暨南大学马克思主义与中国社会研究系列丛书

主 编◎魏传光 陈联俊 张龙平

近代信息传递制度转型与社会变迁

以邮驿邮政为视角

吴昱 著

中国社会科学出版社

图书在版编目（CIP）数据

近代信息传递制度转型与社会变迁：以邮驿邮政为视角 / 吴昱著. -- 北京：中国社会科学出版社，2025.7. --（暨南大学马克思主义与中国社会研究系列丛书）. ISBN 978-7-5227-5069-9

Ⅰ. F632.9

中国国家版本馆 CIP 数据核字第 20251MK834 号

出 版 人	季为民
责任编辑	孙　萍
责任校对	王　龙
责任印制	李寡寡

出　　版	中国社会科学出版社
社　　址	北京鼓楼西大街甲 158 号
邮　　编	100720
网　　址	http：//www.csspw.cn
发 行 部	010-84083685
门 市 部	010-84029450
经　　销	新华书店及其他书店

印　　刷	北京君升印刷有限公司
装　　订	廊坊市广阳区广增装订厂
版　　次	2025 年 7 月第 1 版
印　　次	2025 年 7 月第 1 次印刷

开　　本	710×1000　1/16
印　　张	24.5
插　　页	2
字　　数	385 千字
定　　价	129.00 元

凡购买中国社会科学出版社图书，如有质量问题请与本社营销中心联系调换
电话：010-84083683
版权所有　侵权必究

"暨南大学马克思主义与中国社会研究系列丛书"

编委会

魏传光　陈联俊　张龙平　田　明

熊　辉　史　军　江传月　王高贺

王秀敏

前　言

今人耳熟能详的"邮政"，在清代随时势和社会变迁而产生重要变化，古今含义形似而实异，制度嬗变过程滞重而艰难。从"官民两分"的邮传体系、到海关初倡现代邮政、再到清末新政时期的收回邮政与"裁驿置邮"，传统邮驿体制的"传命"与接待来往官员的功能，逐步在"裕国便民"的取向下转型为现代服务型的商业体系。但转型中的权力归属、族群争议和人事斗争纠缠甚多，新式邮政在"便民"服务上颇具口碑，但"裕国"功能则未见凸显，亦是清末邮驿邮政制度转型中的一大特点。

清代"邮政"之设，以"置邮传命"为根本宗旨，兼具传递政令舆情、维系朝政运转、宣上德以敦教化、整饬吏治等多种重要的政治功能，曾为清朝统一广阔疆域和管理逾亿人口发挥过重要作用。通过对"邮政"的强调，朝廷不仅训谕官员如何不逾规制地使用资源紧缺的驿站，更使其成为肃清吏治、培养能员的重要途径。故传统"邮政"的含义，重心在"政"，唯有政通人和，方能国泰民安。

清代驿传体系因政而通邮，以传递军报朝令为主旨，并不为平民带运信件。因民间商业来往而兴盛的信局，虽可为平民传书带信，但在费用与带运区域上均有局限，故使用人群亦有所限制。不过，相较于公文传递由邮驿统管的单一途径，私信的带运方式则五花八门，从官员的私信入驿，到专差带信、托客代寄，并不统一，信件的安全、速率与寄达范围缺乏统一的管理标准与保障体系。

自1834年律劳卑在广州设立大英邮局，到工部书信馆在各口岸寄递体系的成熟运转，以及游历官绅及媒体对新式邮政的鼓吹，国人开始对新式邮政制度有所了解和向往。更重要的是，新式邮政以"裕国便民"为号召，不仅迎合深受赔款之累的清廷在"开源"上的需要，亦适应逐渐"开眼看世界"的国人在追寻新知上的渴求及维护利权的期待。不过，尽管"裁驿置邮"的建议在时人议论与报刊评论中出现已久，但新式邮政的开办却举步维艰，从提议到开办历时三十余年，其间受到诸种因素的制约：

一是不同观念之间的冲突。传统邮驿制度与民信制度分立，官民的递信渠道不一，官府秉承"不与民争利"的原则，由民间自办各种递信机构。而在新的邮政制度之下，官民递信机构合一，其制度内涵却与传统对"邮政"的认知有较大冲突，成为清廷官吏反对开办新式邮政的理由之一。另一方面，驿传与军报安全息息相关，一旦官民邮递机构合为一体，如何保证各类机密文书安全快捷地递运，不仅成为"裁驿置邮"中官员最为关注与最具争议的问题，也是新式邮政难以两全的现实障碍。

二是不同利益的矛盾。清末递信机构众多，除官方的驿传体系及民间的信局机构外，鸦片战争后出现的商埠邮局及客邮机构，亦拥有相当庞大的客源及各自的利益追求。而在新式邮政开办之后，所有的邮递机构势必统一在大清邮政的管理之下，机构被撤、人员被裁、原有利源被截流，自然引发彼此间的明争暗斗。而这种复杂纠葛的利益争夺，明显减缓了新式邮政推广的速度。

三是不同系统的整合。以置邮传命为目的的驿传、以营商递信为宗旨的民信局，以及主要为在华洋人服务的商埠邮局和客邮机构，其设立宗旨各有不同，而递信方法、邮路设计及交通工具亦各有差别，对于局所员役的培训、规则约束更是差异甚大。在大清邮政建立以后，通过降低信资、兼并局所、加入邮联等办法，以期统机构而专职权。因此涉及诸多人事、利益纷争，其间错综交织的矛盾与纠葛，充分体现了制度转型中的复杂面相。

随着新式邮政制度的确立，不仅影响了清末官制改革的职能安排，亦对社会风气产生潜移默化的作用。1906年设立的邮传部，是第一个以管理新式邮政为专职之一的中央部院，在收回邮政及裁驿置邮中，其与海关、陆军部的互动与反复角力，充分体现了制度转型中的人事、利益纠葛。而普罗大众逐渐熟悉使用新式邮政后，虽然在寄递书信上更为便利，却也引发匿名信控等新问题，并在清末革命风起云涌之际，为进步信息的传递提供了一条可供利用的渠道。随着革命宣传的深入，又改变了民众的国家、民族、权利等观念。清末民初的知识与制度转型，就在相互影响之中推动深入。

目　　录

绪　论 …………………………………………………………… (1)
　一　缘起及解题 ………………………………………………… (1)
　二　学术史：已有资料的出版及目前研究状况 ……………… (2)
　三　问题意识与研究方法 ……………………………………… (28)

第一章　官民两分的传统邮制 ………………………………… (32)
　第一节　"邮"与"政"：清代邮驿制度的用意及弊病………… (34)
　　一　清代"邮政"析义 ………………………………………… (34)
　　二　清代驿传体系的体制衍变 ……………………………… (49)
　　三　清代驿传体系的制度弊病 ……………………………… (56)
　第二节　民间递信机构的作用与局限 ………………………… (71)
　　一　民信局的起源及规制 …………………………………… (73)
　　二　民信局的经营与社会发展 ……………………………… (92)
　　三　政情流转的民间渠道 …………………………………… (103)

第二章　新式邮政的知识背景与实践基础 …………………… (111)
　第一节　新政呼声：先行者的观察与呼吁 …………………… (112)
　　一　外制示范与舆论鼓动 …………………………………… (112)
　　二　游历官绅的见闻 ………………………………………… (121)
　第二节　订约后的文书带运 …………………………………… (132)
　　一　条约权利与使馆文书传递 ……………………………… (133)
　　二　传统体制内的反对：以黄云鹄为例 …………………… (137)

　　第三节　海关对邮政新体制的尝试 …………………… (141)
　　　　一　挫折：华洋书信馆失败的体制内因 ……………… (142)
　　　　二　局部新制的调整：海关邮政对工部书信馆的兼并 …… (154)

第三章　裕国便民——大清邮政与邮区网络 ………………… (173)
　第一节　置邮政而挽利权 …………………………………… (173)
　　　　一　清末的"邮政利权"观念 ………………………… (173)
　　　　二　谣言与匆忙：大清邮政开办的背景及过程 ………… (179)
　第二节　大清邮政的初期运转 ……………………………… (195)
　　　　一　开办章程与舆论反应 ……………………………… (195)
　　　　二　新政机构的外部障碍 ……………………………… (203)
　第三节　与民争利：大清邮政与民信局的纠葛 …………… (209)
　　　　一　领取执照与联邮代寄 ……………………………… (210)
　　　　二　大清邮政与民信局的冲突 ………………………… (215)
　第四节　博弈：大清邮政与民信局的内外交战 …………… (229)

第四章　裁驿置邮——新政时期的制度转型 ………………… (255)
　第一节　邮部设立与收回邮政 ……………………………… (255)
　　　　一　中央邮政管理机构的设立 ………………………… (256)
　　　　二　收回邮政与清末政情 ……………………………… (267)
　第二节　接管驿站与裁驿置邮 ……………………………… (284)
　　　　一　庚子前后的驿递概况 ……………………………… (284)
　　　　二　新政下的管驿职能归属争夺 ……………………… (294)
　　　　三　直省裁驿的举动 …………………………………… (319)
　第三节　在驿递与邮政之间的过渡 ………………………… (335)

结　语 …………………………………………………………… (351)

参考文献 ………………………………………………………… (355)

附表一　乾隆十九至二十年间各省裁留驿丞、收归州县
　　　　管理一览表 ………………………………………………（372）

附表二　清代历朝各地方志中有关驿传表述摘录 ……………（377）

绪　论

一　缘起及解题

作为中国传统社会的最后一个皇朝，清朝近1300万平方公里的陆地领土和数以亿计的人口①，均为历代罕见。因此，对如此广阔的疆域及其庞大人口实施有效的管理和控制，则必须有完备的邮传体系，以"传政令而致之民"并"综地方利病而达之上"②。对于普通商民而言，在"私信不入邮驿"的规条下，则须另觅途径，代其传书带信，递达商情。鸦片战争以后，不平等条约中明确规定清廷必须代递使馆文书，而这一在传统体制中并无对应的特殊需求，最终成为引进新制与职能整合的重要契机。

自乾隆时期始，有关"邮政"的训谕常见于上谕奏折，然其知识内涵显然有别于今人熟悉的"邮政"。虽然早在1834年，英国驻华商务监督律劳卑（Lord W. J. Napier）即于广州设立隶属于大英邮政的新式邮局③，但清廷正式建立新式国家邮政，已是六十二年后的事

---

①　按何炳棣的研究，清代人口在乾隆五十九年（1794年）超过三亿，道光三十年（1850年）超过四亿（何炳棣著、葛剑雄译：《明初以降人口及其相关问题，1368—1953》，生活·读书·新知三联书店2000年版，第328—330页）。葛剑雄指出，道光三十年的4.3亿人口"是清时期的人口峰值，随着太平天国运动的爆发，清代人口再也没有达到这一数量（葛剑雄：《中国人口发展史》，福建人民出版社1991年版，第246页）。

②　郭文炳编纂：《康熙东莞县志》，卷七"邮递"，东莞市人民政府1994年版，第170A页。

③　POST OFFICE REGULATIONS, *The Canton Register*, 1834年8月26日。承蒙中山大学历史学系吴义雄教授提供复印件，谨表谢意。另，本著以"新式邮政"概括在欧风美雨影响下、采用英国"黑便士"邮政制度为蓝本、以服务全体民众为主旨的邮政制度。但"新式邮政"同时也是一个随时间递进而易新内容的制度，如1834年在广州设立的英国邮局，其制度则与1840年后实施的"黑便士"邮政制度不尽相同。而由赫德等外籍税务司试办的新式邮政，其开始虽借鉴英国邮政制度，但又根据清廷递信状况及惯例而做出不少调整，吸取了不少民信局的递信经验，故"新式邮政"一词，实指一开放并不断演进的体系，方便贴近历史本身。

情了。在漫长的岁月中，试办新式邮政的海关几经挫折，而在开办之后，仍需面对驿传、民信局及客邮机构的竞争，而不得不在人事与利益之间周旋斟酌，以将分立的邮递机构统一于大清邮政之中。只有通过对清代邮驿原有的制度立意以及清末新式邮政体系的建立发展过程展开深入的研究，方能明白"邮政"从知识观念到制度体系，在清末经历了一个如何复杂的转变过程。

道光以降，在欧风美雨的浸润及朝野舆论促动下，中国产生了变革既有体制的需求。观念的更新与技术、制度的仿效及移植，在邮政方面较为显著：就知识内涵而言，传统朝政对"邮政"之"置邮传命"宗旨的认识，逐渐转变为新式邮政制度下"裕国便民"功能的理解；从制度形式来看，一个由国家独立控制经营的邮政机构，取代了以往递信局所分立的局面，官民分递的收寄方式，统一在一个登记严密、资费低廉而寄递安全的系统之中，民众的收寄习惯及观念亦随着制度的转型而发生变化[1]，从而影响后世的制度推行、观念认知及学术研究脉络。由此，通过对上述历史过程和思想观念的复原与分析，不仅可以从这一侧面，丰富我们对近代中国历史文化及社会变迁的理解认识，对制度转型过程中的人事关系与利益纠葛有更全面而深入的了解，亦可对日后各国出现的邮政私有化趋势和发展[2]，有更具历史感的体会。

二 学术史：已有资料的出版及目前研究状况

晚清邮驿史、邮政史及其二者转型的史料编辑及研究，自清末以来即有学者着手努力。从已有的成果来看，关于清代邮驿制度的大体状况及其条文规定、大清邮政的建立始末、大清邮政与此期其他邮递机构的关系和纠葛以及从"近代化"角度去理解清末邮政制度的建立与发展等问题，已有一定的深度，而笔者从中获益良多，并以此作为自身研究的起点，继续对其中的相关问题进行深究探讨。前人的研究成果，大致

---

[1] 齐如山即认为："邮政这种事业，不但能助长各种实业之发展，于家庭人生等等的辅助，都有说不尽的好处。"（齐如山：《北平怀旧》，辽宁教育出版社2006年版，第185页）

[2] 运转了373年的英国皇家邮政，原是大清邮政的制度蓝本，如今却因国营形式造成传递缓慢、经营下滑的状况，将不得不走上私有化的道路，读来颇有隔日沧海之感。（《300多年英国皇家邮政要出售》，《广州日报》2008年12月17日）

可分以下三个时期进行具体了解。

（一）清末至民国时期（1907—1949）

对清末邮驿史、邮政史及其制度转型的研究，是从最初通史性质的简略记载，逐步深入到专题性的细节研究中。就笔者目力所及，目前最早以"邮政史"为名的论文，为登载于光绪三十三年七月初九、初十（1907年8月17、18日）《盛京时报》上的《中国邮政史》一文，其内容简述自光绪三年（1877年）《烟台条约》签订、至光绪二十一年六月廿四（1895年8月14日）赫德为创办邮政事呈文总理衙门为止，其中分"创办时代""当路意见"及"建议纲领"三部分加以叙述。该文多以引述李鸿章、薛福成、曾国荃等人的奏折及李圭的邮政纲领为主，简述新式邮政的创立发展，以示后来者以研究脉络。

较为集中对清末邮驿、邮政问题进行整理与考察的，是从民国初年对相关问题的史料编辑整理开始的。编者对史料涉及年代及事件的理解、对相关史料的编排先后以及对史料的取舍，反映出编者对该段历史的认识与看法。民初有关邮驿资料的集中编纂，主要是席裕福、沈师徐所辑《皇朝政典类纂·邮政》①及刘锦藻编纂的《清朝续文献通考》②（《皇朝续文献通考》）。前者仿《钦定大清会典事例》之体例，从大量官方文书、典制中采录有关驿递的谕令、规章。而后者自卷三百七十四至三百七十七，均收录与驿传邮政相关的奏折、章程及相关媒体报道，而其中所收部分奏折，为其他官书所缺乏，颇具史料价值，而刘锦藻的按语亦不乏真知灼见，可为研究者参考。

民国初年修撰的《清史稿》③，其志一百二十四到一百二十七专述交通，铁路、轮船、电报与邮政各占一篇。其中邮政篇主要为开办邮政的奏疏及邮局、邮政区域的设置，对"客邮"在华的活动则简单提及。而民国十九年由交通部《交通史》编纂委员会所编著的《交通史·邮政编》，则以新式邮政为主体，对清代驿传及民信局、客邮等机构进行

---

① 席裕福、沈师徐辑：《皇朝政典类纂·邮政》，《近代中国史料丛刊》续编第九十二辑（据光绪二十九年双璞斋藏板上海图书集成局铸印本影印），台湾文海出版社1984年版。
② 刘锦藻编纂：《清朝续文献通考》，浙江古籍出版社2000年版。
③ 《清史稿》第十六册，卷一百四十九，志一百二十四，交通一，中华书局1976年版。

简要回溯。由于该书"各章之取材,大都以交通部案卷及邮政总局历年之邮政事务总论为多"①,故该书同时具有论著和史料集两项功能。与清代所编邮驿史料相较,《交通史·邮政编》基本确定了晚清至民国邮政史叙述的脉络,即分散的邮权及邮政管理机构归于统一的过程,后世的邮政史著作基本不出其右。该书虽为研究邮政史者不可缺少之史料,但由于编纂时摘录史料常不注出处,后学基本只能转引而难以追溯源头。

从20世纪20年代起,陆续有学者开始关注邮驿与邮政制度之间的历史关系及其各自的发展历程。1926年谢彬在其《中国邮电航空史》②中分章论述"旧式邮政的沿革"与"新式邮政的沿革",将古代驿传制度与新式邮政视为同一系统的新旧沿革过程;金家凤编著于1936年的《中国交通之发展及其趋向》一书认为,邮政制度古已有之,而古邮驿制度仅传递官方文书,私人信报则由"民信局"负责递送,直至新邮政制度建立方统一国家邮政③;张樑任的《中国邮政》一书④,主要介绍民国时期邮政业务的设置,在其第一编《中国邮政之沿革》中则将邮政视为"通信"事业,以此沟通驿传与新式邮政之间的关系。这一思路,在其《中国历代邮制概要》一文中有更为明显的体现⑤。不过,楼祖诒在其1939年所著的《中国邮驿发达史》⑥一书中,则明确言道:"旧式邮驿,与新式邮政,各有渊源,自成体系,原不容相混"⑦。该书将新式邮政的起源归结于"欧风东渐之影响",在判断驿传体系与现代邮政制度二者间的关系有不同的追溯。

作为晚清新式邮政的举办主体,海关(the Customs)在近代邮政史

---

① 关赓麟:《交通史邮政编叙略》,《交通史·邮政编》上海民智书局印刷所1930年版,第16页。
② 谢彬:《中国邮电航空史》,《民国丛书》第三编第35册,上海书店出版社1991年版。
③ 金家凤:《中国交通之发展及其趋向》,民国丛书第四编第37册,上海书店出版社1992年版,第313页。
④ 张樑任:《中国邮政》,《民国丛书》第二编第40册,上海书店出版社1990年版。
⑤ 张樑任:《中国历代邮制概要》,《东方杂志》第三十二卷,第一号。
⑥ 楼祖诒:《中国邮驿发达史》,《民国丛书》第三编第35册,上海书店出版社1991年版。
⑦ 楼祖诒:《中国邮驿发达史》,《民国丛书》第三编第35册,上海书店出版社1991年版,第1页。

的发展上有其值得肯定的贡献。一方面，虽然其名义上划归总理衙门（外务部）管辖，实则在外籍税务司制度管理下的海关自成体系，其侵犯中国利权之事实虽不容置疑，但在另一方面也保证了新式邮政的顺利建立与开展，而服务于海关的外籍税务司所编辑和撰写的史料与论著，是今人深入了解海关机制与新式邮政之间关系的重要材料。原版于1918年的《中国帝国对外关系史》第三卷①，其中第三章即专论清末邮政的发展，马士（H. B. Morse）在其中引用了部分赫德与各关税务司的通信，叙述了清末邮政发展的过程大略，该专章不仅是清末邮政史在其学术史上的重要篇章，其本身就提供了不少富有价值的研究史料。1940年，由原税务司魏尔特（Stanley F. Wright）编辑、总税务司署统计科编印出版了 Documents Illustrative of the Origin, Development, and Activities of the Chinese Customs Service 一书七卷，该书由陈诗启先生简译为《中国近代海关历史文件汇编》②，虽然该书并非以邮政资料为主，但其中收入多份海关税务司举办邮政的通札原文，以及用中文写就的通谕文书，具有相当珍贵的第一手资料价值。该资料中部分通札，后翻译选入《旧中国海关总税务司署通令选编》③。

邮传部建立之后，邮政作为其部务之一，先后经历收回邮政自办及裁驿置邮等重大事件，故民国时期所编有关清末邮传部的相关奏议以及邮传部的堂官部员文集，对研究这些问题有直接作用。《邮传部奏议类编、续编》④、陈璧撰《望嵒堂奏稿》⑤、徐世昌撰《退耕堂政书》⑥、盛宣怀撰

---

① ［美］马士：《中华帝国对外关系史》，上海书店出版社2000年版。该书部分译名，与邮政史惯用的译名有所不同，如第62页注②的"皮瑞"（T. Piry），一般均译为"帛黎"。

② "前5卷是从几千个总税务司通札中精选出来的；后两卷是收集海关文件、信函和半官函，英、美外交部和国会档案，私人日记、书信、报刊有关记载、评论，是研究中国近代海关史的一部系统的资料。"陈诗启：《中国近代海关史》，人民出版社2002年版，第425页。

③ 海关总署《旧中国海关总税务司署通令选编》编译委员会编：《旧中国海关总税务司署通令选编》，中国海关出版社2003年版。

④ 邮传部编：《邮传部奏议类编、续编》，《近代中国史料丛刊》初编第140辑，台湾文海出版社1966年版。

⑤ 陈璧撰：《望嵒堂奏稿》，《近代中国史料丛刊》初编第93辑，台湾文海出版社1966年版。

⑥ 徐世昌撰：《退耕堂政书》，《近代中国史料丛刊》初编第225辑，台湾文海出版社1966年版。

《愚斋存稿》①、叶恭绰撰《遐庵汇稿》②等，均收有其任职邮传部期间涉及邮政业务的相关文书，可供研究者参考。尤其是该类文集同时收入"路电邮航"四方面的内容，从中可获知其对邮政的人事影响因素。

1949年以前较为重要的相关研究，应是瞿同祖初版于1947年的名作：《清代地方政府》③。该书第九章第三节专论清代的"邮驿服务"，通过利用《清会典》《清实录》《六部处分则例》等官方典籍以及《福惠全书》《牧令书》《刑钱必览》《资治新书》等官箴书，描绘了在"州县管驿"之后驿站如何运作的情景，其中瞿同祖对长随在其中所发挥的功能与扮演的角色做了较为深入的探讨，并且指出虽然清代对驿站改革的措施本意均是便民，但在实际操作上，"真正为驿站事务承受痛苦的是当地的老百姓"。这一论断对认识清代驿站运转与其州县社会的关系极为重要。

整体而言，这一时期的研究多以过程的简略叙述为主，但时人已经意识到传统邮驿及新式邮政之间的差别与关联，并就这一问题收集资料。从该时期的研究及资料编辑来看，已经初步意识到邮驿与邮政之间的分工差异、内涵差别、管理职能及设邮置驿等问题。由于是时距前清尚近，而中华邮政的建设仍在进行当中（如彻底取消民信局及客邮等问题，直至20世纪30年代方见成效），故不少邮驿史、邮政史的叙述均以长时段的综合叙述为主，对清末的邮政制度转型所涉诸多矛盾冲突及肇因结局未及深入考察，亦为后人留下了广阔的研究空间。

（二）20世纪50—70年代

20世纪50—70年代，大陆方面对邮驿史、邮政史的资料整理及研究比较有限。以著《中国邮驿发达史》而闻名的楼祖诒，在1958年编辑出版了《中国邮驿史料》④一书，该书虽以"史料"为名，但并非单纯摘录史料，而是以"中国邮驿简史"的形式写成，通过记述形式，介绍历朝邮驿的沿革、组织管理、邮驿律令等内容。尽管该书尚未全部完稿，但仍不失其史料与学术价值。

---

① 盛宣怀撰：《愚斋存稿》，《近代中国史料丛刊》续编第122—125辑，台湾文海出版社1984年版。
② 叶恭绰撰：《遐庵汇稿》，《民国丛书》第二编第94册，上海书店出版社1990年版。
③ 瞿同祖：《清代地方政府》，法律出版社2003年版。
④ 楼祖诒：《中国邮驿史料》，人民邮电出版社1958年版。

这一时期不少有关邮政史的文章，多发表于邮刊上，而内容亦以简述晚清邮政建立的过程及揭示外籍税务司对中国邮权的侵害为主，议论多富有时代色彩。值得关注的，是杨庆堃于1949年发表的论文《中国近代空间距离之缩短》[①]。他指出交通运输方法的进步，令地区间的来往时间和运输费用大为降低，并使得各地间的人事关系更为密切，从而令国家形成组织严密的整体。该文之意义，在于提示后来者从邮政与交通的角度，审视清末邮驿、邮政转型的问题。

台湾地区的"交通部邮政总局"，在1966年编辑出版《中华邮政七十周年纪念·邮政大事记》[②]，采集多种档案史料和邮驿论著，从咸丰八年（1858年）《中英天津条约》签订始，分年记载与邮政相关的事件直至1966年，可为研究者提供历年大事之概览。而自1967年始，由"交通部邮政总局邮政博物馆"编辑《邮政资料》一至七集[③]，是台湾地区研究晚清至民国时期邮政史时引用较为频繁的史料。该套资料既可当史料运用，许多文章又是邮驿及邮政史的叙述，其特点一是采集文典中有关驿递的史料，以专题形式写就论文；二是翻译清末民国时期，外国人撰就的有关邮政事务的文章；三是对史料较少的邮递机构（如民信局、文报局等）的记载，编者搜集了比较集中的史料供研究者使用，不少资料在今天看来依然十分珍贵[④]。

除专门的邮政史料外，台湾银行经济研究室编印的《刘铭传抚台前后档案》[⑤]，收入了部分刘铭传在台湾建立的"台湾邮政"史料，其中包括刘铭传关于建立台湾邮政的奏报及邮政章程，对于了解这一制度转型中的尝试相当有益。而港台学者则对"客邮"问题进行了颇有深度

---

① 杨庆堃：《中国近代空间距离之缩短》，《岭南学报》第十卷第一期，1949年1月，第151—161页。

② "交通部邮政总局"：《中华邮政七十周年纪念·邮政大事记》，1966年版。其"七十周年"的日期，是从1896年建立的大清邮政算起。

③ "交通部邮政总局邮政博物馆"：《邮政资料》第1—7集，1967—1973年版。

④ 如沈阳市邮政局邮政志办公室编辑的《中国邮电史料》，就曾收入《邮政资料》中所登载的有关民信局的资料。

⑤ 台湾银行经济研究室编印：《刘铭传抚台前后档案》，《台湾文献丛刊·第二七六种》，1969年版。

的探讨，先后有李颂平著《客邮外史》①和彭瀛添的《列强侵华邮权史》②两部专著论及，尤其是彭著运用了大量外交部的档案，对"客邮"在华掠夺邮权及撤销"客邮"的过程有着相当厚实的探讨，由于二书均多着墨于利权的侵夺，在当时各邮递机构间的竞争与合作方面未及关照，留下了可供拓展和深入的空间。

（三）20世纪80年代至今

自20世纪80年代起，对于清末的邮驿、邮政及其制度转型问题，无论是在史料编辑抑或是专题研究上，都有了更为深入的突破。

在史料编辑方面，1981年中国第一历史档案馆编辑出版《清代档案史料丛编》③，其中第七辑以《顺治年间的驿递》为主题，编辑了自顺治三年至康熙元年有关驿递事务的奏本、题本，反映了清定鼎中原后驿递的艰难情状，及清代驿递逐渐定制的过程，为研究清初驿制的变迁提供了丰富的材料。1983年由中国近代经济史资料丛刊编辑委员会主编的《帝国主义与中国海关资料丛编》，其中的第八辑《中国海关与邮政》④收入大量海关税务司的申呈、海关税务司的来往信件、海关税务司的报告及各地的训谕文书等，是研究晚清邮政史的主体史料。两年之后，沈阳市邮政局邮政志办公室亦编辑出版了《中国邮电史料》⑤第一、二辑，其中辑录不少他处罕见的邮政史料。

作为中国近代邮政的重镇，天津收藏了大量海关主办邮政时期的史料，故自1988年始，《清末天津海关邮政档案选编》⑥及《天津邮政史料》⑦先后编辑出版，两套史料均收集了大量海关邮政文件，及民国时期相关邮政著作和邮政报告中关于天津海关邮政的描述。无论是追溯清代新式邮政的起源，抑或考究天津海关在近代邮政制度发展中的示范与

---

① 李颂平：《客邮外史》，香港嘉年华铸字印刷公司1966年版。
② 彭瀛添：《列强侵华邮权史》，华冈出版有限公司1979年版。
③ 中国第一历史档案馆编：《清代档案史料丛编》第七辑，中华书局1981年版。
④ 中国近代经济史资料丛刊编辑委员会主编：《帝国主义与中国海关资料丛编之八·中国海关与邮政》，中华书局1983年版。由于该书史料多由英文翻译而来，在某些翻译上仍存瑕疵，而其中所收部分文件已可找到原文，可参照阅读以更近原意。
⑤ 沈阳市邮政局邮政志办公室编：《中国邮电史料》第一、二辑，1985年版。
⑥ 《清末天津海关邮政档案选编》，中国集邮出版社1988年版。
⑦ 仇润喜主编：《天津邮政史料》（1—5辑），北京航空航天大学出版社1988年版。

建立规则的作用,都是相当珍贵的史料。

进入20世纪90年代,有关晚清邮驿和邮政的史料陆续涌现。1991年《费拉尔手稿——清代邮政、邮票、明信片备忘录》①的出版,为研究者提供了大清邮政建立后,当事人对海关内部人事纠葛的记述。1995年,北京燕山出版社先后出版了《全国各级政协文史资料邮电史料》②及《中国邮政事务总论》(上中下卷)③,前者从全国各级文史资料中辑录出有关晚清民国邮驿、邮政和电报史料,并按区域编排相关史料,不仅将该类零散史料收集得比较集中,还能发现邮政设置的区域特点,为研究提供了极大的便利。而后者则收集了自光绪三十年(1904年)始邮务部门编纂的《邮政事务总论》④,此份史料之所以重要,乃因其为每年邮政事务的总结,以晚清时期为例,其内容包含海关邮政的局所设置、邮政网络、民信局和客邮的运作状况、驿站与邮政之间的关系等,而且其中包含大量数据与表格,是研究晚清邮史不可或缺的重要史料。

随着邮驿史、邮政史研究的深入,清朝档案史料越发受到研究者的重视,从已版的清宫档案中整理有关邮驿、邮政的内容,以及发掘各种未刊的邮政档案,成为研究者努力的另一方向。由仇润喜主编的《中国邮驿史料》⑤于1999年出版,该书收集了自上古到晚清有关邮驿的各类原始材料,尤以清代材料为多,而编者按专题需要,从《宫中档》《上谕档》等材料中辑录了相当数量的上谕、奏折,为研究者提供了丰富的材料和线索。另一值得称赞的,是该书编者从众多的地方志中辑录了许多驿、铺的材料,为研究者展示了省府州县的文人士绅对皇朝驿递的相关认识,弥足珍贵。2004年,由国家邮政局邮政文史中心编辑了《中国早期集邮文献集成》⑥,其中第二卷收入了自19世纪70年代至20

---

① 《费拉尔手稿——清代邮政、邮票、明信片备忘录》,人民邮电出版社1991年版。
② 北京市邮政管理局文史中心编:《全国各级政协文史资料邮电史料》,北京燕山出版社1995年版。
③ 《中国邮政事务总论》(上中下卷),北京燕山出版社1995年版。
④ 该份史料原以英文撰就,而出版时以中英文印行,该书即收入所有中文版的《邮政事务总论》。
⑤ 仇润喜:《中国邮驿史料》,北京航空航天大学出版社1999年版。
⑥ 国家邮政局邮政文史中心编:《中国早期集邮文献集成》第二卷,北京燕山出版社2004年版。

世纪50年代中国有影响力的新闻报刊及主要集邮杂志所刊发的颇具学术性及史料性的文章，涵盖了邮政史、邮驿史、民信局、客邮史等诸方面，同时具有史料及学术史的双重意义，尤其是邮票史、集邮史方面的内容尤为详尽。2005年，全国图书馆文献缩微复制中心编辑出版了《中国近代邮政史料》①一书，该书收录了邮传部成立后，关于裁驿置邮的一系列史料，其中不少奏折为其他史料集所未收，为研究者深入此段历史提供了更为精确的材料。

晚清海关的史料，在这一时期亦有相当数量的整理与成果。1990年起，中华书局陆续出版了由陈霞飞主编的《中国海关密档》②，该套史料从 Archives of China's Imperial Maritime Customs: Confidential Correspondence between Robert Hart and James Duncan Campbell, 1874—1907 ③ 翻译而来，内容为总税务司赫德与驻伦敦办事处税务司金登干的往来信件与电报，其中多有涉及邮政事务的开办细节与人事安排内幕，对于了解制约晚清新式邮政开办的各种因素有直接帮助。由于赫德与众税务司的信件来往频繁，仅仅依靠该套史料尚未足窥其整体，在其他税务司的私人档案尚未完全翻译出版的情况下，参阅魏尔特的《赫德与中国海关》④及马士的《中华帝国对外关系史》⑤是比较直接有效的办法，二书作者均为赫德时期的海关税务司，其著中多有引用赫德与税务司的来往信件，可与参照阅读。另外，赫德本人的日记《赫德日记——步入中国清廷仕途》⑥及《赫德日记——赫德与中国早期现代化》⑦亦相继出版，虽然所收年份多有缺失，但仍能从中窥探出赫德在担任海关总税务司早期的心路历程。

海关十年报告是各口岸海关对一段时期之中所举办事业的总结，其

---

① 《中国近代邮政史料》，全国图书馆文献缩微复制中心2005年版。
② 陈霞飞主编：《中国海关密档》，中华书局1990年起陆续出版。
③ 该套史料亦由外语出版社于1992年出版。
④ [英]魏尔特著，陈敖才、陆琢成等译：《赫德与中国海关》，厦门大学出版社1993年版。
⑤ [美]马士著，张汇文译：《中华帝国对外关系史》，上海书店出版社2000年版。
⑥ [英]赫德著，傅曾仁译：《赫德日记——步入中国清廷仕途》，中国海关出版社2003年版。
⑦ [英]赫德著，陈绛译：《赫德日记——赫德与中国早期现代化》，中国海关出版社2005年版。

中"邮政"为海关税务司在其中必须报告的内容之一。目前已出版的包括《上海近代社会经济发展概况（1882—1931）——海关十年报告》①、《近代浙江通商口岸经济社会概况——浙海关、瓯海关、杭海关贸易报告集成》②、《近代厦门社会经济概况》③、《近代广州口岸经济社会概况》④等，而中国第二历史档案馆于2001年编辑出版了英文足本的各关十年报告⑤，不仅可见该套史料之原貌，更有助于研究者从口岸到内地的角度，研究晚清邮政网络及其运转的过程。

2001年由上海市档案馆编译出版的《工部局董事会会议录》⑥，是目前国内有关上海工部局资料最为集中的史料汇编，而通过对该会议录的解读，不仅可以对工部书信馆的建立过程、收寄体制的设置做全面了解，更有助于对海关邮政对工部书信馆的合并过程进行深入的分析。以往学者对工部局董事会会议录仅有个别篇幅的使用，而本著将充分利用该史料集，以透析商埠邮政对大清邮政的示范作用以及二者合并过程中的争执过程。

新式邮政举办之后，不仅改变了国人的寄递习惯，还使得集邮风气渐行于民间，民国时期各种集邮期刊的出现即是最好的证明。全国图书馆文献缩微复制中心于2003年编辑出版《民国时期集邮期刊汇粹》⑦，其中多份邮刊载有民国时期集邮人士对清代邮政状况的回忆，可供研究者作线索之用。另外，作为邮寄载体的信封，内中包含了许多邮递的信息，包括寄信人与收信人的地址、寄递信件所经邮路和时间等，浙江大学出版社于2005年出版的《大清浙江实寄封片考》⑧，图文并茂，为研

---

① 徐雪筠等译编：《上海近代社会经济发展概况（1882—1931）——海关十年报告》，上海社会科学院出版社1985年版。
② 《近代浙江通商口岸经济社会概况——浙海关、瓯海关、杭海关贸易报告集成》，浙江人民出版社2002年版。
③ 厦门市志编撰委员会：《近代厦门社会经济概况》，鹭江出版社1990年版。
④ 《近代广州口岸经济社会概况》，暨南大学出版社1995年版。
⑤ 中国第二历史档案馆编：《中国旧海关史料》，京华出版社2001年版。
⑥ 上海市档案馆编：《工部局董事会会议录》，上海古籍出版社2001年版。
⑦ 《民国时期集邮期刊汇粹》，全国图书馆文献缩微复制中心2003年版。
⑧ 《大清浙江实寄封片考》，浙江大学出版社2005年版。另外郑挥的《郑挥文集·民信局篇》（未刊稿）中亦收录了其收藏的许多实寄封片，其中不少为民信局的材料，颇具研究价值。

究者提供了许多文字以外的直观讯息。

通过对已编辑出版的邮驿、邮政史料进行认真解读，自20世纪80年代始，海峡两岸涌现了一批水平较高的邮驿邮政史著作。台湾的彭瀛添在1980年以民信局作为博士论文题目，第一次对民信局的历史做了系统性的梳理①，这是笔者目前见到的较早以民信局为主题的专著，囿于材料的匮乏，彭著仅大体勾勒了民信局的组织形态、递信方法及与官方邮递的关系。1985年徐雪霞以《近代中国的邮政（一八九六——一九二八）》为题撰就硕士论文②，其文将近代邮政的发展纳入社会背景中探讨，对史实的研究有所推进，但其所用概念多从后出③，而其主旨亦是探讨现代化对传统事业的冲击，仍难脱离"现代化"理论研究套路的桎梏。

1984年由邮电史编辑室出版的《中国近代邮电史》④，是较早开始关注近代新式邮政建立发展的通史著作，而其书对太平天国时期的通邮状况及邮政构思做了较为详细的整理，是其相较他著更为突出的特点。刘广生主编的《中国古代邮驿史》⑤，则是目前大陆编纂的较为全面的邮驿通史，该书吸取了民国时期楼祖诒等人的研究成果，注重从制度上分析各代邮驿制度的特点及其锢弊，而以专章探讨中国古代民间通信的问题，是该著突出的特点。次年由马骏昌等人编著的《北京邮史》⑥，则以北京的邮驿、邮政事业发展为中心，折射出近代中国新式邮政发展的曲折历程，由于该书关注区域集中，故为研究者提供了不少较为深入的个案材料及研究。

这一时期，在专题研究方面，研究者一方面肯定新式邮政的价值，另一方面又认为西方资本主义列强的侵略，是造成新式邮政发生与发展的重要原因。如肖绍良认为，新式邮政的出现和发展，是邮驿商业化的

---

① 彭瀛添：《民信局：中国的民间通讯事业》，中国文化大学出版社1992年版。
② 徐雪霞：《近代中国的邮政（一八九六——一九二八）》，硕士学位论文，台湾师范大学历史研究所，1985年。
③ 如该文用"国用事业"这一后来概念概括邮政制度，而忽视了"邮政"一词的含义变迁。
④ 邮电史编辑室：《中国近代邮电史》，人民邮电出版社1984年版。
⑤ 刘广生主编：《中国古代邮驿史》，人民邮电出版社1986年版。
⑥ 马骏昌、周新棠、阎荣贵、宋福祥编著：《北京邮史》，北京出版社1987年版。

趋势，但官办邮政从开始即受外国控制，畸形发展[1]。而黄成认为，新式邮政虽然是西方列强侵华的产物，但主管新式邮政的海关客观上造成了一个资本主义经营方式的新式通讯机构，而且这样的方式对于抵制客邮、民信局及驿站都有一定的作用[2]。除此之外，还有研究者注意到1888年由刘铭传在台湾举办的新式邮政，并称其为"我国近代最早自主的新式邮政"[3]，认为刘铭传在台的邮政改革，是自主邮政的发展雏形。虽然该文对是时海关主办新式邮政的环境了解不足，结论或有所偏颇，但能详尽史料以复原其事之经过，已经在此问题上迈进了一大步。

台湾的晏星所撰《中华邮政发展史》[4]及张翊所撰《中华邮政史》[5]，是近年来较为突出的两部邮驿邮政史的通史著作，由于两位作者均与集邮界有较密切的联系，又曾服务于邮政机构，故对邮政事业的发展有独特的体会。两部著作各有特色，晏著重点论述近代百年邮史的发展过程，而张著列有专章讨论"客卿与邮权"，并对其地位作用有持平之论。

王子今所著《邮传万里——驿站与邮递》[6]，虽是有关邮驿的通史，但却与社会文化、制度文明的主题相扣，其中关于"清代竹枝词所见新邮政的信息"一节别出心裁，而其关于驿人生活、驿旅生活及驿壁诗的研究也独有新意。

近年在清末邮驿邮政史及其机构制度研究上取得较大进展的，有以下几部著作。由中华人民共和国信息产业部及《中国邮票史》编审委员会所编著的《中国邮票史》第一卷（1878—1896）及第二卷（1896—1911）[7]，虽然并非研究邮政史的专著，但该书对清代邮驿组

---

[1] 肖绍良：《我国邮电沿革之浅见》，《兰州学刊》1982年第4期。
[2] 黄成：《清末近代邮政的创办和发展》，《杭州大学学报》1983年9月。
[3] 潘君祥：《我国近代最早自主的新式邮政——一八八八年台湾邮政改革略述》，《中国社会经济史研究》1983年第1期。
[4] 晏星：《中华邮政发展史》，台湾商务印书馆1994年版。该著收入了不少目前较为少见的翻译资料，但全书引用均没有注明出处，是为该著一大缺陷。
[5] 张翊：《中华邮政史》，台湾东大图书公司1996年版。
[6] 王子今：《邮传万里——驿站与邮递》，长春出版社2004年版。
[7] 中华人民共和国信息产业部、《中国邮票史》编审委员会编著：《中国邮票史》第一卷（1878—1896），商务印书馆1999年版；第二卷（1896—1911），商务印书馆2004年版。

织、通信方法、民间递信机构、新式邮政的萌芽及发展等问题均有专章论述，且其所运用材料多有新意，对邮政史研究的推进有相当重要的意义。刘文鹏的《清代驿传及其与疆域形成关系之研究》，是近年来关于清代驿传体系最为系统的研究著作，该书详细叙述了清代驿传体系的管理体制、功用、财政等方面的具体情形，在论述驿传体系与新式邮政之间的关系上，则认为"驿传系统传递寻常公文的功能是被近代邮政逐步取代的"[①]。不过，这一分析仍嫌简单，因为"邮政"一词，随着制度的变迁而在清代发生了词义与实质的变化，虽然有人认为应将邮驿与邮政分清源流，实则仍未把握住"邮"与"政"的互动内涵[②]。苏全有的《清末邮传部研究》，全力探讨邮传部的人事、规章制度、架构、职掌及与清末交通事业发展之关系[③]，而与本著相关的内容，集中在第五章第三节"邮政事业的推动"及第六章第二节"邮政管理权"中。

从国家控制的视角考察驿传制度，是海外学者在这一问题研究上的贡献。从 Silas H. L Wu（吴秀良）的 "Communication and Imperial Control in China: The Evolution of the Palace Memorial System, 1693—1735"[④] 对奏折制度的研究，到孔飞力通过"叫魂"案考察皇权通过何种机制深入官僚体制内部并制约官员的行为[⑤]，其中都涉及驿传系统的具体运

[①] 刘文鹏：《清代驿传及其与疆域形成关系之研究》，中国人民大学出版社 2004 年版，第 287 页。关于该著的详细评论，参见笔者书评，《历史人类学学刊》第四卷第一期，2006 年 4 月，第 127—130 页。

[②] 在"香港 2004 邮票博览会"举办的集邮学术研讨会上，香港的游乃器、王剑智所撰的《大清驿站为邮政起源说》，提出"大清邮驿不只是邮政以前的通信系统，而是中国现代邮政起源之一"，以史实证明"数十年间，驿站与邮局的关系，是此消彼长，从台湾、新疆、西藏等地的例子可见，邮局一步步接管了驿站的人员和设施，迅速实现了全国性邮政网络的低成本扩张"。但许庆发则在其《走出邮政史研究的误区》一文中提出了商榷，他认为："中国邮政与古代邮驿没有传承关系，它们有着各自的发展历史。……（古代邮政的一说）其要害是抹煞了邮驿、邮政这两个不同历史时期、不同性质的通信制度的区别，用只有几百年的邮政史代替人类社会几千年的通信史（包括邮驿史、邮政史）"。虽然提出了邮驿与邮政起源不同的问题，却又将二者从后出意义上加以指认与分开，同样缺乏对历史原貌的认识。

[③] 苏全有：《清末邮传部研究》，中华书局 2005 年版。

[④] Silas H. L Wu: Communication and Imperial Control in China: The Evolution of the Palace Memorial System, 1693—1735, Harvard University Press, 1970.

[⑤] 孔飞力：《叫魂：1768 年中国妖术大恐慌》，上海三联书店 1999 年版。

转过程。但"国家""地方"这类概念在清朝的典籍及官僚体制的运转中具有何种特定意义、这些意义在晚清是如何随着国家和政府的逐步变化而演进，目前尚未看到更为深入的探讨。另外，外文著述中如Chang Ying-wan（郑英还）的"*Postal Communication in China and Its Modernization, 1860—1896*"[1] 则指出赫德等在中国政府中服务的外国人群体，无论在海关事务抑或是各种现代化事业如新式邮政的举办都有相当举足轻重的作用，而他们也在这些事业的举办中定位自己与母国及中国政府之间的关系[2]；Wellington K. K Chan 则在其"*Merchants, Mandarins and Modern Enterprise in Late Ch'ing China*"[3] 一书中，对邮传部的成立及幕后的权力斗争做了深入的研究。

自20世纪80年代初始，台湾的"中央研究院近代史研究所"开展了一项"中国现代化的区域研究（1860—1916）"计划，通过召集在近代史研究上富有功力的学者，将中国划分为广东、闽浙台、上海、江苏、山东、直隶、东三省、湖北、湖南、四川十个区域[4]，"探讨中国自十九世纪中叶至二十世纪初叶的发展与变迁"[5]。这套研究的特点，在于广泛收集了是时出版的各种史料，并对各类数据进行了整理分析，

---

[1] Chang Ying-wan：*Postal Communication in China and Its Modernization, 1860—1896*, Harvard University Press, 1970.

[2] 另外，该书亦考证了著名的《裁驿站议》并非冯桂芬所作，见其著第126页，但不少后续论著并未注意及此，依然将此托名之作归于冯桂芬。

[3] Wellington K. K Chan：*Merchants, Mandarins and Modern Enterprise in Late Ch'ing China*, Harvard University Press, 1977.

[4] 该项计划目前已完成了湖北省、山东省、闽浙台地区、湖南省、江苏省、安徽省六个区域的研究，所出版成果分别为苏云峰：《中国现代化的区域研究（1860—1916）——湖北省》，"中央研究院近代史研究所"专刊（41），1987年版；张玉法：《中国现代化的区域研究（1860—1916）——山东省》，"中央研究院近代史研究所"专刊（43），1987年版；李国祁：《中国现代化的区域研究（1860—1916）——闽浙台地区》，"中央研究院近代史研究所"专刊（44），1985年版；张朋园：《中国现代化的区域研究（1860—1916）——湖南省》，"中央研究院近代史研究所"专刊（46），1983年版；王树槐：《中国现代化的区域研究（1860—1916）——江苏省》，"中央研究院近代史研究所"专刊（48），1985年版；谢国兴：《中国现代化的区域研究（1860—1916）——安徽省》，"中央研究院近代史研究所"专刊（64），1991年版。

[5] 张朋园：《中国现代化的区域研究（1860—1916）——湖南省》，《中国现代化的区域研究（代序）》，第1页。

就本著讨论的邮政而言，该研究计划将此内容列入"经济现代化"的"交通发展"小节进行探讨，通过地方志记载来复原新式邮政局所的覆盖区域，对本研究有相当重要的启示。但该研究计划的方法和思路似受欧美"现代化"理论的影响，较多套用欧美历史进程中的范式叙述晚清至民初中国的发展轨迹，以致不少结论缺乏史料的实际支持。而统一的研究模式，在对各自的区域进行分析时，虽可保持体例上的一致，却难以分辨各区域在发展中的真正差异，而数据分析虽可反映一定时期变化的现象，但却无法说明变化过程及其真实原因。

除专门论述驿传与邮政制度的论著与论文外，有学者亦注意到新式邮政举办过程中的制度渊源及各种具体力量发挥的作用。如刘承汉先生指出新式邮政创办所借鉴的英国文官制与习惯法的问题[①]。不过值得注意的是，宣统年间选派学生出国学习"邮便及银行储蓄规章"，却是选择了奥国[②]，故其制度的渊源脉络，仍需结合当时的人事变动与政情迁移做具体考察，以揭示中国新式邮政制度的欧洲源头。

邮政与区域社会经济发展的关系，成为近年来各高校、研究机构博硕士选题的取向之一。从已有的研究成果来看，研究者集中关注的问题包括具体省份的邮驿邮政史、交通立法、海关邮政的研究及相关文献的整理。苗健在其论文《新疆邮电事业发展研究》[③]中，主要着力于外国势力在新疆对中国邮政利权的侵夺，而且由于该论文时间跨度较大（1893—2000），故对晚清部分的叙述并不详细。田明以山西为中心，

[①] 刘承汉先生在民国时期起草了我国第一部邮政法，他认为："邮政之创办仿自西方国家，其初期制度大体参用英国之文官制及其不成文之习惯法。早期邮政事务单纯，对外仅有业务章程，其对公众之权利义务关系，散见于业务手续之规定中，所谓不成文之习惯法，适用于英国，而不普遍适用于其他现代国家；我国邮政所仿行者，亦仅能适用于草创时期，而不能与一般行政制度配合，期于永久，建国以来国人已有见及此。"《刘承汉先生文著辑存》，交通部邮政总局邮政博物馆编印，1990 年版。

[②] 《申报》宣统二年正月廿五日（1910 年 3 月 6 日）："要摺·邮传部奏遵章豫陈次年筹备实情摺：……邮政则迭与税务处筹议接收，兼分咨出使大臣，拣派学生赴奥练习邮便及银行储蓄规章，俾备器使。"

[③] 苗健：《新疆邮电事业发展研究》，硕士学位论文，新疆大学，2003 年。

探讨邮政与中国近代社会发展的关系①，认为邮政导致中国近代社会发生深层次的变化。张苓苓通过对山东邮驿制度的考究②，指出其在政治、经济方面发挥了重要的影响，促进了商业城镇的繁荣。顾臻伟则对苏中地区邮电事业的早期现代化过程进行了探讨③，以扬州、泰州、南通为主要研究区域，考察近代苏中地区邮电发展的历程，并探讨其发展不平衡的原因。

叶士东通过对晚清交通立法的研究④，分析清代的邮驿立法的特点，而晚清邮政立法对外国法例的借鉴，明显体现了清政府的控制理念和条约制度及外国侵略的影响。他还指出，洋员在这一立法过程中，有为清政府、为中国近代化事业服务的一面，这一观点颇值关注。于越通过对晚清海关邮政的研究⑤，肯定其在中国近代化上的意义与价值。刘静在其论文中对《清朝续文献通考·邮传考·邮政》进行了较为详尽的整理与研究⑥，并从中分析了刘锦藻对晚清时势的看法及用意。

除专著外，关于邮驿、邮政及其转型的专题论文亦日益增多，研究也渐趋深入，研究者通过对这些问题的细节探讨及其他相关问题的深入分析，从历史过程与理论探讨两方面有所深化。具体而言，前人对于本专题研究的贡献及可待拓展的空间，可从以下五个方面进行把握：

1. 邮驿史、邮政史及其制度转型的直接研究

学者对清代邮驿的关注，首要是其制度与管理，尤其是各地区根据本身地理情况而对邮驿制度作出的调整。张燕清对清代福建邮驿制度做了较为详细的考略，认为清代福建邮驿系统完备，而每个部分都因应地

---

① 田明：《邮政与中国近代社会——以山西为中心，1896—1937》，硕士学位论文，山西大学，2005年。
② 张苓苓：《清代山东邮驿制度考略》，硕士学位论文，曲阜师范大学，2006年。
③ 顾臻伟：《苏中邮电事业早期现代化进程（19世纪末——1949年）》，硕士学位论文，扬州大学，2007年。
④ 叶士东：《晚清交通立法研究》，博士学位论文，中国政法大学，2005年。
⑤ 于越：《试论晚清的海关邮政》，硕士学位论文，吉林大学，2006年。
⑥ 刘静：《清朝续文献通考·邮传考·邮政的整理与研究》，硕士学位论文，江西师范大学，2007年。

理形式的变化而采取不同的寄递及管理方式[①]；李良品和李金荣通过对清代三峡地区的邮驿设置、管理及功用的研究，认为其主观作用是加强朝廷的中央集权及有效统治，但客观上开发了三峡的水上交通，促进了该地区的商品经济发展[②]，李良品还在另文讨论了三峡地区的邮驿管理特点[③]，认为其体制保证了该地区邮驿传递的顺利进行；宫宏祥通过对《大清会典》《大清会典事例》《清史稿·职官志》等材料的分析，认为清代邮驿在维系国家的形成与巩固上有重要作用，但清末的腐败与近代电讯交通业的发展则导致其衰落。樊清在探讨古邮驿衰落与近代邮政举办的关系中，认为其衰落一是与管理体制设计不合理、驿站职能繁多有关；二是中国封建社会内在的矛盾无法克服而导致其衰落，其对于清代邮驿管理体制的陋弊总结比较中肯。

这一时期对晚清邮驿史的研究，还有从历史地理角度探究区域驿站、邮驿路线，并有研究者注意到作为政治中心的都城与邮驿路线之间的关系。曹尔琴即指出，邮驿将国都与各地联系起来，更有效地控制全国各地[④]，这样的思路较之以前注重邮驿的交通功能，更为深入地结合清代政治、经济与文化背景的变革，探讨邮驿的内在功能。潘志平在研究清代新疆的邮传系统的论文中，从行政体制的变化及新式邮传方式的设置切入，分析新疆一地在清代的邮传体制变迁，而对诸条重要的交通路线变迁亦有抽丝剥茧的剖析。而区域性的驿站、驿路考证，如王灿炽对北京固节驿和密云驿的考证[⑤]、唐国文与梁华对清代大庆驿站的研究[⑥]、吴祖鲲对清代吉林驿路的研究[⑦]、张慧卿对福建

[①] 张燕清：《清代福建邮驿制度考略》，《福建论坛·人文社会科学版》2001 年第 6 期。

[②] 李良品、李金荣：《清代三峡地区邮驿的设置、管理与功用》，《宜宾学院学报》2003 年 1 月。

[③] 李良品：《试论清代三峡地区邮驿管理》，《重庆交通学院学报》（社会科学版）2003 年第 1 期。

[④] 曹尔琴：《中国古都与邮驿》，《中国历史地理论丛》1994 年第 2 期。

[⑤] 王灿炽：《北京固节驿考略》，《北京社会科学》1999 年第 1 期；《北京密云驿站考》，《北京社会科学》2002 年第 2 期。

[⑥] 唐国文、梁华：《清代大庆地区的驿站》，《大庆高等专科学校学报》1999 年第 1 期。

[⑦] 吴祖鲲：《论清代吉林的驿路交通》，《长白学刊》2001 年第 1 期。

水驿的分析①、特克寒与张杰对承德—内蒙古驿路的考证②等，都对该区域的邮驿交通研究有较多的论述，亦推进了研究者对个别地区的邮驿交通情况的了解与分析。

在前人研究的积累与启发下，刘文鹏在对清代东北地区驿站的研究中指出，应从功能的角度重新审视驿站的内涵。他以东北地区驿站为例，分析其政治与经济的功能③。而其在次年的《清代驿传体系的近代转型》一文中进一步分析，欲研究清楚晚清邮驿与邮政的转型问题，要从驿传体系的构成与功能入手。他以驿传体系的信息传递功能为例，认为晚清的信息传递方式经历一个多向发展的过程，而转变更促进了清朝与世界的融合④。不过该文对部分史实的理解有误，结论也多有武断⑤，尚有许多可以继续探讨之处。

对于近代新式邮政的性质、其崛起的原因及其影响，有研究者从内因、外因的角度去进行分析，并对其地位作用给予了高度的评价。王欣通过对山东近代邮政建立过程的研究，认为邮政是近代经济的产物，得到朝廷与地方政府的倡导和保护，而邮政官局自身亦不断改进，并有力

---

① 张慧卿：《古代福建水驿初探》，《龙岩师专学报》2004年第2期。该作者认为，"水驿作为此驿站交通的重要组成部分，虽然没有与陆驿完全分离开来，却与陆路驿站交通和海上水驿交通一道组成了以福州为中心的主干道交通网"。

② 特克寒、张杰：《清代承德通向内蒙古地区的驿路和驿站》，《承德民族职业技术学院学报》2004年第4期。他们认为，清初在承德境内建有四条通向内蒙古的驿路，加强了东北地区各民族之间的联系，促进了承德地区和内蒙古地区商业的繁荣和城镇的形成与发展。

③ 刘文鹏：《论清代东北驿站功能的发展》，《松辽学刊》（人文社会科学版）2002年第6期。

④ 刘文鹏：《清代驿传体系的近代转型》，《清史研究》2003年第4期。

⑤ 如该文认为，"除了在交通运输、官员接待方面发挥作用外，驿传体系的信息传递功能还可以分为两个层次，一是传递机要文报，须马上飞递，刻期抵达；二是传递普通文报，时限较缓。之所以作这种划分，是因为晚清驿传体系的转型就是按照这两种功能的不同而产生两个转变方向。机要文报的传递逐渐被近代电报取代，普通文报的传递功能则逐渐为近代邮政承载"。即带有典型的后来眼光来看待驿传功能的转变，即使是电报出现之后，机密文书仍需由驿传递京，盖其不仅要追赶时速，亦须遵守政制安排。但刘文鹏的观点似乎颇受赞同，黄继光在次年的《"裁驿置邮"的转化》（《集邮博览》2004年第7期）一文中基本沿袭此观点；又如其讨论近代邮政的发展过程，所划分的第一项"地方试点"，其中在天津等五处试办邮政之举并非李鸿章所为，不应将赫德之功劳划归李鸿章名下。

地打击了在山东的客邮机构①。而易伟新也认为，晚清国家邮政局的举办是中国邮政事业发展的必然产物，为中国人认识近代邮政提供了窗口②。她在对湖南新式邮政发展历史的研究中指出，近代新式邮政出现后发展迅速，与驿站和民信局相比是进步的表现③。这种以"近代化"、"落后——进步"来划分的思路，在其《略论晚清邮政近代化》一文中则表现得更为明显，她认为晚清邮政现代化有助于挽回中国利权，虽然其具有半殖民地性质，但在传统向近代的社会转型过程中也具有鲜明的进步性。而中国邮政的近代化，不仅是中国邮政事业的进步，其近代化过程中也伴随着中国邮权的统一④。诚然，新式邮政的发展，的确伴随着中国社会从传统到现代的转型，但倘若仅以"近代化""进步"等两极对立予以判断和笼统概括，极易忽略历史发展过程的多样性与复杂性，亦无法厘清其中海关与清廷、海关与民局、海关与客邮之间既相互竞争又彼此依存的关系。

　　作为晚清新式邮政的举办主体，海关及其相关人事在承办邮政过程中的努力与纠葛，成为研究者关注的另一重点，而作为海关总税务司的赫德，其行为与影响亦是研究者较为用力讨论的部分，对其行为及事业的评价，也从早期的全盘否定逐渐变为中肯。康之国在其研究中，认为赫德干涉中国内政，为列强侵略中国服务⑤。但王建华与江宏卫在次年的文章中即对这样的观点进行了修正，他们认为赫德在晚清财力困绌的情况下，初步实现了邮政制度和管理的资本主义化，但其阻挠中国加入万国邮联，则使得客邮侵犯了中国的邮政利权。故通过不同事例的分析，可使我们更好地把握赫德在邮政史上的特殊地位和殖民面貌⑥。可见对赫德的评价，已经不再单以"殖民者"的名称相冠，而是各有分别。姚琦在2003年的研究中更指出，西方势力对清代新式邮政的干预

---

① 王欣：《试论山东近代邮政》，《山东师范大学学报》（社会科学版）1998年第5期。
② 易伟新：《晚清国家邮政局创办原因初探》，《益阳师专学报》1999年第2期。
③ 易伟新：《晚清湖南邮政述论》，《湖南大学学报》（社会科学版）2001年第1期。
④ 易伟新：《略论晚清邮政近代化》，《株洲工学院学报》2004年第1期。
⑤ 康之国：《赫德与近代中国邮政》，《河南商业高等专科学校学报》1999年第2期。
⑥ 王建华、江宏卫：《略论赫德与晚清中国国家邮政》，《苏州大学学报》（哲学社会科学版）2000年第1期。

只是推波助澜的作用，其发展是时代的必然趋势①，可见其更重视从时代背景及形势发展的内外因素，分析新式邮政的产生发展及主办者的评价问题。王斌在其2007年的《中国近代邮政的创办及国有化之路》一文中，更加强调清末国家的主导作用②，虽然其文的分析于此未及深入，但亦从另一角度提示后来者，不应将新式邮政的建立发展单纯视为外国侵略中国利权的过程，而必须深究其中各种因素的纠葛与斗争。

除了讨论邮政制度的建设外，陈钢还利用中国第二历史档案馆的馆藏档案对晚清邮局数目、邮差线、航船线、铁路线等邮路里程、邮资价目、基本业务等进行统计，用大量富有说服力的数据，证明了在制度转型过程中新式邮政的便利及为民众的接受程度③。而吴弘明通过对赫德所颁发的邮政通令进行研究，给予海关邮政以极高的评价，认为其对中国近代邮政的发展起了不可替代的作用④。

清末邮传部的建立，在清代官制上第一次设置以管理交通事务为专职的部门，研究者们对其亦相当关注。苏全有除撰写了有关邮传部的专著外，还撰写了一系列有关邮传部及其举办事业的论文。其在《邮传部与清末邮政事业的近代化》一文中，以"近代化"的眼光，分析邮传部在清末邮政事业近代化中的作用⑤。其在另文则集中探讨邮传部与地方督抚的关系，以邮传部与地方督抚的关系为考察中心，以张之洞、袁世凯为例，努力切入清末中央地方关系的研究领域，详细探讨这些直省官员在举办交通新政上的态度与举措⑥。而苏全有与李风华还合撰《近

---

① 姚琦：《海关与中国近代邮政的创办史》，《上海电力学院学报》2003年第4期。
② 王斌：《中国近代邮政的创办及国有化之路》，《湘潭师范学院学报》（社会科学版）2007年第2期。
③ 陈钢：《近代中国邮政述略》，《历史档案》2004年第1期。
④ 吴弘明：《从海关档看中国邮政之肇基——以赫德所颁第1—10号邮令为例》，《历史教学》2006年第6期。
⑤ 苏全有：《邮传部与清末邮政事业的近代化》，《重庆邮电学院学报》（社会科学版）2005年第4期。
⑥ 苏全有：《论邮传部与地方督抚的关系》，《历史档案》2006年第1期。

十年来我国近代邮政史研究综述》①及独撰《邮传部研究100年》②两篇研究综述，前者从近代邮政与外国的关系、全国各地方邮政、邮政近代化几方面进行研究成果的梳理，后文则从干路国有、铁路问题、外债问题、邮电与航运等方面进行归纳，而两篇综述的结论，均认为无论是邮政史研究抑或邮传部研究，均存在许多不足，尚待进一步提高。这一结论自然有其合理之处，但如果仅以"近代化""现代化"的眼光与理论看待和分析相关事业的举办与影响，对当时错综交织的矛盾作简单化的解读与先入为主的判断，恐越"深入"则离真相越远。

随着新式邮政的发展，"裁驿置邮"及其引发的职权分化与利益冲突，亦是学者关注的对象，但这一问题的研究尚未有较多的成果。苏全有在其研究中指出③，主张改良驿站和缓裁驿站者，分别代表不同的利益阶层，而双方争持的中心是驿费利益，所以他认为利益平衡是制约裁驿快慢的关键因素，而改革成败的关键就在于能不能做到利益平衡。不过，在裁驿置邮过程中的争执，往往有超乎实质利益的形而上的追求，如果一味将新政举办的成败归结于利益争夺，则有偏执一方之虞。

整体而言，关于近代邮驿、邮政及其制度转型的研究，目前主要集中于对事件过程的叙述，而亦有学者开始从机构内部设置、人事斗争及利益冲突入手，挖掘这些问题的深层意义。不少研究均利用已版的资料集进行探讨，虽然较为便利，却也无形中限制了研究的多面性，形成了"就邮政谈邮政"的局面。实则清代驿传与政治运转相系甚深，而新式邮政的产生发展与朝野政局、商情变化密切相联，只有上下左右打通一气，方能在梳理相关史实以后，对古今"邮政"制度内涵的差异和转型过程的艰难有深入的认识，从而更接近历史真实的面相。

2. 与清末邮政制度转型相关的人事研究

对清末新式邮政制度的人事，学界多集中于海关税务司、尤其是赫德本人的研究，其实新式邮政正式开办以及邮传部成立之后，清朝枢臣

---

① 苏全有、李风华：《近十年来我国近代邮政史研究综述》，《重庆邮电学院学报》（社会科学版）2005年第1期。

② 苏全有：《邮传部研究100年》，《安阳工学院学报》2006年第2期。

③ 苏全有：《论清末的裁驿》，《重庆邮电大学学报》（社会科学版）2008年第1期。

疆吏的提倡力行也是其中一重要元素。目前学界对于与新式邮政相关的人事研究，主要集中在徐世昌与袁世凯身上。傅贵九在其研究中指出，徐世昌在任职邮传部尚书期间，在人才培养和制度建设上均有建树①。罗志和与袁德通过对徐世昌与中国经济现代化的研究，对其在任职邮传部尚书期间对交通事业的促进作用给予了高度评价②。对于历来负面评价较多的袁世凯，苏全有与申彦岭亦认为其在清末民初的交通事业发展上有值得肯定的贡献③。实则已有史料可证，徐世昌在邮传部对新式邮政的大力推动，背后是得到了袁世凯的支持，但目前尚未有研究对此进行说明。而有关的邮政人事研究，往往注重个人的贡献，忽视了官员群体间的影响与互动，未来还有可以继续拓展的空间。

3. 民信局、邮权、客邮及加入万国邮联的研究

清末邮递机构众多，除了官方的邮驿与大清邮政外，还有民信局、商埠邮局及外国邮局等。这些机构的存在与运转，不仅影响大清邮政服务的推广，还对原属国家利权的邮政权利造成损害。由于这类邮递机构留存下来的资料相对较少，故以往研究只能泛泛而论，未足深入，随着各类资料的相继披露，相关问题的研究亦得到逐渐深入的分析与探讨。

作为民间传统的递信机构，民信局与大清邮政的互相依存与竞争，是研究者关注较多的问题。顾联瑜在一篇对百年邮政史的总结中曾经提到，服务是大清邮政与民信局竞争中获胜的重要因素④，这一认识具有相当重要的意义，但其文并未就此详细展开。黄福才撰有专文论述海关邮政与民信局之关系，他将二者关系分为三个阶段，分别是1866至1895年两者各行其是的阶段、1896至1905年大清邮政官局与民信局发生利害冲突及控制为主的阶段以及1905年后海关邮政对民信局的排挤打压阶段，从此看出这是国家邮权由分散走向统一的过程，而中国在这

---

① 傅贵九：《徐世昌与近代中国邮政》，《学术月刊》1990年第11期。
② 罗志和、袁德：《徐世昌与中国经济近代化》，《河南师范大学学报》（哲学社会科学版）1995年第6期。
③ 苏全有、申彦岭：《近年来袁世凯与清末民初交通发展研究综述》，《周口师范学院学报》2007年第1期。
④ 顾联瑜：《总结百年邮政史，探索中国邮政发展规律》，《邮政研究》1996年第1期。

一邮政现代化的过程中付出了沉重的代价①,其还是以"近代化"为判断的标准,来对大清邮政与民信局的关系进行解读。胡婷在 2006 年的论文中,从民信局的起源一直讨论至中华民国对民信局的取缔,其中也是认为大清邮政通过控制与排挤手段,利用强大的国家竞争压力迫使民信局歇业改行②。而肖晓虹在 2008 年的研究里,除了沿袭上述的观点外,还指出民信局自身的缺点束缚了其发展潜力,以营利为目的的经营方式及在经济发达地区设局过多的问题,阻碍了民信局的进一步发展③。从整体上来看,研究者基本将目光倾注于大清邮政与民信局的竞争问题上,限于篇幅,大清邮政与民信局的合作及在制度方法上的互相学习,尚未有更多的成果出现。

除了考究民信局与大清邮政的竞争关系外,还有学者对近代民信局的递信网络进行了深入的探讨。徐建国在其《近代民信局的空间网络分析》一文中指出,民信局在咸同年间形成"T"字形的通信网络,而这一网络有明显的倾重,故呈现出寄递地点的局限性及同业之间的无序竞争等问题④。这一研究不仅为分析民信局衰落的内部原因提供了有力的佐证,同时也令学界对民信局在清代的运作与分布,有了更加深入的了解。

客邮机构,最早是在华贸易的外商为方便联系往来而设,而在清末时期,列强在口岸及内地纷纷开设邮局,侵犯我邮政利权,而已有的研究既对客邮侵犯我国邮政利权的事实进行了揭露,但也对该机构促进大清邮政建设的功用进行了肯定。丁三青在其对日本侵夺东北邮权的研究中,利用《中国海关与邮政》资料集中的相关文书,对这一问题的始末进行了分析⑤。黎霞在对上海工部书信馆的研究里,认为上海工部书信馆是大清邮政建立前的重要公用事业机构,其已形成以上海为中心的邮政网络,不少制度已具有近代邮政的意味,在中国近代邮政史上应有

---

① 黄福才:《试论近代海关邮政与民信局的关系》,《中国社会经济史研究》1996 年第 3 期。
② 胡婷:《民信局的取缔与邮政的近代化》(上、下),《集邮博览》2006 年第 2、3 期。
③ 肖晓虹:《论民信局衰亡的原因》,《知识经济》2008 年第 8 期。
④ 徐建国:《近代民信局的空间网络分析》,《中国经济史研究》2008 年第 3 期。
⑤ 丁三青:《近代以来日本对我国东北邮政的侵夺》,《历史档案》1995 年第 3 期。

其地位和作用①。易伟新在《略论晚清"客邮"》一文中认为，客邮的扩张主要与列强要巩固各自在中国的地位有关，而清政府迫于强权和疏于国际法，对客邮采取了放任政策，但客邮亦促进了中国邮政的近代化，成为中国近代国家邮政创办的催化剂②。尹斌在对法国与中国近代邮政关系的研究中，指出法国在中国邮政的近代化中，既破坏其原有的邮政体系，又不自主地促进了中国邮政的发展③。由于目前对客邮问题的探讨多基于清朝官方档案及海关的记录，对于客邮内部的材料挖掘不足，因此要进一步深化对客邮的研究，必须在材料上有新的突破，才能避免先入为主的观念，实事求是地分析客邮在清末的作用与危害。

通过取缔民信局的举措及在与客邮的斗争当中，邮政利权的观念逐渐为清人所熟悉和接受，并以此作为对抗客邮的法理依据和唤醒民族意识的理论之一。杨新明在其研究中，认为邮权是国家主权的一个重要方面，但其认为无论是商埠邮局、客邮抑或是海关兼办的邮政，都是为帝国主义侵华而服务的④，这一说法则与历史事实的发展不符。易伟新在2006年关于晚清邮权统一的研究中则指出，清廷对客邮的模糊态度，一是受胁于人，一是不谙公法，与其之前的研究心得基本一致⑤，但实则"邮政利权为国家应有利权之一"的观念，在清朝官员驻使外国后已渐为人识。苏全有在其《对邮传部主持之利权回收运动的检讨》一文中，认为清廷接收邮政，实则是增加负担，而此前后的邮政人事管理制度并无变化⑥。该文的贡献，在于从社会的角度探讨收回利权的意义，而对清廷收回邮政自办的评价不高。但从收回邮政之后，邮政员工与外籍管邮官员的冲突日增来看，恰是利权意识逐渐增强的表现。同年

---

① 黎霞：《工部书信馆与近代上海邮政》，《档案与史学》2000年第1期。
② 易伟新：《略论晚清"客邮"》，《益阳师专学报》2000年第2期。
③ 尹斌：《法国与近代中国邮政述论》，《信阳师范学院学报》（哲学社会科学版）2001年第2期。
④ 杨新明：《近代中国邮权的丧失与收回》，《求索》1997年第2期。
⑤ 易伟新：《晚清的邮权统一政策述论》，《重庆邮电学院学报》（社会科学版）2006年第1期。
⑥ 苏全有：《对邮传部主持之利权回收运动的检讨》，《历史档案》2008年第1期。

张国红的论文《清政府与清末收回利权运动》，认为收回利权运动表明了近代国家主权意识的增强和民族主义力量的成长[1]，但在具体史实上的研究较少，在说服力上稍逊一筹。笔者以为，讨论清末的邮政利权问题，必须从观念的认识、引入、讨论及实践上入手，避免从后人的"权利"观念去看待前人的认识，更要避免标签式的论理逻辑，而是要从事实出发，对具体的人事进行评价。

清末维护邮政利权的办法之一，即是加入万国邮政联盟，对此学界亦多有研究成果。丁进军先后在1998和1999年发表了《晚清中国与万国邮联交往述略》[2]及《中国与万国邮联的早期交往》[3]二文，其主要内容均认为赫德极力阻挠大清邮政加入万国邮政联盟，而这种看法亦为胡中升所沿袭，他在研究中同样认为迟迟未能加入邮联是赫德的百般阻挠、英法两国对中国邮权的争夺和清政府的昏聩无知，但并未就是时国内外的邮务状况进行具体的分析。赫德主张缓入邮联，既有其利益考量，也有根据当时大清邮政面对的政治和经济形势而做出的决定，不宜仅从结果而猜测其有不良动机。

4. 邮政与交通的关系

邮驿、邮政事业与交通的发展密不可分。严耕望先生在其力作中即开篇立意："交通为空间发展之首要条件，盖无论政令推行，政情沟通，军事进退，经济开发，物资流通，与夫文化宗教之传播，民族感情之融合，国际关系之亲睦，皆受交通畅阻之影响，故交通发展为一切政治经济文化发展之基础。"[4] 在火轮、火车等现代交通工具传入以前，四通八达的陆上驿路成为清王朝政令流通的血脉干道，而在海运及铁路运输发展起来后，传书递信的速度和安全性更是大大提升。

王宏北和王宏刚合撰的《论满族交通习俗》一文，详述了东北地区的驿站递信流程，同时具有史料和学术史的双重意义[5]。张林通过对吉林驿路的研究，揭示出驿路开拓、土地开发与吉林边区发展的互动

---

[1] 张国红：《清政府与清末收回利权运动》，《理论学刊》2008年第3期。
[2] 丁进军：《晚清中国与万国邮联交往述略》，《历史档案》1998年第3期。
[3] 丁进军：《中国与万国邮联的早期交往》，《中国档案》1999年第7期。
[4] 严耕望：《唐代交通图考·序言》，第一卷，上海古籍出版社2007年版，第1页。
[5] 王宏北、王宏刚：《论满族交通习俗》，《黑龙江民族丛刊》1997年第2期。

关系①。周泓的《清末新疆通内外交通的反差》一文,结合新疆的政情发展,探讨该地从最初的军台、营塘到新式邮政及客邮设置的发展历程②。从现有的研究成果来看,学者多集中讨论边疆地区的交通事业发展,对沿海及中部地区的关注相对不足,故王子今在《中国交通史研究一百年》一文中亦指出,交通史的研究尚有不少空白之处,尚待研究者们继续努力③。

5. 其他相关问题

除有关邮驿史、邮政史及其转型的直接研究外,与其相关的制度、人事研究,亦是在该研究中需要注意和参考的成果,其中涉及较多的,应是近代海关的研究内容。黄顺力在其研究中指出,虽然赫德在行事上有意无意地向英国利益倾斜,但促进了包括思想意识观念在内的各个层面的近代化④。文松通过对海关华洋人员人数变迁及分布的分析,指出其变化反映了列强势力的此消彼长,也反映了中国人夺回海关主权的努力⑤。孙修福与何玲对外籍税务司制度下的中国海关人事制度进行了详细的研究,认为这种制度具有"不受政治干扰的超然性""复杂细密的职位分类""严格的考选制度""专业化培训制度""严格的考核考绩制度""升陟和晋升制度""奖罚分明的奖惩制度""频繁迁调轮换制度"及"高薪及丰厚养老金制度"特点⑥。杨军则对晚清海关高效率的行政管理制度及其产生的经济效益,给予了高度的评价⑦。

李虎对海关的洋员录用制度进行了具体研究,认为海关洋员的"推荐——考试"制度使海关录用了大量合格的官员,提高了海关行政的效

---

① 张林:《略论清代吉林的驿路交通及其对边疆地区开发的贡献》,《东疆学刊》1999年第4期。

② 周泓:《清末新疆通内外交通的反差》,《新疆大学学报》(社会科学版)2002年第1期。

③ 王子今:《中国交通史研究一百年》,《历史研究》2002年第2期。

④ 黄顺力:《近代海关与洋务思潮论略》,《学术月刊》1998年第4期。

⑤ 文松:《近代海关华洋员人数变迁及分布管窥》,《民国档案》2002年第2期。

⑥ 孙修福、何玲:《外籍税务司制度下的中国海关人事制度的特点与弊端》,《民国档案》2002年第2期。

⑦ 杨军:《外籍税务司制度下晚清海关行政管理体制的确立》,《湘潭师范学院学报》(社会科学版)2006年第1期。

率及推动了中外贸易的发展①。段晋丽通过考察赫德与中国近代海关确立的关系，指出赫德在关税、财务、人事等制度上的创新，深刻地影响了中国海关制度的近代化②。而李永胜则揭示了清廷在新政时期收回海关权利的谋划过程，认为这一时期清朝官员已经有了较为明确的国家主权意识，并开始了逐步收回海关权力的尝试③。

三　问题意识与研究方法

通过对已编纂史料及学术研究成果的把握，可以清晰地了解到前人在这一领域的已有成果，不同学科、不同专业的学者，从邮驿史、邮政史、交通史、法制史等角度切入，对清末邮驿与邮政制度的并存局面和变迁过程，做了相当深入的探讨。从目前的成果看来，清代邮驿制度及晚清新式邮政的建立过程等史实已经大体清晰，但对于其中的观念变迁、新式制度建立过程中的人事与利益纠葛、具体人物在行事上的评价与作用等问题，仍有可以继续挖掘的空间。

从已经编辑成册的邮驿、邮政史料来看，除仇润喜主编的《中国邮驿史料》及全国图书馆文献缩微复制中心编辑的《中国近代邮政史料》，收入了大量清代关于邮驿、邮政及相关邮递机构的奏折、上谕文件外，其余史料集的编纂则对这一主题内容相对忽视。虽然研究此问题的研究者大体将清代邮驿与清末的新式邮政视为前后接续的一体，但意识中还是把二者做截然的分别，以"邮政"为名的史料主要收入新式邮政制度相关的文献，而忽视了清代文献中"邮政"的特有意义。如果不能对此做一清晰的辨义，则很难察觉在制度转型过程中，观念是如何跟随时势的变化而产生新的含义。

清末报刊众多，不仅有民间主办的各类报纸，清末由官方主编的各类官报亦是种类繁多，而从目前邮驿邮政史的研究来看，研究者关注较多的集中于《申报》的相关报道，但除此以外，《大公报》《香港华字

---

① 李虎：《中国近代海关的洋员录用制度》，《历史教学》2006年第1期。
② 段晋丽：《赫德与中国近代海关制度的确立》，《太原师范学院学报》（社会科学版）2006年第2期。
③ 李永胜：《清政府收回海关权的最初谋划》，《历史档案》2006年第2期。

日报》《岭东日报》《时报》《中外日报》《东方杂志》等报刊亦有大量丰富的关于邮驿、新式邮政制度及其相关人事的报道。而清末编纂出版的《政治官报》《内阁官报》及各省编辑的官报，则刊载了大量朝廷关于邮驿、邮政事务的奏折上谕，以及各省在开办新式邮政过程中的相关报道，对于研究者深入钻研其中的相关问题具有重要的价值。不过，清末各报在人手、关注区域及交通信息交流条件的限制下，不少新闻多有互相转载、甚至抄袭的情况，在使用过程中必须注意时间序列，以免颠倒前后，混淆主次。

相对于报刊资料而言，书信、日记等材料在有关邮驿、邮政史的研究中使用更少，主要是其内容零散，解读困难，记载者或许与邮驿邮政事务有一定关系，但在书信、日记中却未必留下直接的内容记载。此类史料的阅读对象本有具体所指，写给何人看及写什么给什么人看，都有相当的讲究。同一事件在不同人士的理解中有相当大的差异，而在清末政情复杂的情况下，表面的允可未必是内心的认同，而或许是特定环境下的应对之策而已。因此通过对清末相关人士的书信及日记材料的分析，可以探知不少决策内幕及人事互动的信息。尤其是目前所出版的史料中，更有外籍税务司的日记与书信、电报集，可以进一步丰富对该段历史的认识程度。

从目前已有成果的研究范围来看，大部分著述都局限于叙述制度建立及发展的过程，而对其中复杂的利益及人事互动用力不足，某些结论带有明显的时代色彩，重复性的研究较多。虽然对所关注的区域及问题的探讨有所深入，但不少论文对学术史的回顾并不全面，而部分论述更以转述前人观点为主，缺乏深入的挖掘。而以"近代化"的观点看待近代新式邮政的建立与发展，也容易失之偏颇，本来立足于具体区域的研究，更容易发觉制度建立与社会互动、旧制维持与新知推行之间的纠葛，而目前已有的研究暂未能充分体现，故尚可继续深入分析。

在研究方法方面，由于不少论著的作者本是邮政行业中人或者集邮爱好者，有较多的邮务工作经验和邮品收藏经历，但在收集与分析邮史材料之间仍可深入。不少著述以章程条文为研究主体，而忽视了不同国籍、不同背景、不同目的的人及人群在这一历史舞台上的精彩演出。在认识到这些已有的经验与局限时，本著将坚持"具体问题具体分析"

的原则，吸取前人的成功经验，以史学方法为基，借鉴政治学、社会学等相关学科的理论，从充分收集和深入解读史料入手，综合考察清代邮驿与新式邮政制度之间的共存及转型过程，探讨在这一历史过程中具体人事的互动和利益划分的流变，并体会在转型过程中对社会及时人观念和行为的影响作用。具体而言，拟在以下方面注重与努力：

（1）"邮政"观念在清代传统政治体系中的意义与作用，以及随着新式邮政制度的建立发展，其观念内涵如何转变为今日人们所熟悉的意义。观念意义的转化，其背后是整套制度与行事方式的改变，理解"邮政"在清代传统制度中的训谕与约束作用，才能对清末时期官场对"裁驿置邮"的忧虑、担心及阻碍，有一份更深的"了解之同情"。

（2）新式邮政制度从呼吁到实现的过程中，各方势力的互动与利益的冲突。以英国邮政制度为蓝本的新式邮政制度，最早出现于中国的条约口岸，并利用火轮船带信往来于各目的地。从早期《申报》呼吁采用新的递运方式，到赫德第一次进京即向恭亲王提议建立国家邮政，再到海关试办邮政及1896年正式开办大清邮政，期间几经周折。而邮政开办后收归邮传部自办的问题，"裁驿置邮"中与兵部（陆军部）的权力划分问题，更凸显清末十年间政情人事纷繁复杂的一面。

（3）大清邮政如何统一众多邮递机构，并加以控制管理的问题。自19世纪30年代始，在清廷疆域中即存在多种形式、功能均有差别的邮递组织，从朝廷组织的驿传铺递、提塘专差，到民间商业资本开办的信局专足，再到洋人管理的商埠邮局、外国邮局，局所众多，线路重复，而且各有利益归属和代表。由海关主办的大清邮政如何通过自身建设加强实力，利用吸取各机构的有效经验，调整邮资和提高服务质量，来归并各种邮递机构，而在此中双方以及多方的博弈如何展开和进行，而他们的行为最终对新式邮政制度的确立和人们递信方式的改变产生什么影响，均值得研究者去探究和深思。

（4）晚清利权问题与新式邮政的关系。在传统的"邮政"概念中，仅包含朝廷的政令文书通畅流转对长治久安的意义，而民间传书带信乃小民之利，国家不宜侵夺。在欧风美雨的吹打之下，国人的"利权"意识逐渐在新知的教育影响下觉醒，而邮政作为欧美国家重要利源之一的认识，常被推行新政的人士作为依据而鼓吹开办国家邮政。从"不与民争利"到"保护国家利权"的转变,同时即是近代中国知识体系发生转型的面向之一。

(5)晚清在华洋人对新式邮政建立发展的意义。在已有的研究中,对于主持及参与建立新式邮政及促进其发展的在华洋人、尤其是以赫德为首的外籍税务司,主流看法与结论均认为其侵夺中国利权,掠取中国利益,将他们划归于侵略者的行列。但结合近年来新出的各类史料仔细体会,则不难发现,这些看法似乎忽略了个体的差异性,以及对具体行事来龙去脉的深入分析。虽然赫德等人长期把持新式邮政的开办及管理,但因其职务角色的客观限定,其履行职责时亦曾在维护中国邮政利权、打击"客邮"和统一邮递机构方面做过一定程度的努力。与此同时,作为大英帝国的子民,赫德等人的确有维护英国利益的想法与行为,这与其本人日记书信中某些推进中国近代化、维护清朝统治的超乎个人利益之上的言论及设想,似乎十分矛盾。事实上,"人"是历史研究中最基本却又最复杂的对象,对于那些有着双重身份,在政治与社会生活中扮演着双重乃至多重角色的人而言,似乎不宜用"标签式"的话语定义其思想与行为,而应该实事求是地从具体事件进行分析。

总而言之,从古代传统的邮驿制度到新式邮政制度,其建立发展与转型变制贯穿着清代二百六十七年的历史,其中牵涉的人事利益面相众多,通过对相关史料的爬梳并深入研究,不仅可明了清代政治运转的信息渠道与控制方式,还能对遭遇"数千年未有之大变局"的晚清社会,伴随新式观念和制度的输入,各种邮递方式、组织如何统一,而又如何影响中国人的思想及行为的过程有相对清晰的认识。

第一章

官民两分的传统邮制

  传达政令与沟通政情,对于皇朝统治辽阔的疆域至关重要。《孟子·公孙丑篇》有云:"孔子曰:德之流行,速于置邮而传命。"① 可见"邮传"与"政命"流通紧密相关,因此自古已为众人以血脉而喻之。宋人吴昌裔认为:"邮传,军中之耳目也。……差除所以壅滞,应报之所以稽迟,科降之所以愆期,功赏之所以沮难,上下否隔,而日月淹延,皆气脉之不通然。"② 明代胡缵宗称:"今之驿传,古之置邮也。其在水陆,犹血脉然,宜上达下,不可一日缓者。"③ 顺治年间的河南监察御史罗国士奏:"百姓国家之根本,驿递国家之血脉。"④ 至同治年间任职兵部的黄云鹄,亦在公文中称:"伏思朝廷之驿站,如人身之血脉,血脉不通则身病,血脉杂则血脉亦病。"⑤ 足证时人对邮驿通畅与朝政

---

  ① 对于"置邮传命"之各家解说,可详参仇润喜、刘广生主编《中国邮驿史料》,北京航空航天大学出版社1999年版,第6—8页。
  ② 吴昌裔:《论救蜀四事疏》,(明)黄淮、杨士奇编《历代名臣奏议》卷一百,"经国",上海古籍出版社1989年版,第1365页。
  ③ 胡缵宗:《愿学编》(下),转引自仇润喜、刘广生主编《中国邮驿史料》,北京航空航天大学出版社1999年版,第275页。
  ④ 席裕福、沈师徐辑:《皇朝政典类纂·邮政一·驿传》,《近代中国史料丛刊》续编第92辑,台湾文海出版社1984年版,第3页,第10537页。
  ⑤ 黄云鹄:《兵部公牍》,《近代中国史料丛刊》初编第580册,台湾文海出版社1966年版,第78页。

流转之辩证关系的认识①。而有清一代承继了明季的驿传制度,在入主中原后,对驿传体系的管理及设置都做了较大的调整,以期沟通政情,国泰人和。

"置邮传命"乃传统皇朝体制在交通传输技术条件限制下的制度用意。在大一统帝国内,既要保证朝廷政令的上传下达,又要保证在省府厅州县各级行政机构上的政情流动,更要时刻留意边疆地区的军情民意,加上身携朝命的官员,通过驿站驰至各地,本身即是皇权朝令的象征。因此"马上飞递"的驿传制度,为朝廷及时了解各地情状,迅速做出反应,关系甚重②。

---

① 考诸已出各本邮驿史的研究著作,可见其对于清代邮驿管理体制的认识,多由《清史稿》《清朝续文献通考》《大清会典》《大清会典则例》《中华民国十年邮政事务总论》及《交通史·邮政编》中有关驿站的相关篇幅整理得来。如谢彬的《中国邮电航空史》中关于清代驿传的叙述,即据《嘉庆会典》所载(谢彬:《中国邮电航空史》,《民国丛书》第三编第35册,第9—14页);楼祖诒撰《中国邮驿发达史》,其关于清代驿站的组织一节自注"转录《民国十年邮政事务总论》及译述《光绪三十年邮政总论》第七号附件"(楼祖诒:《中国邮驿发达史》,《民国丛书》第三编第35册,第312—313页,其《中国邮驿史料》一书中关于清代邮驿的组织制度叙述亦基本沿前书,惟叙述更为简洁);而晏星编著的《中华邮政发展史》(晏星:《中华邮政发展史》,台湾商务印书馆1994年版,第196—199页)及张翊著《中华邮政史》(张翊:《中华邮政史》,台湾东大图书公司1996年版,第45—51页),则多依《交通史·邮政编》及《清朝续文献通考》的叙述,而内容基本是清代邮驿组织的大致描述及主要路线,尚未注意到邮驿体系的政治意味以及其与皇朝政治运转的密切关系。

② 梁元生指出,"官府交通运输网络,举邮路即驿道作为例证,它不是按横向联系,而是按连接中央政府与各省的辐射状模式建立的。……邮传网络的设计也是为了保证中央权力的安全,阻止横向的结盟"(梁元生:《津沪联系:李鸿章对上海的政治控制》,刘广京、朱昌凌合编《李鸿章评传》,上海古籍出版社1995年版,第130页)。此言甚具启发意义。清朝历代皇帝对驿站之管理极为重视,盖因经驿道传递之文书常为加急要件,为朝政处理之重点,故无论是《大清律》中对骚扰驿站之行为予以重罚,抑或圣谕对官员不当用驿的三令五申,均可看出在政情流通上,腹地所设的驿传网络乃是朝廷控制的主要手段,亦因如此,自康熙朝以降,无不对驿弊加以限制及管理,其目的依然是保证朝廷能以最快的速度获知各地的紧情要事。刘广生认为驿递网与步递(铺递)网构成清代传文的"两网制"格局,"两网独立存在,自成体系,均以'传命'为主旨",其言过于绝对,而且两网的主要功能有所混淆,而其认为二者区别在于"传递方式、内容与要求、程与限各有不同",判断大致不差,惟论述太简,未能深入探讨驿传与铺递所承载的政治含义及对实际政治运转的影响。(刘广生:《试论中国古代邮驿的特点及发展规律》,载刘广生、赵俊起、宋大可编著《河西驿写真》,北京燕山出版社1996年版,第209页)

第一节 "邮"与"政":清代邮驿
制度的用意及弊病

一 清代"邮政"析义

"邮政"一词于有清一代,内涵外指均历时历事而变①。查实史料,以"邮政"而概括与驿事相关之政令训示,自乾隆一朝方始,究其缘由,或与雍正朝确立之密折制度及皇权的逐步高度集中相系。道咸年间,外邮机构初设口岸,而众有识之士或亲历,或耳闻,将外国邮政制度介绍入华。此等制度与传统"邮政"有别,其以公共服务、裕国便民为义,并不涉及在皇朝体制中、以置邮传命而皇令天下的功能。后世以"邮政"名之,乃以其传递文书之职能为由,但并未考究其背后之设职初衷。今人研究邮政史,又多以现代邮政制度的功能,反溯往日"邮政"之行事,重峦叠嶂,却难见昔日庐山真貌。

在清廷逐步建立现代新式邮政的同时,也是欧美新式邮政制度逐步完善的过程。因此清代之"邮政"在其传统意义转变的时候,其现代意义所指向的制度、体系和服务理念也在不断地改变中。辨清其义,不仅可由此窥视清代政治控制之一径,亦可明了近代国人对传书递信之邮政制度,经历了怎样的一个认识过程。

自《孟子·公孙丑篇》称:"孔子曰:'德之流行,速于置邮而传

---

① 按查清代皇朝政典,在"邮政"体制设置一项,既有传书递信之"邮",亦有运输供食之"驿",其二者功能难言泾渭分明。再者,清代置邮分驿、站、塘、台、所、铺,各省腹地所设为驿,军报所设为站,甘肃安西州、新疆哈密厅、镇西厅设有军塘,西北两路设为台,直省旧设运送官物之机构称递运所,各省腹地厅州县所设为铺司。除铺司功能单一,仅为传递府厅州县之公文往来外,其余五项机构,在递送文书、物资运输和接待官员上均有涉及而各有侧重。某些特定区域所设之机构,如边疆地区设置的卡伦,亦有代替驿站而传递文书的职能(参见宝音朝克图《清代北部边疆卡伦研究》,中国人民大学出版社2005年版,第160页)。

命.'"不少学者已对"置"与"邮"的意义与关系做出探讨①,从中亦可看出古人对邮驿机构与德政传播之联结的重视。基于交通条件与车马约束,传统邮驿仅能服务于王朝政治,以传递朝令而号命天下,这也奠定其后三千余年间,邮驿制度与政治运行的紧密关系。就清代而言,已有学者提及皇权政治与驿传体制之关系②,而其关键的体现,就在于如何约束和要求官员遵循皇帝以及中枢的内阁决策,并且保证这种朝命与奏报的渠道快速无阻和安全有效。

清代制度集历代之大成,其既可借鉴前朝之制以立本朝之法,又可吸取过往的教训而力免覆辙。明亡之后,王夫之曾对前朝驿递之盛衰变迁,及引发明末驿弊的原因,有过简明扼要的论述。他认为"国之脉络"的驿递,是"不容壅滞"的机制。但自嘉靖朝始,对驿递之管理渐流为空言,仅以"非勘合火牌,不许应付"一语约束官员,而官员扰驿之现象,日益严重,导致负担全行落于民间,"水则搉船,陆则派夫,县不给则委之殷实,委之行户,已而全委之里甲"。"驿递之外,莫如公费。且若皇华衔命,监司巡行,宾客经过,节序宴会,相为酬酢,宾兴考课,必有供奖,廨宇桥路,必时修理,下逮舆皂犒赐,孤贫拯给,皆人情物理不可废之需"。法制不清,横取于民,"则无可复制

---

① 自朱熹《四书集注》始,对"置""邮"二字之训诂探讨不休,大体看法,不离朱熹"置,驿也;邮,馹也。"的解释。而近代古文字学专家唐兰则在《王命传考》一文中指出,"置邮与传命,语法相同,置为动词,犹设也"(唐兰:《王命传考》,《北大国学季刊》1946年第6卷第4期),认为"置"并非邮递机构或通信组织,而作"设置、安置"等义解(关于"置邮传命"的辨析,可详参刘广生主编《中国古代邮驿史》,人民邮电出版社1988年版,第33—35页;仉润喜、刘广生主编《中国邮驿史料》,北京航空航天大学出版社1999年版,第6—8页)。

② 刘文鹏在其著中称:"驿传系统从它产生的那一天起,就与王权政治的四处延伸互为表里,王权所及,驿传必定跟随而至;驿传所到之处,也意味着王权统治的建立。"而就清代而言,"清代驿传系统的成熟与完备,以清代皇权政治走向极端专制为动力,同时又成为保证皇权政治发展的必要条件"。另外,"清代驿传系统的发达还有力地支持了清朝中央集权的制度,在推动中央对地方的有效控制方面发挥了作用"(刘文鹏:《清代驿传及其与疆域形成关系之研究》,中国人民大学出版社2004年版,第301、303页)。不过,作者对此观点仅一笔带过,而没有进一步详细的展开。

而益趋奢滥,于是而民日困,国日贫,诬上行私,莫之纪极矣"①。

王夫之对明末驿站因裁撤而引发的影响分析,对清代驿递设置及布局产生过深刻的影响,清人亦因此将驿站之裁留,与皇朝的稳定相联系,把其视为"皇政"之一部分及朝廷统治在州县的一种体现。清人汪价即称:"古之设驿递也,所以通往来,劳行役而将王命也,故国与民交受其利"。一旦朝廷不加以重视,使得"大军之更调日烦,差员之驰驱如织,京官之致餐授馆者,络绎而不绝",必导致病国病官之后果:"额银不给,势必请增于大部,岁耗金钱无算,则病在国;大帅、贵僚、悍差、健卒逞威横索,有司虽竭力以奉之,而怒诃笞辱,靡所不加,则病在官"。无论病国或是病官,朝廷均无法承担驿费,而不得不摊派与民,于是"骚扰搜括,膏血为枯,则病在民"。所以他慨叹:"夫病国而国为之虚,病官而官为之惫,至于病民,而其害可胜道哉!"② 故置邮传命之根本,还是在如何平衡官民利益。驿传虽为朝令传输之渠道,而其在州县又与民政息息相关,若驿弊扰民,不仅民怨难平,更损害朝廷形象与地方稳定。

驿铺与朝政稳定的最突出表现,一是文报迅速对战争胜负的影响,一是州县日常政务的顺利开展。康熙帝曾对驿递系统在平定三藩之乱中的表现大为赞赏:"我朝驿递之设最善……三藩叛逆吴三桂,轻朕乳臭未退,及闻驿报神速,机谋远略,乃仰天叹服曰,休矣,未可与争也。"③ 魏源在《圣武记》中亦称,在平定三藩战争中"羽书络绎,命兵部于驿递之外,每四百里置笔帖式、拨什库各一,以速邮传"。尽管各地路途遥远,而"每日军报三四百疏,手批口谕,发踪指示,洞的中窾。遵命者罔不摧敌,违机者罔不钝衄。"正所谓"用能指麾臂使于数千里之外,健行默运于八载一日之余"④。对于州县政务而言,朝廷"宜于地当孔道之县,设有驿者,附以邮。县丞、巡检、汛官分驻,村

---

① 原载《噩梦》,转引自仇润喜、刘广生编《中国邮驿史料》,北京航空航天大学出版社1999年版,第271页。
② 贺长龄辑:《皇朝经世文编》卷七三,《兵政》,总第2628—2629页,沈云龙主编《近代中国史料丛刊》初编第74辑,台湾文海出版社1966年版。
③ 中国第一历史档案馆编:《康熙起居注》,中华书局1984年版,第2459页。
④ 魏源:《圣武记》卷二,《藩镇、康熙勘定三藩记上》,中华书局1984年版,第73页。

镇有公文来往，一律置邮"①。而州县"寻常文书，则用铺递，每州县设铺之数不等，以铺司、铺兵奔走其间，而消息故能灵通耳"②。因此驿传铺递，绝非仅是一种传书递信的文报体系，其运转与朝政息息相关。而通过使用邮驿系统的官员，省府州县与中枢紧紧维系，在是时交通条件的限制下，依然能够及时反馈各地民情至京师内廷，而上谕决策也可以尽快下达至各地官员手中③。

以后人眼光揣摩前人体制之用意，多有隔靴搔痒之感，更有词不达意、误解前人之虞，故不妨以采摘前人修撰方志内关于驿传铺递作用之解释，更直观地阐释上述观点④。从清代各朝方志的"驿递""驿传""驿站""邮铺""驿铺""邮传"诸志的叙述中可见，邮驿之作用，与国家政令军情及官员往来密不可分。所谓"诗咏皇华，原以速邮檄传命令也"⑤。具体而言，"驿传之设，国家为征发期会，军书宾使，备缓急，均劳逸也。……至铺递所以连邮传，文命以之敷系，綦重矣"⑥。其关键职责，"止以飞报军情，递运正供物料与给边钱粮"，而"非为官员往来行李备也"，所以"大臣以礼致仕，抚按钦差行而方准驰驿"⑦。驿传系统不仅为王朝"辀轩之使"，亦是外藩"谟猷之告"的途径；不仅传递"宪台之文檄"，还负责"税课之饷鞘"的运输⑧。总而言之，"驿递，所以传命也。大事给驿，小事人递，君子端拱堂署之上，

---

① 汪之昌：《邮政议》，《青学斋集》卷29，转引自《中国邮驿史料》，第274—275页。
② 陈寿彭：《说邮》，《交通官报》第二十五期（宣统二年十月之前编），第2页，《近代中国史料丛刊》三编，第267辑。
③ 一时代之政治运转，与其交通体系的运输速率有密切联系。虽然清代诸朝均有战事，但相较对手而言，其占有的交通资源和条件均较对手为优，故在交锋上亦易占上风。但嘉道年间欧洲工业革命兴起后，交通工具的改善和发展，带动其邮递制度及体系亦发生较大变化，使其朝更加快速、安全和保密的方向发展。而清代驿传体系在弊端丛生的状况下与新式邮政制度竞争，自然难以取胜。但驿传体系自身具有的政治意义，使其又不能为朝廷轻易放弃，方会出现清末旧式驿传与新式邮政共存的局面，而晚清官员以新式邮政为"商业"、担心无法保证军报安全而拒绝裁驿，恰是这种思路的体现。
④ 关于清代历朝地方志中有关驿传邮政的详细述说，参看文后附表二。
⑤ 刘起凡修，周志焕纂：(康熙)《阳春县志》，《邮铺》序。
⑥ 刘道著修，钱邦芑纂：(康熙)《永州府志》，《驿传》序。
⑦ 屠直纂修：(康熙)《屯留县志》，《驿传》叙。
⑧ 邵士重修：(康熙)《沂州志》，《驿递》。

而令行于环海无阻者,职驿递为之也,其所系岂小哉!"① 所以朝廷在一些地处"咽喉之地"的地区设置驿站,"皇华天使往来其间,朝贡述职,奔趋其道,络绎不绝",于是"军国命脉特此流通焉"②。

随着雍正年间密折制度的逐步完善,驿传系统的意义进一步为官员士人所认识。"驿传所以通朝廷之政教者也,言传号涣而万里奔走,驿传之为之也。其事甚重,其费甚烦。"③ 虽然驿务实为州县重负,但"驿站之设,诚为经国要务"④,所以"驿递之制,顾不重欤"⑤。而驿传亦不止传书君命,"凡军机之缓急,政令之宣传,官府之奏报,文移、财赋、狱讼之出纳谳报,虑有稽滞而不通,涣散而不属也。爰因地置传,以达道路,通警耗"⑥。更是体现"皇仁所届,远至迩安",而孔子所期望的"德之流行速于置邮而传命,益可见矣"⑦。

至乾隆年间,邮驿制度更趋完善,但日益严重的驿弊,对皇朝"邮政"贻害甚深。所以虽然"我朝邮政精详,万里之程,可以不两旬而达",但"圣训煌煌",训谕各地官员必须"戒虚冒,禁骚扰,惩滥应",以期"整饬与体恤备至,固其马腾而卒健也",并使得民众"可知国家声教之讫,威命之行,其不疾而速有如此者"⑧。而吴凤山所纂修的《涿州志》更明确指出,"夫传涣汗达,章奏日驰数百里,驿之所关重矣。下即文移往来亦置邮,而克以时日,勿许后时,而堡铺之设与驿传虽有迟速,要皆几务所系,而不可稍有稽延者"⑨。如此强调置邮传命不容稽迟,恰反映是时驿传之弊即是传书迟滞。由于驿传邮政与"皇政"、"教化"等相系,所以在传书递命的背后,更有维系朝政运转的重要意义。

清代诸朝对驿政之建设相当重视,盖其不仅是为了文报渠道的通

---

① 沈藻修,朱槿等纂:(康熙)《永康县志》,《驿递》序。
② 钱振龙纂修:(康熙)《隆昌县志》,《驿传》序。
③ 唐执玉、李卫修,陈仪、田易纂:(雍正)《畿辅通志》,《驿站志》序。
④ 觉罗石麟修,储大文纂:(雍正)《山西通志》,《驿站》序。
⑤ 岳浚、法敏修,杜诏、顾瀛纂:(雍正)《山东通志》,《驿递志》序。
⑥ 田文镜等纂修:(雍正)《河南通志》,《邮传志》序。
⑦ 李卫、嵇曾筠等修,沈翼机、傅王露等纂:(雍正)《浙江通志》,《驿传志》序。
⑧ 陈宏谋修,范咸、欧阳正焕纂:(乾隆)《湖南通志》,《驿传志》序。
⑨ 吴凤山纂修:(乾隆)《涿州志》,《驿传》跋。

顺，更重要的是驿传与朝野内外的人事、政治运转相当紧密。由于交通工具和递寄条件的限制，以及朝廷中枢对快速获取信息的需求，使得清代历朝统治者均将驿传铺递视为皇朝政治之一部分，而官员因违规用驿而导致信息堵塞、政令不通，从未被视为简单的违制，而是上升到影响皇朝长治久安的角度来认识。因此在历朝的材料中均不难发现，官员滥驿的情况难以杜绝，而皇帝的训谕亦从不间断，主要用意尚非纯为驿递起见，而通过驿递事件的训斥来警醒官员、肃清吏治，才是"邮政"最为关键的意义。

自顺治朝至乾隆朝，清廷官员一直在探索如何提高邮驿体制的效率，保证紧要文书可以准时快捷送入京师。要达到这样的效果，一是保证递信员役的尽职可靠；二是晋京文书有明确的分类，按轻重缓急的程度，交由不同的员役进行传递。不过，这两项均系较难以统一标准进行划分与管理的事务。直省官员交递的奏折是否紧急，往往取决于皇帝阅读后的判断理解，而官员选用的带信员役是否可靠稳重，在漫长的旅程中亦缺乏监督。所以常有官员向皇帝建议，不妨由驿站全行带运，以防要紧事务未得上达天听。雍正五年十月初一（1727年11月13日），四川巡抚宪德就曾奏请"嗣后凡臣奏折，有非系紧急者，臣仍照旧差家人包程赍奏，如遇有紧急事件，伏乞皇上容臣由驿递咨兵部转呈御览"。不过雍正的朱批语气强烈："非军机重务使不得！"① 实则显示出雍正对该事的鲜明态度：绝不可轻易动用驿站传递寻常奏折，一旦其被发现利用驿递却又递送皇帝所认为的寻常文件，必将遭到严斥乃至惩戒。

乾隆三十一年十月廿二（1766年11月23日），上谕批示颜希深②奏请"嗣后各省督抚藩臬陈奏事件，俱由驿驰递"一事，斥责其"无知"，并谕饬各省官员"遇有应行迅奏事宜"，方"填用火牌，由驿驰递"，至于"寻常奏折，自有弁役家人，可以寄送，兼程专达"。如今"颜希深乃请将各省奏折概用驿递，各省应折奏之文武大员甚多，将何

---

① 《宫中档雍正朝奏折》第10辑，台北"故宫博物院"1980年版，第755页。
② "颜希深，字若愚，广东连平州人。"（《清史稿》卷三百三十二，列传一百十九，中华书局1977年版，第10965页。）其在该谕后三天（乾隆三十一年十月廿五，1766年11月26日），即由福建布政使调任江西布政使，或许与此事有关。（钱实甫编：《清代职官年表》，中华书局1980年版，第1847页）

以分孰应由驿、孰不应由驿？若皆准行，则纷纷传送……倘遇冲繁之区，各省奏函并集，往来应付势且日不暇给"。如此一来，不仅"于邮传有碍"，而且"国家亦无此政体"，一旦开设先例，则是对皇朝政体的极大破坏。而且督抚为节省自身开支起见，方奏请所有折奏入驿递寄，但"督抚藩臬每年廉俸不薄，即遣人寄奏，途间资斧需用无多，而必欲吝此区区，过为计较，尤属见小"①。可见在皇帝心中，驿传文书其实适用范围有限，大量的平常奏件本应由直省官员自雇员役寄递，但如今身为福建藩司的颜希深居然奏请将所有文书入驿递寄，不仅对驿递之重要意义无从体认，而且同时加重朝廷文书寄递的负担。

由督抚自掏腰包递寄大量奏折，则皇帝亦明白多不可行。嘉庆帝即感叹，"督抚中未必肯效法岳起清苦俭朴"②，但求"能不过于奢靡，亦可徐臻朴淳，则大省民力矣"。但若直省官员仍习旧弊，需索驿站，而不"力除积习、各自检束"，"一经参奏、或经朕访查得实，必当加以严惩"③。可见时日久远，皇帝与官员在"邮政"上亦形成一种默认的妥协，从早期的严格规定，到中后期的得过且过，亦是传统皇朝政治运转的惯常态势。

邮政之政，一是对朝廷而言，其政情军报的流传通畅及文报内容的轻重缓急，关系皇朝的长治久安；二是对州县百姓而言，如何在保障文报安全流畅的同时，减轻州县百姓负担、避免因不堪重负而引发骚乱。总体而言，传统朝廷的"邮政"，乃与其他政令一般，是为维护皇朝稳定运转的政治举措，而其顺利运转又依赖于州县的钱粮人马，若供需得当则舒缓民力，若滥索无度必致民不堪负。针对几种扰驿较多的行为，清代历朝三令五申，旨在减轻民间负担与约束官员劣举，进而尝试肃清

---

① 《清实录》第一八册，《高宗实录》（一〇）卷七百七十一，中华书局1986年版，第466—467页。

② 岳起，鄂济氏，满洲镶白旗人，乾隆三十六年举人。《清史稿》评曰其人："清介自矢，僮仆仅数人，出屏驺从，禁游船声伎，无事不许宴宾演剧。"任江苏巡抚期间，"吴下奢俗为之一变。"其人无子，逝后"仅屋四间、田七十六亩。故事，旗员殁无嗣者产入官。以岳起家清贫，留赡其妻；妻殁，官为管业，以为祭扫修坟之资"。（《清史稿》卷三百五十九，列传一百四十六，中华书局1977年版，第11353—11354页。）

③ 嘉庆八年九月廿一（1803年11月5日），《清实录》第二九册，《仁宗实录》（二）卷一百二十一，中华书局1986年版，第621页。

吏治，以巩政基：

第一，外藩贡使、本国土司经过省境，不可滥派州县，扰累民间。乾隆五十八年谕令，"外藩使臣经过省分，该督抚等量加犒赏，以示款接，亦仪文所应有。但须定有限制，不可过滥"。因为督抚若有赏需之事，"往往派令属员承办，而属员等借此为名，取之地方百姓，殊多扰累"。故嗣后"外藩使臣过境时，惟当照常赏给己赀自办，不必逐渐增加，亦不得转派属员"。若因赏需而致扰累百姓，"一经查出，必将该督抚重治其罪"①。

不过，外藩土司进京，常难禁绝护解人员"不能认真约束，并有通同分肥诸弊"。故咸丰九年二月十八（1859年3月22日）上谕，要求"直隶、山西、陕西各督抚转饬有驿各地方官，嗣后土司过境，如有格外需索滋扰情事，准其据实通禀。一面移营派拨员弁押送遄行，其护解官弁即行从严参办。倘地方官隐匿不报，别经发觉或任意刁难，一并严参，以示惩儆"②。以明令谕止的方式，防范直省官员或其属员再利用此等机会，勒索平民而致苦累。

第二，朝廷办理钦差事宜，必须体恤下民，不可奢靡。派遣钦差，本为代天子巡视民间，体察民情，督察守官。但常有奉使官员"多假钦差声势骚扰驿站，随行官员亦复不知敛戢，以致家奴跟役讹索多端者有之"。对于此类事件，"各该省督抚并不劾参"，而"地方官惧其陵辱，惟求安静过站，曲加承应，违例滥支。即多用夫马车辆，勒取供给，亦不敢复行争较。而办差之家人胥役等，藉端派累民间，从中侵冒，其弊将无所不至"。因此乾隆五十五年钦定规例，"嗣后钦差大臣官员，如敢于应得马匹廪给之外扰累，一经发觉，即行从严治罪"。而对于直省督抚，"任听属员违例滥付，希图见好、不行参劾者，亦即将该督抚等一并严究，决不姑贷"③。如嘉庆六年，署理直隶总督熊枚被钦派办理是省赈务，有人奏劾"熊枚自九十月后，即不免有骚扰驿站、需索供应

---

① 昆冈等修，刘启瑞等纂：《钦定大清会典事例》卷六百九十六，《续修四库全书》第808册（史部·政书类），上海古籍出版社2002年版，第679—680页。
② 《清实录》第四四册，《文宗实录》（五）卷二百七十六，中华书局1987年版，第57页。
③ 昆冈等修，刘启瑞等纂：《钦定大清会典事例》卷一百一十八，《续修四库全书》第800册（史部·政书类），上海古籍出版社2002年版，第101页。

之事，甚至骑用驿马多至百余匹，州县中有马匹短少者，往往以钱文折交等语"。经派员查实后"委无需索情事"，而熊枚亦因办理赈务有方及"沿途行走安静，尤可确信"，而为加恩褒奖①。从此不难看出，出差不扰驿站，已成为考核官员是否清廉守规的标准。对个别不扰驿的官员大加奖赏，恰好反证是时一般官员出差滥驿的普遍及朝廷屡禁不止的无奈。

第三，用驿管驿与为官之道。作为使用驿站的各级官员及具体管理驿站的州县官员，其如何使用与管理驿站，直接体现其为官是否廉洁有为，而清帝往往亦在对驿事的训谕中，教导官员应如何面对上级下属，如何约束属员，如何管教家人等。

由于用驿之标准实难划一，何为合理用驿，何为滥用驿力，经常出现皇帝与官员的理解不相符合的情况。而皇帝对其进行训谕与驳斥，同时亦是教训官员如何去做一个皇帝心目中标准的官吏。如嘉庆九年的上谕言道，朝廷设立驿站的政治含义，"原为驰递紧要公务"，但督抚历经训谕，"固不敢轻用急递"，但又会过于拘泥，"转有应用而不用者"，以致公务迟延，得不偿失，因此再行申谕："各督抚身任封圻，务须权其轻重。于紧要事件仍用驿递，若寻常奏折，惟当专人寄进，缓急得宜，方为晓事。"而各省尤需对私信入驿加以整改，"嗣后如仍不改从前陋习，或经朕访闻，或被人纠参，必当从严惩办，决不宽贷"②。但何为紧要，何为寻常，乃多取决于皇帝与督抚的判断，却难有严格的条例以分别。而关键在于，驿递之事尚非仅关政情流通，更系吏治之清明腐败，后者方是影响朝政更为重要的因素。

由于兼有递文和接待来往官员功能，若吏治不清，不仅无法快传急文，更易造成官员随意索驿、败坏吏治的局面。故御史花杰于嘉庆十一年上《整顿驿站以肃吏治》折，揭发州县驿站不仅滥应钦差，对于本省督抚司道等官过境之时，更是"铺设公馆，供应饭食，争华斗靡，曲

---

① 嘉庆六年十二月廿四（1802年1月27日），《清实录》第二九册，《仁宗实录》（二）卷九十二，中华书局1986年版，第229页。

② 嘉庆九年四月十三（1804年5月21日），《清实录》第二九册，《仁宗实录》（二）卷九十二，中华书局1986年版，第728页。

意逢迎，甚至有馈送程仪之事"。总之，"惟以办差为能，而邮政转置之不问"。而滥差之上级，即使"该州县额马不敷，平日有废弛浮冒情事，方且代为弥缝，又安肯核实查办，积敝□大相仍"①。由于官场之间在用驿问题上形成一种心照不宣的交易，故州县应差的百姓成为负重最甚的群体。嘉庆十四年的上谕，对此种"外省积习"亦了解甚多，因州县官员在用驿上畏惧本省上司声势，于是"曲意花销"，而"别省大员过境之时，亦皆一律承应，办差恐后，希图他日迁调本省，可免挑斥"。所以用驿大员不仅心安理得，"其办差之长随家人等，因得藉端渔利，设法开销。种种弊窦，由斯而起"。故朝廷一再严谕，"各督抚及过境大员，一切车马供应，俱着自为雇备，不得取之州县，其州县等亦不得阴为应付"。专管驿站事务的按察使必须"随时查察，随时参奏"，如有隐瞒，必遭重惩②。

其实从该事来看，清廷对驿弊并非毫无知觉，对其与朝政吏治的关系互动深有体会，并严饬直省官员认真管理，有力监察。但在惩戒及预防措施之上，实难立有成效。法制不行之缘由，既有如前分析之政治人情，亦有清朝制度设计亏漏之处。由于官少事多，幕友、长随即成为官员处理政务的左右臂助③，但往往亦是这类人员，藉办差官员之威势，对驿站横加需索，嘉庆十四年发生的庆惠出差西藏，家人沿途得受站规银两一事，即系最好例证④。这一因果关系亦为清朝御史所察觉，御史甘家斌在该年上奏，指出"外省地方公事，上司不能亲历周查，势不得不委员前往"。但由于规则不立，"自督抚藩臬以至道府，俱各委人前

---

① 嘉庆十一年初十（1806年12月19日），《清实录》第三〇册，《仁宗实录》（三）卷一百七十，中华书局1986年版，第218页。

② 昆冈等修，刘启瑞等纂：《钦定大清会典事例》卷六百九十七，《续修四库全书》第808册（史部·政书类），上海古籍出版社2002年版，第681—682页。

③ 关于幕友、长随在参与政务中的作用，详参瞿同祖《清代地方政府》，法律出版社2003年版。

④ 是时庆惠任御前侍卫，在奉差赴藏途中，家人沿途收受驿站银两，而其本人"沿途坐轿行走，实属胆大狂妄"。交部审议之后，庆惠被革职，"发往盛京充当苦差，交该将军严行管束"。其收受银两的家人在监中自毙，而沿途滥应之官员，分别降革不等。事见嘉庆十四年四月至九月《清实录》第三〇册，《仁宗实录》（三）卷二百九至二百十八，中华书局1986年版，第800—942页。

往"，有"同此一事而所派多人者"，"更有于省城设立差局，凡遇派委，皆由局员注定依次差遣"。如此一来，不仅扰累驿站，更"难保无钻营要结之弊"。由于委员奉差外出，"不过需索分规，苟且塞责，往来供应，络绎道途。前者未行，后者踵至，百姓颇受其累"。甚至"有派差之后，本员并不亲往，公然议定规礼，派家人往收者"。是故"多一委员，百姓多一番苦累矣"。为此嘉庆帝重申，"上司于饬查公事，不得滥委多员，委员等亦不得妄有需索"。各省设有差局者一律禁革，由上司秉公遴派"谨饬自爱者"前往办差。以使得"州县不致疲于供亿，而公事又可认真查察，一切扶同敝□大混积习，得以渐除"。若督抚等仍"阳奉阴违，不行实力遵办，将来有科道纠参，或别经发觉，朕必严行惩处不贷"[1]。从此谕不难看出，驿传邮政之事，与吏治息息相关，而吏治之清廉与否，直接关系能否"固民心"的问题[2]。若因扰驿而致民怨，进而动摇朝廷统治根基，是清廷决难接受的。故虽然驿弊难清，但若有严重事故，是不能不加以大力整顿的。

不过，随着清廷国力的逐渐式微，朝廷的控制力亦有明显的下滑趋势。对于驿传制度而言，不仅难以厘清以往的旧弊，而新的问题亦时有产生，甚至更为严重：驿递途中私拆奏折，走漏消息。嘉庆十五年，两广总督百龄奏"驿递批折包封屡有私拆痕迹"，请朝廷严定章程。嗣后清廷发布上谕，除在技术上对驿递批折加以保护外（"加具钉封，粘贴两层印花"），同时严格登记制度，各驿须于接到公文时，在排单上注明"有无擦损拆动之处"，若有损坏痕迹，必须"取具上站甘结，粘贴本站印花，在排单内声叙缘由申报"，再由该省督抚提讯严惩。而赏给文武大员的密折报匣，在封固以黄布包裹后，亦要"粘贴印花，以昭慎重"，并将此法"纂入则例，通行内外各衙门一体遵照"[3]。

---

[1] 嘉庆十四年十月廿四（1809年12月1日），《清实录》第三〇册，《仁宗实录》（三）卷二百十九，中华书局1986年版，第958页。

[2] 所谓"肃吏治即可固民心"（袁英光、童浩整理：《李星沅日记（下）》，中华书局1987年版，第485页）早已是有清一代官吏之通识，而吏治涵盖内容甚广，其中驿站之事即是重要一部。故训谕驿站之事，非仅为传文接待起见，更是整顿一地吏治之手段。

[3] 嘉庆十五年六月廿九（1810年7月30日），《清实录》第三一册，《仁宗实录》（四）卷二百三十一，中华书局1986年版，第110—111页。

然而即使在技术与制度上堵漏，亦难杜绝此类事故。同治元年，更有"各处驿站竟有设法私拆钉封、潜行阅看者，窥探秘密，漏洩军情"的情况，批谕拆封时"虽封套包裹依然，而原钉纸捻，业已断拆"①。但清廷整治驿弊之思路，仍寄望于由较高品级的官员直接过问，以约束下属的违规行为。只是愈演愈烈的私拆奏折事故，直接证明清廷该法不行。同治九年七月与十月，贵州巡抚曾璧光和闽浙总督英桂先后上奏，其所接到封发夹板均有被拆情况，虽然有驿站已登记"前途拆损"字样，却难以根查究是何驿私行拆阅。尤其是曾璧光上奏之后，上谕曾"令各直省督抚责成臬司，严定章程，以重邮政"，但不足三月，英桂收到的折板，却是"兵部加封之印花倒粘，夹板内面破烂不堪"，由此可见"管驿之员，意在窥探机密要件，私自拆看，实属胆玩已极"。但除饬令浙江巡抚杨昌濬督同臬司，逐一挨查相关驿站，"务须究出私拆之人，从严惩办"之外，亦无其他有效办法②，虽常言肃清邮政，实则在驿弊与整治的怪圈中越陷越深。

骚扰驿站本为违反规制，但屡禁不止乃至逐渐演化成一种朝廷政制以外的行事惯例，皆因官员胥吏可以从中获取利益，而监管督察难以奏效。本来属员勒索驿站，从中渔利，"全在该管上司随时侦察，力防流弊，方能上不误公，下不病民"③。但是管驿州县之积弊，往往即由州县官的家人所致，而疆吏既难管辖家人，又何能肃清邮政而轻民之负？正如道光十二年上谕所言，"国家设立驿站，关系甚重"，但州县官居然克扣侵冒马乾棚厂等银，而且"额数悬殊，成何事体"，而这些不肖州县"因循欺饰，巧于弥缝，一闻上司稽查，上下站俱可通融调集"④，即使派遣能吏查办，又如何能够根究？

---

① 昆冈等修，刘启瑞等纂：《钦定大清会典事例》卷六百九十七，《续修四库全书》第808册（史部·政书类），上海古籍出版社2002年版，第687页。

② 同治九年十月初二（1870年10月25日），《清实录》第五〇册，《穆宗实录》（六）卷二百三十一，中华书局1987年版，第1036页。

③ 昆冈等修，刘启瑞等纂：《钦定大清会典事例》卷六百九十七，《续修四库全书》第808册（史部·政书类），上海古籍出版社2002年版，第683页。

④ 道光十二年十二月十三（1833年2月2日），《清实录》第三六册，《宣宗实录》（四）卷二百二十七，中华书局1986年版，第394页。

给事中金应麟曾一针见血般揭露：邮政腐败之由，在于官员"上下分肥，视为常例"。不仅克扣马乾银两，在应付差事、预备车马之时，"先期令胥差传拿协济，乡车多至数百辆，令其自行喂养，不准出入，给予银钱，方行放走"，甚至有"差使已过而仍不放走者，民间不堪其苦"。至于"上差往来借用夫马"、"幕友、长随于私书家信，擅用印封驰递"、公馆陈设"供应之侈靡"、"家人之多索门包、厮养之私乘驿马"等种种弊端，"实属邮政之害"①。而州县官贪婪驿费，也已成公开的秘密，盖"州县官得缺时，必先探询驿费之多少，其多者则为之欣然色喜焉"，因为"每州县冲繁者，其驿费多或万余金，其次五六千金，其僻静无驿州县，亦有千余金及六七百金不等"。由于"大利既归之州县"，而管理驿站的幕友仆人又层层克扣，"至马夫而克无可克"②，故各驿马匹疲乏，不能行走，递送公文又怎会不出差错？

但即使明了此间关系利害，朝廷亦难设新法应对旧弊，责成督抚"随时稽察，严行访查"已是此类上谕必提之词，只是既成"上下分肥"之局面，又焉知直省督抚是否同为一丘之貉？既然以此法亦难根除积弊，则可见邮政之问题已非仅以训谕驿站或主管驿站之官员即可解决，驿弊背后是清代整朝的吏治痼疾，吏治不清，则邮驿之政亦难以荡清积弊矣。

虽然清代驿站积弊甚多，但于承平之世或偶有骚乱的情况下尚可有效应对，一旦发生较大规模的战事，军报增多而道途堵塞的情况下，便会出现邮政受阻、消息不通的情况。在1840年（道光二十年）鸦片战争爆发后，次年给事中董宗远即奏请整饬邮政，以免在军务吃紧的情况下依然出现"通挪应差"、索马民间、需索扰累、推诿公文的情况③。但显然存在的问题并未得到改善，反而出现在"军务未竣，文报往来最关紧要"的时候，却有驿差因战事阻塞驿路，"不知事体缓急，辄将文

---

① 昆冈等修，刘启瑞等纂：《钦定大清会典事例》卷六百九十七，《续修四库全书》第808册（史部·政书类），上海古籍出版社2002年版，第684页。
② 《裁驿站议》，《清朝续文献通考》，商务印书馆1936年版，第11210页。
③ 昆冈等修，刘启瑞等纂：《钦定大清会典事例》卷六百九十七，《续修四库全书》第808册（史部·政书类），上海古籍出版社2002年版，第685页。

报擅自递回"的情况①。军报来往追求时效，但不少驿站"并不先期妥为预备"，故"地方官不给车马，以致稽滞"，即使是加紧折奏，"亦多迟至二三日不等"②。而兵部更查奏"本年九十月间，接到河南等省奏折传牌，核计迟缓至五六日者竟至八件之多。其由部外发文报，恐延搁者亦复不少"③。

积压文件不仅迟滞政情，亦使得中枢无法及时对各地战情作出及时反应，咸丰十一年即有上谕称："军报稽延，未有近来之甚者。前于二十八日，一时之内连到十二处；昨日戌正后数刻内，又到十一处"。即使皇帝批阅不觉疲累，"然事非一省，头绪纷繁，岂能纤细无遗，不知在何处逗留，可恶已极！"④ 足见久存流弊的驿站，实难应对国内外变局所带来的冲击影响，尽管太平天国运动被镇压后，清廷出现一段"同治中兴"的复苏局面，但州县官漠视邮驿事务，驿传文报时被私拆，驿站费用被克扣而督抚臬司主管不力的情况仍继续发生，传统邮政的积弊并未能在制度和运作上有所改进，虽然朝廷多有谕令，兵部将接递军报迟误的督抚臬司从重严参，而枢臣疆吏亦常奏报务须整饬邮政，而驿弊事故反反复复，难以根除。

综上所述，可见清代传统文献中的"邮政"一词的含义与今人的理解有相当距离。在近代新式邮政制度介绍引进乃至建立以前，古代"邮政"一直与邮传驿递制度相系，既指代上述具体业务，又常超乎其上，而作为维系朝政运转、训谕直省督抚及肃清州县吏治的政举，出现于各朝奏折上谕之中。从列举的事例来看，"邮政"之重心，不在邮递之具体运转，而在于驿传的政治含义，亦即是其与朝政国命之间的密切联系：驿传铺递固是朝廷血脉，而管驿用驿之人事，更是直接关系州县

---

① 咸丰三年正月廿八（1853年3月7日），《清实录》第四一册，《文宗实录》（二）卷八十三，中华书局1986年版，第60页。

② 咸丰三年九月十二（1853年10月14日），《清实录》第四一册，《文宗实录》（二）卷八十三，中华书局1986年版，第601页。

③ 咸丰三年十一月初三（1853年12月3日），《清实录》第四一册，《文宗实录》（二）卷八十三，中华书局1986年版，第719页。

④ 昆冈等修，刘启瑞等纂：《钦定大清会典事例》卷七百，《续修四库全书》第808册（史部·政书类），上海古籍出版社2002年版，第725页。

吏治的好坏与民众负担的轻重。尤其对于清代而言，前明因驿卒起事而导致灭朝亡国的教训最为鲜明，故对邮政的警惕与监管纠正亦相较为多。

但即使清代对"邮政"的重视程度与整治力度，都较历代有过之而无不及，而驿弊扰民之行为仍屡禁而不止，此中缘由则更值得深思和探讨。从前述清代管驿制度的变化即可看出，从驿丞管驿到州县管驿，从巡道兼管到臬司督察，清廷在完善邮驿制度的过程中不断地提高管驿官员的等级，但扰驿累民之风却始终未能遏止，乃因监察滥驿之员，往往亦是扰驿甚重之人，州县官纵有管驿之责，也不敢轻易开罪上级，只能默许滥驿之事，此其一；州县官员职责繁多而属员不足，管境之内驿站与县治甚有距离①，故驿站日常管理事务常由幕友、长随负责，而克扣摊派之事往往由此辈而起，公帑落入私囊，驿事自然衰微，此其二；直省官员之间逐渐形成一种默认的利益集团，上下级瓜分驿站利益已成公开事实，而通驿省份官员亦可能因往日异时升迁调配而互通便利，故对用驿上违规滥给得过且过，以免开罪上级同僚，而形成一种"上下分肥"的局面，此其三；随着乾隆末年吏治的逐步松懈，道咸年间的外敌入侵与内乱频起，造成邮驿管理进一步混乱，驿差积压折件、私拆夹板、畏惧驿路堵塞的情况屡见不鲜，不仅朝廷公文传递深受影响，亦影射清廷吏治的败坏至深，此其四。由此不难看出，清代传统文献中的"邮政"与皇朝政治的联系甚深，它是反映清代政治信息运转与官场吏治情况的一面镜子，不仅在当时由皇帝及中枢操纵影响直省政治人事的发展，亦在今天使我们能够从更全面的角度去理解清代的驿传铺递及其政治内涵。

随着欧美新式邮政制度的新知传入，以及海关主持的新式邮政制度的逐渐建立，国人对"邮政"的认知及其内涵的理解也在逐渐改变，一个最为明显的标志，即是传统"邮政"承命朝政的色彩愈发淡浅，而新式邮政创收财利的功能日渐被鼓吹和接受，进而演变为今日国人所

---

① 以顺天府武清县河西驿为例，光绪十三年八月廿七（1887 年 10 月 13 日）武清县驿幕沈侨如从县城到河西驿，"午饭后稍谈，登车于酉刻到驿"（刘广生、赵俊起、宋可可编著：《河西驿写真》，北京燕山出版社 1996 年版，第 9 页）。若按时辰推算，大概需 4 到 6 个小时，方能从县治到河西驿，一旦当日往返，其间所费时间大概均需 10 小时以上，所以即便"州县管驿"之后，县官亦多任命驿幕代为管理。

理解的"邮政"含义。随着对近代新式邮政的概念、制度及其运作的逐步深入了解，不少趋新之士在报刊或著作中频倡"裁驿置邮"，即裁撤原有之驿站，设立以商业形式运作的邮政局，同时收寄公文民信，并按一定邮率收受资费，如此一来，"每岁可省驿站三百余万之耗费，而收邮部数百万之赢余，一转移间即见成效，亦何惮而不为哉？"①

不过，传统邮驿制度背后相系的皇朝政情与军报安全，如何在追求"裕国便民"的新式邮政制度中取得平衡与保证，则是反对裁驿者的理由，亦是新政实践者在清末时期一直寻求办法解决的问题。在这一过程中，"邮政"一词与朝廷政令的联系逐渐减弱，而渐演变为时人所指称的"裕国便民"的新式邮政，由此亦可看出，新式邮政的建立与发展，不仅是收寄方式的改变，同时也影响了国人的思维与认知习惯，直至今日。

二 清代驿传体系的体制衍变

从清代管邮机构的设置来看，主持邮驿事务的中央部院为兵部②，而具体负责机构为车驾清吏司，该司"掌颁天下之马政以裕戎备，凡邮驿皆掌之"③。由此可见邮驿与兵事、马政之间之关系④。而在朝令训谕中对驿政、邮政之看法，亦多与军报、用马诸事相关。按《钦定大清会典》所载：

---

① 《裁驿站议》，《清朝续文献通考》，商务印书馆1936年版，第11210页。

② 清代各行政部门职责，多有相互交错之处，兵部虽为管驿之主要部门，但并非其他部院，没有相关的邮驿职责。刘广生主编的《中国古代邮驿史》（刘广生主编：《中国古代邮驿史》，人民邮电出版社1986年版，第326页）中便提到"会同馆"这一主管京师驿传事务部门的存在。而刘文鹏的《清代驿传及其与疆域形成关系之研究》（刘文鹏：《清代驿传及其与疆域形成关系之研究》，中国人民大学出版社2004年版，第129—135页），则明确将中央驿传管理机构分为兵部车驾清吏司、理藩院、会同馆、通政司和奏事处及捷报处五个部门分别论述，所引材料除上述典籍外，还有前人笔记及相关研究，对各部门之职责有了更为清楚的认识。

③ 《钦定大清会典》，光绪二十五年重修本，卷五十。

④ 刘文鹏认为"驿传一向被视为军务，所以自宋代以来，一直由兵部掌管"。此言有谬误之处，按《置邮溯源》称："迨至于隋，邮驿之政属于兵部，其主管邮驿者曰驾部郎中，其职略与周官之夏官大司马所属舆司马及校人主马之官同，则是夏官大司马殆无异管理邮驿之主任。"（《置邮溯源》，《中华民国十年邮政事务总论》，北京市邮政管理局文史中心《中国邮政事务总论（上）》，北京燕山出版社1995年版，第656页）可见自隋朝起，驿传事务即已划归兵部主管。

凡置邮，曰驿（各省腹地所设为驿，盛京所设亦为驿。各省之驿隶于厅州县，间有专设驿丞以司驿务者。其钱粮夫马仍归印官管理，均以道府稽察。复以按察使兼驿传事务总核一切。盛京之驿不隶州县，专设驿丞管理。又设正副监督二人专司稽察，统于盛京兵部）。曰站（军报所设为站。其常设者，自京城北回龙观站起迤逦而西。分两道，一达张家口接阿尔泰军台，以达北路文报；一沿边城逾山西、陕西、甘肃出嘉峪关，以达新疆驿传。每站各拨千把总外，委以司接递。其夫马钱粮，仍归所在厅州县管理。吉林、黑龙江所设亦曰站，每站设笔帖式管理，统于将军。又直隶喜峰口、古北口、独石口，山西杀虎口外所设亦曰站，并接设蒙古站以达六盟四十九旗，设理藩院章京管理。其口外各站夫马钱粮，归直隶、山西督抚奏销。蒙古站每站各设蒙古章京、骁骑校、毕齐克齐佐领兵丁以司接递，统于理藩院章京）。曰塘（甘肃之安西州，新疆之哈密厅、镇西厅三属，除安西、镇西各本属公文差务仍设驿外，三属旧特设军塘，以达出入文报。自新疆改设行省后，裁哈密、镇西两属军塘，惟安西属军塘仍旧。每塘设有军塘夫以司接递，都司一人督率稽察。夫马钱粮，归文员奏销）。曰台（西北两路所设为台。北路张家口外各台，每台派蒙古章京、骁骑校兵丁以司接递，于张家口、赛尔乌尔各派理藩院章京一人分管，统于阿尔泰军台都统。迤逦而西达乌里雅苏台城，每台派喀尔喀章京、骁骑校兵丁以司接递，每间数台，派喀尔喀台吉一人，督率稽察。由乌里雅苏台分道而北，达近吉里克卡伦设台，并派喀尔喀官兵亦如之，统于定边左副将军。由乌里雅苏台迤逦而西达科布多，由科布多分道而北达卡伦，亦设台，派喀尔喀官兵管理。由科布多分道而南达古城设台，派札哈泌官兵管理，均统于科布多参赞大臣。由赛尔乌苏迤逦而北达库伦，再北达恰克图亦设台，派喀尔喀官兵管理，皆统于库伦办事大臣。西路今归新疆巡抚统辖，设有府厅州县，概改为驿）。曰所（直省旧设递运所运送官物，后裁并归驿。曰铺，各省腹地厅州县皆设铺司，由京至各省者亦曰京塘，各以铺夫铺兵走递公文。

工食入户部钱粮奏销）各量其途之冲僻而置焉。①

综上所述，清代之驿递体系，乃根据不同区域之环境及驿递体系所应涵盖之职能而设置。在六种具体部门中，有站、塘、台三项为边区军报而设，而驿与铺为公文传递而置，递运所则为运输官物而用。但在实际政务之中，各组织的职能并无泾渭分明的区别。以驿递体系中较为重要的驿站与铺司为例②，传递要件的驿站，同时肩负运输要物及接待官员的功能；而铺司虽负责州县公文往来，但铺兵常被额外加增各类业务，包括扛抬病犯、挑送行李、甚至为官府衙门准备火把。可见虽然驿铺职有专责，但在实际政治运转中，多被州县官员加增逾职之功能，因此驿站铺司的负担大为增重。若其员役不想方设法额外敛财，则致兵员多有逃亡。其制度设计之初虽颇见良法，但至清中后期却常生陋弊，根源即在此处。

目前学界已有的关于清代驿传制度的研究，对其管理体制、功能及财政供给均有涉及③。本著的关注点在于进一步透析清代驿传制度及其衍变，以及其与皇朝体制和清代吏治之间的联系。

清定鼎中原之初，即吸取了明代驿制弊端及明末驿卒起义的教训④，对驿传体系的管理体制及经费结构作出了较大的调整：在管驿官制上，逐渐将驿卒管驿转为州县管驿，并逐步提高监察驿务官员的级别；在驿站经费方面，"自顺治贰年即改归官当"，亦即后世所谓"官养官应"之法⑤。由此不难发现，清代驿传体系较之明代的最大变化，

---

① 昆冈、李鸿章等修：《钦定大清会典》，光绪二十五年重修本（清刊本），卷五十一。

② 虽然驿铺同为传递文书的机构，但在紧要程度及铺设路线上均有较大差别，故其对皇朝政治的影响意味亦有差别。在清代有关"邮政"的谕令之中，均多为指代驿传制度。故本著讨论清代"邮政"的含义，主要以驿传制度为主。而铺递与州县行政的关系，另待专文研讨论。

③ 参见刘文鹏《清代驿传及其与疆域形成关系之研究》，中国人民大学出版社2004年版。

④ 关于明代驿传体系的弊端、明中后期的邮驿改革及明末裁驿与农民起义的内容与过程，可参见刘广生主编《中国古代邮驿史》，人民邮电出版社1986年版，第297—314页。

⑤ 顺治八年七月二十五日，《户部和硕端重亲王波洛等题真定府属各驿马缺差繁困累难支事本》，中国第一历史档案馆编《清代档案史料丛编》第七辑，中华书局1981年版，第12页。今翻查史籍及诸研著，所知顺治二年"驿马官养"之变均引自该题本，但未见有上谕或实录关于此事的详实记载。

即将原独立运转的驿站，纳入州县官员的日常政务之中。在夫马钱粮等权利收归州县后，驿站逐渐变成了州县的派出机构，而驿丞亦成为州县官的属吏之一，驿站的职能只是承办各类传递和应差事务，而不再具有征收钱粮、应派民间的职权。

由州县管理驿务，在制度上无异更加明确了其"置邮传命"的重要地位，不仅有利于对驿站费用的有效利用，保证驿递系统的政情畅通，约束过往官员的滥驿情况，还可对京师以外的吏治情况有所训谕。而清初在驿制规条的制定上，不仅要求各管驿员差对奉差官役进行登记和按例给用①，同时亦对满汉官员一视同仁，若满员违反驿规，"许地方官拿送来京，分别正罪，决不姑贷，其年终造册，榜示通知"②。顺治二年，朝廷进一步完善直省用驿的查核制度③。顺治七年十一月初三日，朝廷通过明阿达礼上《文武官员乘驿仍照官品酌量递减事》题本，对各等级官员用驿之数量规模做出明确的规定（具体内容可详见附表一），并可从中窥见清初对官员用驿之政的三点基本考虑：一是官员用驿，必须按照爵位或职务明分等级与夫马数量，不能越级滥索；二是满汉一视同仁，统一标准，禁止满员恃宠而违例；三是用驿事由明确，官员必须在执行朝政或朝廷抚恤事务上方能用驿，否则即使品级再高，亦不能因私事而用公驿。

随着州县管驿体制的逐渐确立，原驿丞专职管驿的职能，渐为州县官的属官员役所取代。但在顺治末年，裁汰驿丞尚是为缩减冗员而起，故有官员认为"印官任司民社钱谷刑名，责任一身者甚弘，驿丞分驰驱驰邮传速送，繁劳于己者罔尽"，两者职有所分，若尽裁驿丞，"是率印官，而路将望尘伏道之不暇，安能经理郡邑

---

① "勘合火牌内，填注奉差官役姓名，并所给夫马车船廪给口粮数目，如填注遗漏，罚俸六月。应用朱笔用墨笔者，罚俸三月。又议准，勘合火牌内照例填马数目，如多填马匹者，降一级调用。"顺治元年，《清会典事例》卷六百八十四，中华书局影印，第八册，第534页。

② 《史语所现存清代内阁大库原藏明清档案》A2—39，转引自仇润喜、刘广生主编《中国邮驿史料》，北京航空航天大学出版社1999年版，第206页。

③ "题准直省督抚、提镇等，每年将用过部颁勘合火牌造具清册，题报到日，分送部科查核。有违例者参处。"《清会典事例》卷六百八十四，中华书局1991年版，第534页。

之急务乎？"①　不过，某些"久缺未铨，俱系同城"的驿丞在这次变革中被裁汰，而管驿事务，"州归吏目，县并典史，责令兼理"②，亦渐成为之后州县管驿的体制模式。

　　与顺治末年的裁驿丞相比，雍乾年间大规模裁撤驿丞之举，则更加显现出其为政事而行的意味。按已有研究的统计，雍正年间共裁驿丞102处③，而其裁撤缘由，一是驿丞管驿大逊于州县管驿："有州县卫官管者，马匹虽不能足额，尚堪支应。具驿丞管者，马额不及一半，所有在槽马匹，亦俱疲瘦不堪。"一是驿丞漠视驿事，"侵扣钱粮，徒有开销之名，而无养马之实"。所以贵州威宁总兵石礼哈痛斥道："非若驿丞些小微员，一经选出，但知图利肥己，全不以驿务为重。"故其"请嗣后各省驿站，有州县者皆归并州县管理。如大路州县相去一几百里者，其间不得不设驿丞一二员，其驿丞但许照管马匹，应付差使，仍将支应夫马工料，着就近僻路州县管理"④。可见裁驿丞归州县，意义仍在划清驿丞与州县官之间的关系：驿丞不再以"职末小员"的身份经手驿站的钱粮，而专以喂养官马和应付差使为职；而州县官负责驿站钱粮的奏销核算，承担起治区驿递事务的核心部分，以保证各项差事的顺利完结。

---

①　钦差提督雁门等关、巡抚山西太原等处地方兼理云镇诸务、都察院右副都御史白如梅《为驿站与州县同城裁革驿丞事揭帖》，中国第一历史档案馆编《清代档案史料丛编》第七辑，中华书局1981年版，第113页。刘文鹏在其著中引用该篇史料是为证明"由于马匹喂养是驿站中最重要的事务，这就意味着驿站的大部分事务已经改由州县管理，驿丞越来越成为冗余官员，与州县官员职责的重复性逐渐凸显出来。一旦各级官员认识到这一点，裁撤驿丞的议论和行动就多了起来"（刘文鹏：《清代驿传及其与疆域形成关系之研究》，第136—137页）。实则细读材料，是时官员裁汰冗员之建议，并非仅为驿丞而发。而养马之所以重要，乃是因为差事的繁多而不得不为之，因此各地官员并非乐意由州县管驿，因为这样即将重负转移至州县官身上，所以材料中各州县官均尽力推卸管驿之职责。最后裁汰之驿丞，乃是久缺同城的驿丞，而并不是大规模的裁撤。

②　中国第一历史档案馆编：《清代档案史料丛编》，第七辑，中华书局1981年版，第117—118页。笔者按：吏目乃"直隶州、散州之属官，掌助理刑狱之事"，而典史为县的属官，"掌监狱事务"（见张德泽著《清代国家机关考略》，学苑出版社2001年版，第222、224页）。由此亦可反证，州县管驿之后，驿站的管理已成为州县属官的事务。

③　刘文鹏：《清代驿传及其与疆域形成关系之研究》，中国人民大学出版社2004年版，第138页。

④　雍正二年十月初九，贵州威宁总兵石礼哈折。张书才主编：《雍正朝汉文朱批奏折汇编》，江苏古籍出版社1989年版，第3册，第772—774页。

雍正年间虽大裁驿丞，但非通国而行，因此各地体制不一，以致有州县觉得管驿之事，"责在驿丞，无碍于己，率多漠不关心"。故乾隆十八年十一月初六日，两江总督鄂容安奏请"将驿站钱粮，总归州县经管。凡买马办料，给发工食，供支廪给等事，系由州县主张。驿丞一官，止令在驿承应差务，照料喂养。嗣后，马匹倘有疲缺，州县不能先事查察督率，即着落督县赔补。若误差滥应，则责诸驿丞，庶钱粮可免亏挪，邮政不致贻误"①。类似的见识，亦见诸同时期其他封疆大吏的折奏之中②，可见驿站裁驿丞归州县管理，已与其时之政治经济情势相适，故枢臣疆吏纷纷奏报，极言驿丞管驿之不便，力陈应将驿站管理纳入州县官之职掌中，以符体制而便邮政。

在政情时势的要求之下，乾隆十九年十二月二十八日大学士傅恒等议奏："现在直省各驿除在州县治及附近处所，俱系州县经管外，驿丞共二百五员，若概行裁汰，统归州县地方官经理，与体制更为画一。"但另一方面，驿丞虽为未入流之官员，毕竟尚是朝廷职官体系中之一员，若尽裁而改归州县官管辖，"州县事繁，令其兼管驿务，倘离城稍远，势必托之家人、长随、胥吏、衙役，亦不能保其一无滋弊"③。故其建议"凡驿站离州县稍远地方，或量移佐杂住守照管，其买马办料及一应驿务事宜，仍责成该州县官自行经理，并不时查察。如有贻误，即将该州县官照例参处。如此则州县不致分身，于驿站亦为有益"。如果"各驿与州县相隔道里远近，应否需用佐杂驻守照管，及各该处佐杂现在有无分驻地方，可否移住驿站，并该州县地方辽阔，佐杂各有专司，仍应酌留驿

---

① 《宫中档乾隆朝奏折》第6辑，台北"故宫博物院"1982年版，第677页。

② 如乾隆十九年二月二十三日，直隶总督方观承奏请裁撤直隶驿丞，因"遇要差，用马稍多，势必雇觅民马，仍须地方官代为转雇，方能无误"。且驿丞所领工料银两与草豆收成季节相违，易遇"草料昂贵，未免喂养失宜。非若州县兼管，力能早为经理，不致临时周章，此兼管之驿胜于专管之驿，已可概见"（《宫中档乾隆朝奏折》第7辑，台北"故宫博物院"1982年版，第801页）。而乾隆十九年八月十八日陕西巡抚陈弘谋亦奏称："盖以驿丞官微力薄，经管夫马工料及一切往来差务，究不如州县之易于料理也。"（《宫中档乾隆朝奏折》第9辑，第375页）

③ 清代官少任重，许多具体职事均由州县官之长随、家人或幕吏担任，此类人等无官品约束，一旦滋弊势将形式更趋恶化。有关驿幕管理驿站的情况，可详参刘广生、赵俊起、宋大可编《河西驿写真》，北京燕山出版社1996年版。

丞在驿照料之处，请交与直省该督抚各按地方情形妥酌定议"①。

据此谕令，各省总督、巡抚依各地之政情，将部分驿站之驿丞裁撤，收归由县丞、巡检②管理。而距县治较远、主官难以远涉分神管理的驿站，其夫马钱粮收归州县管理，而保留驿丞"承应差使，照料喂养"③。这次裁撤驿丞，涉及河南、四川、广东、山西、云南、广西、福建、直隶、山东、湖南、甘肃、湖北、陕西等十三行省，共裁去驿丞一百二十多处。而从裁撤的力度来看，则以甘肃、湖南、直隶、福建、山西诸省为强，分别裁去28、20、16、15、12处驿丞而改归州县管理。至于各地尚有保留之驿丞，则因"离县城太远，又无佐贰可以移驻"，不得不仍由驿丞负责。但即有此类情况，各地亦尽量安排巡检驻所管理，避免驿丞管驿的弊病重演。

此次裁驿丞归州县之举，盛京地区的驿丞则不在裁撤之中，究其原因，乃因盛京为"龙兴之地"，其驿丞多是旗人，身份即与内地驿丞不同，盖非职官级别之差，而是满汉畛域之别。虽乾隆早年间即有官员痛斥盛京驿丞之陋弊④，然是次裁革之中，盛京兵部侍郎福增格⑤以"地方情形与别省迥异"为由，要求保留盛京二十九驿的驿丞，而具体钱粮事务亦不交州县管理："盛京二十九驿，系顺治二年分设，原属盛京将军衙门管辖。至康熙三十年设立盛京兵部后，将驿站归于兵部，所有驿丞员缺即于驿丁内考取，挨次补用。今查各驿壮丁共有五千余名，遇比丁

---

① 《宫中档乾隆朝奏折》第10辑，台北"故宫博物院"1982年版，第22页。

② 所裁驿丞之驿站事务，多归由各地巡检之管理，实际上亦体现管理品级的提高。盖驿丞为未入流之官，而巡检为从九品、县丞为七品，均为县官属官、地方官，"遇有刁猾之夫，原可随时惩革"（闽浙总督喀尔吉善奏，《宫中档乾隆朝奏折》第10辑，第885页），多少亦可弥补原因驿丞品秩不高而造成驿弊的影响。

③ 各省具体裁留状况，可参详文后附表一。

④ 乾隆八年十二月初七日，盛京兵部侍郎春山在《为革除盛京驿站馈送积弊事奏折》中称："……查盛京共有二十九驿，大驿十六，小驿十三。每年大驿各出银十六两，小驿各出银八两，馈送侍郎盘费。又，出银四百两，馈送正、副监督。此外，逢节又有规礼。更可异者，二十九驿驿丞一年所得俸银三十余两皆赂遗侍郎，合计又有一千余两。凡此，皆系驿丞自送，因而驿丞有所恃以无恐，将钱粮任意花费，虽马匹疲瘦短少，侍郎与监督俱各明知故纵，置之不问，相沿日久，盛京驿务废弛皆由于此。"（《乾隆朝驿递史料》（上），《历史档案》2003年第1期，第33页）

⑤ 钱实甫编《清代职官年表》中，将此人记为"富僧额"，见《清代职官年表》（第一册），中华书局1980年版，第786页。

之年，附入京内务府镶黄旗册内编比。……奴才复查盛京二十九驿，止有一二驿驻近州县，其余驿站相距州县窎远，原无分驻之佐杂，而驿丁均系旗人，与直省之雇觅民夫不同，地方情形又与别省迥异。且驿站买办马匹、草豆各项事宜，设有正副监督二员，专司稽察，而马匹、钱粮亦不致于亏缺。"① 可见盛京驿站并非仅以应付驿务为目的，其存在已成为解决部分旗人的生计问题的办法之一，本身即体现了邮驿制度的政治功能。

三 清代驿传体系的制度弊病

州县管驿，虽有利朝廷政情渠道，畅通并对用驿官员进行有效约束，却给州县官员造成了沉重的负担。顺治七年庐江知县孙宏喆②即认为，"新制，驿马养于县官，所以恤民也"。但"牧人无堪司厩者，是以余亲职斯役焉！旦暮省视水草，不敢惮烦"③。一县之父母官却需亲视驿马粮草杂事，可见是时驿事于一县行政中之分量，以及州县官对此政事的重视程度。但新制恤民却未必恤官，"驿马官养"虽释百姓之累，却无形将负担转移至州县官身上。若廉官必绞尽脑汁，而酷吏则将重负转嫁民众，依样无所改变。

另一方面，虽有规条约束官员滥驿，对于违规使用驿站之官员亦"许地方官参奏治罪"，但地方官员往往基于官场利益与世故交情，对滥驿之事睁一眼闭一眼，宁可移重负于民，亦不肯开罪上级。更有奉差官员违规滥索，欺凌下官，以致州县官员不得不绞尽脑汁，应付驿差，乃至出现有县官不堪重负而自缢自刎之事。虽有驿马官养之策，但江西道监察御史高尔位指出，其策于"州县之中拾不能壹贰，民应者则拾有捌玖"，民无产应对喂养驿马之苦差，只能"倩之于驿棍百般勒索遂意，然后代应。赤手空拳原无一马，遇军机传报使客邮符无马支撑，惟有逃避而已"。既然少民养马，故州县越发勒索民间，"或典田卖产，或重利称贷，急救燃眉之鞭扑"。

---

① 《宫中档乾隆朝奏折》第12辑，台北"故宫博物院"1982年版，第243页。

② 庐江，今安徽庐江县。孙宏喆，字仲吉，号笃斋。乐安（今山东广饶县）人。顺治六年（1649）进士，七年知庐江（今安徽庐江县）县。政事文学兼优，多惠政，草创县志，邑人多赞颂之。转引自仇润喜、刘广生主编《中国邮驿史料》，北京航空航天大学出版社1999年版，第185页。

③ 《县官养马辞》，（康熙）《庐江县志》，转引自仇润喜、刘广生主编《中国邮驿史料》，北京航空航天大学出版社1999年版，第185页。

而州县上级又常有破坏驿规之事,有"府厅差役下州县催比差粮而骑驿马者,司道差官下府县提催号件而骑驿马者,总兵私遣员役亦骑驿马者"。即使"屡奉严纶,遍行各省",违例之风却越演越烈,"官役私牌,日日差行,州县不敢不应,及报上又不敢登册,甚至私牌内有朱批上司免报者"。如此一来,法无人循,民困滔天,而驿递之弊久积而难纾矣①。

"驿政之兴废,关于国计民生",此番道理众官皆明,但屡经枢臣疆吏奏称驿困、上陈对策②,驿递之困境却难有改变。王登联③即总结

---

① 顺治十一年六月二十四日,《高尔位题请连坐法永禁私派以苏民生事本》,中国第一历史档案馆编《清代档案史料丛编》第七辑,中华书局1981年版,第38—39页。

② 顺治八年十二月初四(1652年1月14日),巡按湖广湖南试监察御史李敬即在《临湘驿站以人代马惨不忍睹事》题本中,描述了一幅"驿舍倒坏,有鸠形鹄面之民"的场景。细究原因,乃因驿站"以人代马","临湘拾里白排,每排出银叁两陆钱支应壹月,每月每年不可胜穷,半亲役,半雇募,数年于兹矣"。由于州县"竟以官银入橐,使兵火残黎,肩挑担负崎岖,疲死于山险之中,春夏既废农桑,秋冬又苦风雪"(中国第一历史档案馆编:《清代档案史料丛编》第七辑,第15—16页)。顺治九年六月初八(1650年10月3日),广西道试监察御史白尚登奏驿困难追根溯流。他认为"乃今在在告苦,处处称累"的缘由有三,一是"工料不继",各驿递银两,本应"春季分应用者,于上年冬季终解到。夏季分应用者,于本年春季终解到",但如今拖延甚久,州县困扰至累;二曰"驿马不足","北直虽系部发官当,乃瘟病倒毙外用买补,奈无此项钱粮,除"给文各自催取,以为贴补买马之需"外,别无余法可施;三为"行粮无措",本来"过往廪给,盐菜、米豆、草束随到随支",然而如今"乃无额储供此项者",故"扰之渐,总不派取里甲,亦须贷借铺商",终究不免扰累民间,故其建议"如近畿圈占缺额,州县免行支给,庶不至于扰民"。白尚登本人还"亲尝而躬历"多项驿站苦累("一越站伤马,宜禁不许骑越。一包重压马,照会典注定斤数。一满人走差[无得下路跑马追兔]。凡此皆致马倒毙之由,无怪乎随发马出,[旋解]皮入也。一扛抬过重,人夫畏难而逃。一痛笞驿卒,各驿惧虐而散。一挨门拨夫护送过往,使民不得休息。一沿村拿夫赶马拉牵,使民不得安业。凡此皆驱民逃窜之端,无惑乎生齿日消,人户日徒也。"),慨叹"夫逃马毙,驿站哽噎"(中国第一历史档案馆编:《清代档案史料丛编》第七辑,第21—22页)。都察院右副都御使陈应泰认为,"驿递钱粮浩繁,关于国计民生甚大",但清查勘合火牌的使用情况,却无专官责成,因此他请求,凡驿官登记造册后,以驿传道专此事为考成之则,于岁末造册清款,"类送督抚,督抚转送户、兵贰部磨对察核",以使朝廷对"其间冲繁简僻了若指掌。视有钱粮多而应付少者,即可据以裁减,应付多而钱粮少者,即可据以加增"。而通过对驿传道的奖惩分明,促其认真管理驿站,"倘有以无为有,以寡为多,不遵勘合火牌,敢以纸牌应付,蒙骗协济银两及有私派侵欺等弊,开报不实,协应不前者,驿传道以溺职论罪。叁年内有能清厘弊端,使简僻不致冒支,冲繁不致偏困,上不病国,下不累民,中不苦驿,户兵贰部具题从优升擢"。如此考成,可"清婪奸需索之害",可"绝官胥侵冒之端",亦可"杜小民加派之累","国计民生胥攸赖矣"(顺治十一年七月十九日,《陈应泰为山西十年驿传考成之情形事揭帖》,中国第一历史档案馆编《清代档案史料丛编》第七辑,第40—41页)。

③ 王登联(?—1666),《清史稿》有传:"登联,字捷轩,汉军镶红旗人。自贡生授河南郑州知州,荐擢山东济宁道,累迁大理寺卿。顺治十七年,授保定巡抚。严缉捕,盗贼屏息。康熙五年,以京东诸路圈地扰民,疏请停止,言甚痛切。民闻其死,甚哀之。祀直隶名宦"(《清史稿》卷二百四十九,列传三十六,中华书局1977年版,第9678—9679页)。王登联于顺治十七年任直隶巡抚,《厘革驿害疏》应是此时所撰就。

扰驿五害，以为朝廷警戒。一是"越站之害"，即"疲玩驿递，马匹羸瘦"，或是"积年驿卒躲避支吾，不行应付"，便出现越站之事。而越站之后，"或有倒毙马匹不肯偿还者，认赔工料复行揩赖者"。而这种情况常于"直省交界之处，每每争讼"，但其实"察火牌刊字，原有不许越站之语"，常是官员"习惯忽略，慢不经心"；二是"枉道之害"，即官员在"奉差复命，赴任进京"的过程中，"乃或访亲友，或图近便，辄尔枉道"。因此对州县而言，"不该应付而应付，分外骚扰"，导致"有驿而滋驿之累"、"无驿而有驿之苦"。① 此二害乃是来往官员所致，因官员不按路线就驿，至驿后不按品级应差，又将各站驿马滥骑过站，以致驿站无法持续应差，又如何不面临"疲玩"的窘况呢？

而"滥费之害""朦混之害"及"假公之害"，则关乎驿站自身经营。"滥费之害"，乃指驿站多报驿马草料及员役工食银两；"朦混之害"，是"驿滑奸书，朋比侵渔，一年正额之外，多开长垫银两，竟有将应解项款，擅请留抵者"。而留抵之银，往往亦非尽用于日后驿困之时，管站员役上下其手之事恐亦难免；至于"假公之害"，则为管驿官员准备工料时，"保无积年驿棍，兵房拨置印官。暗行洒派草豆于里下者乎！"② 由此三弊可见，驿困局面之造成，既有内因亦有外由。内则因管驿官员贪婪侵蚀，外则由过往官员的违规滥索，因此要改革此种局面，还是首从制度入手，提高管驿官员的等级，增加对过往官员的约束，避免驿困的状况继续恶化，造成对皇朝管治的潜在威胁。

经雍乾年间的裁驿丞归州县之举后，在驿传体系的管理上已基本统一体制，随着清廷统治逐渐稳固，朝廷对官员用驿加以约束，州县管驿之负担逐渐小于其可暗受之利益，故州县官员逐渐对此不再排斥。然乾隆年间此次裁驿丞归州县是否达至其预想之效果，至少在某些官员看来

---

① 王登联：《厘革驿害疏》，《皇朝经世文编》卷七十三，兵政四，马政，《近代中国史料丛刊》初编第七十四辑，第2625—2626页。

② 王登联：《厘革驿害疏》，《皇朝经世文编》卷七十三，兵政四，马政，《近代中国史料丛刊》初编第七十四辑，第2625—2626页。

并不为然。乾隆朝枢臣王杰①即于嘉庆八年上疏，力陈州县管驿之弊端。王杰认为，各省原设驿丞管理驿递，"凡有差使，各按品级，乘骑之外，加增不过二三骑，多则驿丞不能派之民间也"。由于"使臣及家人等，亦知驿丞之位卑俸薄"，因此不会滥索驿站及驿丞人员。然而改归州县管理之后，"百弊丛生"。首先一弊是"病民"，因为"州县管驿可以调派里下，于是使臣乘骑之数日增一日，有增至数十倍者，任意随带多人，无可查询"。于是州县胥吏人员，如"管号、长随、办差、书役，乘间需索，差使未到，火票飞驰，需车数辆及十余辆者，调至数十辆、百余辆不等。骡马亦然"。为了应付此类差事，"小民舍其农务，自备口粮、草料，先期守候，苦不堪言。又虑告发也，则按亩均摊，甚而过往客商之车骡，稽留卖放，无可告诉，无怪小民之含怨也"。其弊之二为州县耗帑，"差使一过，自馆舍铺设，以及酒筵，种种糜费，并有夤缘馈送之事，随从家人，有所谓钞牌礼、过站礼、门包、管厨等项，名类甚繁。自数十金至数百金，多者更不可知。大抵视气焰之大小，以为应酬之多寡"。至于本省上司、邻省大员，"往来顿宿，亦需供应。其家人藉势饱欲，不餍不止，而办差长随，浮开冒领，本官亦无可稽核"。由于此类费用并非从州县养廉俸银中支出，"一皆取之库帑，而亏空之风又以成矣"。时论要求驿站裁并州县，"当时自为调剂邮政起见"。由于一驿钱粮，每年自数百至数千金不等，"付之微员，既非慎重之道，抑且遇有紧要差使，及护送兵差之类，额马不足，必须借用民力，是以定议裁改"。而王杰反驳曰："夫驿站未归州县以前，岂无紧要差使？岂无护送兵差之类？当其时要已另设台站，或调拨营马，或筹项购买，事竣各有报销，与驿站两不相关。"如今州县管驿，"亏空之弊，大半因之，欲杜亏空，先清驿站"，此为由渐转移之策，亦是体

---

① "王杰，字伟人，陕西韩城人。以拔贡考铨蓝田教谕。……历佐两江总督尹继善、江苏巡抚陈宏谋幕，皆重之。……乾隆二十六年，成进士，殿试进呈卷列第三。高宗熟视字体如素识，以昔为尹继善缮疏，曾邀宸赏，询知人品，即拔置第一。……五十一年，命为军机大臣、上书房总师傅。次年，拜东阁大学士，管理礼部。台湾、廓尔喀先后平，两次图形紫光阁，加太子太保。杰在枢廷十馀年，事有可否，未尝不委曲陈奏。……嘉庆元年，以足疾乞免军机、书房及管理部事，允之。有大事，上必谘询，杰亦不时入告。"（《清史稿》卷三百四十，列传一百二十七，中华书局1977年版，第11085—11088页）

恤民隐的急务，惟有妥善处理驿站管理及其钱粮之事，方能达至"仓库盈而邮政肃"。①

王杰一折，虽与是时驿站管理体制改革方向相悖，却反映出州县管驿后，不但没能更有效地约束往来官员的滥驿索驿问题，反而本末倒置，迎送滥索之风愈演愈烈。不仅如此，驿站支出更成州县亏空一大项，本欲以此作为肃清吏治之良策，如今反成助长腐败之败招。可见此事实难单以品秩为一劳永逸的解决方法，其背后涉及有清一代之吏治根弊，直至其塌台仍未能彻底清查究底。

在皇帝看来，统治稳定较清厘驿弊更为重要，故嘉庆帝对王杰此折虽"嘉纳之"，但并未有其他措施以应对。早在嘉庆五年湖南按察使百龄奏请裁汰有名无实之长夫、节省经费时，嘉庆帝即谕曰："承平日久，生齿日繁，站夫之设，原以闲款养闲人，否则又添无数游手好闲之辈。设若尽行裁汰，一应差役，皆须临时雇觅人夫扛抬。若遇穷乡僻壤，一时难觅多人，岂不误事？"即使裁汰该类员役，"一省所省仅万余金，合之天下，所省不过十余万金，而每省又添无营运之人二千余名，合之天下，即有数万失业之人。朕岂靳此十余万金，忍令数万人失业乎？"②即使赞同王杰对于驿弊之看法，嘉庆帝亦只能对骚扰驿站的官员加以训谕，而难有实际解决的办法。其虽素知"外省督抚司道等，遇公出之时，往往责令本省州县备办夫马、需索供应。书信往来，亦每由驿驰递，辄填用四五百里。甚至长随家人等因私事外出，亦复骑用驿马，沿站需索，大为驿站之累"。但也明白"督抚中未必肯效法岳起清苦俭朴"，只要"能不过于奢靡，亦可徐臻朴淳，则大省民力矣"③。字里行间，不难读出嘉庆帝对于驿弊之了解，及对各级官员滥驿扰民之无奈。

王杰之论，或囿于一时一地之见识，然其所揭示之现象，却始终未

---

① 王钟翰点校：《清史列传》卷二十六，大臣传次编一，"王杰"，中华书局2005年版，第七册，第1995—1996页。
② 《皇朝掌故汇编》内编卷五十一，兵政五，驿政。《近代中国史料丛刊》三编121—130，台湾文海出版社1987年版，第4066—4067页。
③ 《清实录》第二九册，《仁宗实录》（二）卷一百二十一，中华书局1986年版，第620—621页。

见解决，直至清末，此弊依旧流传。时人引用甚多的《裁驿站议》[①]，揭示了州县官将驿站钱粮私吞为己利薮的弊况，其中勾画的嘴脸，可谓入木三分："国家岁耗银三百余万两，夫所以不惜巨资而设此驿站者，原以奏牍公文俱归递送，欲使之从速而不至失误也。乃日久弊生，而竟为地方官之利薮。每州县冲繁者，其驿费多或万余金，其次五六千金，其僻静无驿州县，亦有千余金及六七百金不等。此项费用归入留支项下，州县官得缺时必先探询驿费之多少，其多者则为之欣然色喜焉，大利既归之州县。故驿中所畜之马类多老弱病疲。"而大利归于州县官，小利而入随带幕吏囊中："且管理马号者，有幕友、有仆人，于干草料豆等物又节节克扣，至马夫而克无可克，于是减其饲秣俾不得饱，故驿站之马类多疲乏，不能行走。至递送公文，本不得迟延误，事例载：凡铺兵递送公文，昼夜须行三百里，稽留三刻笞二十，每三刻加一等罪止笞五十。其公文到铺不问角数多少，铺司须要随即附籍遣兵递送，不许等待后来文书，违者铺司笞五十。立法之初，非不虑周藻密，然今之州县每接上站文书递至下站者，止给马夫钱数百文或数十文，管理马号之幕友家丁于中可以取利也。"结果就只有一个，即"于是将文书任意延搁，并至数起始遣一马夫送之，故往往有数百里内文书，竟迟至十余日始到者"。因此该文作者慨叹，"以国家有限之帑项，既饱州县官私囊，复递无足轻重之例信，亦何贵此驿站为乎！""国家之漏卮，而州县官之大利也。今帑藏日绌，司农仰屋而嗟，言利之官，又纷纷然为罗雀掘鼠之举，则何如省此可省之款，以利国而利民哉。"[②]

在"目光往下"及"回到现场"的研究取向中，对于制度史的探讨，已不能仅停留于制度规定的条条框框，也不能光依靠时人的抨击批评便对旧制诸多指责。随着更多地方性史料的挖掘，可以有助于我们认

---

① 该文过往常认定为冯桂芬所撰，然郑英还先生（Ying-wan Cheng）在1970年所撰著作 *Postal Communication in China and Its Modernization*（Harvard University Press, Cambridge, Mass. 1970）中，已根据文中出现"京津铁路"的表述，进而考证其修建时间与该文之关系，认定该文不应为冯桂芬所作。1989年第2期《中国邮政》亦登载论文《"裁驿站议"的作者不是冯桂芬》，再次论证此事，惟目前学界与出版界似多未采纳，仍将此文归于冯桂芬名下。

② 《清朝续文献通考》卷三百七十五，"邮传"十六，商务印书馆1936年版，第11210页。

识纸面上的制度如何在现实中运转，又是如何与等级体系及人情往来相匹配而调适发展。在以往对清代驿站运转的研究中，多为考察整体制度及驿路设置，缺乏对驿站个案的深入探讨。随着对北京图书馆馆藏的《驿事纪略》的分析解读，可以对晚清时期"冲繁难"地区的驿站运作有更深入的了解，也有助于对清代尤其是晚清县级政府在处理驿务与其他政务上的关系认知更加清晰。

《驿事纪略》为纸手稿本，其内容可分为两部分：一为《河西驿日记》，二为河西驿文书资料的摘记。该著所记载的河西驿，位于直隶顺天府武清县（今属天津市）北、北运河西侧的河西务镇上，南距天津60公里，北至北京60公里，地处京东水陆通衢，是元明清三代的漕运咽喉和"极冲"大驿[①]。清代在此原额设马33匹，马夫16.5人，还有杠轿夫、递夫等，另有纤夫（水夫）99名，多系需用时临时招雇。其作者沈侨如，字惠荫，江苏平江人，该日记为河西驿驿幕时所写，时间自光绪十三年八月廿五日至十二月廿二日，共116天[②]。尽管工作的时间不长，但由其记载的寥寥数语中，已足以窥见清末驿站运转的常态及驿弊表现的形式，更可从中了解在其体制内部如何应对驿弊的措施及无法完全根治的关键原因。

由州县管理驿务，在制度上无异更加明确了其"置邮传命"的重要地位，不仅有利于对驿站费用的有效利用，保证驿递系统的政情畅通，约束过往官员的滥驿情况，还可对京师以外的吏治情况有所训谕。随着州县管驿体制的逐渐确立，原驿丞专职管驿的职能，渐为州县官的属官员役所取代，管驿事务"州归吏目，县并典史，责令兼理"[③]，亦

[①] 按沈侨如所记，武清县为"三字要缺"，即清代各省道府厅州县注考的"冲、繁、难、疲"中的"冲、繁、疲"（地处交通要道为"冲"，政务纷繁为"繁"，逃税欠赋为"疲"，民俗刁悍为"难"）。河西驿地处交通要道，又肩负传信、接待、递送三项重要职务，占据了"三字要缺"中的"冲"、"繁"二字。见刘广生、赵俊起、宋大可编著《河西驿写真》，北京燕山出版社1996年版，第5页。

[②] 刘广生、赵俊起、宋大可编著：《河西驿写真》，北京燕山出版社1996年版，第4页。

[③] 中国第一历史档案馆编：《清代档案史料丛编》第七辑，中华书局1981年版，第117—118页。笔者按：吏目乃"直隶州、散州之属官，掌助理刑狱之事"，而典史为县的属官，"掌监狱事务"（见张德泽《清代国家机关考略》，学苑出版社2001年版，第222、224页）。由此亦可反证，州县管驿之后，驿站的管理已成为州县属官的事务。

渐成为之后州县管驿的体制模式。此制虽有利朝廷政情渠道的畅通和对用驿官员的有效约束，却给州县官员造成沉重的负担："驿马官养"虽释百姓之累，却无形将负担转移至州县官身上，若廉官必绞尽脑汁，而酷吏则将重负转嫁民众，依样无所改变。另外，虽有规条约束官员滥驿，对于违规使用驿站之官员亦"许地方官参奏治罪"，但地方官员往往基于官场利益与世故交情，对滥驿之事睁一眼闭一眼，宁可移重负于民，亦不肯开罪上级。更有奉差官员违规滥索，欺凌下官，以致州县官员不得不绞尽脑汁，应付驿差。

当然，一县之中并不仅仅管治一个驿站，对于某些距离县治较远但比较重要的驿站，县官必须托付妥人以应付差使。如在光绪十三年题补顺天府房山县令杨增，受派署理武清县事，"因三字要缺，需友勷理，多年旧好，约余一同赴任"①。被聘为驿幕的沈侨如，每月束修六两②，还要兼管该地市集的税收工作。八月廿六日（1887年10月12日）杨增赴武清县城接印时，沈侨如与"众幕友刑钱席范小坪，西席杨海琴，征比张瑞庭，收税蓝瑞泉、张云裳、丁连三、姚少笙"等候车前往。由于夜半车方至，次日早晨"辰初到县城"（即早上七点左右），便因"河西驿差事接踵，派余前往支应一切"，"于酉刻到驿"（17—19时）。初来乍到，沈侨如便"悉此地繁冲棘手"③，而自任职起的遭遇，也的确说明了这一论断不假。

对于驿站而言，最日常的工作当为传递文书。沈侨如首日处理驿务，"清早写信致县署，粗理各事"后，便着手"派马送督宪排单"④。而各衙门的夹板过境亦是常态，如10月17日、18日、20日，均有记载"漕运差官及督宪五百里夹板过境"、"督宪六百里夹板、总理衙门四百里皆过境"、"督宪六百里递总理衙门"⑤。尤需注意的是，此类文件对时限要求甚高，《驿事纪略》中载："河西驿下行至杨村六十里，六百里加急限行一时一刻，五百里限一时四刻，四百里限行一时七刻。

---

① 刘广生、赵俊起、宋大可编著：《河西驿写真》，北京燕山出版社1996年版，第5页。
② 《河西驿写真》，第20页。
③ 《河西驿写真》，第9页。
④ 1887年10月14日，《河西驿写真》，第9页。
⑤ 《河西驿写真》，第13、14、15页。

河西驿上行至通州和合驿七十里，六百里加急限行一时六刻，五百里限行一时七刻，四百里限行二时四刻"①。由于对文件传递的时间要求苛刻，对于驿站马匹的质量及管理便更为看重。沈侨如履职首日在处理完递文事宜后，即"携寿泉暨家人至马号，点验马匹，并照单点收鞍屉等件"②。但即使如此慎重，马匹的管理与使用仍不如人意，其因下文详议。

相对于文报传递的单一时速性要求，应付驿站各种过往差事方更显驿幕的管理能力与协调水平。沈侨如上任首日，便遇到一棘手事件，天津海关道解送饷银赴京，按清制若由水路行者，需照例给船，但若驿站无额设船只或不敷使用，可以雇佣民船，每1里给银3分，按例应给纤夫的，以百里为1站，每名给工食银1钱。此事虽有定例可循，但河西驿居然"料理船价至三更未结，因旧例发价两站，在前石任改发站半，该船户有允有不允，为刁者梗阻，至五鼓时，办差家人与船户尚纷论不了"③。可见定制之外，实则多有商讨空间，各站间的船价发给不同，不仅对驿站钱粮多有拖累，也对运输的速率造成影响，更为麻烦的是运输银饷的兵员与驿站人员发生冲突："天将明，押饷兵役被船户唆挑，前来将办差家人扭打，拥赴饷船"。最后"经解饷委员自加船户钱文，方得寝事"④。但朝廷定制全然否定，运送银饷之员役费用，终由押解饷银的官员与地方驿站私下解决，若官员自守官德尚能平安无事，但官员若贪婪无度，便会因勒索钱银而发生矛盾甚至冲突。如1887年11月2日"江西银两过境，来领船价，自申至亥，扰攘不了，允加纤夫数名，方得了手"。为船价一事争吵超过六个小时，既延搁时间又耗费金钱。而稍后"子刻，漕运回差，又来争讨纤夫，直闹至四鼓方息"⑤。至1887年11月26日"山东饷船过境"时，又生事端，"将船价领去，

---

① 刘广生、赵俊起、宋大可编著：《河西驿写真》，北京燕山出版社1996年版，第13—14页。
② 《河西驿写真》，第9页。
③ 1887年10月14日，《河西驿写真》，第9页。
④ 1887年10月15日，《河西驿写真》，第11页。
⑤ 1887年11月2日，《河西驿写真》，第20页。

复来争讨纤夫，致将办差家人扭打，从其所欲方得了手"①。实则多领船价或争讨纤夫，无非都是向地方驿站勒索银两，以便来往差使中饱私囊。若地方驿站拒绝支付，则藉"皇差"之名以责骂乃至殴打驿站人员，政务败坏至此，故沈侨如不得不感叹"办差之难，莫过于斯者"②，"身立（历）其境，方知驿站之苦"③。

钱银纠纷是驿站棘手业务之一，另一难事则为接待过往官员。虽然按照清制，本省官员在境内往来，应当自备夫马饭食，严禁地方官吏供应。但在运作过程中，制度与现实往往背道而驰，在强调上下等级的人情结构中，严格的规定往往让位于公然的索贿行贿行为。如1887年10月19日"府委员赴县提案，照送酒席"④，寥寥数字实颇有内涵，两日后的记录则可深见一层："道委何回通州，例给车价并折酒席"⑤。实则车价也好、酒席也罢，不过是过路官员索要银钱的名目与伎俩，并非实际供给的物品。但在驿站的管理中，此类事件实则已成心照不宣的"潜规则"，既是下层驿站巴结官员的手段，亦是上层官员增加收入的灰色渠道，而清廷虽屡经训谕，但始终无法杜绝此类弊端，根源却不能单从驿制上追寻，必须从整体的体制上分析。

在清廷的政制设计与运转过程中，皇权的巩固与权力的施行是最为关键的。但在"目光朝上"的专制政治中，底层官员所关注的政行并非皇帝的直接训谕、亦非纸面颁布的政规条文，顶头上宪的喜好、观感及认可，直接决定底层官员的政治命运和前途。因此在清代的基层政治运转中，对本省上司及过往大宪的阿谀奉承、投其所好，不能仅从行贿受贿的角度进行理解，而需要在政治生态、政治环境与行政规则的范畴中去解读。以驿站的运作为例，1887年10月24日（九月初八）沈侨如"闻本府郝太守来此查灾，当早伺候，飞函致县中"。中午时分"接宝坻差信云，本府定于初十日莅武清"，于是派专人专马给武清县令杨

---

① 《河西驿写真》，第27页。
② 刘广生、赵俊起、宋大可编著：《河西驿写真》，北京燕山出版社1996年版，第20页。
③ 《河西驿写真》，第27页。
④ 《河西驿写真》，第14页。
⑤ 1887年10月21日，《河西驿写真》，第15页。

增送信,"饬地方郭祥看公馆朝阳寺,候县中信再办酒席"①。次日早晨接县署帐房信云"随即派人来办差,酒席由署中预备",沈侨如即派遣长探赴宝坻打探差事情况,待上宪进入县境内后,再派短探随传随报,当天午后厨子及照壁、吹手亭亦催齐就绪②。10月26日早,县令杨增"由县来驿接差","午后同至朝阳寺公馆,候接差"。直至下午申刻(15点—17点),"东路刑钱府郝太守莅此,合镇文武进见,扰攘半日"③。顺天府东路厅辖通州、蓟州及三河、武清、宝坻、宁河、香河二州五县,其长官为正五品的"刑钱捕盗同知",受直隶总督兼辖。而这位中层官员莅临武清县,不仅提前两天准备接待事宜、时时派出探子了解到埠情况、县官还专门从县治之地赶往驿站接待,前后扰攘超过两天。驿站正常的传书递信功能,在这几天的日记中基本不见踪影,完全让位于对上级官员的接待事务,不仅耗费大量人力财力,延搁正常驿站业务,同时助长了驿弊产生的风气,乃至于"新任山海关道诚观察家眷过此",都要派纤夫三十名以应付④,令清廷欲改革驿站之努力消失于无形。

该年12月1日晚九点,沈侨如又接到通州差信,"通永道许观察由都赴津谒中堂",这位驻通州的正四品直隶分巡道,从北京赴天津谒见直隶总督兼北洋大臣李鸿章。由于等级比之前的郝太守更高,沈侨如不敢怠慢,"当即飞函致县中,预备接差"⑤。第二天,除"派人至朝阳寺借公馆外",又派出探马了解道台在京情况,"据云,道台于十八日入都,大约尚待一二日方能出京,又专马致县中"⑥。至12月5日未刻,"通永道许观察到此,探马先半时来报"。由于时间仓促,即使"飞函致县中"依然耽误了接差时间,幸好"公馆预备妥帖(贴)",没有令

---

① 《河西驿写真》,第15页。
② 1887年10月25日,刘广生、赵俊起、宋大可编著:《河西驿写真》,北京燕山出版社1996年版,第16—17页。
③ 《河西驿写真》,第17页。
④ 1887年12月4日,《河西驿写真》,第31页。
⑤ 《河西驿写真》,第29—30页。
⑥ 1887年12月2日(十月十八),《河西驿写真》,第30页。

道台心生不满。第二天早上"五鼓,道宪起身"① 离去,一周后(12月13日)又接通知"东路厅管太守,于三十日赴杨村、蒲口接中堂,面禀要公等语。当即飞函致县中及杨村,预为伺候"。晚饭后"又闻道宪有三十日回辕之信,又致函县中,随即派役预备道府公馆两处"②。管太守于12月14日(十月三十)戌初到(约19时),而沈侨如未刻(13—15时)已到店中安排接待事宜,晚饭后又前往照料,并将管太守的安排("明日进武清县城内尖,随赴黄花店接中堂")连夜"飞致县中预备"③。第二天五鼓"管太守起身,由武清县赴黄花店接差"后,沈侨如随即吩咐办差家人"在朝阳寺预备道宪公馆"④,次日申刻道宪入公馆,第三天五鼓"道宪起程"⑤,紧张的官员接待工作方告一段落。

虽然日记中关于数件接待官员的记载均着墨不多,但字里行间依然可见基层驿站接待官员时的紧张与烦琐。首先,清制对于接待官员的规格与做法有着严格规定,但在现实运转中几乎全为纸上谈兵,地方官员几乎不敢怠慢任何过往官员,乃至于过境官员的家属都须认真应付,否则极易产生矛盾乃至恶劣印象。如1888年1月4日,"道委业普坚额司马,冬差过此换马,不意马夫冲撞,其小管家来驿哭诉",尽管只是一位同知,属于道台的佐官,沈侨如还是将马夫"当即送司责处,一面令管号家人前往央求,而司马先怒,后平寝事"⑥;其次,为求接待过程不出差错,除须安排好境内的接待事项外(如公馆、厨师、照壁、吹手亭等),派出精干的探子了解上宪的喜好、到达时间、前站接待的规格等事项同样缺一不可,若因情报不准而耽误接待,后果则相当严重,如1887年12月初接待通永道时,因探子情报不准而耽误了接差事宜,虽然上宪未见不满言辞,从沈侨如日记中不难反推他原先的不安与忐忑;再次,基层驿站事务繁杂,而各级官员的往来实则络绎不绝,既有前往

---

① 1887年12月6日,《河西驿写真》,第31页。
② 《河西驿写真》,第33页。
③ 刘广生、赵俊起、宋大可编著:《河西驿写真》,北京燕山出版社1996年版,第33—34页。
④ 1887年12月15日,《河西驿写真》,第34页。
⑤ 1887年12月16至17日,《河西驿写真》,第34—35页。
⑥ 1888年1月5日,《河西驿写真》,第40—41页。

该地体察民情履行职责，亦有过境谒官或迎来送往，无论何种方式，作为驿站的主管幕僚，既要随时将接待准备通知县署，又需事无巨细统筹兼备，还要与此同时安排好驿站的其他事务，压力不可谓不重。如1887年12月16日接待回辕的通永道之前，发生了浙江饷银换车"与办差家人争加车套，稍以不遂，即行撕打"一事，由于此类事件发生多次，"家人屡受殴毁"，沈侨如当即"派仆持帖，请本地武汛前来弹压"，不料当地汛官不但没派兵前来，"尚有不欲（悦）色"，最后只能"俟当函致居停"①，以不影响接待为首要。故接待过往官员事宜，是清代驿站管理中一相当关键的事项，但接待品级的不断提高、过往官员与眷属的滥索无度及其对驿站人员的欺辱，都直接导致驿站为避免上下矛盾而不得不违规给驿，最终产生驿弊的相关问题。但在清制的框架内部驿弊又无法得到根治，最终使得问题愈演愈烈，上下相维或上下相欺的问题越发严重，最终导致原本为"国之血脉"的驿站弊端丛生，由业务问题转化成为体制问题，最终面临改革乃至于全盘推翻的命运。

一方面是驿站耗费银两接待来往官员，另一方面驿站却面临马匹不足、车辆短缺的困境，这种矛盾恰恰是清代驿站运转的真实写照。1887年10月29日，从县署送来"买马四匹"，但其中一匹为弱马，"身小力薄，难当折包各差，当即复函缴回"②。直至11月3日，县署方又"发来马一匹"③。但无论是马匹抑或马夫，均系数不敷用的状态。11月17日"管号家人与号头回话云：往来差事络绎，号中之马只剩一匹，行差马夫不敷用"，担心一旦要差"稍迟有误""咎归于谁"。为了应付眼前的差使（"午后，院差官送差"），沈侨如不得不采取违律的做法，"幸有杨村来马，扣留三匹，方不致误事"④。按道光十三年（1833年）上谕："国家设立驿站，驰递紧要文报，关系甚重，自应如数足额，妥为喂养，不准上下站通融调济，致滋弊窦。……如有各驿站有前项弊

---

① 1887年12月16日，刘广生、赵俊起、宋大可编著：《河西驿写真》，北京燕山出版社1996年版，第34页。

② 《河西驿写真》，第18页。

③ 《河西驿写真》，第20页。

④ 《河西驿写真》，第24—25页。

端，立即严参惩办。"① 但在实际操作中，"打过站"实则相当常见，甚至是一种默认的递运方式，上下各站不仅熟视无睹，甚至于对"打过站"的车辆讨价还价。1888 年 1 月 8 日，"杨村派管号家人黄同来，口称，杨村来车如打过跕（站），每辆付价四十千文"。沈侨如嫌价格偏高，"即饬车行换车"，而车行多番推搪，认为"推照旧例，应当原车送下站，若用拿车，万不凑手"。无论是"大加呵饬"抑或"开导车行，加价代雇，该行仍不能遵办"。最后依然是"原车下去"的结果②。由于清朝没有配备足够数量递信运物的马队车队，遇事只能彼此驿站间周济或雇佣民间车辆，虽是明知违制却不得不为之，否则连政事亦无法完成，这多少反映出清代"邮政"的一种尴尬：若强调"为政须正"、尽裁陋规，则驿站在额定官费外需有大量其他支出，正常运转顿成困难；但若随波逐流尽行违制，则皇朝定规又有何用？故清廷虽常有训谕"肃清邮政"，但在实际操作中又常任由地方弊规横行，实则是这对矛盾无法得到妥善解决，直至大清邮政建立后、通过商业化的操作方逐步解决这一问题。

清朝规制中，"协济"是一十分富有特色的制度。由于在体制内部资源不足，又要在规定时间内完成相关政务，相关官员与幕僚则不得不考虑各种非常规的办法，"协济"则是常用的解决途径之一。对于地方驿站而言，"协济"的常用办法是与乡民协调，借助乡村力量以应付差事。如 1887 年 11 月 27 日晚接杨村驿信，"有浙江饷银及新钱，由陆路运京，需车贰百八辆，查询旧例，凡用车多，必须票饬乡车协济"。所谓"票饬"，即由县署发"差票"催促四乡里长，派车到驿站接差，因此沈侨如"当即飞函县中，并拨钱文，以备要差"③。此与清末士人王锡彤所言的"租税之外，另出一种车马钱，又出一种草钱，不知起于何时。且他县无之，惟滨临大道之州县设有驿站者，乃独有此恶例"有相似之处。此种费用为"有车马者出车马，无车马者出钱。既可出草养

---

① 昆冈等修，刘启瑞等纂：《钦定大清会典事例》，卷六百九十七，《续修四库全书》第 808 册（史部·政书类），上海古籍出版社 2002 年版，第 684 页。

② 刘广生、赵俊起、宋大可编著：《河西驿写真》，北京燕山出版社 1996 年版，第 42 页。

③ 《河西驿写真》，第 28 页。

兵，便可纳草入驿，愚民敢怒而不敢言。恶吏刮皮并及于骨，行之既久，遂成正供矣"。部分地区如王锡彤所在之河南汲县，以成立车马局应对其役："每届岁首，县官辄召集四乡大户，款以酒食，接以颜色，俾号召其乡邻踊跃输将，大户在城中租房承应，民间遂呼之曰大户局，此即车马局之先河也"。虽然名为"派草"，百姓却不能以草交纳，"车马门丁与号兵房窟穴其间，百番盘剥。草变为钱，用一派百，出其少数供给本管知府及分府之候补官与同城之佐杂，其余则县官之正当收入也。若驿马真用之草，则又另有一种草经纪为之购买。巧取牙用，另开新径。总之，额外浮收在经手丁役，相机贪婪，较县官所得尤多"。所以一旦遇有兵差过境，"县官方愁眉苦脸，车马门与号兵房则彩烈兴高。盖此消息传来，可于常年车马外另作一种新摊派，渠辈财运亨通矣。有车出车，无车出钱，车钱而外又出一种军需草。各乡村大户之黠者，亦得上下其手，勾串分肥。民之破家荡业者，大都均在愿者矣"①。虽然河西驿与河南汲县的情况不尽相同，但有一点却是共通的：在县署无法有效承担起规定外的诸种滥索，只能依托对民间资源的额外索取以满足上宪的要求。而这种滥索不仅成为民间的负担，更是官制外的幕僚及家人可以上下其手的贪贿财富，也就进一步导致朝廷与民间对于驿站乃至朝政的矛盾冲突。

除处理驿站的迎来送往之外，沈侨如还必须处理驿站当中的各种杂事。在被任命为驿幕时，沈侨如就同时肩负起收税的责任。虽然只是派家人前往收税，但事涉重大，他自己"亦上集一看"②。而平日核对干草数量、麸料折子，敦促家人节约省用，也是常有之事③。甚至为了让马夫更用心照料马匹，还不得不答应马夫"代买棉裤一条"的请求④，而难得没有差事的日子，就要按照惯例"次日犒酒肉白米"给全驿马

---

① 王锡彤著，郑永福、吕美颐点注：《抑斋自述》，河南大学出版社2001年版，第62—63页。
② 1887年10月15日，刘广生、赵俊起、宋大可编著：《河西驿写真》，北京燕山出版社1996年版，第11页。
③ 1887年12月9日，《河西驿写真》，第32页。
④ 1887年12月29日，《河西驿写真》，第38页。

夫及家人①。种种诸例，实则可以更为深入地了解传统驿站的管理模式与实际运转。

清代州县管驿之后，夫马钱粮均归入地丁项下管理，而实际驿站的日常运转，仍是由属官、驿丞乃至幕吏经手，驿站或"既饱州县官私囊，复递无足重轻之例信"，逐渐变为所属州县官之私器；或者在经费缺乏与应付陋规之间苦苦维持，达至朝廷"置邮传命"的最初目的。但不论何种做法，都给清朝财政带来极大之缺口，裁驿之议遂兴起不绝。而新式邮政在海关的逐渐试办下，不仅在传递方式和管理方法上，抑或是开拓财源与便利民众上，给予清廷更多启示。

第二节　民间递信机构的作用与局限

中国传统社会，民信向不入皇朝驿递体系，故家书朋信之往来，多依托各种途径，辗转达至，不仅延宕时刻，又易错递遗失。同乡、信客②、钱庄、票号、镖客、会馆等诸种方式，虽尽可为乡人带寄，终非专门机构，无系统之带寄时间与组织，难以形成持续安全的递信体系。自道光年间出现较为组织化的民局机构③，到咸同光宣时期的盛行，民

---

① 1887年11月28日，《河西驿写真》，第29页。
② 信客组织，在史籍中之记载较少，按《民国鄞县通志》所载，因"四明七邑旅沪经商者不下数十万人，货物、行李、书信、金钱，往返寄递，终岁不绝。且时提携老弱、搬取家具，由甬迁沪或由沪返籍，为谋输送之便利，于是信局以外，又有信客业之组织"。其组织人数不多，"一人或二三人，每月随轮船往返数次，为商旅输送信件金钱，抵埠后即按宅分投，有时亦为旅客在船中照料行李，或当迁居时为搬取家具。至月终岁杪或季节，向各家收取规费。虽营此业者未必家皆素封，然信用颇著，且与旅沪人士多相稔识，故商旅咸深信不疑"。信客起初"往返，皆附招商、太古二公司沪甬线航轮。至清光绪末年，甬人自办宁绍公司，允许信客搭附宁绍轮船尾舱，不取资费。厥后条件变更，取消优越待遇，信客业乃组织七邑信客联合会，推举代表向公司要求，以每年代销宁绍公司船票六万张为条件，次年增至八万张。至民国二十三年，条约期限已满，公司乃令信客业共出保证金十万以为代价。信客业竭力反对之犹未解决也。然信客业自轮船仆役，为商旅寄递书物后，本已渐趋衰落。今业此者不过九十八人，要亦与同业信，属强弩之末而已"（《中国地方志集成·浙江府县志辑〇1616·民国鄞县通志》，上海书店1993年版，第843—844页）。
③ 民信局创设时间、起源原因之争议与考订，详见下文。

信局在承载国人书信流通、货物商贸、货币汇兑等功能上发挥了相当重要的作用。即如海关邮政历时近二十年的准备，又于 1896 年正式开办大清邮政，在其后很长一段时间内，依旧不得不依托民信局的递信网络代为传递。直至民国，部分地区民信局活动依旧活跃，而信客组织，在新中国成立后还曾代为某些地区的民众传信递物。

驿传铺递为清代传统交通体系主体，然而高昂费用并未能建立高速有效的递信体系，越至清末，越为败落。驿站传递之上谕奏折，常被驿站"设法私拆钉封、潜行阅看者，窥探秘密漏泄军情，可恶已极"[①]。晚清无名子赋《一剪梅》有云："仕途钻刺要精工，京信常通，炭敬常丰。莫谈时事逞英雄，一味圆融，一味谦恭。"可见官场往来、传消递息，不能不借助传递快速、保密性强的民信体系[②]。官禀私信体系混杂，驿递、民局、客邮、商埠邮政互为系统又相互协递，信息载体来源多元，理清这一地区的递信系统，不但对当地社会的政情流通加深认识，对传统递信与现代邮政之间之制度转变及社会影响，也有可供借镜之处。

民间信局的快捷便利，在前人的回忆中已多有涉及。光绪九至十年，中法战事正酣，年幼的包天笑"一见《申报》来了，我们总要请父亲给我们讲许多战争新闻与故事"[③]。虽然苏州并无《申报》的分馆或代派处，但"苏州看到上海的《申报》，并不迟慢，昨天上午所出的报，今天下午三四点钟，苏州已看到了"[④]。在既无小火轮亦未通火车、甚至民船都要走三天的苏沪航线，为何报纸的递送却如此迅速？"原来这些信局里，有特别快的法子，就是他们每天用一种'脚划船'飞送，所有信件以及轻便的货物，在十余个钟头之间，苏沪两处，便可以送达呢。"[⑤] 因此苏州一城所需的《申报》，都由信局的"脚划船"隔日送抵，令当时还不甚能读报的包天笑都知道，"上海的《申

[①] 《清朝续文献通考》卷三百七十五，商务印书馆 1936 年版，第 11210 页。
[②] 《光绪年间江南织造驻京人员呈堂禀稿》，《历史档案》1998 年第 3 期—1999 年第 2 期。
[③] 包天笑：《钏影楼回忆录》，香港大华出版社 1971 年版，第 106 页。
[④] 包天笑：《钏影楼回忆录》，香港大华出版社 1971 年版，第 105 页。
[⑤] 包天笑：《钏影楼回忆录》，香港大华出版社 1971 年版，第 105—106 页。

报》来了，便有新闻可听"①。新闻媒体、民信体系与消息传播，形成一条有效的传知链条，开拓了普通民众的认知视野，使得他们在清末这"数千年未有之大变局"中，随时掌握朝野的新闻或传言，而他们的社会意识、国家民族观念，亦在这些潜移默化中逐渐萌芽。

由于民信局留存的资料相当匮乏，因此也限制了对其研究的深入性。迄今笔者所及，仅有两部研究专著，分别是彭瀛添的《民信局发展史——中国的民间通讯事业》②及郑挥的《牛角集——郑挥集邮研究论文集》（民信局篇）③，两部著作恰好反映了因资料所限而采取的不同研究路径。彭著主要利用台湾所藏的交通部与外交部档案，以及各类正史资料，对民信局及批信局的产生、运作及取缔进行了分析，而其大部分的篇幅则倾向于批信局的研究。郑挥则从收藏的各类实寄封片入手，探讨民信局的起源及个别信局的运作状况与递信路线，其著提供了大量珍贵的民信局实寄封片，但偏重于个案分析而缺乏整体的探讨。尽管如此，两部著作仍在力所能及的范围内展现了清末民信局的若干面目，为后学继续深入探讨提供了很好的平台。

一 民信局的起源及规制

关于民信局的起始时间及缘由，历来争议颇盛。邮界流行颇盛之说法，来自《中华民国十年邮政事务总论·置邮溯源》：

> 惟民间所用之邮递方法与官方之驿站迥不相同，民间邮递之法，有明永乐以前似未尝有也。是时之前，所有驿递除供王事之用外，其组织及办法实未完备。是时积习，凡属缙绅之辈，宦游必携幕友，职备顾问，又兼案牍，伊等与各省往来函件甚多，民局之事业由是肇基焉。幕宾大都籍隶浙江绍兴，而宁波为绍兴之口岸，民局即滥觞于此。嗣后全国之私立信局咸以此处为中枢。此项民局概非由官督办，在昔实为带递信物最可靠之机关，承寄汇款、银信、

---

① 包天笑：《钏影楼回忆录》，香港大华出版社1971年版，第106页。
② 彭瀛添：《民信局发展史——中国的民间通讯事业》，中国文化大学出版部1992年版。
③ 郑挥：《牛角集——郑挥集邮研究论文集》（民信局篇），未刊稿。

包裹等物，凡交寄之人仅于包外或封外书明内封银两之数目，或内装物件之价值，假使所交之信包因承寄民局之疏忽而致遗失者，民局即照所开之数赔偿。此项信局，与汇钱庄或商号有关，盖此项庄号与各处庄号均有商业之连系，因其必须办理自身往来信函，且为他人承带信函起见，遂将其办理信函之业务随其本来所办之商业，逐渐推至他处，而不知其经办信业事务已越出本来所办商业之范围。根据此项方法，于是强固之民信局遂即由是发展，渐次取得国人信任。①

《置邮溯源》的说法，对后世关于民信局起源的叙述影响深远②。但该文本从外籍副邮务长（Postal Deputy Commissioner）H. Kirkhope 所撰写的英文报告 An Historical Survey of the Quarter-Century 翻译而来，无论是英文原版抑或翻译版本，均以假设的语气叙述该事，因此可靠性亦颇受质疑。虽然其文中对民信局的起源原因及起源时间均有推测，但漏洞甚多，颇受质疑。王孟潇即在《清代之民信局》一文中针对"民信局肇兴于绍兴幕友"一说，提出三点疑问：一是绍兴幕友"其旅途多遵水陆驿路，绝少取道宁波海口，通信路线亦然，远溯明朝更无此种需要"。二是以人群数量而言，"少数幕友在广大商民中比重极小，此辈函件虽多，决不能比于商业信件"。三是民信局并非统一机构，而是各地区各有源头，"重庆、汉口、天津、东三省等处之信局以至闽粤两省

---

① 《置邮溯源》，《中华民国十年邮政事务总论》，北京市邮政管理局文史中心编：《中国邮政事务总论》（上），北京燕山出版社1995年版，第658页。

② 1928年谢彬撰《中国邮电航空史》，于第二章第三节"信局"中，对信局之发生原因有稍异之看法，但基本上沿用《置邮溯源》关于"有明永乐以前似犹未曾设立"信局以及信局事业由绍兴师爷肇兴之观点（谢彬：《中国邮电航空史》，《民国丛书》第三编第35册，第17页。他认为民间私人书缄，初或派家丁或雇脚夫书传远道。后"往来书信或托商人、或托旅馆、或托车夫榜人。寄递就中最便利者，尤为旅馆。以有旅客奔驰四方，最便嘱托故也。然而旅客行踪靡定，莫济缓急，于是专足送信之营业，乃应时而出，而信局雏形于以成立"）。民国十九年（1930年）国民政府交通部所编的《交通史·邮政编》，其中《民信局之状况》一节，以及楼祖诒所著《中国邮驿发达史》（楼祖诒，《中国邮驿发达史》，《民国丛书》第三编第35册，第345页）第五章第四节《民局》，则基本依《置邮溯源》的叙述，无甚改动。

之批信局,各有其本身历史与发展过程,显然与宁波无关"。宁波之被以为信局之源头,可能是由于"宁波地处浙海之滨,居南北海岸之要冲……是浙人航海经商,由来已久。远道商人为人带信,渐而以此为业,又渐而设置信局,或势所必然,但亦不独宁波为然"①。因此或许清末民初之时,宁波民信局势力较为庞大突出②,故撰者反推历史,以为信局源于宁波,亦未可知。虽然尚难明确辨订民信局的起源地区及缘由,但王先生以为因商业流动而出现带信业务一说,应为可信。

　　王孟潇质疑的尚是民信局的起源说,而更多的疑问则来自于民信局的发源时间。虽然齐如山在其随笔中记道:"(信局子)这种完全是商人经营的,北几省大多数都是山东人,全中国商业兴盛的城镇、码头、商埠,都有他们,北京约有几十家,都在前门外,打磨厂西河沿一带。这种信局子始自何时? 虽未考究,本行人云自明朝即有之,专与人寄信,价比后来之邮费稍高。"③ 而王孟潇亦对此说做出补充:"明太祖建都南京,成祖永乐迁都北京,改南京为陪都,当时元人退处漠北,汉家重振威仪,迁都而后,南北官吏之调遣,家属随从之移徙,由是引起商民及货物之懋迁转运,其熙来攘往之盛况,必非以前各朝所可比拟。信局子于此应运而生,应无可疑。"④ 但此类说法过于笼统,缺乏直接的

---

① 王孟潇:《清代之民信局》,"交通部邮政总局邮政博物馆"编印《邮政资料》第二集,1968年版,第7—8页。

② 从清末浙海关的十年报告中不难看出,宁波当地的民信局业务的确比较繁荣:"宁波有15家邮传行,传递往来上海和其他地方的信函和包件。服务出色但收费昂贵。……邮资,按照路远近和难易程度而多少不一……这些邮传行的经营都很经济,经理在大的机构每天得制钱600文,会计300文,小雇员所得还要少。每一机构雇用10至15人。"(中华人民共和国杭州海关译编:《近代浙江通商口岸经济社会概况——浙海关、瓯海关、杭海关贸易报告集成》,浙江人民出版社2002年版,第32—33页)而1882年8月2日浙海关代理税务司马吉(James Mackey)呈赫德文第88号文中,详细报告了15家信局的概况,其中八家信局名称分别是永利、正和、广大、福润、全盛、协兴、陈顺、正大,这些信局在上海都有联号。除了这八家大信局外,另外还有七家小些的,叫做"外局",收的信资较低。它们把信件托轮船买办带运,每往来一次付给6元,它们没有八家大信局那样可靠,公众关顾的次数则较少。(《中国海关与邮政》,第24页)从上不难看出,宁波未必是民信局最初发源之地,但其处民局集中,又处江南交通要道,故民局事业较为发达,应是事实。

③ 齐如山:《齐如山随笔》,辽宁教育出版社2007年版,第42—43页。

④ 王孟潇:《清代之民信局》,"交通部邮政总局邮政博物馆"编印《邮政资料》第二集,第7页。

史料支持，而难有较强的说服力。

当然也有不同看法。如彭瀛添在《置邮溯源》中关于"此项信局，与汇钱庄或商号有关"的观点，认为"此种庄号，至迟在唐代出现'飞钱'之后，已确定存在，而勿须留待明季才流通于民间"。推断"民信局既源于汇兑及商号，而此一庄号早在唐代盛行飞钱时，即已产生。可见民信局的雏形，远在盛唐时已奠定深厚的基础"①。陶拱宸从具体区域的经济发展情况入手，认为"东南沿海一带的商品经济既然以苏、杭、嘉、湖兴起较早，发展较快，民信局的发源地似应该在这一地区。至于民信局的出现时间，是以明中叶以后的隆庆、万历年间（1567—1620年）的可能性较大。从地理条件来看，苏、杭、嘉、湖地区是长江下游，运河南段的终点，处在水网地带，盛产蚕丝鱼米，交通素称便利。而宁波地居海滨，工商业不如上述地区繁荣，当时官府对私商航海活动限制綦严，与内陆联系并不十分方便，所以最初浙江民信局起源于宁波的说法，似不可信。等到五口通商以后，民信局重心才有移设于通商口岸宁波的可能性"②。但这些说法都缺乏实物资料的支持，郑挥就收集到的宁波邮政局登记的民局资料、存世的最早的民信局实寄封及古信札，断定"民信局创始年代最早不会超过清道光年间而在鸦片战争（1840年）前后"③。惟其过于着重实物材料，对文本记载有过深的怀疑。

起源时间、起源地区及起源原因均不明确的缘故，在于民信局的设立与裁撤，全由民间自发自理，"应时势与社会之要求而起者也"④，而其本身之经营记录并无保存。后学随着资料的逐步拓展，渐可对此问题有进一步的认识。民信局之建立时间尚难考确，然其产生之原因，应与商业活动之活跃相关。光绪年间已有外国人记述了民信局与商业往来之

---

① 彭瀛添：《民信局发展史——中国的民间通讯事业》，中国文化大学出版部1992年版，第46、57页。
② 陶拱宸：《浙江民信局侧记》，《中华文史资料文库·经济工商编》，第十三卷，中国文史出版社1996年版，第858页。
③ 郑挥：《牛角集——郑挥集邮研究论文集》（民信局篇），本刊稿，第2页。
④ 《民信局沿革》，《中国邮电史料》（第二辑），沈阳市邮政局邮政志办公室1986年版，第43页。

间的关系:"一般民众信件往返,唯有委托载货商船、内河帆船或行商舟车带寄。但是由于此等交通工具并无确定班期,难以经常依赖利用,于是专差汇集私人信件运递的方法应运而兴,因为中国人工费用低廉,所收信资除去专差旅途开支后,仍有余利可图。是以每当建立一条贸易路线时,沿线城镇就有民信局随之设立。"[1] 中华人民共和国成立初,撰写《帝国主义与中国邮政》的霍锡祥亦指出,封建时代的手工业、商业及农业的发展和提高,"因而人们往来交际,尤其商人的贸易关系,都渐渐感觉到通信的需要。所谓'逐什一之利'的商人,看中了这项买卖,自觉有利可图,因此在当时官办'驿站'之外,有了民办的信局。从它的经营方式来说,民信局是商人经营的商业性质的通讯组织"[2]。陶拱宸亦趋同于这种说法:"民信局是商人组织起来的,经营传递书信和物品,兼代带现金,来往于一定的地区,主要的服务对象,是工商业者,同时亦为一般群众服务。它的发生和发展是与商品经济的产生和发展分不开的。随着商品经济的发展,农业人口逐渐分化,弃农经商、外出谋生者众多;钱庄银号的出现;以及交通日趋便利,都是促成开办民信局的条件。"[3] 由于"信局在昔实为带递信物最可靠之机关……各地信局,率与汇划钱庄商号有关。此项庄号,复与各处庄号,有商业之关连。因其必须办理自身往来信函,且为他人承带信函起见,遂将其办理信函之业务,随其本来所办之商业,逐渐推至他处。而不知其经办信业事务,已越出本来所办商业之范围。根据此项办法,于是强固之信局,遂即由是发展,渐次取得国人信任矣"[4],所以信局之起源,未必如《置邮溯源》般认为由幕友创始,而其与商业关系渐进而产生递信之机构,此说或更具合理性。

---

[1] 高杰译:《外人笔下的清代民信局与客邮制度》,"交通部邮政总局邮政博物馆"编印《邮政资料》第三集,第 87 页。该文原载万国邮政联盟月刊(*Union Postale*)1880 年 1 月号。

[2] 霍锡祥:《帝国主义与中国邮政》,《全国各级政协文史资料邮电史料》(上册),北京燕山出版社 1995 年版,第 79—80 页。

[3] 陶拱宸:《浙江民信局侧记》,《中华文史资料文库·经济工商编》第十三卷,中国文史出版社 1996 年版,第 857 页。

[4] 《民信局沿革》,《中国邮电史料》(第二辑),沈阳市邮政局邮政志办公室 1986 年版,第 43—44 页。

借助当事人的回忆，我们尚可从吉林省大安县的民信局建立过程，展现一民间信局在何种环境中，由何种因素激发设立，又是因何缘故而逐渐衰落。吉林大赉（大安）在光绪三年（1877年）以前仅有两个较大的村落，"光绪三年（1877年）春天，清王朝第一次放荒后才建立了比较大的十几个村落，光绪十五年（1889年）第二次放荒后我县区域内村落才多起来。清王朝第一次放荒后，在今西大洼乡西两公里处首先建起了董姓的村落。由于我县区域村落不多，南来北往的车马行人，常常来屯借宿。三年后，这个村落开设了一个大车店，称董大什夫店，店主人名字叫董义麟。这个小店成为我县境内南北交通的一个小站。这样，就有人前来捎递消息。因为交通离不开旅店，信息又依赖交通，这个小店很自然地成为附近个村落的通信点。于是，我县萌芽式的民信组织产生了。后来信件增多，便改免费捎递为收费传递，民信站也就正式开办了。这个小站的通信区域不断扩大，传递准确迅速，深得附近各村民的信赖"①。

在放荒之后，清朝及大地主每三年收租一次，每当收租时，各色人等便聚集于大赉城治，建房开店，逾二十年后，大赉逐渐发展为一个大镇。"光绪二十年（1894年）董大什夫店的主人也在大赉城内开设了皮货商店，在今新华书店西侧的一棵歪脖子树后，建起了三间房的营业室，同时也兼营城内的寄信行业。在这个皮货店的门前树立起一个大木牌桩，上面书写'信馆'两个红色大字。由于城乡一家经营，这个信馆的投递能力已经发展到南终船厂（今吉林市），北止卜奎（今齐齐哈尔市），东达肇东府，西至洮南府的广大区域。"② 不过，民信局虽应社会需要而生，但其本身属于民间商业的操作，无论是路线的经营、抑或是安全保障，都只能受社会情势的左右而应对。1896年大清邮政开办之后，"卜奎、船场建立了官办邮政局，信资下降，信件明显减少"。另外，社会治安的恶化，"大赉县土匪增多，车辆减少，交通困难"，甚至到了"大股小股多如牛毛，简直是寸步难行"，该信馆方被迫停

---

① 董明谦：《谈清朝、民国时期大安县的邮政和邮票行使情况》，《全国各级政协文史资料邮电史料》（上册），北京燕山出版社1995年版，第32页。

② 董明谦：《谈清朝、民国时期大安县的邮政和邮票行使情况》，《全国各级政协文史资料邮电史料》（上册），第32页。

业。"从光绪六年（1880年）开始，由董义麟、董礼太、董悦林祖孙三代人共经营了三十一年，于宣统二年（1910年）冬季关闭。"①

董家信馆的兴衰，亦是中国传统民局的命运缩影。应乡民需求而生，从免费带递到收费寄发，开设至交通要衢的路线进行信件、货物交换。因地区的经济情势的不同，或专营或兼营，虽达寄书通邮之效，亦是商业往来之举。但亦因其属商业范围，官府往往少有干涉之举，而日益恶化的盗匪问题，成为打击民信局发展的重要因素。国家邮政开办之后，通过信局登记、减少邮资等措施，逐渐将民信局控制入国家邮政的体系当中，不少规模较小的信局便如董家信馆般结业关闭，而乡民则转用国家邮政体系，传书递信，互通往来。

另外，由于商业活动而出现的保护资金流动的镖局，亦承载了部分的民信局职能。如齐如山所言，"开镖局之人，都是国术家，俗名把式匠，他本专管运银，如前清建筑京汉铁路之款，就是由镖局子运往应用之地。照他的章程，是不管送信，但有商家之信，他因为招揽生意的关系，也乐代递送。惟运银有费，每百两不过几钱银子，不曰镖费，名曰镖礼，送信则无费，所以商家都求他们代送。他们走镖，大致是每月一次，名曰镖期，镖期之前，都要把银信交到，这与现在往外国之信必赶船期同一情形。所以每次收到之信，总有几十封，或几百封。凡他路间经过之城镇，他都代送，这种虽没有代人寄信的规定，可是确有递信的实事"②。大量资金的流动，在缺乏安全力量的保护下进行长途跋涉的运送，引致信局与镖行职能的合二为一，如湖北孝感的李家信行，他们"和两湖、两广、河南、河北、川陕等省的民办信行，互有联络，共有来往。长江内河，都是我家运银船只，送信人马，遍及十三省。河港湖汊，都有自备的渡船，随到随开。跑脚送信送银的人，腿缠绑腿，系上铜铃，过州过府，畅行无阻"。因此为了投递的安全，"雇请了一百多人保镖，负责长途押运银两"。而庞大的护卫队伍，也导致了信件投递费用的高昂："寄一封信，收两百个和钱（值一方有方孔的铜币）。费

---

① 董明谦：《谈清朝、民国时期大安县的邮政和邮票行使情况》，《全国各级政协文史资料邮电史料》（上册），第33页。

② 齐如山：《齐如山随笔》，辽宁教育出版社2007年版，第44页。

用比较高；寄金、银按重量，费用更多"①。不过，镖局虽然有时兼代递信的功能，但毕竟非其主业，因为民间信件的主要传递，仍由民信局完成。而普通民信局的带信带货，多以单人匹马、孤舟夜行，所以在盗匪频出的清末年代，常遭劫抢以致多有"荆天棘地"之感。

民间虽有寄书通邮之需，然若仅凭此项业务之收入，甚难维持信局之生存。故信局之业务大宗，主要还是货物运送与银钱汇兑，与此同时进行民信的寄送。如江苏吴江地区，"道光年间（1821—1850 年），盛泽有全盛信局，震泽有全盛义记、林永和、老协兴信局，黎里有金顺信局，同里有全盛合记信局。民信局主要业务是招揽各商号店家物资运输及钱庄金融机构汇款，同时兼办民间通信业务"②。江苏常熟地区，"当时主要有永义昶、永利、宝盛、协兴、全盛五家，均设在南门大街、县南街一带，专揽商行来往信件，承运商品物资，兼办民间私人通信业务。……民信局也办理民间汇款……同时还办理收投民用包裹业务"③。在湖北宜昌地区，"民信局经营的主要对象是各商号，在宜昌经营时间较长"④。湖南"祁阳有两家民信局，一为胡万昌，一为全泰盛。经营的业务以寄送信件、物品为主，并经办汇兑"⑤。津市在"光绪二年（1876 年），市人曾云程在谷家巷开设曾林昌民信局，继之有李永隆民信局（设祁家巷正街），全泰盛民信局，民信局主要经营民间信业，以寄送信件、物品为主，包括书信、契约、票据、证券等，并经办汇兑，

---

① 李正书口述、王世伟整理：《记述清代的李家信行》，《全国各级政协文史资料邮电史料》（中册），北京燕山出版社 1995 年版，第 939—940 页。笔者按：民信局信资定价，向无固定标准，然借鉴其他信局之信资，大多在三十文至四百文（其中宁波至北京方收四百文）之间，因此李家信行的收费较为昂贵（可参见附表邮资）。即使如镇江的民信局，所带平信亦有可能高达"几钱至几两银子"。（张铸泉：《镇江邮电史话》，《全国各级政协文史资料邮电史料》（上册），北京燕山出版社 1995 年版，第 473 页）

② 沈荣春：《从驿递到传真——吴江邮电史略》，北京市邮政管理局文史中心编《全国各级政协文史资料邮电史料》（上册），北京燕山出版社 1995 年版，第 513 页。

③ 钱次龙、祝忠万、童秉权：《清末以后的常熟邮政事业》，《全国各级政协文史资料邮电史料》（上册），北京燕山出版社 1995 年版，第 501 页。

④ 朱守恩：《宜昌邮政五十二年沿革》，《全国各级政协文史资料邮电史料》（中册），第 973 页。

⑤ 李干森：《建国前祁阳的邮政与电信》，《全国各级政协文史资料邮电史料》（中册），北京燕山出版社 1995 年版，第 1112 页。

以现银运递交付……主顾以商界为多"①。四川地区"最初开设民信局是在清道光年间（1821年），以重庆为总口，传递汉口、云南、贵州、陕西、甘肃各省及省内往来信件，带运货物、包裹、现金汇划款项。分别采用陆运或水运。重庆信局承寄汇款年达300万元。还兼为旅客代雇轿马，运送行李。其较著名者有胡万昌、曾森昌、麻乡约、祥合源、松柏长、三厢子6家"②。而在云南，没有民信局的专设机构，"这一业务，就由伕行来兼办。伕行是承揽运送人客为业的。它的组织严密，设有分支联络机关，一般商务家信，那就由其常班携带，视途程的远近和分量的轻重以为断。一般的大约每封一二百文。若紧急家书或商务的重要商情，那就要看事说话了"③。

由上可见，各地区经济活跃程度的不同，也就决定其信局机构功能的轻重分配。但总体观之，大部分信局均以带运货物与汇兑银钱为主，同时在运送过程中带运信件，实现其寄书通邮之功能。某无专设信局之区域，则由具有运输功能的机构实现其带信功能。因此信局之设，其业务重心未必尽在寄送书信，以信局最为集中之江南地区为例，道光十八年（1838年）狄昕奏："上海县地方，滨临海口，向有闽、粤奸商，雇挟洋船，就广东口外夷船，购买呢羽杂货并鸦片烟土，由海路运至入口，转贩苏州省城并太仓、通州各路；而大分则归苏州，由苏州分销全省，及邻境之安徽、山东、浙江等处地方。江苏省外州县民，间设有信船、带货船各数只，轮日赴苏递送书信，并代运货物。凡外县买食鸦片者，俱托该船代购。是以各县买烟价银，由信货船汇总，有数可稽。大县每日计银五、六百两，小县每日计银三、四百两不等，兼之别项兴贩，每年去银不下千万。其波及邻省者，尚不在此数"④。从此不难得知，货物带运的收入远胜于带信。这也即可解

---

① 贺家振：《津市邮政话旧》，《全国各级政协文史资料邮电史料》（中册），北京燕山出版社1995年版，第1162—1163页。

② 任心泉：《解放前南充的邮政事业》，《全国各级政协文史资料邮电史料》（下册），北京燕山出版社1995年版，第1601页。

③ 陈松年：《云南解放前的驿传和交通》，《全国各级政协文史资料邮电史料》（下册），北京燕山出版社1995年版，第1650页。

④ 《筹办夷务始末补遗》，道光朝，第4册，第945—946页，转引于聂宝璋编《中国近代航运史资料》第一辑，上海人民出版社1983年版，第67页。

释为何信局之服务路线不能覆盖全国,缘其商贸区域本有固定,除非业务拓展,既不可能也无必要将路线铺设至其他地区,因此各信局均有自身服务之区域,逾出此区者,则与其他信局交换递送,以确保其作为商业组织的最大利润。所以民信局之起源,乃因应社会商业贸易之需求而生,但制约其发展之因素,也恰好由其商业身份所决定。随着新式邮政之知识日为国人所认知,商贸之信局衰落与裕国便民的邮政兴起,势在必行。

从现有史料来看,清中后期民信局在全国各地区渐趋普及,具体如下表所示:

表1-1　　　　　　　清中后期主要民信局及其分布地域

城市(地区)	信局
上海	正大、森昌、协兴昌、全泰盛、日生、宝盛、全泰治、永和仁、老正大、永和裕、福兴泰、胡万昌、全昌仁、裕兴昌、公利
九江	全太盛、福兴、胡万昌、森昌、乾昌、亿大、全太治、协兴昌、政太源、太古晋、铨昌祥、正和协、张瑞丰、铨昌仁
汉口	老福兴、乾昌、太古晋、协兴昌、政太全、福兴、正和协、全昌仁、全泰强、汪洪兴、李永隆、吴裕、陈永昌、胡万昌、森昌、全永盛、公利、张瑞丰、万昌
天津	老福兴、全泰盛、协兴昌、森昌威、三威、裕兴福、立成、刘公义、天顺、三顺、福和
重庆	胡万昌、曾森昌、麻乡约、祥合源、松柏长、三厢子
东三省及山西	义合、义和、三合、总盛

资料来源:据王孟潇:《清代之民信局》,《邮政资料》第二集,"交通部邮政总局"邮政博物馆1968年3月20日,第14—16页。

虽信局众多,但其规模"多不甚求形式之宏伟,每就隘巷小街,僦屋一廛设之。铺面高悬招牌,大书某某轮船信局,或仅某某信局。投送地点,即详列下方。店门以内,或于左右、或一隅,设有账房。店员人数,视信局之大小、营业区域之广狭以为等差,多者至数十人,少或仅二三人"①。若查阅该时期之《申报》广告,亦可获知该类信局多开设

---

① 《民信局沿革》,《中国邮电史料》(第二辑),沈阳市邮政局邮政志办公室1986年版,第47页。

于何处，如：

> 全盛信局启：本局开设在上洋小东门六家石桥块，专寄杭嘉湖苏松太等处信件，均设局各处，分递不误。①
>
> 全昌顺信局启：本局开设上洋二马路大星街，专寄镇江、九江、扬州、南京、九江、汉口等处信件。均各处设有信局，分送不误。②
>
> 各处信局地脚：启者。本馆申报今注明在各路远处发售地名：镇江大闸外天主街口运河边、南京评事街万寿宫隔壁、扬州左卫街中、九江西门外、仙镇菜市街、汉口董家巷中市、苏州阊门外渡僧桥。如贵客在各路欲买者，须至上洋数处问全昌顺信局便知，每张十文。宁波水街口、杭州珠宝巷、嘉兴塘卫镇，门上问协兴信局可也，每张拾文。三月二十五日，本馆告白。③
>
> 在沪代零卖本馆申报……小东门十六铺桥、永兴和记信局。④

民信局在规模上不求宏大，因此其工作人员的数量也不多。如宁波信局，"多为管帐、管银各一人，司事及脚夫六七人至十余人"⑤。而东三省信局"规模大者有管帐一人或二人，管信二人，上街四人，脚夫二三十人"⑥。为了降低经营成本，同一区域之信局，常有联合组织、共同经营的做法，"为了争取用户信托，集资雄厚，多的达三十多万两银，少的也有四五千两"⑦。如九江各家信局联合，轮班担任，"例如每月逢一四七日，由全太盛、福兴二家寄送南昌、樟树镇、吉安、赣州。三六

---

① 《申报》，同治十一年二月廿三（1872年4月30日），第七章。
② 《申报》，同治十一年三月廿五（1872年5月2日），第六章。
③ 《申报》，同治十一年三月廿七（1872年5月4日），第七章。
④ 《申报》，同治十一年四月初八（1872年5月14日），第七章。另，当时并未建立门牌制度，故信局常需建立自身的地址体系。而大清邮政建立后划分邮界邮区，在各地设立信箱信柜，逐步建立起门牌和规范的地址体系，亦是这一制度变化和发展的一重要细节，待另文详述。
⑤ 王孟潇：《清代之民信局》，《邮政资料》第二集，第11页。
⑥ 王孟潇：《清代之民信局》，《邮政资料》第二集，第16页。
⑦ 李竟秋：《长沙邮政简史——1899年前的长沙邮政概况》，《全国各级政协文史资料邮电史料》（中），第1025页。

九日，由乾昌、森昌、意大、全太治、协兴昌、政太源、胡万昌七家，寄送八府县、四口岸全部。二五八日，由全太盛、森昌二家，寄送河口、贵溪、弋阳。二四六八日，由乾昌、全太盛、福兴、铨昌祥四家，寄送景德镇、饶州、乐平、鄱阳。一三六八日，由太古晋、张瑞丰、福兴、全太盛、政太源五家，寄送吴城镇是也"①。或是信局划分区域路线，由各信局自行负责该段路线之递送，如四川地区，"其主要路线有汉口至成都、成都至打箭炉、泸州至云南、泸州至广元、泸州至秦州、合州至遂宁等等。除汉口至重庆一段水路外，均未陆路。每家或每数家信局担任一路，每月往来三次至九次不等"②。若某些偏僻路线尚难设置，信局还会用开设代理店的办法为民众服务，如九江地区信局，在偏僻的州县"多由商民商请邻近地方之信局开设代理店，由当地殷实商号承办。在试办期间，代理店每年规定缴款若干，有盈余则归承办人。如收支不能相抵时，则由信局从缴款项下拨补。业务稳定后即改为正式代理店，自是依规定缴款，不再贴补。此为东南信局中赣省独有之办法"③。此一办法亦为后来之大清邮政所借鉴，在交通未便之区，常取商号店铺为邮政代办，设置邮箱为民众投递信件之用。

其时设立信局手续并不复杂。"信局开设之初，只须呈请地方官备案。其余一切自由，不受官厅拘束"④，之后在报纸上登载广告，如"信局公司：启者。今议设一信局公司。专管天津、汉口、九江、镇扬、南京、香港、宁波及苏杭各码头。来往货物、行李均可代寄，信赀减取一半，所有章程尚未坐定，俟有开张日期再行奉布。四月十四日，信局司启"⑤。因"中国的立国精神，尤其是科举制度，向来重农抑商，民信局乃一商业行为，官员应避免介乎其中"⑥。只有在商货云集、人事

---

① 《民信局沿革》，《中国邮电史料》（第二辑），沈阳市邮政局邮政志办公室1986年版，第58—59页。
② 王孟潇：《清代之民信局》，《邮政资料》第二集，第13页。
③ 王孟潇：《清代之民信局》，《邮政资料》第二集，第12页。
④ 《民信局沿革》，《中国邮电史料》（第二辑），沈阳市邮政局邮政志办公室1986年版，第46页。
⑤ 《申报》，同治十一年四月十四（1872年5月20日），第六页。
⑥ 彭瀛添：《民信局发展史——中国的民间通讯事业》，中国文化大学出版部1992年版，第45页。这种"不与小民争利"的观点，亦是之后反对开办国家邮政的理由之一。

纷繁、通信日增的上海，"前清上海道台为此出示，划好路线，互相支援，不许竞争。并经组织信业公所，树碑立石，载明某某信局有多少支局，通达多少地方，以信义通商，便利商家民众为主旨，共相遵守"①。

官府虽不对信局业之管理多加干涉，但其行业内部则渐渐形成一套心照不宣的行事规则，以供各局参考遵守。1915年商务版的《商人宝鉴》中，保存了一份光绪年间的民信局条规，转录于下：

  一议吾业往来银洋货物，最为重大，必须殷实之家方可开立。

  一议新开之局，必须大排筵席，广邀同业，以冀大众咸知。

  一议凡进伙友，必须押（柜）洋三百元，方可许做。

  一议伙友设有寒素之人，难集三百元之数，最少亦须一二百元。因局中收送信件，皆系重大，此详（洋）以备不虞。

  一议吾业向无学生，每局必须添立机司（司柜）一人，专司局中杂用。

  一议薪水每人每年，终须一百余元，不分大小。

  一议局中例不给（供）饭，各友自出饭金，包于厨房，不涉店中之事。

  一议寄送各物，倘有遗失，何人经手即由何人赔偿。

  一议如（所）寄物件，不得任意损坏、受潮等弊，各伙务宜加意留心，免至多有争执。

  一议每年须以正月初五日寄信开班日，五月十三日关帝诞日，此两日各局敬神，互相邀请，以通同业和睦之诚。

  一议定于每年腊月二十三日封班，近地二十四日封班。各局一律照行。

光绪　年　月　日
信局同业公具（具）②

---

① 黄君拔：《太仓的民信局》，北京市邮政管理局文史中心编《全国各级政协文史资料邮电史料》（上），北京燕山出版社1995年版，第526页。

② 北京市邮政管理局文史中心编：《中国清代邮政图集》，人民邮电出版社1996年版，第10页。此规例同见《支那经济全书》（明治四十年东亚同文会印行），括号内即是略有不同之表述，见王孟潇《清代之民信局》，《邮政资料》第二集，第11—12页。

细读该民信局条规不难发现，其重点在于信局内部如何组织，至于递送信物的具体章程措施及带信失误的惩罚条例，则全无涉及，可见仅为建立在彼此互信基础上的契约。但若其行业内部有良莠不齐之陋，则需进由联合而加以纠正。光绪五年十月初一（1879年11月14日），浙宁八家信局于申报登载告示，建立信业行会，以杜绝行业内部弊端，在无形中建立起某种行业规则，逐渐把该地区之递信管理予以规范①。

或亦正因为局所组织简单，故信局收发信件及结账付款之方法十分灵活方便。有记载指出，"信局信资，不必先交，可于年终、三季或四季结账。此最便于小商店经济之运用"。而对于经常光临的主顾，"收取信资，恒视邮局低廉，其招徕方法，或打折扣，或按季节交纳"。为了方便主顾寄信，"每当适当时候，派人临门收信。旧式商店惯例，办理信件，恒在夜间。信局对各大市镇，必俟夜深始往收信，又于发寄班期常依主顾便利，稍为延长时间，商店极为满意"②。而当带信轮船抵埠之际，"尚未停轮之前，（信局带寄之信）即先投入预来接货小艇之中。小艇划回码头之际，信局经理即在艇中分拣信函。故其交到收件人之手，非常迅速"③。因此时人日记书信之中，记载发信之局常有变化，有可能是基于方便与时机，若恰逢身处某信局附近或局伙沿途收信，便将信件交与寄递，再将信件之编号及寄递时间记下，以便日后查询。

信局营业全凭信用，然亦常有纠纷之事，究其原因，在于其雇用人员收入低下。按信局规矩，"伙友有管帐、管银（管柜）、收信、送信、脚夫诸名目，在北方有管帐、管信、上街诸名目。人数多少不等。伙友或专业，或兼职，视业务之繁简而异。月薪多者二十余千文，少者数千文，亦有不给薪工，仅分红利者。雇用之伙友入局，例须先缴押柜金若干，遗失信物时照价赔偿。脚夫或长期雇用，或订合约与酬金，或视信

---

① 《申报》光绪五年十月初一（1879年11月14日），第三页。值得注意的是，八家信局都是宁波信局，均在上海有联号，或从另一角度证明了"信局乃宁波人所占"的说法。关于此章程的分析，详见本章第二节行文。

② 《民信局沿革》，《中国邮电史料》（第二辑），沈阳市邮政局邮政志办公室1986年版，第46页。

③ 《民信局沿革》，《中国邮电史料》（第二辑），沈阳市邮政局邮政志办公室1986年版，第45页。

件多寡，按路程远近，按次现付工银，或按年节给付。但脚夫往往向收件人多索脚力或号金，而向信局以少报多，是其恶习。此外信局又普遍有一种不良积习，经常代寄违禁品或漏税货物，查禁没收在所不顾。此由于政令败坏，而小民依此为生，甚难澈（彻）底取缔"①。由于民信局收费较为低廉，故送信人员会想方设法节省递寄成本，以为自己增加收入，"所以民信局常常私下利用英国分设香港、新嘉坡、巴达维亚、澳洲等殖民地与中国各地间航行的交通工具带运邮件。最习见的是贿赂船上侍者及火伕代为带运，或于必要时派出专差充作乘客大批带运邮件。由于中文信函类皆体积纤小，所用纸质极薄，故重量也较轻，很多信件只须捆扎成束，或装在一小盒内即可容纳。而旅客船票低廉，民信局付出专差旅途费用后，依然有利可图"②。在铁路开通之区域，信局局伙"又常贿托铁路路员，为之偷运信件"③。而在鸦片流入中国后，民信局另一种大业务即是带运鸦片，正如前文所引道光十八年（1838年）狄听奏折所述，"大县每日计银五六百两，小县每日计银三四百两不等，兼之别项兴贩，每年去银不下千万。其波及邻省者，尚不在此数"④。亦正因此由，民信局在带运期间常遭抢劫，除因运银易招盗匪外，鸦片之运带同样是缘故之一。

民信局业务虽于同光年间达至高峰，但其"主要服务对象是商业行庄，一切是为服从商业行庄便利着眼。凡有利可图的，千方百计的广为招揽。对其他顾客，只作一般的招呼罢了"⑤。因此虽然有为民众带信之业务，但对于百姓而言，不但服务态度有所差异，而且递信的费用相较平民收入亦较为高昂。通过学者对李慈铭《越缦堂日记》的研究，可见光绪年间其家雇工月收入，最高者不过一万余文，而最少者仅二三

---

① 王孟潇：《清代之民信局》，《邮政资料》第二集，第10页。
② 高杰：《外人笔下的清代民信局与客邮制度》，《邮政资料》第三集，第88页。
③ 《民信局沿革》，《中国邮电史料》（第二辑），沈阳市邮政局邮政志办公室1986年版，第54页。
④ 《筹办夷务始末补遗》，道光朝，第4册，第945—946页。转引于聂宝璋编《中国近代航运史资料》第一辑，上海人民出版社1983年版，第67页。
⑤ 陶拱宸：《浙江民信局侧记》，《中华文史资料文库·经济工商编》第十三卷，中国文史出版社1996年版，第859页。

千文①，而信局动辄每信百文的资费，费用确实不菲。又曾有文人记载："我省交通不便，不止跋涉困难，即通讯亦不易。上年（指1902年）我学于八寨，半年通家信二次，亦仗欧阳先生之介绍，始得藉商家之力代传递，至都匀较便利，亦须场期觅知友。省门虽有麻乡约夫行，能为人雇夫寄信，而资费极重，非寻常所敢问。"②故其实亦可反证，民信局之业务，其实并非以递寄民间信件为主，而民信局与商业交往之密切，才是维系其运作蓬勃的动力。

表1-2　　　　　　　　民信局寄送区域及信资

信局及经营区域	经营人士	路线	信件寄费	现金、包裹寄费
东南沿江沿海信局（以上海为中心）	经营者多为宁波人	宁波——绍兴	三十文	每百元三百文至五百文
		宁波——杭州	五十文	
		宁波——上海	七十文	
		宁波——汉口	一百文	
		宁波——天津	二百文	
		宁波——北京	四百文	
九江信局	经营者有宁波人、江西人与湖南人	遍及江西省内重要商埠，如南昌、弋阳、乐平、贵溪、鄱阳、吉安、赣州、饶州八府县，及景德、河口、吴城、樟树四大镇，以九江为总汇	信资多寡按日计算，每信一封由三十文至六十文	

---

① 参见张德昌《清季一个京官的生活》，香港中文大学出版社1970年版，第261—268页。

② 万琼麟：《独山邮局成立时间的探讨》中节录万大章《月尹楼主年述》1907年（丁未）自述，北京市邮政管理局文史中心编《全国各级政协文史资料邮电史料》（下），北京燕山出版社1995年版，第1796页。

续表

信局及经营区域	经营人士	路线	信件寄费	现金、包裹寄费
汉口信局	上河信局	拥有西部各省市场，往来汉口以西		不论远近，每重一斤，收费三百文
	下河信局，多由宁波帮经营	专营长江下游。早年汉口至北京，取道襄阳、樊城，经河南山东。轮船通行后由长江至上海，再转海道北上		收寄包裹与现金，按路程与价值收费，如寄上海每值一元收十五文，另附号金
天津信局	除宁波帮外，多系当地商家合伙经营		信资省内每封收五十文，外省百文，重要信件挂号收值百抽五之保险费	
台湾信局	与厦门、福州、上海等处轮船信局联营，总局设上海	台北——上海	一百文	
		台北——天津、北京	一百至二百文	
		台北——福州	五十文	
		台北——厦门	三十文	
		台北——汕头	四十文	
		台北——广东	五十文	
		台北——香港	五十文	
西南西北内地信局	多由四川人经营，以重庆为中心，与四川内地、贵州、云南、山西、甘肃各省往来	重庆——汉口	六十文	
		重庆——成都	四十文	
		重庆——打箭炉	一百文	
		重庆——泸州	二十四文	
		重庆——云南	一百八十文	
		重庆——秦州	一百二十文	
		重庆——广元	八十文	
		重庆——合州	二十四文	

续表

信局及经营区域	经营人士	路线	信件寄费	现金、包裹寄费
西南西北内地信局	多由四川人经营，以重庆为中心，与四川内地、贵州、云南、山西、甘肃各省往来	重庆——遂宁	四十八文	每银千两收一千六百文
		上海——重庆		
		重庆——上海	每银千两一千二百文	现金寄费照汇票加二倍
		重庆——宜昌、汉口	每银千两六百文	
		重庆——沙市	每银千两四百文	
		包裹省内每斤四十文，省外二百文		
东三省信局	总局多设于营口，设分局于各埠	普通信信资不详，急信每封每八十里一百三十四文，如送僻远地方有增至四五百文者		
厦门信局	批郊	专走海峡殖民地，如暹罗、西贡、马尼剌、南洋群岛各埠		
	轮船信局，专走本国商埠	厦门——上海	五十文	
		厦门——福州	三十文	
		厦门——汉口、天津	一百文	
		厦门——上海、福州		（票据、包裹）值百收二元
		厦门——天津、汉口		值百收四元

续表

信局及经营区域	经营人士	路线	信件寄费	现金、包裹寄费
厦门信局	书信馆，寄递公家文报为主，兼递私人信件	每月三班，由旱道往来福州。厦门、福州有代理店，厦门至福州每封三十文，沿途各地十文至二十五文		
广东信局	港澳信馆	专寄广东往来澳门香港	十文至二十文	（包裹）二十文至百文
	轮船信局	天津以南诸埠	最多每封二百文	
		极北及内地各埠	最多每封四百文	

资料来源：据王孟潇：《清代之民信局》，《邮政资料》第二集，第7—24页，"交通部邮政总局邮政博物馆"编印，1968年3月20日；《民信局沿革》，《中国邮电史料》（二），沈阳市邮政局邮政志办公室1986年版，第53—62页。

表1–3　　　　　　　　　重庆地区信局详情

局名	设立时间	总局	东家	分局	信资	日程	寄送回数	寄送方法
胡万昌	道光二年	汉口	胡南昌（湖南人）	汉口	六十文	八—十日	每月六回	水路
				沙市	六十文	七—九日		
				宜昌	六十文	五—六日		
				夔州	四十文	三—四日		
				万县	三十文	二—三日		
				重庆				
				成都	四十文	七—九日	同上	陆路
曾森昌	光绪六年	汉口	曾云程（湖南人）	同上	同上	同上	同上	同上

续表

局名	设立时间	总局	东家	分局	信资	日程	寄送回数	寄送方法
麻乡约	同治五年	重庆	陈麻乡（重庆人）	成都	三十二文	八日	每月九回	陆路
				嘉定	四十文	十日		
				泸州	二十四文	四日		
				贵州	七十二文	十一日		
				打箭炉	百文	十五日		
祥合源	光绪九年	重庆	王祥合（重庆人）	泸州	二十四文	四日	每月九回	陆路
				叙州	三十二文	六日		
				昭通	八十文	二十日		
				云南	一百八十文	五十日		
松柏长	道光三年	重庆	陈松柏（重庆人）	泸州	二十四文	四日	每月六回	陆路
				叙州	三十二文	五日		
				昭通	八十文	二十日		
				云南	一百八十文	五十日		
				秦州	一百二十文	十三日	每月三回	
				广元	八十文	十日		
三厢子	光绪九年	重庆	王与合（重庆人）	合州	十四文	一日半	每月六回	陆路
				顺庆	四十文	四日		
				保宁	四十八文	六—七日		
				潼川	五十六文	七日		
				射洪	四十八文	五日		
				锦州	五十六文	七—八日		
				遂宁	四十八文	五日		

资料来源：转引于《民信局沿革》，《中国邮电史料》（二），沈阳市邮政局邮政志办公室1986年版，第57—58页。

二 民信局的经营与社会发展

信局乃应社会需求而生，自然亦与地域社会之环境、需求息息相关。不同的地区，因不同的社会经济、生态环境，而对信局的组织、人员、功能产生各异的要求。其最初的业务，集中于传递商业信报与货品，基于运营成本的考虑，故一般书信的传递并未占据主要内容。商业繁荣之江浙地区，信局众多，路线交错，而西北、西南之边疆地区，信局稀少，或是由其他组织兼带书信，甚至并无专设局所，而由流动人员随机带送。如青海化隆地区，"自建城设置以来，各族人民过惯了半农半牧自给自足的生活，加之交通不便，运输困难，少有出外的机会，与外界人士交际往来很少，虽有几家山西、陕西客家在县城经商，连同当地的几家小杂货铺，在市面冷落萧条的岁月里挣扎，而他们与亲友间的通信联系，也和当地人一样，专等有事外出的人，顺便托带书信或口信，互通消息，以慰各自久思的心愿，否则，空怀悬念而已"①。而在西南西昌地区，"尚无民信局之设置，民间私人信件全赖马帮捎带"②。云南地区虽无信局专设，但"这一业务，就由伕行来兼办。伕行是承揽运送人客为业的。它的组织严密，设有分支联络机关，一般商务家信，那就由其常班携带，视途程的远近和分量的轻重以为断。一般的大约每封一二百文。若紧急家书或商务的重要商情，那就要看事说话了"。因为伕行与哥老会关系密切，"通过这一组织，它就是通过有兵匪盘踞的地方也是安全的"③。

西南地区信局，主要集中于四川，其"最初开设民信局是在清道光年间（1821年），以重庆为总口，传递汉口、云南、贵州、陕西、甘肃各省及省内往来信件，带运货物、包裹、现金汇划款项。分别采用陆运或水运。重庆信局承寄汇款年达300万元。还兼为旅客代雇轿马，运送行李。其较著名者有胡万昌、曾森昌、麻乡约、祥合源、松柏长、三厢子6家。前两家总局设汉口，分局有宜昌、沙市、奉节、万县、重庆、成都等地；后4家总局设重庆，分局有成都、嘉定（乐山）、泸州、宜宾、顺庆（南充）、保宁（阆中）、遂宁、潼川（三台）、射洪、广元、合州（合川）等十余城市及云南、贵州等省，共22处"。另外还有民

---

① 金玉堂：《解放前化隆邮电概述》，《全国各级政协文史资料邮电史料》（下），第1514—1515页。

② 凉山州邮电局：《西昌邮电简史》，《全国各级政协文史资料邮电史料》（下），第1631页。

③ 陈松年：《云南解放前的驿传和交通》，《全国各级政协文史资料邮电史料》（下），第1650—1651页。

间商行性质的大帮组织，如"南充有'洪兴合'号，老板秦洪兴，地址北津街，……带递信函、办理信汇……"①。由于西北、西南地区民间递信业务不多，主要是商务商情的往来交通，因此其费用定价亦不同于信局繁盛之区，除视路程、分量之外，还要视顾客对时间的松紧程度，"伕行的人力，或业务的紧闲以及气候如雨季寒季之类，总而言之，没有一定的价格"。曾有人回忆，"老辈说：有一次有紧急商情需要（自昆明——笔者注）传递常德，到达期要求越速越好。乃交麻乡约承递，约定一个基日和脚力的基数，如果超于基日，则凭掣回收据上所批的递到日期，每提前一天，由发信人加算若干，结果这一商报共花了二十五两纹银之多"②。如此昂贵的费用并非常有发生，但非专设信局在运营成本上相对较高，民众使用的频率亦相应不会太多。即使是同治五年（1868年）四川人綦江人陈洪义在重庆开办的"麻乡约"民信局，在"成都、西昌、会理、康定、沪州设分店，沿途经过县城设邮递铺，开展'委钱诸道，以轻装趋四方，合卷乃取之的飞钱汇兑'"的业务③，亦为民众所获悉"省门虽有麻乡约夫行，能为人雇夫寄信"，但"资费极重，非寻常所敢问"，而只能"藉商家之力代传"或觅知友传递④。故边远地区虽信局罕少，然民众之通信需求亦未必旺盛，费用之高恰与此现状相符，惟待新式邮政延及此处，加之民众受教程度之逐步提升，寄书通邮之需要，方渐为兴盛。

相较于边疆地区，水陆交错的江南及中原，信局往来及业务寄递都相对活跃许多。由于江南地区水道发达，信局可利用此便利之通道，利用船只往来商埠与城乡。如江苏宿城之民信班船分南北两班，"北班自中渡口（现木材公司北首）驶至窑湾镇，……船形多为两头尖翅的'排翅'，载重量均未超过十吨。每船有船员五至七人，每天一班轮流

---

① 任心泉：《解放前南充的邮政事业》，《全国各级政协文史资料邮电史料》（下），第1601—1602页。
② 陈松年：《云南解放前的驿传和交通》，《全国各级政协文史资料邮电史料》（下），第1650—1651页。
③ 陈光耀：《越西的邮驿》，《全国各级政协文史资料邮电史料》（下），第1640页。
④ 万琼麟：《独山邮局成立时间的探讨》，《全国各级政协文史资料邮电史料》（下），第1796页。

往返","南班自东关口驶至淮阴杨庄镇。……船形多为'鸭尾'(因其船两头翘起,水中行驶阻力小,形象鸭子尾巴),载重量均未超过二十吨。每船有船员七、八人不等,每天一班,每日上午八时两地对开,昼夜行驶"①。而常熟地区的信局,则如包天笑回忆所述,用脚划船进行运输,"发往外地信件、汇款由苏州民信局转发。寄往梅李、浒浦、支塘、太仓、沙溪、浏河、嘉定、上海等地的邮件,沿线均有民信站、局联运,有专人办理投送。各局、站之间互相勾通,形成一个民间通信网"。以其最老资格之永义昶为例,拥有六艘脚划船,行走两条路线,分别是"由苏州开出,经常熟、梅李到浒浦,次晨由原线返回苏州,往来船只四艘,每日通邮一次"。以及"由上海经嘉定、支塘、梅李到常熟,再由常熟开往太仓经南翔到上海,来往船只二艘,三天通邮一次"②。太仓地区的永义昶与致大信局,备有装货班船,"从上海寄货带物装船的有六只常班,行程三天,每天早上起货,下午装货,天天有一只开、一只到,轮流往返,十分便利"。两大信局在"浏河、浮桥、双凤、直塘、沙溪、璜泾等地设有支局,并连邻县常熟、支塘、梅李为申常线;常熟到苏州的为常苏线"。而支局以外的僻远村镇,其信件寄递"另外要叫名为'豆腐干担'的带去",或者"改用航船,或用绍兴摇班船,以送达为目的"③。

与驿站置邮传命、服务皇权的情况迥异,面向商民的信局带物递信,首以对主顾忠信为先,所谓"信局者,以忠信为主者也。为人任重则宜忠,与人交接则宜信。苟信不存,忠何有焉?"④ 故凡信局局主,均以信誉为最重之关注,无论货物被劫,抑或局伙欺瞒,均系牵肠挂肚,甚至酣梦之中亦会惊醒。曾有北市正和信局之司帐,"十三晚四更

---

① 陈阔亭:《乱世间的安全航线——邮信班船》,《全国各级政协文史资料邮电史料》(上),第447页。

② 钱次龙、祝忠万、童秉权:《清末以后的常熟邮政事业》,《全国各级政协文史资料邮电史料》(上),第501—502页。

③ 黄君拔:《太仓的民信局》,《全国各级政协文史资料邮电史料》(上),第527—528页。

④ 《阅本报信局事拉杂论之》,《申报》光绪二十二年七月二十(1896年8月28日),第一页。

时……忽从梦中跃起,推开楼窗,纵身跳下",其同仁开始"皆以为非贼来必火着矣",但经检查,"楼西侧仍关好且无烟焰,知固非贼亦非火也",而"司帐者已横卧于门前,手足俱已跌坏,问之而不作声矣。急为异人局中,延伤科救治。据称受伤较重,能愈与否尚难预卜也"。故报纸分析其由,以为"该局前有信船于新市镇为盗抢劫,迄今闻未破案,大约其日有所思遂夜有所梦。安知其不于梦中抓贼乎?"[1] 信局局伙神经紧张到如此地步,以致半夜休憩仍在担忧抓贼护货,则可见是时信局之生存环境实为不易。

以《申报》报道最为集中的江南地区[2]而言,道咸年间,该处深受战火人祸所累。但无论是外国侨使、抑或乡间绅士,政情商务,无不依托各类信局信馆相互流通。有议论指出,"信局者,所以便商贾之往来,慰门闾之倚望,与夫行情涨落、银票交系,靡不藉信局以资便捷。咸丰首虽有闻未甚畅行,一切音书大率恃航船为转递。迨发匪既定,各路之侨居沪上者颂,皆安土重迁戚家眷。虽归上海,仍留市业。于是信局愈推愈广,城乡市镇无不通行。欲其神速,则雇用行走如飞者,克期无误"[3]。可见自太平天国运动被平定之后,江南地区商业交流的逐步兴盛,不仅为商人、信局带来较高的利润,其财富亦为不义之徒所觊觎,尤其是动乱之后,流徒甚多,更有"垦荒者,不得已而冒作绿林"[4] 之

---

[1] 《信局伙坠楼》,《申报》同治十三年十一月十五(1874年12月23日),第2—3页。

[2] "江南地区"常为学界使用,亦有学者就其研究课题做出过具体定义。李伯重认为:"就明清时期的情况而言,江南地区的地域范围应限定在苏州、松江、常州、镇江、江宁(应天)、杭州、嘉兴和湖州八府以及由苏州府析出的太仓州这八府一州组成的地区。这一地区亦称长江三角洲或太湖流域,总面积大约4.3万平方公里,在地理、水文、自然生态以及经济联系等方面形成了一个整体,从而构成了一个比较完整的经济区。"(李伯重:《江南的早期工业化(1550~1850年)》,社会科学文献出版社2000年版,第19页)钱杭、承载将"江南地区"的范围确定在"长江中下游地区、淮河地区和赣江流域,如按现在的省(市)级行政区划,涉及江苏、浙江、安徽、江西、上海四省一市"(钱杭、承载:《十七世纪江南社会生活》,浙江人民出版社1996年版,第1页)。根据史料的具体反映,笔者认同李伯重的划分标准,而在地域选择上则采用钱杭、承载的划分,因为递信体系覆盖面积较广,从交通角度来看,或许又是另一种联结整体的区划眼光。进而言之,在笔者的观察中,该地区的递信机构重心集中于上海,通过轮船、信差的步履所及而构成网络。

[3] 《信局船改用小火轮议》,《申报》光绪十二年五月廿四(1886年6月25日),第1页。

[4] 《盗劫信船》,《申报》光绪十年十二月初九(1885年1月24日),第2页。

辈。而江南地区水道纵横，十分便于逃逸，而信局为"贪图快捷，未免黑夜遄征"，因此"劫盗之风遂层见而叠出"①。

是时随商业兴盛，信局带信带银的数量亦相当可观，如同治十三年十一月初三日（1874年12月11日）"有自杭省至苏之信局船一只，系福润正和正源三信局所合开者，乃行至新市镇地方，猝为盗所劫掠，计抢去货物洋银约四千余元"。而此事并非偶发，盖"近来盛泽、珠街阁等处迭出抢案，俱称赃货不赀。曾不多时，而信局船今又被劫，抑何盗风之炽也？！"②另外，商家常托信船带运鸦片，此物利润高昂又令人上瘾难脱，故此类信船常易成为诸路绿林的猎物，时被抢夺而无处呼救，如上案发生仅月余，"本埠永义昶信局信于十六日早开往常熟，计转载大土百余只，并货物洋信等，乃于定更时行至支塘镇之落乡地方，忽被匪船劫去大土四十七只，其洋信货物幸未被掳，人亦无伤"③。

信局遭劫，局主当下即赴该管县署报案，以求尽快缉拿匪徒，归还银物。然而此类案件报备虽多，破案甚少。一是由于匪徒早有预谋，作案迅速，常在水上以长篙钩船，然后登船抢夺④，而在旱路则隐藏于暗处，待带信脚夫经过则一拥而上，持械威胁，抢劫而去⑤。其混乱形式，发展至后来甚至变成明火抢劫："月初九江全泰盛局将银货信票等件装束停妥，派局伙压挑夫数名往镇，初十夜歇都昌县王家祠堂饭店，突来群盗明火执仗撞开店门，搜寻货银，劫去信局银陆百余两、两广土数百斤，局伙与挑夫五人力拒，寡众不敌，两挑夫受重伤倒地。"⑥ 二是官府本身破案能力低下，虽局主、局伙遇劫均第一时间报案，但若县主勤政，尚能"迅速带同书役差捕前来踏勘，令事主补词，一面饬捕严查务获"⑦，然大多数情况均是"报案饬缉"而下文阙如，信局只能自

---

① 《信局船改用小火轮议》，《申报》光绪十二年五月廿四（1886年6月25日），第1页。
② 《新市信船被劫》，同治十三年十一月初七日（1874年12月15日），第2页。
③ 《信局船被劫》，《申报》同治十三年十二月十八日（1875年1月25日），第3页。
④ 《信船被盗》，《申报》光绪二年五月初十（1876年6月1日），第2页；《信船遇盗》，《申报》光绪四年九月廿九（1878年10月24日），第3页。
⑤ 《信足被抢》，《申报》光绪二年八月廿六（1876年10月13日），第2页；《包封被劫》，《申报》光绪四年八月廿八（1878年9月24日），第2页。
⑥ 《浔阳近闻》，《申报》光绪九年六月十六（1883年7月19日），第2页。
⑦ 《信船遇盗》，《申报》光绪十三年五月初八（1887年6月28日），第2页。

负其责，按例赔偿。

而由带运物件引发的厘卡与管县之间的职能分歧，亦延误报案时间而导致破案无门，如光绪十二年"无锡西乡荣金生信船，于正月廿九日开放来申，附搭男妇幼孩十六人，至晦日晚八点钟行至崑山东南浅墩陆家滨□处，离厘卡只三里，拟至卡前停泊。不料一声胡哨，河北汊巷内突出枪船一艘，船上盗贼十余人，口操鄂音，反穿号褂，手持利刃，一跃过船。信船上人与之抗拒，有二人被贼砍伤落水，幸尚小伤得以逃避。船内铺程、箱笼、银洋、钟表、油米等物被劫无遗，并将男女各衣脱下，然后扬长而去。去后检讨得失物共值洋五百余元，当即报知厘卡卡员，谕以尽可由局访查，不必报县。信船上人听从其言，泊舟静候，不料待之久久，音信杳然，昨日遂开行到沪云"①。故盗劫之事，屡诉于报，而报官备案，常有提及，但都是虎头蛇尾，下文欠奉，而寄递环境依然恶劣，无论信船脚夫或是随行之旅人，无不提心吊胆，战战兢兢。

无论信船寄递抑或脚夫带信，往往三两出行，仓促之间很难应对突如其来的袭击，驾船者尚能于慌乱中将银洋沉匿水下，而旱运者则无计可施，所以陆运局伙常有受伤之事，甚至为保护带运信物而遇害。如光绪四年八月"二十五夜间，本埠九家信局派得走友三人，赍有由申寄苏及常熟之信件、包封。行近南翔镇约六里光景之地名白坑港，猝遇盗劫，中有局友一人手背受刀伤三处"②。而光绪十年十二月初七（1885年1月22日）"嘉兴各信局合一划船至乌镇，每晚开班至新塍镇歇夜，翌晨再行鼓棹。讵前晚二鼓时，该船开至三里桥突遇强盗八九人截住抢劫。凡信件、衣包、什物尽被攫去，饭米数升亦弗遗存。幸船头下尚有洋信二百元，船主倒身压住，抵死不让，任其凶殴，故左臂受伤甚重"③。是年年末还有一桩劫案，是属熟客搭船谋夺寄银，而且开枪抢钱，伤及乘客，此案折射出信局作为民间商业组织，在人员管理及带运银物上的制度缺欠，导致其损失惨重。事情之经过，乃是全盛、顺成、协源三信局局伙收得银洋"共有一千九百六十五元之多，本欲派人押解"，而由于"本埠

---

① 《信船遇盗》，《申报》光绪十二年二月初五（1886年3月10日），第3页。
② 《包封被劫》，《申报》光绪四年八月廿八（1878年9月24日），第2页。
③ 《盗劫信船》，《申报》光绪十年十二月初九（1885年1月24日），第2页。

英租界某行之出店人孙兆堂，亦在是处收得帐洋，搭此信船"，为省带费，该信局伙即"托孙代为照顾。孙又约一人同船"。"及黎明时驶至新闸西六里之小沙渡地方，即西人所谓苏州河也。讵料孙某与其友人突然跃起，袖中取出手枪连放二响"，将银洋劫走往河滩逃去。而信船不仅银洋尽失，一名搭客尚被枪伤。事发之后，船主即赴沪告知信局，"信局主一面报县，并报捕房请缉外，局主又函追该处信局之经事人，同陈等役县申诉"。而至孙兆堂住处搜索，亦无所获，"惟将孙之兄孙掌和及妻夫张德生带回捕房，问不知情，暂行营押"，而再行觅法缉拿在逃之人。① 但无论能否抓拿，信局除报县备案，"未经破获，先行赔垫三成"②，亦有惯例言"汇票、现金、包裹中途如有遗失，信局应如数照赔。如遇盗匪劫抢，则赔一半。脚夫被杀，则全数免赔，是为惯例"③。

综合众劫案之特点，不难看出其多发生于夜间运带之时，一旦发生不仅呼救无门，而报案求缉亦颇费时间。究其原因，首与信局收信习惯有关。信局之所以受商户欢迎，乃因其运营多依其习惯而行，"信局极为主顾图便利。每于适当时候，派人临门收信。旧式商店惯例，办理信件，恒在夜间，信局对各大市镇，必俟夜深始往收信。又于发寄班期常依主顾便利，稍为延长时间，商店极为满意"④。既于深夜收其信银，信局自然"贪图快捷"而"黑夜遄征"，结果便予盗贼以机会大肆抢劫，甚至危及信友性命。虽然官府曾"禁止夜行于冬令"，但众信局依然我行我素，结果条令不行，"以致大宪饬遵，嗣后信局包送信物洋银，如敢违禁夜行致有失事者，无论□□，责令照数全赔"。这样的训谕自然引起不少非议，"其有议者曰：'信札之由局，取其速耳，欲速则夜行势所不免，谓其齐以献盗，固理之所必无，而失事全赔，亦似蹊田而

---

① 《信船被劫续述》，《申报》光绪十年十二月廿七（1885年2月11日），第3页。此事《申报》连续两日报道（十二月廿六、廿七日），而沪上《字林西报》亦载《舟行遇盗》一文，可见影响甚大。

② 《信局船改用小火轮议》，《申报》光绪十二年五月廿四（1886年6月25日），第1页。

③ 《民信局沿革》，《中国邮电史料》（第二辑），沈阳市邮政局邮政志办公室1986年版，第56页。

④ 《民信局沿革》，《中国邮电史料》（第二辑），沈阳市邮政局邮政志办公室1986年版，第46页。

夺之牛，罚嫌太重'"。最后各信局公议一折衷办法，"雇定小轮两艘于江浙各码头，一来一往，后仍拖带小舟，岁后分投市镇。闻各庄号之雇装银货者已历有年，仅信局仿而行之，声威共壮，风雨无忧，每日只开一船，不准加多，庶于民业亦无妨碍"①。以新式交通工具加快运送速度，提高寄递效率，同时亦减低带运过程中被抢劫的概率，亦不会令信局服务商家的惯例受到破坏，此法可谓益处良多。

然而，信局夜间自雇火轮带信，亦遭地方官所否决。光绪二十四年间宁波信业呈请"自甬上至余姚之信船准用小轮船拖带"，而"吴福茨观察批示云：信船若用小轮船拖带，则时在深夜，难保无夹带影混闯卡情弊。要知信局失事恒在夜间，游勇匪徒何地蔑有，但自甬至余雇用拖带，而内江不能倒（到）之处又将如何？总之该局或停夜班，或商定利济。小轮船拖带亦属省，而且便正，不必别树一帜也"②。在商民安全与厘卡利益之间，官府还是要保证后者，毕竟其与州县官费利益息息相关。而为了使信局安全亦能得到保障，官府亦"传谕船埠头转饬各船户，凡遇开班，须在日间，切不可于夜晚冒险行驶。如果不遵，设有疏虞，咎由自取"③。惟信局为保证自身运营及生存，对此类禁令亦只能置诸不顾，继续深夜信船带信，只求运气稍好，不致被盗劫掠。

除明火执仗式的抢劫外，为了节省带运费用而受骗失银的个案亦见诸报章。光绪九年七月十一（1883年8月13日）《申报》载"寄洋遇骗"一节，可见一斑："初八日悼信轮船之宁波抵埠，有宁波福润信局托该轮船山装灯之王阿富，携带本洋四千一百元。其洋系宁波宝康、瑞康、文康三庄托上海福润局转交乾通、公大、恒豫三庄者。缘轮船寄洋，倘交船主帐房，则每千需水脚洋五元，若交水手及杂差等人私带，须每千须酬洋两元，是以各信局每托伙友私带，冀省费也。王阿富接收之后，将洋分两处放开，一计二千六百元，一计一千五百元。讵在宁启轮时，突有某甲至船向阿富云：福润信局嘱我押解洋银至沪者。阿富因船已动轮，无暇细询，且押解银洋亦属常有之事，不以为疑。船抵本

---

① 《信局船改用小火轮议》，《申报》光绪十二年五月廿四（1886年6月25日），第1页。
② 《信局防患》，《申报》光绪二十四年十一月廿一（1899年1月2日），第2页。
③ 《信船避夜》，《申报》光绪二十六年十二月廿六（1901年2月14日），第3页。

埠，阿富恐海关签子手查出议罚，即令某甲先将二千六百元带至福润信局，随后自携一千五百元，道局询问某甲之前款。福润信局称并无此人，始知被骗，急欲发电音至宁局查问。而近日电线适断未能寄信。现闻已报捕房，未知能缉获否？然王阿富业经该轮船停歇生意。说者谓该局之贪小失大，与阿富之不察来历，均属咎由自取耳。"虽咎由自取的评论不无道理，却可见信局之管理与带运方式多有缺漏，为求省费而甘愿冒失落巨银之风险。而其局伙之疏忽大意，与"押解银洋亦属常有之事"互成因果，足见此风乃行业常见，并非某局独有。

盗劫之案层出不穷，实难于有限篇幅中一一列举。由于信局之运作属民间商业行为，官府少有进行干涉，故信局带运货物邮件之安全，除遇事报官备案外，往往需要自身加以保护。除如前文所引自雇保镖之外，还必须与地方势力打通关系，以保证信件货物之安全不受威胁。如宿迁的民信班船，"对运河沿线各码头的所谓'头面人物'都必须经常给予好处。如杨庄码头有两个'安清邦'的'老头子'，一名王大刚，一名陈大先生。民信班船除逢年过节送给他们较为丰盛的礼物外，每天从杨庄装运旅客和货物开离码头前，都要各送一至二千文钱给他们。因为运河沿线有很多土匪头目是他们的徒子徒孙，经过他们打招呼后，不会去抢劫信船"。因此民信局不仅发给船员绿色衣帽作为标志，"班船船尾都插上一面红色长方形旗帜，上书'宿迁来往长班班船'"。这一标识作用颇大，即使是宿城设立邮局，"原来班船不再承担运送信件任务之后，船家仍在船尾插上'来往长班信船'的旗帜，藉此安全航行，从而招徕客商，增加运费收入"①。而如云南地区之佚行，亦是与哥老会保持紧密联系，方能将货物信件带过兵匪盘踞的地区而不受侵害。不过，盗匪始终是信局带运的最大威胁。虽然信局可以与一般的帮会组织打通关系，互通默契，但散兵游勇式的盗匪，往往趁月黑风高的夜晚突袭信船，令局伙防不胜防，而规模稍小之信局，又无力长与帮会保持联络，故遇上盗匪拦劫之事，也只能徒叹奈何，听天由命。故翻查同光年间之报纸新闻，有关信局被抢，脚夫、船夫被杀之新闻比比皆是，盗匪

---

① 陈阔亭：《乱世间的安全航线——邮信班船》，北京市邮政管理局文史中心编《全国各级政协文史资料邮电史料》（上），北京燕山出版社1995年版，第448—449页。

问题，成为信局业务的最大梦魇。

信局业务，随通商口岸增开而日益繁盛，就上海而言，"如二马路之牌号林立，十六铺外沿江之名目纷繁，令人不可以偻指数"。信局增多，然其规模大小不一，信局局伙亦是龙蛇混杂，所谓"局多而高低不一，人众则良莠不齐。局东之富赀厚摊，久已声闻远近，断不肯自坏其金玉之遐音，若奔走在下之人，大抵鸿往雁来，无一定之性情，而少年喜事，俦朝夕驰，逐于花天酒地之场，非习染日深，即纷华日事。试商其一年之出息几何，一月之进益几何，一身之本领几何，而顾可胜其挥霍，滥其交游乎？此公堂究拿局伙之案，所为层见迭出也"①。虽然"前清上海道台为此出示，划好路线，互相支援，不许竞争。并经组织信业公所，树碑立石，载明某某信局有多少支局，通达多少地方，以信义通商，便利商家民众为主旨，共相遵守"②。而光绪五年十月初一（1879年11月14日）浙宁八家信局亦于《申报》登载告示，建立信业行会，以杜绝行业内部弊端，亦在无形中建立起某种行业规则，逐渐把该地区之递信管理予以规范：

> 信局新章告示：钦加运同衔办理上海租界公审事务江苏即补分府陈为出示晓谕事。照得租界地方，信局林立，良莠不齐，其专递浙宁等处信件，各局吞没银洋家信之案层见叠出，均经分别追办。现据浙宁信局永利等八户联名禀称，伊等皆遵宪章，各由公所归帮入行，出具连环保结，守规递送，兼有集资存公，以备一局失误，七船摊赔。迨后新开信局皆不入行，且不相识。此外尚有虚挂局名，并无局基，沿街撞骗者，以致侵吞客洋，潜逃无着。寄信之人日向伊等追查，求饬押闭等情。据此，除查明未经入行之浙宁各信局再行核办外，合先出示晓谕。为此示仰在沪商民人等及后开同行各信局一体遵照。嗣后凡寄银洋家信以及紧要包封物件，均需送交同行信局，嘱令赶速寄递，

---

① 《阅本报信局事拉杂论之》，《申报》光绪二十二年七月二十（1896年8月28日），第1页。

② 黄君拔：《太仓的民信局》，《全国各级政协文史资料邮电史料》（上），第526页。

照章付给酒资。倘有贪贱信力，寄交未经入行各信局，被其骗吞逃逸，来案控追者，系属自误，概不准理。该信局等亦各按照向章收取信资，依期寄送，不准妄自增减勒索，积压稽迟致于提究，各宜慎之，毋贻后悔，切切特示。

计开　永利　全盛　正和　协兴　赢顺　广大　正大　福润①

信业行业公所的成立，首在建立行业规范，保证行业的信用与寄递效率及安全，亦尽可能使信局所雇用之员役可靠守信。正如光绪二十五年二月廿二（1899年4月2日）上海信业公所所登载的《信局声明》所言："窃维吾信局一业，全凭信实为主，承寄各口往来信件，惟北口最为郑重，所以屡集整顿，以清局规。今有曾犯局规歇伙数名，在外声称合股新开裕兴□信局，独带北口往来信件。然而北口信件内有汇票、提单、实收执照以及公文要件者为主。如此郑重，□各□□绅商□未必轻易给带。且若辈虽称合股设局，承寄信件。查其局基，未有妥实。烟台、天津等处更无踪迹。照此影射托名，诚恐交抄难清，且与敝公所声名攸关，故特登报五天，以告众闻。此外如有众意不一，或为误信，或因情准并图减资，一切招揽等事，若□寄带，任从各□。遇有讹误以及不测等情，概与敝公所无涉。犹恐未及周知，特此预告，以供众览。"②揣其用意，并不仅单为肃清行风而起，是时大清邮政已经开办，面对国家（朝廷）力量介入民间商业，信业同行必须并肩面对新式邮局低价高效的竞争，若自身内部良莠不齐，不仅自损声望，亦会流失客源而最终衰落不起。故信业公所之声明，首在保证民局本身服务之质量与团结，再与新起之大清邮政相争，以保自身之存在③。

三　政情流转的民间渠道

受驿递交通条件的局限和服务朝政的需要，清廷在用驿人员和用驿

---

①《信局新章告示》，《申报》光绪五年十月初一（1879年11月14日），第3页。值得注意的是，八家信局都是宁波信局，均在上海有联号，或从另一角度证明了"信局乃宁波人所占"的说法。

②《信局声明》，《申报》光绪二十五年二月廿二（1899年4月2日），第4页。

③ 民信局与大清邮政之间的竞争，待下文详述。

条件上都加以限制，因此在文书的种类和接发人员上均有明确条例，非达到一定品级不能使用。虽然违规滥驿的情况屡见不鲜，但亦多系官员家人、随从狐假虎威所致，一般官员并不能轻易将信件入驿递寄。不过，对于直省官员而言，了解京师政治动态和人事变化，并将所管辖区的相关政情与京师枢臣交流，是除日常政务之外的另一重要政事。由于驿递不能代递私信，且专差带信费用太高，故以保障客户的信物安全为宗旨的民信局，其服务在一定程度上成为解决直省各级官员受限驿规、而不便递送一般信件的有效办法。

在清代的官制设计中，"沿明代旧制，于江宁、杭州、苏州设三'织造处'，以织办宫廷及官用之各种绸缎，布匹等，是宫廷派出的一个采办机构"。康熙初年改归内务府管理，而"清初，派往江南三处织造的差事，大多是皇帝的亲信，特别是康熙时期，三处织造成了皇帝安插在江南地区的耳目，他们搜集地方情况，监视官场活动，密报地方民情等等。到清代中期以后，三处织造官的这种特殊地位及作用，才逐渐消失"[1]。至清末时期，江南地区发展成熟的民信局网络，则更为江南织造与其驻京人员之间的联系，愈发紧密，其政情流通的速度亦更为加快。

由丁进军编选的《光绪年间江南织造驻京人员呈堂禀稿》[2]（以下正文简称"禀稿"），为我们获得了一个从侧面了解民信局担任政治潜流渠道的机会。由于其中不少内容涉及下属向上级报告京师的政情变化，故其常用民信局代其递信，以保证信件传递的私密性。从地理位置上来看，京师与三织造所在的江南地区，均系民信局局所集中和网络发展的地区，来往的传送非常方便，亦为江南织造人员与织署的书函往来提供了制度上的保障。

按笔者对该份史料的统计，从光绪七年至光绪十四年间，江南织造与其驻京人员之间的书信往来，利用华洋书信馆两次、福兴润信局四十

---

[1] 刘子扬：《清代地方官制考》，紫禁城出版社1988年版，第455、457页。
[2] 发表于《历史档案》1998年第3期至1994年第1期的《光绪年间江南织造驻京人员呈堂禀稿》，原藏于中国第一历史档案馆内务府全宗档案，其内容为"光绪年间江南三织造驻京人员写给织署堂上禀札底稿"。

八次、天丰信局两次、协兴昌信局十次、老福兴十三次①，这一趋势基本与是时京师民信局的设置状况吻合。查有关北京的邮政史料可知，福兴润与协兴昌分别成立于乾隆十八年二月和乾隆二十年正月，是北京设置较早的民信局，而驻京人员利用此二局的次数较多，正好说明其本身有较为厚实的寄递能力②。另外，信局在岁末新春之际全行歇业，一旦此时须有信件来往，则必须高费另雇专差递信。如光绪七年腊月廿六（1882年2月14日），驻京人员探知"大人奉旨连任，当即缮具恩字四十七号喜禀"，打算按惯例交福兴润寄呈，但民信局向来于腊月廿三封班，直至正月初五方开班寄信③，而"专足脚价需费数十金"，故其人员"未奉谕示曷敢擅专"，最后因另有须寄江南之要信，方前往福兴润雇佣专差，"讲定价银十两，自正月初一日起，按日对算，十五日准到。回信仍请书名何日所发，限某日到京，以备查考"④。由此可见，雇佣信局专差递信，所需费用不菲，对照该驻京员役一年应领办公银暨垫款"共二百二十两零八钱"而言，是一笔较为大额的支出，故其员方如此谨慎对待⑤。由于江南织署常有委托购买货物之举，如光绪十一年年中去信托买"老米、月饼、干菜等项"，驻京人员购买极易，但托寄花费不菲，该员"本拟托福兴润专足由轮船寄辕。嗣向该局熟商，据称脚价夙有定章，每斤脚银六分，统计此次各物，共有七百斤之谱，需脚力四

---

① 笔者注：由于该份史料本身已经过筛选，统计未必能反映当时的完全状况，而只能做一趋势了解。
② 北京市邮政局史志办公室编：《北京邮政史料》，北京燕山出版社1988年版，第395页。由于民信局的史料匮乏，而其彼此间又多有联系，从店名的联系上看，福兴润与老福兴可能同为一家信局（按《北京邮史》记载，有一家名为"福兴"的信局同样开办于乾隆十八年二月。见马骏昌等编《北京邮史》，北京出版社1987年版，第25页）。
③ 《光绪年间民信局条规》，《北京邮政史料》第396页。按该禀稿所载，则各信局"必须新正初四日方能开市"。
④ 丁进军编选：《光绪年间江南织造驻京人员呈堂禀稿》（一），光绪八年正月初一日，《历史档案》1998年第3期，第59页。
⑤ 按该禀稿所述可知，其所需费用，先由京师著名饭庄隆丰堂垫付，年末再行结清款项。按杨原对京师八大饭庄的介绍，隆丰堂位于东皇城根，"专做王公府买卖，各府阿哥以致管事官员小聚玩乐多在隆丰堂饭庄"。故其与织署驻京人员关系密切，也就不难理解了。（杨原：《京师八大堂》，《北京晚报》2007年4月18日）

十余两，未免太巨"①，最后亦只能放弃交信局递寄。故亦可见，既然信局专差无论带信或带物均需较多费用，即如织署驻京人员亦使用不多，普通民众则更难涉足此项业务了。

信局专足一旦因私故延误递信，信局则必须对顾客作出赔偿。光绪九年五月廿九（1883年7月3日）驻京人员在禀稿中称，知悉寄信专足"擅乘轮船"而导致寄信延误后，"当持赴该局查问"，该信局局伙称"系该足畏惧天热，又恐途中遇雨，致误限期，若非织署查出，敝局尚不得知"。该信局承认"究属敝局用人不当，实难辞咎"。虽然驻京人员认为该局一面之词"碍难遽信"，但最后还是以"立意罚其脚价一半，计银十八两"完事。从此事我们至少可以获知，是时信局与其带信主顾之间的几种行事惯例：（1）专差带信，费用昂贵，从上述可知，此次带信应在三十六两左右，如此高昂的价格，绝非平常人家可以承担；（2）信局对局伙的管理缺乏规范。由于信局局伙薪酬较低，故其常有在带信过程中违规收资、懒怠延误之事，但信局对该类事件并无主动处理之例，从本次事件看来，若非织署人员到局质问，则信局便将此事不了了之。顾客付款但难保服务质量，是信局的陋弊之一；（3）递信事故发生之后，顾客有权对信局拒付或减付相关费用，但主要是对专差带信的业务而言，同时也与主顾的身份有关。从本次事件可以看出，由于织署驻京人员与该信局有较长的合作关系，且其又为官方身份，故信局方显出低声下气的姿态，而对于"脚价罚半"的做法最后亦只能妥协接受。但对于普通民众的一般信件，恐怕难以轻易赔偿了。从整个事件的过程看来，民信局由于运作的不规范而导致损失，但顾客的递信需要同时亦受到损害，故新式邮政的产生，与当时日益增长的递信需要和交通工具的实时发展是相互呼应的。

江南织造驻京人员与织署之间的联系相当频繁，而其交流的信息，主要集中于以下几个方面：

第一，京都的天气及风土人情报告。织署驻京人员禀稿之中，各信常有载京师的天气报告，究其原因，乃与传统社会对农业耕种的重视有

---

① 《光绪年间江南织造驻京人员呈堂禀稿》（二），光绪十一年八月十一，《历史档案》1998年第4期，第52页。

关。如光绪七年二月廿九（1881年3月28日）的禀稿中报告："京师近日春暖天晴，毫无雨意，设坛祈祷月余，迄未渥需甘霖，农田深为可虑。"① 在盼雨多时后，"京师自三月二十九日晚间至四月初一二日连朝得雨，近畿一带深透，农田藉得播种，秋禾尚可有成，惟麦田恐难丰稔耳"②。由于天气关系粮食收成、进而产生粮价波动及影响皇朝的政治稳定③，而若冬季"节逾长至，尚未渥沾透雪，冬瘟盛行，人多疾病"④，对京城的政治秩序产生不可预知的影响，所以天气报告，成为禀稿中的重要内容之一。通过对京师天气的掌握，才能对可能的政治动向了然于胸并早做提防。

织署驻京人员对京城内的都城建设、风土人情亦常有报告。如光绪十一年九月初四（1884年10月22日）的禀稿中，即对京城拟开宽甬路的情况做了简报："京师城内，现在丈量大街甬路，拟将甬路开宽数尺，两旁便道一律兴修，重载车辆系由便道行走，靠甬路各买卖棚均须拆毁。"故其评论曰："是道路虽可畅行，而各棚小贸营生吃苦不小，此事亦非善举。"可见其关注的内容与报告评论，均系与民生相关，更进一步而言，则是对京城的政情变化，保持高度的关注。

第二，内务府及织署职责的相关报告。江南织造职务归内务府管辖，故宫中有关内务府的消息，事无巨细，驻京人员均向织署报告，但关注的目的主要为了及时把握太后及皇帝的动态。如驻京人员"询得谕令内务府挑选奶子"，乃是为"闻得佛爷自服乳后，连日

---

① 《光绪年间江南织造驻京人员呈堂禀稿》（一），《历史档案》1998年第3期，第55页。

② 《光绪年间江南织造驻京人员呈堂禀稿》（一），光绪七年四月初五，《历史档案》1998年第3期，第56页。

③ 如光绪九年六月廿四（1883年7月27日）的禀稿中称："都中旬余以来无日不雨，虽农田均已深透，而街巷全成泽国，小民房屋坍塌者无数。刻下银价较之三四月间大相悬殊，每两仅易钱十三千七八百文，粮价迄未平减。昨闻西城增裕、北义顺等号钱铺同日关闭八家，市廛由此益形窘迫。"由此不难看出，京城天气与粮食收成、粮价浮动及银价变化之间的关系。（《光绪年间江南织造驻京人员呈堂禀稿》（一），《历史档案》1998年第3期，第62页）

④ 《光绪年间江南织造驻京人员呈堂禀稿》（一），光绪七年十一月初二，《历史档案》1998年第3期，第58页。

夜间稍可稳睡数刻"①。而内府的人事纠葛，如"恩、广两堂日前因拣选郎中之缺意见不同，竟致在朝房口角，迄今延搁多日未能点放"②，则更是驻京人员不可不报告的重要政情。

从禀稿中还可看到内务府财政拮据的情况，以及应付解决之法："闻之节前所有内务府应放各款，分厘未曾开放，□、广、嵩三位堂官曾向户部挪借若干，经闫中堂驳云：所有外省应解京饷，业由外处指拨，部中实无款筹借等情。当面回复矣。大约内务府放款，必俟粤关将春季七万五千两解京，方可给发一二，否则无力开放也。"③另外，内务府对织署人员常有需索，花费甚多，而宫中织造皇室衣物，又不预有告知，故驻京人员常需打听消息，并及时提醒织署堂官未雨绸缪，方不致到时手忙脚乱："现在织署织办差事无多，而内府各堂暨宫内廷各太监需索虑至，即如刻下各堂官托织缎□，师大人托织缂丝袍褂，动辄縻费千金，若不及早图维，恐将来诸多掣肘。现虽四执事首领曾言秋后传办○○○皇上御用龙袍褂等件，惟又恐藩库拨款维艰，似宜预为防范。揣度情形，自必平时与藩司衙门诸友时常往来略为亲密，遇有拨款等事，或者不至棘手。"④事涉织署各项财款的运用，故驻京人员必须常有留意，并在禀稿中时时报告，方能使堂官左右逢源，随时应对京师的需求。

第三，宫中的大小杂务。织署虽归属内务府管辖，然其承办皇宫袍褂职事，必须常与宫中太监等人来往，故对该等人事必须慎重对待，保持良好关系。因"向来凡遇奉旨传办活计，均应向该太监讨领衣服尺寸以及袍褂式样"，而"领样后尚须付给使费，而费数原无一定，总不免与彼磨牙"⑤。由于领样照制兹事体大，"此费自不能省"，故前后多次

---

① 《光绪年间江南织造驻京人员呈堂禀稿》（一），光绪七年二月初一，《历史档案》1998年第3期，第54页。
② 《光绪年间江南织造驻京人员呈堂禀稿》（一），光绪七年二月十一，《历史档案》1998年第3期，第55页。
③ 《光绪年间江南织造驻京人员呈堂禀稿》（一），光绪十年五月十七，《历史档案》1998年第3期，第66页。
④ 《光绪年间江南织造驻京人员呈堂禀稿》（一），光绪十年七月二十，《历史档案》1998年第3期，第69页。
⑤ 《光绪年间江南织造驻京人员呈堂禀稿》（一），光绪九年二月初七，《历史档案》1998年第3期，第60页。

与太监首领商量，"自三十两磨对，添至五十两始得定局"①。对于宫中人事性格，驻京人员亦在禀稿中常有向堂官报告，以避免为他人挟制利用。如光绪十年闰五月十八（1884年7月10日）的禀稿中提到，驻京人员在与内廷总管"刘老爷"询及江苏卫中丞"缓拨织款"的奏折时，该总管表示一旦"佛爷议论此节时，当必见机行事"，而该驻京人员亦不敢过分托付，盖"刘老爷之为人贪而无厌，倘此事极力请托，彼必视为奇货可居，恐将来肆行勒索"，是以"不露恳托情形，只为因公起见动之，免致异日承彼之情"②。该员更指出同治年间"差务繁冗，各处太监进项丰足，尚能关乎情面，慷慨见情。近来日处寂寥，毫无进项，偶遇一差，便想发财"③。而宫内"各太监办事大抵无错找错，以为需索地步"④。加上织造之间互有竞争，本独传杭州织造一处之差事，"嗣闻效五老爷因此差未传苏州，竟托人情，向该带班太监求其分出十份之四成，改传苏州织办"。故该员概叹"如此情形，无怪内里各太监遇有传办差使，莫不逾常勒索也"⑤。牵涉宫内各种承差利益，织署人员必须对上下左右关系打点妥当，方能为堂官之行事有所助益。

第四，京都内的人事变动。作为清朝政治运转的中心，各层官吏在京师来往进出，升降迁调，虽然此类人事调动未必与织署职责直接相关，但直接关涉整个朝廷的运作，故织署驻京人员常在禀稿中报告此类人事情状。如光绪七年二月初一（1881年2月28日）禀告左宗棠入京的相关事宜："左中堂于二十七日申刻到京，寓居贤良寺。二十八日跪安，当蒙召见。二十九日奉旨留京，以大学士管理兵部事务，并在总理

---

① 《光绪年间江南织造驻京人员呈堂禀稿》（一），光绪九年三月初一，《历史档案》1998年第3期，第60页。
② 《光绪年间江南织造驻京人员呈堂禀稿》（一），光绪十年闰五月十八《历史档案》1998年第3期，第67页。
③ 《光绪年间江南织造驻京人员呈堂禀稿》（一），光绪十年九月初九，《历史档案》1998年第3期，第70页。
④ 《光绪年间江南织造驻京人员呈堂禀稿》（二），光绪十一年十月初四，《历史档案》1998年第4期，第54页。
⑤ 《光绪年间江南织造驻京人员呈堂禀稿》（三），光绪十二年十一月初七，《历史档案》1999年第1期，第42页。

衙门军机大臣上行走。"① 四月初五（5月22日）又询得李鸿章与奕䜣在军机处密商事件，乃为税务与洋人交涉之事②，八月廿九（10月21日）其再报告李鸿章入京请安，乃因"左相陈奏洋药加税及修治永定河各条，令李中堂赴总理衙门会同妥议"③。十余日后，其在信中揭露左宗棠奏请开缺之原因，"实因在军机处与恭邸、宝相意见不和之故耳"④。此数份禀稿虽未对京师人事有过多描述，却勾勒出军机处与总理衙门中的互动纠葛。又如光绪十一年四月廿三的禀稿中报告"阎中堂前被御史张廷燎参奏一事"，并提及传闻此原奏"佛爷曾遣孙大人毓汶送给阎相阅看后留中，外面故不得其详"⑤。虽然其事过程不得其详，但却可令织署堂官揣摩太后的用意及京城人事的网络派分，进而把握京师之中的政治动向。

《光绪年间江南织造驻京人员呈堂禀稿》所选取和反映的，仅是清末信递系统与政情传递之间关系的一个侧面，但通过对《禀稿》的分析我们不难看出，信局在这一过程中扮演了较为重要的角色，而所传递的信息包罗万象，主要目的即是为远在江南的织署堂官及时把握京城政治的动态发展。在以往的研究中，学者多注重对驿站担负的政治信息传递的职能研究，而通过对《禀稿》的收集与研究，则可进一步拓展对清末政治信息传递的渠道认识。

当然，对于信局在这一过程中的具体作用，亦应恰当评价。由于其管理规范的缺乏及收寄人员素质的参差不齐，时而对该类禀稿信件及相关器物的带运造成遗漏及损失，而随着晚清国家邮政及电报事业的兴起，利用民局带运政治信息的做法，亦随着民信局的逐步衰落而消失。

---

① 《光绪年间江南织造驻京人员呈堂禀稿》（一），《历史档案》1998年第3期，第54页。
② 《光绪年间江南织造驻京人员呈堂禀稿》（一），《历史档案》1998年第3期，第56页。
③ 《光绪年间江南织造驻京人员呈堂禀稿》（一），《历史档案》1998年第3期，第57—58页。
④ 《光绪年间江南织造驻京人员呈堂禀稿》（一），《历史档案》1998年第3期，第58页。
⑤ 《光绪年间江南织造驻京人员呈堂禀稿》（二），《历史档案》1998年第4期，第50页。

第二章

新式邮政的知识背景与实践基础

传统邮驿制度，乃为契合皇朝统治的体制而设，民间商业信局，则主要为商民信息流通服务，而这种官民两分的体制并非泾渭分明①。然而第二次鸦片战争后，在清廷与各国签订的《天津条约》及《北京条约》当中，均列有清廷须为签约国代递信件的条款。此举不仅使清廷逐渐接触现代国家义务观念，亦促使其开始在体制内增设新的功能，甚至催生新的体制以应付困境。

不过，新知新制与传统体制之间甚难前后接替、一蹴而就。虽然清廷负有代递各国使馆文书之责，但无论总理衙门抑或兵部官员，均对此事深以为患。总理衙门最后选择了由海关兼办使馆文书传递，既保证了由清廷职官体制对使馆文书传递的掌控，又避免了主管邮驿的兵部对此事的抗拒。惟此一时妥协之举，成为触发海关试办新式邮政的契机，不仅推动清代邮政体制的转型，亦导致海关及其外籍税务司对邮政利权的长期掌控，影响可谓深远。

随着中外交往的日益密切，游历外国的官绅除注意到外国器物的先进，亦对其政治、经济制度多有留意，其游记之中即留下了不少有关新式邮政的介绍。从中即可看出，清人对外国新式邮政制度，经历了从比附传统驿传到理解新制内涵的认知过程，为日后推动新式邮政在清朝的建立，奠定了知识基础。

---

① 虽然清代明令禁止私信入驿，但并不能完全禁止清代官员附驿寄递私信的行为；而本书第二章第三节亦对官员利用民信局网络传递政报的情况进行了讨论。故"官民两分"的邮递体制，只是从大体上进行概括，而并非意味二者截然两分。

第一节　新政呼声：先行者的观察与呼吁

中国传统"邮政"，以置邮传命为主旨，并无服务民众的职能。在清朝官员的认知中，为民递信乃民间自发的商业行为，官府只应监管而不宜涉足，避免"与民争利"的尴尬与指责。而中国传统的民信体系，以商业网络带动信件、货物的传递，恰好与"不与民争利"的想法相映。故二者在百余年间相安无事，不少官员的家信私物，亦多交民信局带运。盖交驿私递，难免驿夫途中私拆、卷物潜逃，而民信局以商业诚信为保证，城乡大邑之带运，多能及时安全递及，故为时人所接受与信任。

鸦片战争之后，外制新知由入华洋人及游外官绅介绍，逐步传入中国，为国人所接触、了解与熟知。以"裕国便民"为主旨的邮政制度，在时人看来不仅便利民众，更可为因赔款而财政拮据的清廷，带来巨额的收入，从而间接减少对民众的剥削，减轻他们的负担。因此自同治年间起，对外国（尤其是英国）邮政制度的介绍及在清朝建立新式邮政的建议，不绝于书。另外，新式邮政制度在欧美各国的完善亦自1840年始，故在清廷讨论发展新式邮政的过程，正是该制度在其发源地逐渐健全发展的过程，是时清人所了解和认知的，也是在逐渐发展完善的新式邮政制度。

然而，新制虽经热议，却只将重点关注在新式邮政的递信方式，尚未考虑在清朝体制内如何调整职官。尤其在传统的兵部管驿、州县管理的体制下，官信与民信如何合二为一的问题。而清廷中枢在甲午战争之前，亦未认识开办邮政与国家利权相系，故将开办事宜交由海关兼办，结果形成官驿、民信、客邮与海关邮政并行的局面，并成为后来收回邮政及裁驿置邮的纠葛起源。

一　外制示范与舆论鼓动

早期留华外人，多以传教士为主，而其书信往来，常经广州、澳门口岸，托往来船只寄递，随着清廷对传教士管理制度的改变，他们的书信往来亦受此政情变化的影响①。而道光年间与华贸易之洋人，利用工业革命的成果之一——火轮船，不仅带运各种货物禁品，也顺便为他们在华的代理人捎来商情家书。控制着火轮船的商人，不仅可以通邮以解乡愁，更可控制信息的流通以打击竞争对手。马士《中华帝国对外关系史》便载，道光年间"飞速的轮船带着抢先的消息从加尔各答开到新加坡和香港，再从香港开到上海，它们还有为某一集团专设的邮政便利来运送信件的准备，而且还惯于把除了自己的'原主的信件'以外的邮件，扣压二十四或四十八小时或更多的时间"②。而咸丰年间，"到了1858 年，轮船已把与美国交换情报所需要的关键时间一百四十天大大缩短了。……由帆船改用轮船，信件和货物的运输固然加快了，但是费用也增加了，只有买卖兴隆的大洋行才能负担得起。在五十年代后期，怡和洋行的鸦片轮船往返新加坡一趟，比为大多数洋行运送邮件的大英或轮船公司快四天。鸦片轮船往返香港和上海一趟也快二天半。内河未开放之前，怡和洋行就已经有能力使用轮船了，因此这家洋行比它的竞争者早一点获得政治情报和行情消息"③。可见利用轮船带运信件，在时效上明显优于中国传统的带信方式，而时人对新式邮政的感性认识，亦从轮船带运这种新的方式开始。

更为直观的认识，应是商埠书信馆及客邮机构在清朝口岸城市的开办，所引起的观念与行事上的变化。在一众商埠书信馆及客邮之中，上海工部书信馆作为制度较为完善、递运体系较为齐全和运作时间较久的

---

① 丁琼在其研究中指出："乾隆年间允许西洋人往广州管理西洋人通信事务，其书信是原封寄往，对其通信内容不加干涉。……允许仍留西洋人在广州办理通信事务……嘉庆则不同，初仍循乾隆时期的做法，但多次发现在京及外省传播天主教的事件，许多又与在京各堂西洋人有关，嘉庆下令酌议西洋堂章程，对西洋人的行动加以限制，尤其是对其书信的限制，其往来书信须经翻译后再行转交，更严令不许军民私代西洋人递寄书信。"见丁琼《乾嘉年间对西洋人往来书信的管理》，《历史档案》2006 年第 2 期，第 67 页。

② [英] 马士著，张汇文译：《中华帝国对外关系史》，上海书店出版社 2000 年版，第 1 卷，第 611 页。

③ S. C. Lockwood, *Augustine Heard and Company, 1852 - 1862; American Merchants in China*, pp. 103 - 104, 转引自聂宝璋编《中国近代航运史资料》第一辑（1840—1895），上海人民出版社 1983 年版，第 224—225 页。

递信机构①，其示范作用也更为明显。虽然工部书信馆服务的对象，主要是外国在华机构的洋人，但其开办之后上海工部局即发现，"书信馆收发华人的信件数量很大，主要是外国人寄给华人的，因此值得考虑这些信件是否可不付邮资就享受书信馆的全部方便"②。而带运邮件的轮船，亦将华人信件，交由工部书信馆分发③。由此不难想象，同治年间，沪上华人突然发现，除民信局及驿站之外，尚有另一种递信机构，可以通过黄浦江上呼啸而过的火轮船，把家书商情带至门口，而这种直观的感觉，逐渐成为新式邮政机构在华夏大地落地生根的启蒙。

  自同治年间起，报纸舆论即不停宣传新式邮政的利处，其论调一是宣传新式信局的方便、安全与快捷，一是鼓吹泰西诸国之巨额邮政收入。如同治十一年五月初二（1872年6月7日）《申报》所载之《信局论》，认为传统驿站之设、专差之行，均系"所以慎重其事、火速其行、流通其意也"。而民间递信，"若专人则苦费多赀，若托人则惜无妥，便真有画筹夜画、力竭计穷之时"。虽然信局应运而生，但却有"惟为费似乎少重，且有更改酒资、以少换多之弊。闻有刁难寄主，些须微件，讹索重赏，为路少遥，讹钱几倍之人"的弊病。而这些弊端的产生，"缘于设局太多故也"。因信局众多，成本高昂，加之"伙计太众，良莠不齐，百弊丛生"。民信价格昂贵，阻挠民众寄信之欲望，加之信局众多、又无严格监管，导致竞争激烈，经营困难，而各商家为保必要之收入，则提高寄信价格，随之而来的便是"使寄信者畏出重资，应寄十信乃减去六七，开局者未获赢余，应取一分又加添几倍，是彼此各受其累，惟伙计独得其益"的恶性循环。故民间信局应该"一处只设一局，则各处信件均归一局，而且往来信件均令寄者自送、收者自

---

① 关于工部书信馆的相关内容，请参阅本章第四节"机构合并：海关邮政与工部书信馆"。

② 1865年6月7日，《财政、捐税及上诉委员会的报告》，上海市档案馆编《工部局董事会会议录》第2册，上海古籍出版社2001年版，第505页。

③ "邮票发行得相当多，但是仍由轮船代理商向书信馆收费。如果轮船抵岸后即由代理商照例将中国人的信件送往书信馆，而不让他们的买办分送，将大大有助于使书信馆成为一个自立的机构。"1865年8月7日，《财政、捐税及上诉委员会的报告》，上海市档案馆编《工部局董事会会议录》第2册，上海古籍出版社2001年版，第511页。

取，又可少用数人，出少入多，则获利自厚，而杜弊亦易。即令寄赀稍轻，而多中取利，犹可数倍。盖局多则信分，局少则信合。分之则利自少，合之则利自多也"。

不过，在与英人交谈之后，《信局论》的作者则发现该国邮递体制更有"裕国便民"之效。"彼国信局，系伊国王所设"，而该国邮递体制的特点，一是"无论国中各处以及国外各国往来信件，均归伊局包寄包收"。二是"寄者令其自送到局，收者令其赴局自取，亦不多用工人，以防弊实"。三是"其本国来往信件不计远近，每次只取钱二十文，即各国来往信件取赀亦不过多"。虽然"设局未及多年，而积赀已得银七八万两矣，于以知利分则少，利合则多也"。而对于清廷而言，"若能如此办理，则寄信者无重赀之累，开局者有厚利之收，岂不善哉！"所以作者感叹："故吾于工商谋利之道，万不能不折服于西洋诸人也。此西洋之所以日益殷富，而中国之所以日渐凋敝也。可胜叹哉！可胜惧哉！"[①] 从前文看来，其所针对弊病的对象，是民信局而并非驿传体系，故或可判断，其时清人对新式邮政之看法，多与民信局等同，而非与驿站相系，毕竟驿站有"置邮传命"之职责，不可与此种商业贸易之信局同日而语。

月余之后，《申报》又登载了《香港信局获利》和《英国一年赋税所入数目》两篇报道。前者称"香港英信局前清去年之账，记一年所赚之利，共有三万七千五百六十六员。该信局系英官所开，所有出息均归英国。云信局之事甚微而获利甚厚，可见事无大小，惟能者之善于经营耳。西人之于利信，所谓算无遗策者矣"[②]。而后者则指出，英国一年赋税收入，其中官信局利银高达四百七十五万磅（按一磅约当中国银三两云——原注），该报评论曰："此英国一年进项之大端也，尚有杂款不在此数，诚可谓富强之甚矣。而其中所最足异者，则莫如官设信局一项。夫信局之事甚微，利亦匪钜，乃竟能于一年之中获利一千四百二十五万两焉，其于谋利之道，不亦析秋毫乎哉？并闻信资极廉，较之向日民间信局减去奚止数倍，而其递寄之捷速亦非民间所可及，故人皆乐

---

① 《信局论》，《申报》同治十一年五月初二（1872年6月7日），第1页。
② 《香港信局获利》，《申报》同治十一年六月初六（1872年7月11日），第2页。

得而遵行之云"①。此论惊诧于英国信局之巨额利润时，亦只将其与中国民间信局相较，是将其与商业相视，而未曾提到国家（或皇朝）举办的层面高度。字里行间，多是对英人善于经营的钦佩，而并非对其制度有向往之意。

与《申报》相较，《万国公报》②所登载的内容更偏向于从泰西洋人的角度，向清人介绍欧美各国的邮递制度、邮递收入等情况。如同治十三年（1874年）八月，《万国公报》摘登了伦敦报纸有关1873年英国信局简况的报道："英京伦敦大新报中载有一千八百七十三年总信局单，且较一千八百七十二年之数。英国本属信局有□万二千五，自信局外有途路行栈人家收信之处，有九千所，共二万一千五百。收送信处十年以前有一万五千二百之局，现已多六十余处也。在英京伦敦一处，有一千六百局，上年所收之信共九百零七兆。又有封外所写之信七十二兆。局中所寄之书包一百二十兆，新报一百二十五兆，共有一千二百三十三兆。其数之中，地方未经写明、寄回原局有四兆。此内有一大半后首填注明白，再由局中寄去。又有信封外未写寄处一万八千七百封数中，信内有银票者银数一万三千磅（每磅三两三钱五分）。计信局所得之资五兆三亿四万八千磅，用项三兆七亿九万三千磅。"③字里行间，无不洋溢对新式邮政之裕国功效的称赞之意。

是年十一月，《万国公报》又登载佩福来的《论英国发信法》④，对英国邮政系统的构成、交通工具、送信方法、收费方式均有介绍。作者首先指出泰西与中国寄信之大不同，在于"泰西各国寄信例有官司"。以英国为例，"伦敦发信总司设立大小官员以及信役，其发信分内外两

---

① 《英国一年赋税所入数目》，《申报》同治十一年七月初八（1872年8月21日），第2页。
② 1868年9月美国监理会传教士林乐知在上海创办了一份宗教性的周刊：《中国教会新报》，1874年在其第301期时改名为《万国公报》，按林乐知的说明："本刊是为推广与泰西各国有关的地理、历史、文明、政治、宗教、科学、艺术、工业及一般进步知识的刊物。"因此其较前更为重视摘录京报上的谕旨和奏折，也重视时事性的报道，像欧美各国资本主义工业发展的近况。此外其对介绍西学、西艺的文章也大量刊登。
③ 《万国公报》第一册，清末民初报刊汇编之四，华文书局股份有限公司1968年版，第211—212页。
④ 该文前有编者按："此则大意，本新报业已登列。然见中西闻见录中格加详细，故再录登，以达同好。"可见是文颇有价值，否则不会一再登载。

地。内有司格兰、爱尔兰两国前为自主之国,今与英合而为一,各有发信总司,然皆归伦敦总司统制,依民数而设,每五千人分为一司。伦敦三百万人,分为十邑,曰中西、曰中东、曰西、曰东、曰西南、曰西北、曰北、曰南、曰东北、曰东南,每邑统辖百司"。其利用之交通工具,在火车未发明之前,车马飞递,可日行七百里,"自道光九年创造铁路,发信总司雇用火轮车,捷便如飞,日行一千二百里。今司格兰递信火轮车日行三千里,即如咸丰十一年十二月初六日赍发紧要公文,火轮车日行三千六百里、寄信火轮车日行二千里,皆由伦敦铁路分发。各路遇无铁路之处,或乘小车、或系步行,里距甚远者仍用车马"。于是作者评论道:"总之递信之法至周且备,若绘图一观,同乎网□。"而发信的办法,"于信司墙垣凿孔,中置木筒顺及信箱,送信者置入孔中,临发时检集箱内各信戳记年月日时,用麻布信囊封固送交火轮车,以便分送。各路收到时复由该司戳记年月日时,交信役转致本人,遗失者无几"。收递信件都实行严格的登记制度,以保证每封信件都能按时传抵顾客手中。另如众人最为关注的信资,"今之送信,若不出境,不论远近,五钱重者不过付银二分。官有以为如此办理,入不敷出,虽欲改而不能,观此知信法所关甚大矣!"因信资低廉,"道光十七年统计一年发信七千六百万封,同治二年一年发信六万四千二百万封,其信资廉而发信者多"。而顾客寄信,"以银易票,其票之颜色、票内之式样不同。票长短八分、广狭六分,颜色分银之多寡,后用树胶以便粘帖。凡系信司皆售此票,寄信者若无票据,则信司应向收信主加倍索银。然信司所理兼有新闻纸、书卷、包裹等类,须论轻重。信内若有财物,付银八分,该信司登记底簿,免有失落之虞。有财物而不禀明,收信者加倍给银。如此办法美备,万无一失"。作者最后总结道,中国欲仿泰西新法,须先在交通工具上做一革新:"窃思中国书信不但有耽延迟误之处,而且需收费甚多,或以为相沿有历久难变之势。回忆英国前数十年亦为是说,迨尝试新法,而发信遂络绎不绝。总之,欲立新法,无火轮车则不行,吾愿为诸君子论之。"① 然中国铁路之发展,朝野之间争议甚盛,

---

① 《万国公报》第一册,清末民初报刊汇编之四,华文书局股份有限公司1968年版,第578—589页。

利用火车带信尚难实现①，倒是火轮船在江河航行，在传统带信方式之外，产生了一种相对更为快捷的途径②。

无论是《申报》抑或《万国公报》，其对泰西邮政制度之介绍，目的都在于说明邮政虽为国家办理之事，却"皆以便民通商为有益之要务"③。而引以示范之实例，亦不仅止于泰西诸国，明治维新后采用西制的日本，也成为常被引用之例子。《申报》即称，"日本朝廷近年来亦设有书信公馆，每岁仿泰西定制开一帐目，收支清单及馆中各事必详必尽，不漏纤毫。兹阅西历一千八百七十七年六月杪止之清册。内开是年内共卖出印头洋约六十六万元，按迎头者，即泰西书信馆收信时，寄客先将㕑一小方粘其上，而馆盖一戳记以作信资已收者也。该馆又代人寄零碎银票，往来亦获利二万六千元。故连各项杂收，一年约得洋六十九万七千元。但阅其付出之帐，则有七十九万四千元，原其故，则因试行未久，应行添盖房屋及各种出于意计外之费也。以后此项费用逐渐减轻，自可获利倍蓰。闻其信资，不论寄往何处，每封只须洋一分，而在本城则只取其半，故民皆称便。是年所邮致之新闻纸及书籍等，有信三百八十万封，较诸前年竟多五成之半。如此年盛一年，可卜后来之旺矣"④。由此可见，日本此时已改为国家举办邮政，并亦采用寄信贴票的制度，虽举办初期入不敷出，但"民皆称便"的效果，以及迅速增长的势头，同样给予清人一种暗示：若仿照泰西、日本之例，采用新式邮政制度，不仅可以改进递信之安全、效率，还能为朝廷增加收入，实为一裕国便民之新法。

除对泰西制度的介绍外，《万国公报》还介绍了新式邮政的倡导者罗兰·希尔（Rowland Hill，是文译作"罗兰德希勒"）及其创设制度之

---

① 关于该时期清廷对修建铁路的争议，可参看李国祁《中国早期的铁路经营》，"中央研究院近代史研究所"专刊（三），1976年再版。

② 自轮船兴起后，民间信局亦产生一种"轮船信局"，借助船员的帮助携带信件。而李鸿章亦曾命令北洋舰队之船只，帮带海关之信件。相关内容，参看本著的有关章节，此不赘述。

③ 《万国公报》第七册，清末民初报刊汇编之四，华文书局股份有限公司1968年版，第4277页。

④ 《书信馆获利》，《申报》光绪三年十二月十四（1878年1月16日）。

意义。光绪六年《万国公报》登载艾约瑟的《驿使寄信考》一文，简述其倡导新制的经过："昔时英国有名罗兰德希勒者，一生事功惟于驿事究心居多，且有寄信良法，俾国中民间均获益。伊云：驿使应得信资，非因其奔走道路、身受劳乏，乃因其检点收发，心费劳碌。由伦敦至苏格兰都城千有二百里也，寄信者收发送取，耗用精神，与寄信至十五里、二十里之乡区僻壤无分烦简劳逸，同一加意精心。自伊揣验体察洞晓是理，且见于词论间，伦敦掌驿使官闻之，谓予等苦心，伊能道破，即将十五里、二十里之信资增之，使与千二百里者价相若矣。其章改后，托寄信者较前增数倍。"虽然新制初倡，"议政诸公怨有妨于库款，有多人起而阻挠之。验之数年，封函求递者较前增倍蓰，不惟无损于库储，且觉大有裨益"。于是"欧洲各国善其策，悉欲仿而行之矣"。故作者最后评论道："盖观夫英国代递信件之法，二三百年内利益非浅，国储多加，民财少费，原乎其始法，乃创自民，国家不愿俯就，亦以新法深洽舆情，黎庶鼓舞欢悦，为国家者莫可如何，遂姑听之耳。及至获益广多，非惟本国得利，邻国皆效其法则矣。由来天下各国信资宜贱，信资贱则达者必多；递信宜速，递信速则达信者愈多。设信资过昂，信件递达迟缓，非万不得已之事，恐人不喜属托耳。当是时也，万国立有信局，信能递及万国，何处有人居处，书克通之何处，诚为万国府库增益帑项也。为国计者其知之。"① 揣其文用意，尤其是文末之论，其意指之对象，似欲对清朝官吏有所劝说，然其反馈之效果，尚难达预想之期望②。

随着铁路、电报、轮船等洋务的开办，报刊舆论对于国家开办书信局的要求亦更为迫切。光绪七年《万国公报》环视天下光景，认为"除此二端（铁路、电线——笔者注）之外更有最要者，莫若设立书信局"。作者指出，泰西诸国起初与中国一样，只有驿报系统传递皇廷信息，"迨至三四百年之后，各西国渐改古法而通今法，设立书信局，均

---

① 《万国公报》第十二册，清末民初报刊汇编之四，华文书局股份有限公司1968年版，第7403—7404页。

② 是时中国的士大夫还不是特别在意此报，主要由教徒购买，所以《万国公报》销量不佳。到1883年8月，由于人力、财力的困难，《万国公报》不得不停刊。

归国家经理，通行全国。不论省城乡镇，莫不相通，不误时日，不争信资，其利益岂浅鲜哉！"即如在中国口岸，"以上海而论，英国则有大英书信馆通行于天下也，法国则有大法书信馆通行于天下也，美国则有美国衙门书信局通行于天下也。则更有奇者，日本亦设邮政局书信往来通行于天下也。独中国无专一之局，或通内地，或通外国，均未设立焉。工部书信局只可行于通商各口而已，江海关设有华洋书信局，曾试行一二年未见成效，而于内地尚未举行。中国所当专行者，偏独让西国行之，殊难索解也"。此番言论，已有后来"未设邮局即失利权"的味道。作者随即举出英美诸国及日本的例子，证明开设邮局，对国对民均大有便利："夫西国设立书信局，国家立一总书信□，凡各国书信汇送该局甚为便捷，中国苟能行之。各国所设之局一概撤去，各西国书信皆归中国信局汇齐分送，才足以补其失而获其益。此非出于强然，而乃出于当然耳。中国果能设立，则各西国亦藉此省费，岂非中外各得其宜哉。按日本数年前亦与中国相仿，斯时英法美三国早有信局，后日本国家考察此事，觉大有便□，于是先立书信局章程，后于各埠自立邮政局，遂撤去各国书信局，皆归日本邮政局。前英法美三国各自设立，今皆归于日本自行也。诸泰西大小各国，皆有书信册国家专理，或通内地或通外国，各国自行也"。此外，该文作者还简介了万国邮政联盟①的情况，认为中国若不建立新式邮政，不加入万国邮联，将会与世界所隔绝："夫泰西各国向有大书信会，凡有关系各国书信往来，或一年或二年，毕集会议，各国皆有封合为一理。近日本亦入斯会，故设邮政局通行于天下之中，惟不入于会，不通行于天下，惟中华一国而已"。在文末罗列1878年英、法、美诸国所收信件及信资收入后，作者明确地指出其新式邮政可为中国带来"裕国便民"的效果："信局之益如此，中国若广而行之，其利非当则不仅便民，抑且富国矣。"②

值得注意的是，光绪十二年（1886年）海关第一次尝试与上海工

---

① 万国邮政联盟（Universal Postal Union，UPU）简称"万国邮联"或"邮联"，它是商定国际邮政事务的政府间国际组织，其前身是1874年10月9日成立的"邮政总联盟"，1878年改为现名。

② 《天下光景》，《万国公报》第十三册，清末民初报刊汇编之四，华文书局股份有限公司1968年版，第8099—8100页。

部书信馆合并以前，媒体均较少用"邮局"一次来指代新式邮递机构，在行文之间，他们均惯用清人熟悉的"信局""书信馆"与欧美新式邮递机构来相比附。但无论是"信局"或是"书信馆"，都难以体现新式邮递机构由国家主办的意味，且更易突出其作为商业操作而获利的形象，极易给清人造成误解。而清廷中某些较早接触泰西制度与思想的官员文士，则已经开始使用"邮局""邮政局"等名词，呼吁朝廷尽早借鉴新式制度，裁汰驿站，节省縻费，并为国库增一新收入来源。惟一旦改制，即嚣声四起，众先行者之观察与呼吁，即在此争论阻挠之间，几番浮沉。

二 游历官绅的见闻

报纸舆论的鼓吹，毕竟多来自洋人的经验，而清人自身对新式邮政制度的观察和体会，则多来自从同治至光绪初年游历外洋的官吏笔墨[①]。同治五年（1866年）随赫德等游历欧洲英、法、比、俄等国的张德彝，对欧洲各国的邮递制度及其相关的事物进行了记载。同治五年二月初七日，张德彝看到法国的"大小轮船，分布洋海"，而且轮船的功能十分繁多："每船必有一东主，同众人共保一船，传带书信、公文、新闻纸等件。此外往来载人运货，获利不菲；然往来索费，其款甚巨。"[②] 三月二十日，在乘火轮车旅游的途中，他发现其中"第三车沿途刊印新闻纸，携带信文"。而且火轮车还随时接发信件："车至各村镇，皆停住少时，则有上下客人，接送信文。"[③] 而三月二十七日，张德彝在法国巴黎，参观了其中一间信局，"见楼上书信堆积如山，有四十余人在彼分别四方路途，皆以轮船轮车携带。轮车取送信文，不停

[①] 早在道光二十七年（1847年）受美商聘请前往美国教授中文的林鍼，就在其著《西海纪游草》的自序中道："巧驿传密事急邮，支联脉络。暗用廿六文字，隔省俄通（每百步竖两木，木上横架铁线，以胆矾、磁石、水银等物，兼用活轨，将廿六字母为暗号，首尾各有人以任其职。如首一动，尾即知之，不论政务，顷刻可通万里。予知其法之详）。"此虽为记载电报传信之神速，而当时林鍼尚不知该如何记述，便以驿传密邮以比附。（林鍼：《西海纪游草》，岳麓书社1985年版，第36—37页）

[②] 张德彝：《航海述奇》，岳麓书社1985年版，第452页。

[③] 张德彝：《航海述奇》，岳麓书社1985年版，第486页。

车,在车顶旁立二铁钩。应送某处之信,大包挂于头钩上;在某处车道旁立有高竿,竿头亦有二钩,有应送他处之信,大包挂于二钩上。车过时,送者自挂在竿上,取者自从竿头钩于车上,不延时刻"①。第一次出洋的张德彝,在法国首先感受到了新式邮政借助现代交通工具的便利,而在巴黎信局看到堆积如山的信件及繁忙的递送场面,恐怕也是与其记忆相当不同的经验。

同治七年(1868年),张德彝再次随同蒲安臣(Anson Burlingame)使团出使日本、美国、英国和法国。而在英国,他留下了中国人最早关于外国集邮的记录。同治七年十一月初六,他在日记中记道:"闻英国于二三年前,有种陋俗,凡收得信票者,张贴壁上,以多为贵,相习成风。女子有因无许多信票而不得嫁者。据艾教习云,有贫妪吴姓者,应得欠款银一百二十两,非有百万旧信票不能得,以故众人集得万余张送去。"② 此时距英国发行黑便士邮票已有28年,但距中国境内出现的最早的专印邮票——1865年上海工部书信馆发行的"上海大龙"邮票——不过仅三年时间,由于其发行范围有限,且收藏的多为在华洋人,张德彝未必有机会接触此类事务,故对于英人对邮票收藏的狂热难以理解,亦是情理之中③。

是时出洋官吏,多以信局比附近代新式邮政制度下的邮局,而光绪二年随众海关税务司④前往美国参加费城赛会的海关文案李圭,则首次以新名词"邮政局"来描述新机构。他在《环游地球新录》中,对美国首都华盛顿的邮政局有非常详细的观察:邮局建筑宏伟,"以白石建筑,为楼四层,约五百间",其设职分明,"设邮政大臣,职与部臣

---

① 张德彝:《航海述奇》,岳麓书社1985年版,第496页。
② 张德彝:《欧美环游记》,岳麓书社1985年版,第722页。
③ 见中华人民共和国信息产业部、《中国邮票史》编审委员会编《中国邮票史》第一卷(1878—1896),商务印书馆1999年版,第67页。除1865年发行的"上海大龙"邮票外,1866年3月5日上海工部书信馆又发行了"上海小龙"邮票。但该书编者亦指出,各商埠邮局发行邮票,并非仅为寄书递信而用,"发行邮票显然被当作一个牟利的机会,很多租界当局以及外国冒险家像突然之间发现宝藏一样,迫不及待地通过出售邮票攫取可观的利润"。(第69页)
④ 出席美国赛会的海关人员包括东海关税务司德璀琳(G. Detring)、闽海关税务司杜德维(E. B. Drew)、粤海关税务司赫政(J. H. Hart)、前津海关税务司吴秉文(A. Huber)等。

等"，下设总管、司事，"各项总管数十人，司事不下千人，女多于男"。其邮局设处广泛，"国内各省，各城、各乡镇皆设局，复由局择冲要处与官府商民萃集所在，遍设邮筒"。而其官民寄信十分便利，"无论官民书简欲寄者，随时随地置筒内，每半时局内专人往取一次，即行分递，而皆以此局为主脑"。而信资多寡，各有定制，"凡信一封，重五铢以内者：送本省各城乡，取资一分；外省无论远近，取资五分。若重逾五铢，须加信资，有一定规制"。官民购买"信资小票"后贴于封面，邮局"收信后，局内登号簿，票上加盖图书，以杜复用原票之弊。图书刊年、月、日地名，倘递送迟误，可报局请查究"。李圭同时观察到，在邮局寄递货包亦是资费定制，"取资亦甚廉"，而且应税物品的税银由局代收代报，"盖邮政局与税关同为国家公事，相辅而行也"。至于信中带有汇票、银弹，"则必须验明登册，另给收照，以保无虞，而取资稍厚，亦有定制"。总而言之，在邮局寄信、寄包裹或汇票银洋，均是"事简而严，是以易行"。

面对此邮政新制，李圭除了详记其所见所知，还以其与中国的驿站制度做了比较。他发现"西国往昔，亦若我中国驿站之制，专递公文，不递民间书信"。但西人发现，"以民为邦本，国无民不立，此制虽便于国，未便于民"。故对寄递制度进行改革，"各于通国地方，遍设邮局，派员经理，辖以大臣。无论公文、书信，一体传递，民大称便"。经过多年的积累，办法已归尽善，"信资既廉，递送又速而无错误，人皆乐从之"，而所得信资甚多，可用作各项经费，"年终计算，颇有盈余解部，从无入不敷出之虞"。加上世界各国邮政事务联为一体，"凡邮政一切办法，举地球各国，同为一制，互相驰递。东瀛日本，亦在列焉"。故其反思道："夫邮驿为政治大端，历来讲求损益，代不胜数。独泰西于百年来，竟合公私而一之。其一切经制，有欲采而施诸中国，以为裕国便民计。或以为未可，而不知是诚可为也。"之所以可行于中国，乃因为官民合一"本是省费而未尝省人，故夫役仍有所倚赖也"。而且递寄公文之费用，可由"民间信资以补之也"，因为是时中国"私信一函，由信局汇寄，路仅百余里，费必数十文。是上下糜费，不亦太甚乎？"所以公私合一的递寄体系，不仅无糜费之病，"则裕国便民，已在其中"①。

通过比较，李圭已发现中国邮驿与欧美邮政之间的不同，即在所谓"裕国便民"之别。虽其未在书中详列美国邮政岁入收益情况，但那种遍设邮局邮筒、信件杂多的局面，已经为其留下了深刻的印象。因此回国之后，李圭还继续对介绍外国邮政制度的工作很感兴趣，1885 年他翻译了香港邮政指南并详加注释，并由道台薛福成转呈南北洋通商大臣，并一度形成了创办邮政的热议局面②。

张德彝作为同文馆学生，李圭作为海关文案，两人均系职位低下之随员，加之是时清廷士民对洋务的敌视或漠视态度，他们虽对西洋制度有所记载，却难以在士民之间引起争论与思考③。而光绪二年以"谢过"特使身份出使英国的郭嵩焘④，其与使团成员都对英、法邮政制度有所观察，并认真记录相关制度及运行法则。光绪二年底三年初，副使刘锡鸿在《英轺私记》中记载了其观察到的英国电报局与信局，其中重点在贴寄方式及寄信收入："寻常寄书亦然。书不缄封，可专足自递，缄则皆官司之。每街各设书瓯，键以铁，而留其缺以受书。每家先纳资官中，领印票。寄书则黏票书上，纳诸瓯。旋有来收集转递者，日凡十（一本作四、五）次。若寄远，则持书诣信局，衡其轻重以收费，每重半两为一等。如寄香港、上海，半两以内一息零二边士，一两以内二息零四边士，按等以次递加。行较迟如苏士爱母登（迟七日），则费减。一岁亦赢金钱五、六万（五、六十万）。综信局、电报局算，每岁其赢

---

① 李圭：《环游地球新录》，岳麓书社 1985 年版，第 261—262 页。
② 1885 年 7 月 14 日浙海关税务司葛显礼呈赫德文第 78 号，《中国海关与邮政》中华书局 1983 年版，第 32—37 页。是事与葛显礼积极推动海关邮政与上海工部书信馆的合并有关，下节详议。
③ 薛英、鲍国强在《张德彝和他的八种〈述奇〉》中记道："张德彝生前曾出过三种：《航海述奇》（清末石印本）、《四述奇》（清光绪九年同文馆铅印本和清光绪年间著易堂铅印本）和《八述奇》（清宣统年间石印本）。"（《稿本航海述奇汇编》（一），北京图书馆出版社 1997 年版，第 5 页）可见至少在同治末年到光绪初年，张德彝对泰西诸事物的记载，并未在坊间流传，自然亦未能引起足够的重视和讨论。
④ 总理衙门最初任命郭嵩焘是"谢过"特使，为"马嘉理案件"向英国致歉，直到伦敦之后方获新的国书，被任命为首任驻英公使。此事过程，可参见汪荣祖《走向世界的挫折：郭嵩焘与道咸同光时代》，岳麓书社 2000 年版，第 174 页。

银不下三百万（二百余万两）。其取民类如此。然民乐其便，无或怨者"①。

而此时作为驻扎英法翻译官的张德彝，对英法等国的邮政制度也有了更多的认识，如光绪三年十月二十日，张德彝即记下了英国邮政汇兑的做法："英国一种寄钱法极属便当，绝无遗失。各信局备有寄钱帖，系一白纸，长寸半，宽二寸，印成由某街或某城某局，附寄往某街巷第几号某姓名男女。如甲寄乙一镑，寄时信局出二帖，令寄钱人于一帖上亲笔加添：某年月日，寄与住某处某姓钱若干，寄钱人某名姓。其不欲出名姓而用花押暗号亦可。其他一帖，系局中人添写某年月日由某信局寄往某街某局钱若干。后则该局收寄钱人所写之帖，寄往他局。而寄钱人收局中人所写之帖，封于信内以寄之。其人接信后，即执帖赴局，言明姓氏住址。查与来帖相符，即照数付给。在本国，无论由何处至何处，不拘路途远近，价皆一律，系十什令以内，二佩呢；十什令至二镑，三佩呢；二镑至三镑，四佩呢；三镑至四镑，五佩呢。如此陆续加增，至十镑，一什令。局例惟汇金银，不寄铜钱"②。而在光绪六年三月至五月间，张德彝更是留下了多份有关英国寄信的文字，其中内容，包括寄信寄报信资一律：

> 光绪六年三月二十二日乙丑。英国寄信，在本国各省各城各镇各街，不分路之远近，信资一律。如一函重不逾一两者，一佩呢；不逾二两者，一佩呢半；不逾四两者，二佩呢；不逾六两者，二佩呢半；不逾八两者，三佩呢；不逾十两者，三佩呢半；不逾十二两者，四佩呢。若数逾十二两，则由第一两按一佩呢计，是一函重在十四五两之间，票资须用一什令三佩呢。凡寄信而未贴信票者，则送至某处，向收信人罚钱加倍。若所贴信票与分量不符，即送至某处，向收信人倍罚所欠。除官府文件外，每封不得长过十八寸，宽

---

① 刘锡鸿：《英轺私记》，岳麓书社1986年版，第92页。汪荣祖指出，"据郭氏说，刘只是耳食马格里所说，原无心得。刘氏的基本心态的确仍是'夷狄之道未可施诸中国'"（汪荣祖：《走向世界的挫折：郭嵩焘与道咸同光时代》，岳麓书社2000年版，第224—225页）。

② 张德彝：《随使英俄记》，岳麓书社1986年版，第502页。

过九寸，厚过六寸。①

光绪六年三月二十七日甲午，晴。在英国各处，寄送新报之价，除总信局以五什令包送一年外，无论路之远近，每张半佩呢，重不得逾二两，多则每二两半佩呢。必系本国印成，未经裁开订本者方送。或忘贴信票，或分量不符，追送到某处，皆向收报人罚钱加倍。外面或以纸裹，或以绳束，必须两端皆露，不得盖以火漆，粘以水胶，以便信局开验是否新报，违者照信价议罚。其中夹有他项纸张者，罚亦如之。有重过十四斤，长过二尺，宽厚各过一尺者，皆不送。②

投寄信件方式：

光绪六年四月初八日乙巳。记：伦敦各大信局，除礼拜日，每日收信，由巳正至申正；其他各处之代寄信件者，皆由辰正至亥正。每街每隔三矢之地，设一红铁筒，高四尺，粗三尺，上有置信之口，下有取信之门，内含铁锁。送信者，称足分量，自贴信票，放入筒内。由寅初至亥初，每一小时，有人负袋持钥，赴各筒抽取入局，分路转递不误。③

保险信件：

光绪六年四月初十日丁未。记：英国寄信有保险之说，保无遗失。凡函札书籍以及新报之紧要者，可加"保险"二字，令其格外小心。无论何件，价皆二佩呢一分。如寄有金银钱者，信局专售一种保险信封，厚而坚固。凡保险之信，外面左角书"保险"二字，局给收据，注明某年月日时寄付某处何人查收，第若干号，分量信资各若干。如信面伪书保险，而无保险暗号，追送至某处，罚

---

① 张德彝：《随使英俄记》，第807—808页。
② 张德彝：《随使英俄记》，第808—809页。
③ 张德彝：《随使英俄记》，第812页。

收信人八佩呢以代二佩呢。各局收保险信，除礼拜日，可迟至酉正，然逾时送往亦收，价则倍之。①

处理无主信件的方法：

光绪六年五月二十三日庚寅，晴。记：英国信规，凡信送至某处，如他人业已他往，或无其人，或地址写错，则信局将原信拆开，外加封皮，照送信人住址送回，并注明缴回之故。如内无送信人住址，则收入废信局，英名代蕾特教肥司，存留三年，备人寻觅，逾期则焚之。②

由上所引不难看出，无论是刘锡鸿抑或张德彝，他们所记录的都是自己眼力所及、多少带有一点新奇感觉的事物，没有过多追溯其系统整体的想法，也没有流露出可以借鉴移植到清廷的念头。相对而言，驻英公使郭嵩焘则相对更有目的、也更有系统地对这一制度进行了解和揣摩。早在赴英次年，郭嵩焘即撰《伦敦致李伯相》书，陈述在英国所见轮船、火车、电报等新技术带来的富强之景："火轮船创始乾隆，初未甚以为利也。至嘉庆六年，始用以行海内。又因其法创为火轮车，起自嘉庆十八年。其后益讲求电气之学，由吸铁机器转递书信，至道光十八年始设电报于其国都，渐推而远，同治四年乃达印度。自道光二十年与中国构兵，火轮船遂至粤东。咸丰十年再构兵，而电报径由印度至上海矣。"但中国士大夫对新技术的敌视态度，"是甘心承人之害以使竣吾之脂膏，而挟全力自塞其利源。蒙不知其何心也！办理洋务三十年，疆吏全无知晓，而以挟持朝廷曰公论，朝廷亦因而奖饰之曰公论。呜呼，天下之民气郁塞壅遏，无能上达久矣"。他在伦敦见日本留学生"各海口皆有之"，且"皆能英语"，所学之事皆迅速在其国仿效，"所立电报信局，亦在伦敦学习有成，即设局办理"。而中国学生多学多为兵事，"盖兵者，末也，各种创制皆立国之本也"。即使学有所成，"一

---

① 张德彝：《随使英俄记》，第812—813页。
② 张德彝：《随使英俄记》，第826—827页。

身之技，无能及远，正虑殚千金以学屠龙，技成无所用之"。故其力劝李鸿章，"采择上陈，推而行之，所以裨益国家必多矣"①。是正如汪荣祖之所评论："他由西洋军队和军火的背后，更深一层看到西洋的政制、法律，以及学术。"② 为此郭嵩焘不仅广交朋友，了解各国技术、制度，还十分重视收集相关制度资料，以便回国后可供参考。

郭嵩焘相当注意近邻日本在邮政制度上的改革。光绪四年正月初十，"日本公司上野景范遣其随员长崎相就解讲所赠《驿递寮邮便规则》，大率日本国文兼汉文释之，文义尤难明晓。亦有兼用英、法二国文者，尚可翻译。因询其开办六年之久，收入岁有增加，经费亦岁有增加，所不足者约当六分之一，岁支经费八十万，则其赔垫一十三万有奇，所耗亦多矣。长崎答言：'由每年添设分局日多，则支消〔销〕日增。现今东京府四十六局，大阪府三十五局，京都府一局，横滨三局，神户一局，山城和泉下总各一局，皆逐渐增设者。'问与西洋有异同否，曰：'火轮车路修造未广，其使用火轮车处并与西洋同。无火轮车，一以人力投送，是以所费较烦。'问以西洋信局为筹饷一大宗，若岁有亏耗，于国何益？曰：'此须久乃见其利益。信局一开，即通国地方情形，操之掌握，纤细必知。酌盈剂虚，防微摘伏，惟所运用施行，斯其益大矣'"③。由此可见，郭嵩焘不仅收集了相关制度条文，还仔细追究了其间的差异，以探求新式邮政在清朝推行的可行性。

六天之后，郭嵩焘在日记中记载伦敦城市情状，其中信局部分的记载，是众游记最为详细者：

[眉批：信局] 信局地界分八段。一东城局，在圣马丁利葛伦，即总信局也：其东局在挈扫泼雷司街东，其东南局在白赖克曼街，其西南局在柏金亨楼门，其西局在飞亚儿街。一西城局，在海和尔本：其西北局在爱蒂沙塔街，其北局在巴金登街。此外小信局

---

① 杨坚点校：《郭嵩焘诗文集》，岳麓书社1984年版，第188—195页。
② 汪荣祖：《走向世界的挫折：郭嵩焘与道咸同光时代》，岳麓书社2000年版，第203页。
③ 《郭嵩焘日记》（第三卷），湖南人民出版社1982年版，第417页。

及收信盒，各街皆有之。凡信由信局发递，粘贴印花，投递信箱。每发信以晚八点钟。各处信箱六点钟关闭，逾时者赴小信局，加给信资，亦可投入。新闻纸及书包则收至五点半钟止，逾时者亦加给信资。信盒但收信札，新闻纸、书包径送小信局注册。每日递送书信，以晨早五点钟起，至晚五点半钟止，每一点钟半分送一次，其准时载明信局及收信箱上，以每日十次为度。伦敦各信，信盒红字，乡间及各国各信，信盒黑字。大率致送本国内地各处：信重一两者纳一佩尼，二两以内一佩尼半，四两以内二佩尼，每加二两递加半佩尼，十二两以上每两另加一佩宜。寄书及刊印之纸，重二两半纳半佩宜。其信包长不过十八寸英以十二寸为一尺，计长一尺半也，阔不过九寸，厚不过六寸，重不过五磅。逾量者不收。其信内寄银：十施令以内纳一佩宜，一磅二佩宜，二磅三佩宜，以次递加。十磅以上必由银行汇寄。印［信］局所寄，小数而已。又有伦敦巴施儿地立佛利康柏琅［London Parcels Delivery Company］，译言递送物包公司也。其局在罗尔士毕尔登，及非得伦及法利塔亦各有分局，递送重大包件，信局所不收者。每重四磅计四佩宜，重十四磅六佩宜，重一百二十磅止，计资一施令二佩宜。所送不逾伦敦九里之内。其九里外各乡则重一磅四佩宜，七磅以内六佩宜，一百一十磅以内一施令六佩宜。①

郭嵩焘还注意到，"凡信局皆官经理，设尚书主之，递送物包，则民局也"②。可见英国官营邮政制度的模式，已逐渐为其所认识。而外国友人亦为其解说英国邮政制度之缘起，在于便民筹饷以致富强。是年三月初八，"密斯盘编次英国设立信局原由，因论：'天下事只为不知，便生怪惑。西洋所以致富强，中国无肯依行，惟不知故也。当明著其所以然，刊行之天下，使人人皆知其为利益，则得失利病较然于心，自然知所信从矣。凡事莫难于创始，非独中国然也，西洋各国亦莫不然。英国初造信局，大抵传递军报，岁费三千六百磅，不过人夫、马车，递送

---

① 《郭嵩焘日记》（第三卷），第422—423页。
② 《郭嵩焘日记》（第三卷），第423页。

爱尔兰等处都城而已。已而通民人书信皆得收送，以冀收还信资，弥补国家用款。渐次设立汽轮船公司及汽轮车行，传递书信遍天下。即汽轮船公司，国家岁给资至八十万磅，而所收信费乃至六百余万。通计初次传递人民书信所收信资，视今几二十倍，以次递减，仅及二十分之一，而国家所得信费亦岁有增加，遂为筹饷之一大宗'"。且密斯盘建议郭嵩焘"就鄙人见闻所及，刊刻新报，晓示中国士民"。不过郭想及"前岁自上海开行沿途日记钞送总署，以致被参。刊刻新报，殆非鄙人所敢任之。密斯盘亦相与怃然，叹息不已"[1]。

虽驻外公使身份已被朝野士人所鄙视，而所刊海外见闻又为劾参，加之使团之中公使与副使亦相争不合，郭嵩焘在困难重重之间，依然十分留意外国新制，不仅存留各类条文，还亲赴各种局所实地参观。光绪四年十一月十九日晚，郭嵩焘应满剌斯之约，在局总办墨里时陪同下亲赴信局看发信：

尽三点钟之久。至八点钟，收发信俱完毕。凡日发信百余万，用一千一百五十人，而条理完善精密，从无失误。大率城内各街皆有分局，递送本城各信，其远信汇送总局，截至五点钟止。六、七点钟，总局收之，按时加给信资，始收盖印。凡设四长案齐信，递送一处清检之，分东、西、南、北四所。在本国者各分地段汇辑；其递送各国别归一厂，并送发信处装入麻袋，亦分四所，用溜梯装入车箱，分送各路火车。其收外来之信，在本城者，亦按地段，由各分局递送；俱扣定时候，无稍停留，逾时者有罚。又分立二所：一曰病所，凡封面破烂，概予休整，破烂甚者为加封，若治病然；一曰死所，凡有臭恶者如鱼、兽、虫、鸟，有防[妨]害者如水、火药皆不收。或外加封不知为何物，而封破外露，即送入死所，另函传知递信处，使自取。又有二所尤奇：其一，信面有奇趣者或画为人物，奇形诡状；其一，文字不可辨认者，有数人巧思能辨认之。又有新报书籍内私藏函信，亦清出之。墨里时云：'日收新报书籍凡数万，而稽查者十二人，势不能遍及、而每一礼拜约得罚款

---

[1] 《郭嵩焘日记》（第三卷），第474页。

四五十金磅，盖一有私藏，即并所寄书籍皆准信件轻重罚金给资。'凡诸百物不逾尺者皆可寄，另一处堆积之，极有意趣。而其条理之密，不误递一信，不差误一时，亦足见其人事之精善矣。①

虽然郭嵩焘对新式制度多有留意，然其欣赏洋务、主张采纳西制的做法毕竟不能容于是时之士林，而其本人经历与刘锡鸿之争斗后，已无意再任公使一职，甚至对再入朝为官亦了无兴趣。在参观信局的前一天，郭嵩焘已与英国外相沙乃斯伯里（Salisbury）话别，之后的两月间，郭嵩焘一直忙于与新任公使曾纪泽的交接。至1879年1月31日离英回国，郭嵩焘虽仍有记录新制之文字，但亦只留下"他已走向世界，但他自己的国家仍然彷徨不前"② 的有心无力和无限悲怆。

虽然主张借鉴泰西制度，建立新式邮政的建议一时未能成事，但时人根据自身所处情势，越发觉得驿站虚耗国帑，而邮政裕国便民，是宜裁驿置邮，以便官民。光绪七年冬天，马建忠在《上李相伯复议何学士如璋奏设水师书》中，即认为"中国各省，驿站之费，一巨款也"。如果改用"外洋邮政局之法"，"不惟可以省经费，亦且可以便官商"。虽然预计邮政收入未必如英法之多，"然于国帑亦可少补矣"。但反对声音"哄然起矣，不曰殊乖政体，即曰有碍成例，哗者一人，和者百人矣"。甚至有人指责此乃"亡国所为，今若立地创行，日后流弊滋甚，于是倡者一人，挠者千人矣"。马建忠以为，"今际此生民未有之创局，徒为一二钻研故纸浮议所阻，断断然以往事为可鉴，不齐其本徒循其末，不求其治徒忧其弊，是无异惩色荒而禁昏（婚）姻、恶禽荒而废蒐狩也。则天下尚有何事可为，又岂特包鸦片烟税征水旱烟税、铸银钱、设邮政四事也哉？又岂能筹饷项以经理海防也哉？"故其愤言曰："非不能也，是不为也。"③

马建忠的感言，或许可看作为接受外洋新知的晚清官员，在进策未

---

① 《郭嵩焘日记》（第三卷），第707—708页。
② 汪荣祖：《走向世界的挫折：郭嵩焘与道咸同光时代》，岳麓书社2000年版，第255页。
③ 马建忠：《适可斋记言记行》，《中国近代史资料丛刊》，《洋务运动》（一），中国史学会主编，上海人民出版社1959年版，第451页。

果后的复杂心态，亦揭示出阻碍新政的最大原因，即在"体制成例"之中，而此事并非泛泛而论，乃清廷二百余年之政统延续所必需的制度承载。趋新者未必尽然有理，而阻挠者亦并非全皆守旧，盖双方均只见本方优势及对方弊端，却未曾虑及新主张亦有弊端，旧制度并非一无是处。马建忠所诟病的"不知天下无有利无弊之事，知有利而因循坐误，则利源日消；知有弊而立法预防，则弊实自绝"，若放在对清代改革驿政的行为上亦同样可行，"上下之情通，而君民一体之道得焉"① 的理想，更是清代"邮政"思路的终极追求。但制度追求与新旧知识体系之间发生冲突时，双方自然各执一词，更难见彼此主张的合理与可取之处了。至于朝野之间对使外官员的敌视态度，以及传统驿制所牵涉的大量实际利益与人事关系，更非几部著作、数篇上言即可改变制度的整体规划与管理的人员安排。新式邮政要在中国落地生根，尚须时日和实践的考验与证明。

第二节　订约后的文书带运

传统邮驿制度，乃为契合皇朝统治的体制而设，民间商业信局，则主要为商民信息流通服务，而这种官民两分的体制并非泾渭分明②。然第二次鸦片战争后，在清廷与各国签订的《天津条约》及《北京条约》当中，均列有清廷须为签约国代递信件的条款。此举不仅使清廷逐渐接触现代国家义务观念，亦促使其开始在体制内增设新的功能，甚至催生新的体制以应付困境。

不过，新知新制与传统体制之间甚难前后接替、一蹴而就。虽然清廷负有代递各国使馆文书之责，但无论总理衙门抑或兵部官员，均对此事深以为患。总理衙门最后选择了由海关兼办使馆文书传递，既保证了

---

① 马建忠：《适可斋记言记行》，《中国近代史资料丛刊》，《洋务运动》（一），第451页。

② 虽然清代明令禁止私信入驿，但并不能完全禁止清代官员附驿寄递私信的行为，"官民两分"的邮递体制，只是从大体上进行概括，而并非意味二者截然两分。

由清廷职官体制对使馆文书传递的掌控，又避免了主管邮驿的兵部对此事的抗拒。惟此一时妥协之举，成为触发海关试办新式邮政的契机，不仅推动清代邮政体制的转型，亦导致海关及其外籍税务司对邮政利权的长期掌控，影响可谓深远。

一 条约权利与使馆文书传递

早在1858年与各国签订《天津条约》之前，清廷已利用驿站，为在北京俄罗斯馆的俄罗斯人提供邮递服务。对此馆研究颇深的蔡鸿生教授指出："建交伊始，清政府便用'理藩'眼光看待俄国，给它'特设邸舍，以优异之'的待遇。"① 但其研究指出，这一传递范围仅限于文书，并由清廷对其实行邮检制度。而盘费银两，只容许"恰克图玛雨尔（边务委员）会同部院章京照数过秤装匣，给予恰克图商人运脚，代为运送"②。

自第一次鸦片战争签订《南京条约》之后，列强对打开中国市场及公使驻京等问题，不断与清廷发生摩擦，最终酿成自1856年开始的第二次鸦片战争。战争后清廷与各国签订的《天津条约》中，明确将外国公使及其随员眷属长期驻京写入条约之中，而随之而来的，即是各国公使与其国家书信往来的安排问题。不过各国与清廷签约时间有前后之分，在具体条文上亦有细微差别。以往研究多以中英《天津条约》为范本，而其画押时间却反在其后，若不留意则易生混淆。

咸丰八年五月初三（1858年6月13日），俄国最先与清廷签订了《天津条约》，其中第十、第十一条与通信有关：

> 第十条 俄国人习学中国汉、满文义居住京城者，酌改先时定限，不拘年分，如有事故，立即呈明行文本国，核准后随办事官员径回本国，再派人来京接替。所有驻京俄国之人一切费用，统由俄国付给，中国毋庸出此项费用。驻京之人及恰克图或各海口往来京城送递公文各项人等路费，亦由俄国付给。中国地方官于伊等往来

---

① 蔡鸿生：《俄罗斯馆纪事》（增订本），《初版前言》，中华书局2006年版，第1页。
② 蔡鸿生：《俄罗斯馆纪事》（增订本），第21页。

之时，程途一切事务，宜妥速办理。

第十一条 为整理俄国与中国往来行文及京城驻居俄国人之事宜，京城、恰克图二处遇有来往公文，均由台站迅速行走，除途间有故不计外，以半月为限，不得迟延耽误，信函一并附寄。再，运送应用物件，每届三个月一次，一年之间分为四次，照指明地方投递，勿致舛错。所有驿站费用，由俄国同中国各出一半，以免偏枯。①

在未签订《天津条约》之前，俄国即十分重视书信的安全问题。据蔡鸿生教授分析，俄人主要利用两种办法避开理藩院对书信的检查，一是寄送俄国外交部的报告，只盖私章而不盖北京布道团公章，避免理藩院视为官方文件；二是用隐显墨水书写情报②。1858年10月俄使入京换约，曾发生俄方要求派员进京送信，而咸丰帝要求以"著照护送学生来京之使臣办理"，茅海建就此事指出："按照新条约的规定，送信俄使一切费用自理。咸丰帝坚持清朝负责其费用，目的在于维护旧制，有所监管。"③ 而从此次签订的条文可以看出，俄国因原设俄罗斯馆之便利，所行路线与前基本无异，然有两点与之前不同，一是驻京人员及送递公文人员的费用，全由俄国承担；二是利用驿站之费用，亦由俄国承担一半。此种安排，无非为公文传递安全起见，避免清廷官吏拆阅信件，盗取信息；费用自付，必将自雇可信之人手，随带书信货物，沿途仅利用清廷台站休息换马，而不容清廷官吏过手书信。可见费用问题背后，涉及公使权力与清朝体制，条约行文字里行间，处处皆是别有文章。

继俄国之后，咸丰八年五月初八（1858年6月18日）美国亦与清廷签订了《天津条约》，其中第四款有关书信寄递："因欲坚立友谊，嗣后大合众国驻扎中华之大臣任听以平行之礼、信义之道与大清内阁大

---

① 《咸丰条约》第3卷，《近代中国史料丛刊》续编第76辑，台湾文海出版社1984年版，第119—120页。
② 蔡鸿生：《俄罗斯馆纪事》（增订本），中华书局2006年版，第21页。
③ 茅海建：《公使驻京本末》，《近代的尺度——两次鸦片战争军事与外交》，上海三联书店1998年版，第200页。

学士文移交往，并得与两广、闽浙、两江督抚一体公文往来；至照会京师内阁文件，或交以上各督抚照例代送，或交提塘驿站寄递，均无不可；其照会公文加有印封者，必须谨慎寄递。遇有咨照等件，内阁暨各督抚当酌量迅速照覆"①。由于在列强之中，美国之势力相比较弱，在文书寄递上并无特殊要求，这亦与当时美国在华之势力存在不强有关，在利益要求上亦比英、法等国相对较少。

而联手发动第二次鸦片战争的英国与法国，则先后在咸丰八年五月十六日（1858年6月26日）与五月十七日（6月27日）与清廷签订《天津条约》。中英《天津条约》第四款规定："大英钦差大臣并各随员等，皆可任便往来，收发文件，行装囊箱不得有人擅行启拆，由沿海无论何处皆可送文，专差同大清驿站差使一律保安照料；凡有大英钦差大臣各式费用，皆由英国支理，与中国无涉；总之，泰西各国于此等大臣向为合宜，例准应有优待之处，皆一律行办"②。而中法《天津条约》第二款规定："兹两国幸然复旧太平，欲垂之永久，因此两国钦差大臣议定，凡有大法国特派钦差大臣公使等予以诏敕前来中国者，或有本国重务办理，皆准进京侨居，按照泰西各国无异。又议定，将来假如凡与中国有立章程之国，或派本国钦差公使等进京长住者，大法国亦能照办。凡进京之钦差大臣公使等，当其暂居京师之时，无不按照情理全获施恩，其施恩者乃所有身家、公所与各来往公文、书信等件皆不得擅动，如在本国无异；凡欲招置人通事、服役人等可以延募，毫无阻挡。所有费用，均由本国自备。中国大皇帝欲派钦差大臣前往大法国京师侨居，无不各按品级延接，全获恩施，照泰西各国所派者无异"③。细读条文，则其比中俄《天津条约》之规定更进一步：俄国寄送文书之人员，尚须经台站行走，而英法二国信差则可于"沿海任何地方"带信走递，清廷则必须如对待驿站差使一样加以保护。也就是说，英法二国之信差或其他人员，可以不仅限于通商口岸之桎梏，借助此项权利，可

---

① 《咸丰条约》第4卷，《近代中国史料丛刊》续编第76辑，台湾文海出版社1984年版，第165—166页。
② 《咸丰条约》第6卷，《近代中国史料丛刊》续编第76辑，第256页。
③ 《咸丰条约》第6卷，《近代中国史料丛刊》续编第76辑，第345—346页。

以随时深入清朝内地，且清廷需要对其活动加以保护。这一条款，为日后内地民众与入境洋人之冲突，埋下了一个法理的伏笔。

额尔金在1858年7月12日向国内转报这一条约时，曾做出这样一番解释："条约中从中国政府所取得的各种特许权，就其本身来说并不为过分；除了领事裁判权的重要原则以外，并不超过各商业国家在习惯上相互自由让与的那些条件；但是，在中国政府看来，这些特权的让与等于一种革命，它涉及到在帝国传统政策上某些最宝贵的原则的放弃"①。而一个多世纪后，茅海建也在其研究中写道："（中英《天津条约》）这与当时的西方今日的世界通行的国际准则相符，与清朝此时残存的'天朝'体制格格不入"②。足见无论是当时的侵略者，抑或是后世的研究者，都指出在清廷所签订的条约中，不乏是时欧美各国通行的国际准则，而保护使馆人员的文书来往及通信安全，都是各国平等往来的准则之一。然而，欧美列强以武力强迫清朝签订条约，本身已构成不平等之行为，而清廷以"体制"为借口，以"夷务"为交往前提，亦是以一种无实力保证的不平等态度，来对待和处理条约问题。虽然与诸国最后签订一系列条约，而清廷最为关心的却始终是朝廷的体面，对现代国家应有之利权及应以何种手段保护自身之利权，一概不知。此种意识之启蒙，尚待出洋官吏之耳濡目染、媒体舆论之不懈鼓吹及海关外籍税务司努力开办之后，方逐渐为清廷官民所认识和接受。

《天津条约》签订以后，英法各国又因进京换约一事，与清廷再度燃起战火，最后落得文宗西狩、由恭亲王奕訢签订《北京条约》的结局。双方近四年的交涉与战争，以清廷继续开放口岸及出让更多权利而告终③。而为了方便办理涉外事务，清廷于咸丰十年十二月初十日（1861年1月20日）在京设立总理各国通商事务衙门，并在是年十二月二十四日（1861年2月3日）由奕訢、桂良、文祥奏《总理衙门未尽事宜、拟章程十条呈览折》，拟定章程以开府办公，其中第二条"司

---

① ［美］马士：《中华帝国对外关系史》（第一卷），上海书店出版社2000年版，第629—630页。
② 茅海建：《公使驻京本末》，《近代的尺度——两次鸦片战争军事与外交》，上海三联书店1998年版，第186页。
③ 关于此事经过始末，可参阅茅海建《公使驻京本末》一文。

员分办公事，以专责成"，由各部抽调司员，根据其职能办理相关事务，其中"台站驿递事件，则由兵部司员经理"①。不难看出，总理衙门虽为清廷办理洋务之新机构，而其构成人员却仍以传统六部之司员为骨干，以旧管之职责而应付新生之事务。以兵部司员为例，其原本主管台驿事务，负责朝廷文报、官员招待及货物转运事宜，如今洋人传书递信亦纳入其职权范围，势必引起一番不适与争论，而这些反对意见，导致总理衙门将此带信职能转移至海关总税务司署，开始了长达四十余年海关对清廷邮政事务的掌控。

二 传统体制内的反对：以黄云鹄为例

同治初年②，时任兵部郎中、充马馆监督的黄云鹄③，就洋人以《天津条约》为凭、借用驿站车辆马匹传递文书一事上奏，力争不可："驿站车马，查无应付洋人之例，所称递送各国文报及运解各国什物车辆，仿照中国定例一律办理之处，诸多窒碍。职既司此事，生死以之，不敢从同，以上误朝廷，下毒天下百姓。事若果行，中外衅端，必从此肇"。他认为"朝廷之驿站，如人身之血脉，血脉不通则身病，血脉杂则血脉亦病。与其为难于异日，莫若熟酌于目前。且驿站情形苦累已极，如此办理，苦累岂有穷期耶？所议决不可行"④。按黄云鹄所言，驿站关系朝政通畅，目前州县办理已苦累民甚，若洋人再用车马，无异再加重负，民何以堪。而且洋人使用驿站车马，拖累运转速度尚在其

---

① 《筹办夷务始末》（咸丰朝），中华书局1979年版，第2716页。
② 黄云鹄此奏折没有具体时间，按其在《兵部公牍》前言所推算，应为同治六年（1867年）。
③ 黄云鹄，"字祥人，蕲州人，咸丰癸丑进士，授刑部主事，迁兵部郎中、充马馆监督"（《湖北通志·黄云鹄传》，闵尔昌辑录：《碑传集补》卷十八，《清碑传合集》，上海书店1988年版，第3294页）。"一字祥云，又字翔云、缃芸、藏云，室名实其文斋。咸丰三年（1853年）二甲进士。宦蜀数十年，历任雅州知府、成都知府、永宁道、建昌兵备道、四川盐茶道、按察使等职。晚年任江宁（今南京）尊经书院山长，继任湖北两湖、江汉、经心等书院山长。"（司朝军、王文晖合撰：《黄侃年谱》，湖北人民出版社2005年版，第25页）其子为清末民初著名学者黄侃。
④ 黄云鹄：《兵部公牍》，沈云龙主编《近代中国史料丛刊》初编第580册，台湾文海出版社1966年版，第78页。

次，一旦影响文报安全，更为得不偿失，故其以"上误朝廷，下毒百姓"括之，力陈该事不可行。

由于外人借用驿站车马是获"朝议允之"之事，故"公时为兵部郎中，力持不可许，揩拄数十日，往复数万言，祸几不测"。但最后"幸终得公所议"。而其友人"贺良贞舍人谓公曰：'我闻君近所为，固有劳师费饷万万计，能复不能复未可知者，而君以区区一郎官，折冲曹司，决胜万里，历危疑震撼而守职如故，国史不书，朝议不载，上下受其益而不之觉，事成而知勇，权谋泯然无可见，吾安得不大服'"①。不过黄云鹄"未几又以争外人在古北口市马事忤权要，遂出守雅州"②。揣其事端，以总理衙门涉其事之嫌为大。盖黄云鹄反对之理由几无可挑剔之处，然若照其意而行，极易为外人以违背条约而再肇事端。故黄云鹄于光绪十二年回想此事时，虽"上官格外优容"，但依旧只能奉命出守，后方明白当时"不置以夙谙曹事故也"③。虽有正理，而时势未足容其行。

不过，黄云鹄之所以始终反对洋人用驿，亦与其对当时驿铺状况之了解有关④。他认为是时铺递驿递之弊病，存在于三个方面：一是寻常

---

① 司马朝军、王文晖合撰：《黄侃年谱》，湖北人民出版社2005年版，第28页。
② 司马朝军、王文晖合撰：《黄侃年谱》，湖北人民出版社2005年版，第28页。
③ 黄云鹄：《兵部公牍》，沈云龙主编《近代中国史料丛刊》初编第580册，台湾文海出版社1966年版，第1页。
④ 黄云鹄在同治四年任职兵部时，已发现直隶等各省已多年不造册题报驿站报销事，"经臣部于咸丰七年八月暨同治元年十二月奏催，奉旨：依议。钦此。钦遵行文各省督抚，遵照在案。嗣经臣部屡次咨催，仍未能一律按限造报。即如直隶近在畿辅，自道光二十九年至同治二年，驿站奏销均未补送，似此任意迟逾，实属不成政体"。而各省疏忽此事，"年限逾久，册籍逾繁，旷日稽延，此例将成废搁，于邮政钱粮均多流弊"。故黄云鹄奏请"饬下直隶各省督抚，将同治二年以前驿站奏销造具清册，悉数汇题，其同治三年驿站奏销未经题报者，仍按定例题报，随本送部，以肃邮政而除积弊。经此次奏催之后，如仍前玩忽，除查取各职名交部议处外，臣部应即随时严恭请旨惩办"（同治四年十一月二十九日，《奉催各省驿站报销折子》，黄云鹄：《兵部公牍》，第25—26页）。然而各省驿铺事宜，积弊甚久，且不说寻常公文传递，即使事涉官员开缺之文件，"近来铺递文件往往迟误过甚，虽开缺文件有行文坐日，程限可计，而各省接到部文竟有迟至一年半年，甚至遗失不能接到，于开缺截缺大有关系"。虽然此事由吏部奏请革弊，"然缺分驿站同为紧要公事，议袪之弊端亦公事，必不可不袪之弊"（《马递铺递情形说》，时间未确，黄云鹄：《兵部公牍》，第81页）。可见驿站于是时官员心中，是一不可忽视之公事，但其本身又存在相当的弊事，要趋利避害，必须将现有弊病革清，故黄云鹄提出诸项办法，以期肃清旧弊，而于公事有实际功效。

公文亦附驿驰递，以致官员"不知轻重缓急"，不仅虚耗马力，还延误紧急公文的递送。因此"本部议以一切公文全付驿递，恐一时未能周转，且非慎重邮政之道，请嗣后寻常文件仍由提塘递送，惟寻常事件之有关军务者，准其附驿递送，仍由各部填注'附驿递送'字样，以凭传递"。除"例载凡有事关军务及紧要公文、刻难迟缓者，由马上飞递，其余概不准擅动驿递"。而"迟误公文，驿递夫役、铺司及该管官俱照例议处"，以期分清驿传与铺递的职责，避免滥用之弊继续蔓延，并且明确管职人员的责任，对以往违规官员要按例惩治。

二是提塘官必须尽忠职守。黄云鹄指出，"近来塘务实在情形，有不堪形诸奏牍者。向例驻京提塘年满者不准复充，今则不待年满辄思脱手。其已年满者，部中以无人接充，抑令留待后任。后任不来，则百计乞假而去，去则不复来矣。是以京塘只有直隶、河南、山东、广东、湖北、江西、四川等八省系正身充当，其余若湖南、山西、浙江、江南以及漕河，皆系代办。至云贵、陕甘，更不必言。若辈出充此差，岂尽出于忠爱"。提塘争相去职，乃因为已无实利可获，故过往"争缺涉讼"的职务，今日"不惟不争，乃至求脱不得，其故可想"。即使勉强承差，他们亦想尽办法逃避差事，"提塘既无经费给养铺夫，而各部文件又不能久阁，于是提塘将文件领下，俟有各省折差到京汇总寄省，此系例所本无"。托交折差乃"提塘央托私情，难保无大意之处"，而且"附弁私也，附驿公也"。若公私不分，又如何明晰权责，办理差事？故黄云鹄要求"重申旧制，定限严恭"，"拟令各督抚将每月收到部院各文缮列清单，按三月咨部一次，如有不符，将驻京驻省提塘分别议处"。

三是针对吏部所称，开缺文件多有迟误之情形而言。官员离任到任，与地方民情息息相关，"假如有一知县缺出，实任文书未到，势不能不派员署理，而适当征收。在迩文书押扣不到，署事者自知为五日京兆，必尽力朘削，以偿夙逋而饱私囊，比实缺人员到任，则已无膏可润，非在京在省，本无宿累，而又能清苦自爱者，不能保其自立，使得早到，则自知蒞此必当有年，苟非大不肖，必不肯即行朘削，宦场中人较多甘苦一致者有几"。而这些缺分文书，"消息弗通，捷于邮置"，而"近来民生凋敝之由，未始不源于此。故缺分所关，似为国家最要之事"。由此则驿传铺递之明确职权、传递方式与工具使用，十分重要，若公器转为私用，或官吏疏怠松懈、不问政事，则必致衰败之政局。故黄云鹄坦陈"公事不厌求详，职分不可不尽"，以期所奏各法，可除现存之积弊而去已有之痼疾①。

除内地驿站传铺之积弊外，一直由理藩院主办的俄罗斯馆之恰克图寄京邮路，亦发生"开箱窃取银物至五百四十二元之多"的案件。由此事更加坚定了黄云鹄的观点，即"应请嗣后由京寄恰克图、及由恰克图寄京之件，均与内地一律办理，概不必附入银两，以昭慎重而免遗误可也"②。俄罗斯馆学生被清廷视为"外藩"学子，利用驿站尚且不能稍有特殊，更毋论被视为"外夷"的欧美列强，怎能轻易利用朝廷命脉的驿站来传书递物？故黄云鹄之坚持，并非简单的排外情绪，而是对传统体制有深刻理解、并在实际行事中体会到政情运转之难的官员，在没有新的解决方式、又无法借鉴外来制度的情况下，一种"坚持风骨"的无奈之举。每书至此，不由忆及陈寅恪先生在《寒柳堂记梦未定稿（补）》中所论："同光时代士大夫之清流，大抵为少年科第，不谙地方实情及国际形势，务为高论。由今观之，其不当不实之处颇多。……总而言之，清流士大夫，虽较清廉，然殊无才实。浊流之士大夫略具才实，然甚贪污。其中固有例外，但以此原则衡清季数十年人事世变，虽不中亦不远也"③。

总理衙门希望借用驿站传递外国书信的做法，始终受到黄云鹄的抵制。同治五年十二月初四（1867年1月9日）兵部出示《申严驿禁谕》，声明"嗣后总理各国事务衙门来文，除官纸封套通行文件仍照常发递外，其布包、皮包、夹板、钉封及另纸包封紧要事件，均由该衙门自行填票拨递，本司概不准接递"。若总理衙门"不汇齐印总，擅自封发，本具官职守所在，舍命不渝，决不能为尔等宽宥也。言出惟行，决

---

① 以上三段所引，均见《马递铺递情形说》，时间未确，黄云鹄《兵部公牍》，《近代中国史料丛刊》初编第580册，台湾文海出版社1966年版，第81—94页。
② 《咨理藩院文》，时间未确，黄云鹄《兵部公牍》，第146—147页。
③ 陈寅恪：《寒柳堂记梦未定稿（补）》，《寒柳堂集》，《陈寅恪集》，生活·读书·新知三联书店2001年版，第219页。

无后悔"①。态度之坚决与言词之强硬，为晚清官场所少见，亦可知总理衙门此举，虽迫于条约所囿而不能不于清朝体制内做出调整，但其受到之阻力，未必尽然来自反对洋务之官员，其体制本身的可容纳性，亦限制了司职者的见识与行事。

在这样的状况下，总理衙门不得不另觅良法，1865年8月自上海迁至北京的总税务司署，以其地位的特殊性：既是在清朝职官体制内部，又是洋员无须受传统体制观念束缚，进入了总理衙门诸大臣的视野，并由他们开始了试办新式邮政的漫长路程。

第三节 海关对邮政新体制的尝试

华洋书信馆是近代海关第一次尝试以新式邮政方式管理收寄华人信件的机构，然而该馆开办不久便遭遇邮件被扣事故，以往的研究虽有触及，但多简略记述事件经过，而未深入探究其中缘由②。比勘旧存新出的各种史料，则愈发可见该事故不尽是顽固官吏阻拦新制。在陆运邮件的过程当中，既有新旧观念的冲突，也有不同机构的利益纠葛。

在舆论宣传和游外官吏的介绍下，新式邮政的益处已跃然纸上，但其实际运作效果如何，则须由新式邮政机构的运作来验证。在个体力量尚难独自发展的时期，最好的办法莫过于合并已有的外邮机构。上海工部书信馆虽由外国人把持、但又与其母国有利益区别，且多赖口岸轮船带信的特点，使其具备了与海关邮政合作的可能，而其成熟的带递体系与路线，又使其成为海关兼并、增强实力的首选对象。而海关兼并工部书信馆，先后经历三次，基本由外籍税务司与工部局董事会进行交涉，清朝官吏少有牵涉其中，故从中可见外籍身份在机构与利益归属上的合作与冲突。这也是近代西制入华后，在制度与行事上几番周折的转型。

---

① 《申严驿禁谕》，黄云鹄《兵部公牍》，《近代中国史料丛刊》初编第580册，台湾文海出版社1966年版，第169页。
② 相关的研究，可参见晏星编著《中华邮政发展史》，台湾商务印书馆股份有限公司1994年版，第290—291页；《中国邮票史》第一卷，商务印书馆1999年版，第124页；麦国培：《华洋书信馆邮史新探》（上），《中国邮史》2001年第4期。

其中意味，甚值细品。

一　挫折：华洋书信馆失败的体制内因

开设华洋书信馆的构思，源自近代海关对开办新式邮政的追求。总税务司赫德在《烟台条约》谈判期间就曾建议加入开办邮政的内容，而李鸿章亦"告以信局无甚流弊，曾允试行"[1]，但是时主持谈判的英国公使威妥玛阻止了这个计划，因为他担心"今后将无法控制赫德"[2]，是故此事最终都未能列入条约之中。1877年5月间，赫德授意津海关税务司德璀琳[3]准备开办新式邮政的相关工作，次年3月26日，德璀琳呈文赫德，表示北方三口岸与北京、上海的邮路联系已经准备就绪[4]。

不过，海关试办邮政，最早仍是在代运使馆邮件的范围内进行[5]。一方面，德璀琳在1878年3月至5月间开办口岸间的邮件互运，亦仅

---

[1]《论铸银官局》，光绪二年九月初十日，《李鸿章全集·译署函稿》卷六，时代文艺出版社1998年版，第4312页。需要指出的是，李鸿章认为可以开办信局是与不能开办铸银官局相提并论，因为"信局牵涉洋商，似非税务司管理不可。银局变通圆法，抵完税项，大利所在"（《论赫德劝结滇案条议》，光绪二年闰五月十五日，《李鸿章全集·译署函稿》卷五，第4269页）。在李鸿章的心里，两项利权孰轻孰重，有其利益的衡量，同意将邮政交与其办理，不过是因为在他看来所失利权不如铸银官局严重罢了。

[2] 1896年7月12日赫德致金登干，《中国海关密档》第六卷，中华书局1995年版，第507页。

[3] 德璀琳（1904—1913）出生于德国亚琛，1864年来到中国，服务于中国海关，任四等帮办。1876年任烟台东海关税务司，1877—1882年、1884—1896年、1900—1904年，先后三次出任天津海关税务司，任期累计达22年。1876年，在中英烟台条约谈判中，身为烟台海关税务司的德璀琳与清政府全权代表李鸿章初次相识，李鸿章很赏识德璀琳的才干，翌年德璀琳调任天津海关税务司，与李鸿章交往逐渐密切，在李鸿章的支持下开办新政，并参与清朝许多涉外事务，有英国人曾评论说，德璀琳是中国实际意义上的外交部长。

[4]《中国海关与邮政》，中华书局1983年版，第3—5页；德璀琳致休士文第1号，《清末天津海关邮政档案选编》，中国集邮出版社1988年版，第71页。北方三口岸指天津、牛庄与芝罘（烟台）。

[5] 自1858年《天津条约》后，清廷或要直接为驻京公使提供传递文信的服务，或要负责保护使馆文书的安全，若按十九世纪欧洲各国驻使惯例，则均是司空见惯的做法。但清末驿站传输迟缓，文件且多遗漏，而使馆文书"主要来往于北京、上海之间，当时适值太平天国和捻军等农民起义部队活跃于中国南北许多省份，北京、镇江之间不断发生战事"（《中国近代邮电史》，人民邮电出版社1984年版，第23页），为避免文书丢失而引起纠纷，故自1865年总税务司署迁京后，总理衙门便将此项业务推由海关兼理。

限于在华洋人的信件往来，而是否办理及如何办理华人信件业务，是时并未纳入正式开办的日程。究其原因，乃是因为中国官员提示开办条件有限①，而众税务司又担心新式邮政侵及民信局的利益，故建议德璀琳慎重行事②。

另一方面，虽然建立京津间骑差邮路的方案为总税务司署所采纳，并获得经费的支持③，但1878年6月7日德璀琳即致函赫德，承认原先的设计并不理想，弊病在于传递速度缓慢且费用高昂。尽管经过调整后效率有所提升，但由于经费超支，使得德璀琳对华人邮件处理问题，只能采取"用合同方式来控制现有的私营信局，要它们从事接收和投递中国人的邮件的工作"④的思路。在1878年7月间，德璀琳与天津的大昌商行订立协定，由其作为海关的代理人，"在北京、上海和芝罘代我们办理此事"⑤。之所以选择该商行，是因为"大昌商行在上述各地都设有分行，在当地很有势力。他们将作为我们的代理机构从事接收和分送中国邮件的工作。他们的邮袋要通过我们由一地送到另一地。我们已派文案吴焕去监督称为大昌邮局（华洋书信馆）的工作，并把地方信局有利可图的差使和工作组织掌握到我们手里来"⑥。

不过，华洋书信馆的开设在德璀琳眼中仅是基于现实的权宜之计。在他的设计中，华洋书信馆负责收集和投送中国民众的信件，海关则负责将其信件与海关信件一起运送，而并不直接参与书信馆的具体事务。通过华洋书信馆与民信局的竞争，将相关的业务逐步控制到华洋书信馆

---

① 赫德曾在1876年12月4日的日记中写道："二点告辞了李（鸿章）。……他对邮政事务感兴趣，但认为德璀琳的局面太大——不能这样拿去给总理衙门——我们必须悄悄地干，不能指望太多，因为既缺乏轮船交通，（通信）活动又比欧洲少，邮政不可能马上就这样广泛的铺开，或者成为一项付费事务。"转引自《中国邮票史》第一卷，商务印书馆1999年版，第100页）

② 详见1877年1月31日，九江关税务司葛显礼呈赫德文第10号，《中国海关与邮政》第2页；1877年3月杜德维拟写的邮政备忘录，《清末天津海关邮政档案选编》第4—9页；1877年5月8日，汉南拟写的汕头港邮务（民信局）备忘录，《清末天津海关邮政档案选编》第51—53页。

③ 《天津邮政史料》第一辑，北京航空航天大学出版社1990年版，第307页。

④ 1878年6月7日，津海关税务司德璀琳呈赫德文第64号，《中国海关与邮政》第7页。

⑤ 1878年7月20日，德璀琳致休士函，《清末天津海关邮政档案选编》第88页。

⑥ 1878年7月25日德璀琳致赫政函，《清末天津海关邮政档案选编》第89页。

的手中，再由海关进行整合与管理。这样的设计，使得海关不需为新业务再付出额外的费用，同时由华人自主收寄信件，避免因为外人身份而使得中国民众产生不信任感。但从另一方面来看，主管新式邮政的海关税务司对书信馆的管理缺乏直接的干预，而透过承包邮路递送邮件的做法，缺乏必要的约束和管理。这也是后来华洋书信馆冬季陆运邮件发生被扣事故，及后来试图摆脱海关控制而被取消合作等一系列事件的隐患。

媒体的议论显然与德璀琳的设想大相径庭。《申报》即有《新设华洋书信馆》一文称："泰西则例，凡国家文报以及民间书信，皆由公家传递，以专责成，故国内特设信部衙门，居然与钱谷兵刑并列，以达国政、通人情、报物价，……若中国则向无是例。兹闻北京、牛庄、天津、烟台、上海等五处，已由官招商合股，设立华洋书信馆，先行试办，为将来邮政局之嚆矢。"① 1878年9月4日，《申报》又载《华洋书信馆章程序》，认为邮政是裕国便民之举，是"因时制宜，力求强富"的事业，"而泰西邮政之设，尤为利权在上，下民便之。盖泰西邮政特派大臣，视为要务，每岁所入经费而外，可余一二百万至五六百万不等，尤属裕国便民之明验"。但各国在华设立书信馆，割分利权，而"天津关德税务司璀琳，久悉权务，洞悉舆情，遇事殚诚，□途倚赖，而于邮政一端，尤所留意。见泰西之能获利，料中国无难举行，于是寻译西例，刻意讲求，稍事变通，议归商办。奉经直隶爵阁督部堂李，核准在于京城、天津、牛庄、烟台、上海五处，设立华洋书信馆，先行试办"。该序还描绘了一幅雄心勃勃吸引商民聚股汇财的发展蓝图："是股分之招正，有不容暂缓者。行远自迩，幸始基之。已安集少成，多惟群策之是。是望所冀望风遥集欣欣者，患然可来，庶几不日而成，源源者招之即至。"②

该序有几点颇值玩味：虽然指出泰西邮政实为官办，但于华洋书信馆却是"稍事变通，议归商办"，虽然指出德璀琳为倡办者，又得李鸿章之核准，但并无确定此二人即为直接负责者，而司责者于此序中又模糊不清；其次，该文并未提及赫德为试办邮政之提倡者，或可反映赫德

---

① 《申报》光绪四年六月二十（1878年7月22日），第3页。
② 《申报》光绪四年八月初八（1878年9月4日），第3页。

对此事的了解并不充分①；再次，该文之目的仍在招股敛商，实与以往民信局之开办方式无异。按近代欧美邮政制度，均由国家开办，利润亦归之国家所有，虽然该文撰者亦同样认识到此点，但由于是时清廷并无开办国家邮政之计划，而试办亦交由外籍税务司所总管，以致新式邮政在很长一段时间内都被认为是"外人之事"②。因此在德璀琳指示下开办的华洋书信馆，亦只能以民信局的方式，试图取代民信局而统一民间书信的收寄传递。

虽然海关并不直接参与华洋书信馆的管理，然而借助海关的经济支持及递运资源，华洋书信馆与民信局相比还是颇占优势③。获益多少尚在其次，有如此背景，则难免其他民信局担心侵及自身的递信网络及收寄群体④。德璀琳在1878年9月30日呈文赫德时也表示："有人反对邮务计划，这是完全在我预料之内的。"但他相信"如果我们保持冷静，不断地认真进行工作，这种谩骂和捏造不久就会消逝下去，而我们要建立的机构终于会建立起来的"⑤。而此时驻居天津、即将出使的曾纪泽，在几天后⑥亦"写片缄致李相，言华洋书信馆初开，不能周遍，诚不能阻禁民间信局，然不能不与民局争利。设马递以备封河时寄递文牍，即系争利之法，以民局断无力设多马也。设马后，却须接递民局之函，乃能两益。洋人于封河后亦系马递，但皆七日一发，不为甚便。中国书信

---

① 赫德因参加巴黎博览会，于1878年2月21日返英，直至翌年5月5日方返上海。见孙修福主编《中国近代海关大事记》，中国海关出版社2005年版，第58、61页。

② 李鸿章曾在光绪四年八月二十五日《复陈华洋信局》一文中写道："该税司（指德璀琳）自以承办中国税务，即系中国委员，……"（《李鸿章全集·译署函稿》卷八，时代文艺出版社1998年版，第4383页）如此强调税务司的"中国委员"身份，恰可反证时人心目中税务司的身份归属。

③ 在试办邮政的初期，德璀琳即请求李鸿章允许利用北洋舰队的军舰带送信件（1878年5月16日，德璀琳致休士文第2号，《清末天津海关邮政档案选编》第72页）。之后他又与轮船招商局总经理唐廷枢达成协议，可以利用轮船招商局的船只免费带收邮件（1878年7月17日，德璀琳致中国招轮船局总经理唐镜心函，《清末天津海关邮政档案选编》，第86—87页）。

④ 《申报》光绪四年四月二十（1878年5月21日），第2页。

⑤ 1878年9月30日，津海关税务司德璀琳呈赫德文第107号，《中国海关与邮政》第10页。

⑥ 1878年10月5日。

较多，宜变通办理乃佳"①。九月十三日（10月8日），曾纪泽又"拜法领事狄隆，英正副领事佛礼赐、宝士德，税务司德璀琳，德领事穆邻德四处，税务司谈最久。民间信局，有携带货物偷漏关税者，海关设法盘查，而信局哗然，以为华洋书信馆既经税务司建设，遂设法稽留民局函件，以为擅利之计，纷纷向各署控告。盖两事适同时相值，而民间误会，乃有此争。余嘱德璀琳宜联络民局，相辅而行，方能济事。"②

曾纪泽的担心，一月余后便被证实并非杞人忧天。该年11月9日，德璀琳在天津华洋书信馆经理刘桂芳的推荐下，与候选参将、二等侍卫佟在田③签订了"承揽冬季12—2月，三个月的接力邮寄工作。每隔一日，从天津、镇江两地对派信差运送邮件30斤，一般情况下，应在九天内投到。对此业务需付关平银1500两"的邮递合同④，仅仅十来天后，便有民信局"赴华洋书信馆喧闹"⑤。事情的起因，是江海新关要求专办上海与牛庄、天津、烟台三口递信的福兴润、全泰盛、协兴昌三信局，"抵口后由江海新关拨派扦手提验信包，如无私货，随查随换"。但三信局担心海关有意留难，为华洋书信馆的递信提供便利。虽经上海租界会审分府示谕"嗣后凡有轮船寄到北洋三口各商信件，均各遵照定章，候关查验，不得稍有争闹，自羁时刻。倘查出夹带私货，由关照章入官充公。该信局等如敢抗违，立予严办，决不姑宽"⑥。但这一忧虑并未消除，双方递信路线既有重合，则难免利益冲突，而上海周近的江南地区，又是民局最为集中的区域，带有海关背景的华洋书信馆介入此间业务，难免引起一场明争暗斗。

德璀琳是否打算利用海关查缉私货的办法暗中打压民信局，暂无材

---

① 刘志惠点校辑注、王澧华审阅：《曾纪泽日记》（中），岳麓书社1998年版，第787页。
② 刘志惠点校辑注、王澧华审阅：《曾纪泽日记》（中），岳麓书社1998年版，第789页。
③ 佟在田于同治十年十月初五（1871年11月17日）被赐"武进士及第"（《清实录》（第五一册），《穆宗实录》（七）卷三百二十一，中华书局1987年版，第250页），光绪元年七月廿一（1875年8月21日）"以奉天大东沟盗匪肃清……二等侍卫佟在田……升叙加衔有差"（《清实录》（第五二册），《德宗实录》（一）卷十四，中华书局1987年版，第248页）。
④ 1879年2月15日德璀琳致裴式楷文第15号，《清末天津海关邮政档案选编》第140页。
⑤ 《中国邮票史》第一卷，商务印书馆1999年版，第124页。
⑥ 《申报》光绪四年十一月初九（1878年12月2日），第3页。

第二章　新式邮政的知识背景与实践基础　147

料可证，但他希望建立新的邮路和邮递方式以期取代民信局的用意，则在后来给赫德的报告中表露无遗："原先的目的是建立一条既迅速又经常化的邮路，以便树立威信，取得各方面的支持和照顾，从而制服同我们对抗的'信局子'"①。经费上给予华洋书信馆扶持则是有迹可循，有研究者也指出"（注资）这一做法，违背了德氏先前与华馆'不发薪给其职员，以及组建华馆费用自筹'的协定，从而强化华馆之地位，由关督商办变成海关'注资扶持'的另一种经营架构"②。

虽然德璀琳有意"以华竞华"，但所选承办者却非合适人选。在答应为佟在田"向北洋大臣李陈明他的才干及其与陆路邮班关系呈请发给他一份护照"③ 后，他于1878年11月17日拜访李鸿章，"向中堂大人报告了陆路邮件计划的性质，向中堂递交了总字第一、二、三号邮政通告的译本请中堂审阅。然后提及承办人为候选参将二等侍卫佟在田，并请为其颁发护照事"④。但李鸿章"即告以佟在田声名不佳，必须留心防范"⑤。不过，基于德璀琳的推荐，北洋大臣还是开出了护照，海关对冬季邮路的试办由此揭开序幕。

佟在田在组织邮路初期，工作尚能令德璀琳满意。"去年（1878年）11月18日至12月中旬，我一直未见佟在田。与此同时，我听说，他已赴山东建立邮路，邮差、马匹在天津备妥，并已发往南方。"但由于无法得到直接有效的信息，德璀琳"乃派邓其琛⑥先生前往济南府安排与芝罘邮差交换邮件"，"为得到有关的可靠消息并掌握邮差"⑦。可见在与李

---

① 1879年7月19日津海关税务司德璀琳呈赫德文第69号，《中国海关与邮政》第14页。
② 麦国培：《华洋书信馆邮史新探》（上），《中国邮史》2001年第4期，第6页。
③ 1879年2月15日，德璀琳致裴式楷文第15号，《清末天津海关邮政档案选编》第140页。注：《天津邮政史料》第一辑第253页将此处译为："应承办人的请求，我还同意请求李鸿章总督为他签发一个护照，写明承办人的身份以及他和陆路邮运业务的关系。"
④ 1879年2月15日，德璀琳致裴式楷文第15号，《清末天津海关邮政档案选编》第140页。
⑤ 《津海关秘档解译——天津近代历史记录》，中国海关出版社2006年版，第11页。
⑥ "邓其琛"一名，在《天津邮政史料》及《津海关秘档解译》中译为"邓启贤"。本著根据其材料原文，不加改动，特此注明。
⑦ "邓其琛"一名，在《天津邮政史料》及《津海关秘档解译》中译为"邓启贤"。本著根据其材料原文，不加改动，特此注明。

鸿章交谈之后，德璀琳对佟在田还是存在着顾虑，只是因为佟在田"由源泰钱局股东王汝霖充当介绍和担保是合适的。承办人有身份是一个体面人物，此外更没有理由根据我们以往的经验对中国参事们不予信任"①。

然而，仅隔月余，佟在田承办的邮路便发生严重意外。1878年12月31日德璀琳致函裴式楷，根据自山东返津的邓其琛报告，"一些信差在该省夜行时，被地方当局拦截并拘留，并说，邮件到达时间比应到的时间要迟"②。到"1月1日，书信馆得到消息，数名邮差在山东邮路上被捕、入狱。南北线各类邮件，在山东各地被扣留。更糟的是，我同时接到通知说承办人佟在田失踪。是日，京报公布判决。全文说明了根据直隶总督的指控将佟革职并予以逮捕的理由"③。在派遣邓其琛前往山东调查该事后，德璀琳才发现"至本月（1879年1月）16日止，邓其琛抵济南府时，当局留难的态度并没有转变。邮件及信差仍在德州、泰安被扣。书信馆在济南监督交换邮件的人员，也已被驱逐出济南"④。在后来德璀琳给赫德的报告中，他用了"山东当局所给与的毁灭性的破坏"⑤来形容这次事件，可见事情的严重程度。而所有的信件，也不得不"每周二由专差直接将邮件由北方送往镇江。每周五经北京由衙门信使送往镇江"。而这些信差，全部都是"具保信差"，而且德璀琳还要求为这些特派专差"各发护照一份"⑥，避免邮路再因阻挠而被迫中断⑦。

事件发生之后，引起北京总税务司署的高度关注。1879年2月6日海关总税务司署总理文案税务司裴式楷、管理汉文文案税务司葛德立致

---

① 1879年2月15日，德璀琳致裴式楷文第15号，《清末天津海关邮政档案选编》第140页。
② 1878年12月31日，德璀琳致裴式楷函，《清末天津海关邮政档案选编》第128页。
③ 1879年2月15日，德璀琳致裴式楷文第15号，《清末天津海关邮政档案选编》第142—143页。
④ 1879年1月24日，德璀琳致裴式楷函，《清末天津海关邮政档案选编》第137页。
⑤ 1879年7月19日，津海关税务司德璀琳呈赫德文第69号，《中国海关与邮政》第14页。
⑥ 1879年1月23日，德璀琳致屠迈伦函，《清末天津海关邮政档案选编》第136页。
⑦ 按清朝体制，带运公文信件的人员，均由官府出示护照，证明身份（护照款式，可参照《近代稗海》第十一辑《偏途论》所载，四川人民出版社1988年版，第621页）。而民信局收寄信件，亦须先在官府备案。然而华洋书信馆由海关支持开办，在传统体制内并无成例可循，故海关税务司请求相熟地方官签发的护照，居然出现了"镇江道台颁发的护照，山东竟不予理睬"的情形（1879年1月17日，德璀琳致屠迈伦函，《清末天津海关邮政档案选编》第135页），这多少也反映了新式机构在传统政制中运行的尴尬境地。

函德璀琳，表示"有责任调查清楚，是什么原因导致了这样一个最令人不满意的结果"①。两人根据文格给总理衙门的报告，要求德璀琳对包括安排佟在田承办时是否知道他有诉讼纠纷及有否发给信差旗帜兵器和号衣等问题做出答复②。由于德璀琳在举办陆运邮件上的独断作风，即便顶头上司亦未得详尽的报告，难怪裴式楷怀疑其是否背着总税务司署签发了某些有违海关职责的文件，从而引发此次意料之外的事故。

面对各方的质疑，德璀琳在多份信函及报告中，讲述了事情的详细经过。在1878年12月21日，"二等侍卫佟在田在刘桂芳的陪同下不期而至天津海关。他告诉我（德璀琳），他仓促返回天津，实不得已。因为天津县台以去年四六两个月的争吵为由向省宪提出申诉，要求将佟革职并拘捕。此次前来海关，意在向我申述其案情，并恳请我过问此事，待其说情，以使其能继续履行邮政合同。我无须重复佟的陈述，如果属实无诬，至少在我看来，他是可以免罪的"③。因此按照德璀琳的思路，邮件被扣很有可能与佟的官司相关，所以他决定"现寄上天津县法庭对佟在田的判决书抄件，我设法得到此件，意在查明此人被控告的真相，此件恰好证实我以前曾说他受贬黜与邮务上的事并无关联"④。而十天之后的十二月初八日（1878年12月31日）内阁奉上谕："李鸿章奏请将在籍侍卫革职究办等语。直隶天津县在籍二等侍卫佟在田，屡次生事讹诈。该县奸媒萧氏窝娼贻害，民人王三保买良为娼。经地方官先后访拏，该员出为阻挠说合，并有包庇流娼、捆人勒赎等事。种种妄为，实

---

① 1879年2月6日海关总税务司税务处处长裴式楷和汉文处处长德益致津海关税务司德璀琳第254号文，《天津邮政史料》第一辑，第310—311页。
② 1879年2月6日海关总税务司税务处处长裴式楷和汉文处处长德益致津海关税务司德璀琳第254号文，《天津邮政史料》第一辑，第311—312页。
③ 1879年2月15日德璀琳致裴式楷文第15号，《清末天津海关邮政档案选编》第141页。按：此条所记时间与1879年1月4日，德璀琳致裴式楷函所记时间及内容有所不同："八天前，佟在田与刘桂芳来我的办公室见我，对我说，今年阴历6月4日，因为佟的一个兄弟与沈或陈姓豪门的富家子弟于大庭广众之下两次斗殴，知县再次请求中堂削去佟的官职和衔头，以便交官惩办。刘、佟两人恳请我，为其说情并向中堂呈交佟的申辩书。我直言回绝了，告诉他们，我不愿参与法律案件，法律必须按照法律办。关于邮路合同，我要求刘桂芳对佟在田所承担的工作负责，高效率地办下去。"见1879年1月4日德璀琳致裴式楷函，《清末天津海关邮政档案选编》第129页。
④ 1879年1月8日德璀琳致裴式楷函，《清末天津海关邮政档案选编》第133页。

属行同无赖。佟在田着即行革职，饬传到案，从严究办。钦此。"① 翌日此上谕刊刻邸报，德璀琳也看到了相关的报道②。

不过，佟在田组织的邮路之所以被破坏，除其本身牵涉的官司外，主要原因还是违反规制。而这些在山东抚台文格看来违规的行为，恰是清廷在聘请外籍税务司时，对其职权未能明确规定的结果。光绪四年十二月十三（1879年1月5日）德璀琳札郑藻如函中称："当经护理总税务司将前情申请总理衙门查照，并于十月间本税司谒见李中堂，将沿途安设马拨、置设信差、络绎传递情形一一面禀，兼请赐发护照，即蒙李中堂立发给承办马差之员护照一纸，面交本税司转给只领遵办。其沿途巡查之人自未便纷纷渎请中堂发给，故本税司查照历年津京寄信据悉本关发护照之成案，由本税司缮发护照。"③ 但在山东官员看来，这种签发护照的权力并未写入任何条约。郑藻如曾照录山东巡抚文格的咨文予德璀琳，其中有"税司不宜发照设拨"④"税司设立马拨、号衣等事非遵条约之道"，甚至于马递信包亦成问题。虽然德璀琳辩称"若撤号衣、旗、照均无不可，惟不用马，则信包断难刻期而至，诚恐各国公使因本关寄信稽迟，仍不免自用马匹在内地络绎驰递，致与俄国由恰克图自行马递至京津无异，按照万国公法亦碍难禁阻也。且中国不准用马寄信，亦例无明文"。但在清廷官员看来，马递与军报相关，并不适宜用于递信，故"用驴、用车、用人"都可以，但用马则大为不妥⑤。

德璀琳在1879年2月15日致文裴式楷时承认，在签发护照上并未得到山东官员的批准："我未向邮差颁发过任何护照。在中堂为佟在田所订协议履行期间颁发有效的护照的条件下，我曾为邮路巡视员颁发过五份护照。本地地方官及山东地方官全然不知此事。我亦未向任何地方官请求为邮差个人颁发护照。在此之前，去年4月我曾请求道台为运送

---

① 《光绪宣统两朝上谕档》第4册，广西师范大学出版社1996年版，第375页。
② 1879年2月15日，德璀琳致裴式楷文第15号，《清末天津海关邮政档案选编》第143页。
③ 《津海关秘档解译》，中国海关出版社2006年版，第1—2页。
④ 光绪四年十二月十九（1879年1月11日），德璀琳禀李鸿章，《津海关秘档解译》第8页。
⑤ 光绪四年十二月廿一（1879年1月13日），德璀琳函郑道台，《津海关秘档解译》第10页。

邮班用的马匹颁发通行护照，但他依据旧规拒绝了。上述五张护照，是我签发的，未得到地方官认可。此五张护照皆用税务司印。"① 按德璀琳的报告，此五段邮路②有驿站四十二处、驿差四十二名及驿马四十八匹。这些邮路巡视员沿途检查邮差工作，车厢外插着"白衣料制的小三角旗，类似外国商行向内地送货用的旗子。旗子印有'天津海关'字样的中英文字"。而邮差们"所着服装酷似天津北京、天津牛庄邮路邮差所着的服装，印有'圆圈儿'或'津海关信差'字样"。他们甚至还随身携带武器，所以德璀琳格外强调"我既未发过旗子也未发过服装，更未发过武器。这些东西一定是承办人或邮差自己装备的，我想就这方面稍加解释，官府派遣的邮差夜间出行经常携带武器。山东南部时常发生强盗拦劫，自卫护身特别需要这种'家伙'"③。不过对于地方官员而言，没有经过照会、驱赶马车又携带武器、还悬挂容易被误以为是外国商行旗帜的队伍，与不知名的盗匪同样具有未知的危险性。而当官员查看护照，又没有该省大宪的用印，在情况不明的状态下，最安全的莫如先扣押人马和相关物件，待查明状况再行决定如何处理④。

除规制问题外，潜在的人事纠葛也是不可忽视的因素。从1878年12月31日德璀琳获知陆运邮件被扣押始，他常与山东海关道郑藻如进行交涉，也常致函直隶总督李鸿章及总理衙门请求帮助，但却从未与山东巡抚文格发生直接的联系，而唯一一封去函，也没有被相关人员送达⑤。文格此人"色厉内荏，好指摘人过失"⑥，所以当时已有人向德璀

---

① 1879年2月15日，德璀琳致裴式楷文第15号，《清末天津海关邮政档案选编》第145页。

② 1879年2月15日，德璀琳致裴式楷文第15号，《清末天津海关邮政档案选编》第142页。

③ 1879年2月15日，德璀琳致裴式楷文第15号，《清末天津海关邮政档案选编》第145—146页。

④ 守一方水土，保一地平安，是传统官员的官箴之道，而如何控制异地人员流动带来及其对社会的不稳定性，便成为州县官施政的考量之一。清末山东地方政情不稳，匪乱甚多，而山东巡抚文格亦不能不从保持治安的角度出发，对未经照会的邮差进行处罚。

⑤ "我给文抚台的唯一的一封信，持信人邓其琛未予递交。"见1879年2月15日，德璀琳致裴式楷文第15号，《清末天津海关邮政档案选编》第146页。

⑥ 沃丘仲子：《近现代名人小传》（上册），北京图书馆出版社2003年版，第241页。

琳建议"衙门应致函文格抚台将冬季邮务安排通知文格抚台为好，并要求他为我们的信差提供各种方便，至少不于信差途中设置障碍"。但德璀琳并未采纳这一建议①。一方面，他认为"衙门有此举动，是议拟成立邮局的转折点，关系到邮局的前途，以及我们为中国谋利益的无私努力，能否继续进行下去，李中堂是赞同此事的，他一定坚持站在我们一边"。但另一方面他又觉得，"他之所以未曾将邮政大计及如何处置一一通知文格，如果我理解正确，是由于他和文格相处不和所致"②。字里行间，无疑相当信任李鸿章及其在清廷政坛的影响力。但李鸿章是否如此信任德璀琳等外籍税务司，则颇值后人思量，他对总税务司赫德观感不佳，源自《烟台条约》谈判时期赫德为英国争取甚多利益，故他与德璀琳的良好关系，或许正如赫德对金登干所说的："李鸿章把我看成是对他非议的人之一，不希望我的势力太大，他挑拨我的下属来反对我"③。所以德璀琳以为李鸿章全力支持新式邮政，多少有些一厢情愿。

不过，李鸿章与文格的关系亦并非仅仅"相处不和"，两人在观念及行事上有较大的差异。李鸿章对文格的行事和见识均有非议，光绪四年十二月十九日（1879年1月21日）其复函郑藻如时，认为总理衙门"持论甚正，但于此事本末毫无推求，于各国邮政办法毫无咨访，仍执一哄之见，与文式翁、张樵野等一般识议，自以为是耳"。而字里行间亦暗示，扣留邮件实另有隐情："津京信馆之设将近一年，执事在津当差已久，岂独无闻见耶？封河以后添设马拨递镇江，势亦出于不容已，仍为各口通信起见，非为内地另设驿站也。"可见众官员函往信复之间，各种明忧暗患跃然纸上。在反对者看来，未经朝廷明令行文而设置"驿站"，不仅有违体制，亦有易扰乱地方治序，恐怕也是山东当地官员解释为何驱逐信差、扣押信件的借口。但在主办洋务的李鸿章看来，此事不过为沟通各口信息起见，如果邮差确有滋事，可以照例拿办，若以"另设驿站"为名，则难免过于牵强。至于山东方面提出的另一理由：

---

① 1878年12月31日，德璀琳致裴式楷，《清末天津海关邮政档案选编》第128页。
② 1879年1月5日，德璀琳致裴式楷函，《清末天津海关邮政档案选编》第131页。
③ [英]魏尔特著，陈敉才、陆琢成等译：《赫德与中国海关》，厦门大学出版社1993年版，第111页。

"至尊虑日后内地消息洋人得信最先",李鸿章驳斥曰:"此等迂论最易动听,其实即无马拨,洋人得信亦不在后"①。除反映出山东方面对事件的忧虑外,还不难看出是时该地官员仍将华洋书信馆视为"外人之事",担心洋人利用此机构获取清廷信息,这一想法恰又与德璀琳举办华洋书信馆"以华竞华"的初衷相背而行。可见近代举办的新式事业及机构,不谙洋务的官僚并不以新政的性质为判断,而常以主持者的国籍族群身份为依归。阻碍清廷近代化的因素,亦未必纯是各种守旧思想或封建势力,在具体事件的处理上更多是一种思维定势与行事习惯,甚至于一种基于危机感和防御心态的臆想。

华洋书信馆冬季陆运邮件,本为海关举办新式邮政中一普通事件,然而开办初期即遭遇扣压风波,当事官员虽以邮件承包者身负罪责为借口,而其背后所牵涉的,却是晚清新旧制度所关联的利益冲突、理念差异及人事纠纷:利益冲突,为新式邮政与民信局的利益竞争;理念差异,表现为口岸与内陆官员在对待新式制度上的理解与行为;而人事纠纷,则为自李鸿章、文格至德璀琳、佟在田等人之间的错综关系。无论是对递运过程中违反规制行为的指责或辩护,抑或是个人分析中的职场交好或恩怨,都不难觉察在事件背后,反映出口岸城市与内陆区域在对待新政、尤其是在清廷任职的洋人开办的洋务的不同态度。自清廷与列强签订不平等条约及逐步开放口岸之后,传统体制便在外来制度的逐步渗透下,缓慢地排斥或容纳它们的存在,在之后漫长的三十多年里,新式邮政还将在传统体制的束缚与妥协中,缓慢成长。

而华洋书信馆经历此番风波后,在组织上亦有一番大变动。1879年返华的赫德在了解了相关开办情况后,一改德璀琳的急进作风,主张以稳妥的方式逐渐推进新式邮政的建设。而华洋书信馆在经历了邮件被扣的风波后,又因主办者吴焕的越权操作而被海关勒令停止合作关系,这一原意作为与民信局竞争的机构,最后反而逐步沦为民信局群体的一员,在1896年清廷正式宣布开办国家邮政后,成为被管理和吸纳的民间递信部分,逐步湮灭在历史的舞台。

---

① 《李鸿章全集·朋僚函稿》卷十八,时代文艺出版社1998年版,第3749页。

二 局部新制的调整：海关邮政对工部书信馆的兼并

上海工部书信馆与殖民性质的"客邮"有所区别①，而其成立恰是因为英国"客邮"机构的不作为而引发。1842年4月15日，英国全权大臣璞鼎查（Sir Henry Pottinger）以"香港英国总督"名义发布通告，宣布在香港开办"香港英国邮局"，8月29日中英双方签订《南京条约》后，香港英国邮局随即在各通商口岸设立"香港邮政分局"，称"领事邮政代办所"②。至1860年，英国全面调整海外邮务，于1861年在上海北京路7号开办"大英书信馆"，专为英国机关及侨民寄递往来国际邮件③。随着上海租界的逐步形成与演变，侨民大量涌入，上海工部书信馆的开办亦因众侨民的通讯需要，而逐渐纳入租界管理机构的议事日程。

租界建立初期，其口岸内的邮递方式，由领事馆代办（即大英书信馆），但效果并未能尽如人意。因当时上海的领事邮政代办所是诸口岸

---

① 按《中国邮票史》（第一卷）言："在'客邮'闯入的同时，列强借口解决外国人从事贸易的居住问题，在各通商口岸圈地设立租界。这些租界拥有独立的行政权、治安权、司法权和财政税收权，形成了一套独立于中国主权之外的统治制度。在这些租界以及后来在其他商埠成立的邮政机构，有的叫书信馆，有的称邮政局，英文名称一般均为 Local Post Office，即'地方邮局'之意。"（中华人民共和国信息产业部、《中国邮票史》编审委员会编：《中国邮票史》第一卷（1878—1896），商务印书馆1999年版，第62—63页）尽管同为洋人主持之机构，但商埠邮局与客邮机构还是存在不同，其最大的区别，即在机构主管的派出单位。客邮主管往往由其本国邮政机构派往中国，其使用的规章制度及邮票邮戳，均与其国内无异；而商埠邮局的主管均为租界主管机构派出，甚至并不需任何机构任命而自任为邮局主管（如1894年7月，一个英国商人在《字林西报》刊登通告："我，葛雷森，从本月1日起，委派我自己担任芜湖地方邮局局长，此告。"而其自任之后，发行大量改值、颠倒、覆盖等花样的邮票以敛财。《中国邮票史》第一卷，第73页），商埠邮局所用的邮票与邮戳，均表明为"Local Post Office"，并不以其主管洋人之国籍为依归。虽然二者之开办，均侵犯我中国之邮政利权，但二者之性质有所区别，彼此之间亦存在竞争与纠葛，不宜轻易混为一谈。

② 彭瀛添之《列强侵华邮权史》第47页中述璞鼎查在签订《南京条约》后宣布在港设立"香港英国邮局"不确，其谬可能源于楼祖诒：《我国收回邮权的经过》，《现代邮政》二卷四期。又，香港英国邮局在中国五口岸之邮政分局设立时间，广州成立于1844年4月16日，上海在同年4月，福州在同年6月，厦门及宁波亦同年开办，惟月份不详，见李颂平《客邮外史》，香港嘉年华铸字印刷公司1966年版，第20—21页。

③ 沈阳市邮政局邮政志办公室编：《中国邮电史料》第1辑，1985年版，第72页。

邮局中最为繁忙的一个①，而且由于领事代办邮务只负责在上海当地收发信件，其他各埠至上海间书信的收发，则有赖于民信局，故众侨民除需交纳额外费用，对民信局的服务亦缺乏信心②。1861年4月13日，驻沪领事密迪尔在《北华捷报》突然声明：领事馆无暇兼顾邮政，不得不断绝与香港邮政总局的关系，不再受理邮政业务。这一措施对租界侨民造成重大的影响，查《工部局董事会会议录》记录，已有工部局自主开办邮政的想法③。但因自1861年至1863年初上海局势动荡④，政事繁多，以及英国政府亦督促香港邮政总局加紧处理此事⑤，故由工部局举办邮政一事尚未提上议事日程。不过，本埠侨民对开办书信馆的呼声从未停息，在得到侨民提供房屋设施的支持下，1863年6月24日工部局董事会决定建立工部书信馆⑥，不足一月后，工部书信馆于7月13日正式宣告成立，并在报纸上登载广告吸引顾客，而且看来业务不错，"用户数量已经完全实现了委员会的希望"⑦。

工部书信馆成立之初，乃仿照集捐的方法缴纳费用，即"认捐之人

---

① "一八六一年因领事馆无法容纳众多之办事人员，故不得不另行觅址办公，并由香港委出上海代办所主任，以处理其事。"（李颂平：《客邮外史》，香港嘉年华铸字印刷公司1966年版，第24页）

② 引自张翊《中华邮政史》，台湾东大图书公司1996年版，第176页。

③ 1861年5月22日："（董事会）命令总办复信向（香港邮政总局代理局长）米切尔先生表明，工部局董事会承担此间邮政局的主管这一建议受到董事会的赞许，而且董事会将采取步骤查明上海公众到那时的情绪。"（上海市档案馆编：《工部局董事会会议录》，第一册，上海古籍出版社2001年版，第617页）

④ 1862年1月及8月，太平军两次进攻上海城及其租界，最后以失败告终。而法租界于是年5月退出公共工部局，以及11月自由市之建议提交西人大会讨论，但遭各方反对而失败。

⑤ 1862年8月香港邮政总局与工部局达成协议，工部局每年付给香港邮政总局上海邮政代办所（大英书信馆）2500元，使其得以维持下去，该代办所则归工部局管理，对所有寄至上海的外来邮件在投递时每封收取1便士邮资，这笔收入记在工部局账上，用来抵充工部局每年2500元的资助费。（黎霞：《工部书信馆与近代上海邮政（1843—1897）》，《档案与史学》2000年第1期）

⑥ 上海市档案馆编：《工部局董事会会议录》第一册，第683页。

⑦ 上海市档案馆编：《工部局董事会会议录》第一册，第686页。另，张翊先生的《中华邮政史》对上海工部书信馆的成立叙述似有误，其文言："最早的工部书信馆于清同治二年（一八六三）六月成立于上海，是由上海公共租界工部局创办的"。其注曰引自邮政总局编《民国十年邮政事务总论》第132页。若该时间以中国传统历法计算则应正确，但言"由上海公共租界工部局创办"则不合事实，盖美租界于当年的9月21日方与英租界合并为公共租界。

每年交纳一项规定之款数，即由书信馆代为寄递，信函不另取资。对于未认捐之人另订资例，按例收取"①。其信资标准，"凡每年认捐本馆经费银三十两者，本馆即代其寄递信函等物"②，未认捐者，"信函每重半盎司（英两），收制钱六十文。新闻纸每件收制钱二十文。包裹每重一磅之四分之一，或其畸零，收制钱二十文。寄交本城投递之信函，每封收制钱二十文。快信每封收银二钱五分"③。工部书信馆工作时间较长，"平常日期，自午前八点钟起，至午后六点钟止。星期日，午前自九句钟至十句钟，午后自三句钟至四句钟"④，而其所设信箱区域较广、开取信筒的频率也较快，故其颇能吸引客户使用⑤。开办一周后，工部局总办报告"在所有被请求作为订户的商行和个人中，有59家现在是订户，99家还不是订户"⑥。从预订的情况来看，效果仍可令工部书信馆满意。

不过，此时的工部书信馆工作机制尚待完善，如订户制存在的制度漏洞，不少洋行在订户制下，利用"常年订户邮递不超过一磅重的邮件不另收费"的漏洞，为自己的职员（包括中国雇员）寄送邮件。也有民信局的主持人认捐缴款，取得认捐人的资格后，即将民信局以高资费收寄的信件，转交信馆免费寄递，坐赚邮资⑦，故工部书信馆的损失颇

---

① 不过，工部书信馆的收支未必真如其账面记载般平衡，因为其档案"有修改情事"，从而使"收入之款与支出之预算相符"。究其原因，"盖工部局厥初之宗旨，并非欲以书信馆为生利之机关，但欲使其能自给耳"。《中华民国十年邮政事务总论》，附件丙《上海工部局书信馆之事迹记略》，北京市邮政管理局文史中心编《中国邮政事务总论》（上），北京燕山出版社1995年版，第793页。

② 《中国邮政事务总论》（上），第796页。按黎霞《工部书信馆与近代上海邮政（1843—1897）》中记：1863年7月成立之初，年订户费个人与商行分别为75、50两；1864—1868年分别降为55、40两，1868年和1870年又减为年交50、35两。1893年3月31日起工部书信馆停止订户制，按邮件重量和数量预付邮资，对所有信件降为每盎司收1分银，快信每件400份收25分，明信片每张1分，中文信件及报纸寄往外埠，按上述邮资减半。（但据《工部局董事会会议录》，直到1893年3月15日，董事会总董仍要求将停止订户制一事交纳税人会议讨论。）

③ 《中国邮政事务总论》（上），第795页。

④ 《中国邮政事务总论》（上），第795页。

⑤ 《中国邮政事务总论》（上），第797—799页。

⑥ 上海市档案馆编：《工部局董事会会议录》第一册，第687页。

⑦ 张翊：《中华邮政史》，台湾东大图书公司1996年版，第177页。

重。因此工部书信馆在1865年7月修订章程，"邮件寄递以贴用邮票为主，中外人民办法一律；对于捐款制度加以限制"①。7月8日的董事会会议宣布"在各公开报纸上登载了关于递送信件的通知，邮票的设计已获批准，用华文撰写的布告将把新订章程通知当地人"②。一个月后获知"邮票发行得相当多"③，可见其举反映良好。与此同时，工部书信馆积极开拓业务，除在本埠争取更多的华人投寄外，还在宁波开设分馆，并企望在沿江各港口遍设④。虽然宁波信馆的业务开展难如人意，最后于1868年4月1日关闭，但工部书信馆的寄递网络，则逐渐覆盖多个重要的口岸城市，包括"厦门、烟台、镇江、福州及罗星塔、汉口、宜昌（经由汉口转寄）、九江、南京、牛庄、宁波、北京、汕头、大沽、天津、温州、芜湖"⑤，其寄递工具，"概系交由轮船运寄"，而这恰是工部书信馆组织中最脆弱的部分，亦是导致其后来不得不接受大清邮政兼并的重要原因之一⑥。

工部书信馆的发展相当迅速，短短数年间已经使得同在上海口岸的大英书信馆业务大减，"为了缓解双方矛盾，英国政府派遣香港邮政总局局长米奇尔等来沪寻找解决方法，他们提出把工部书信馆移交给香港邮政总局，遭到拒绝"⑦。虽然在英国领事的协调下工部书信馆曾一度

---

① 蒯世勋编著：《上海公共租界史稿》，上海人民出版社1980年版，第440页。
② 上海市档案馆编：《工部局董事会会议录》第二册，第509页。
③ 上海市档案馆编：《工部局董事会会议录》第二册，第511页。
④ 上海市档案馆编：《工部局董事会会议录》第二册，第522页。（1865年11月10日）
⑤ 《中国邮政事务总论》（上），第795页。不过，以上寄递处所并非同时开设，如"烟台、天津、大沽、牛庄、宁波、温州、镇江和芜湖"等地区，是在1893年4月18日的董事会会议上，因为"通知说海关邮政署很可能在6月30日终止它同工部书信馆的联系"，而工部书信馆在以上几处的"邮件传递依赖海关邮政署"，故方开始考虑设立代办处或书信馆之类的机构。
⑥ 《上海工部局书信馆之事迹记略》中称："次年（光绪二十三年）岁首，各轮船公司忽向工部局声明，以后除大清邮政之邮件外，其余一切机关寄往通商口岸之邮件，各该公司概不运带。自各轮船公司声明后，工部局经各纳税之人认可，遂与大清邮政磋商，交管该书信馆之事。"（《中国邮政事务总论》（上），第794页）交管一事过程甚长且复杂，但其中一重要促进因素，即上引轮船公司拒递信件事。
⑦ 黎霞：《工部书信馆与近代上海邮政（1843—1897）》，《档案与史学》2000年第1期，第48页。

与大英书信馆达成合作协议①，但是双方在递运信件的范围上存在较大的利益分歧②，双方的合作在1871年7月1日正式结束。四年间的合作与发展，使得工部书信馆在递信网络、收寄管理以及邮票发行上都有了相当的经验，南京、广州、汉口等口岸的侨民都纷纷要求工部书信馆在当地开设服务③，足见其已成是时一较有势力的商埠邮政机构，亦成为海关邮政举办后，迫切希望兼并以增强寄递经验及拓展邮政网络的对象。

在上海工部书信馆业务逐渐完善的同时，海关的兼办邮政也在逐渐开展。1874年8月，上海江海关成立邮政处，传递海关本身文件，转接各国驻华使馆文件袋，但并不对外营业④。而当时江海关亦是工部书信馆的认缴户之一，不少海关职员的私人信件夹杂在海关交递的书信当中⑤。不过，自《烟台条约》签订后，海关一直将开办邮政作为一项重要的业务进行筹划，其中不乏跃跃欲试的外籍税务司希望主导其事。1877年1月31日，九江关税务司葛显礼（H. C. J. Kopsch）向总税务司赫德表示自己在准备一个海关试办邮政的方案，主要利用中国轮船免费带运邮件⑥。5月16日葛显礼呈赫德的第36号文中，除了详细设计海

---

① 1867年6月7日，香港邮政总署致函上海工部局，提出双方合作协议，见上海市档案馆编《工部局董事会会议录》第三册，第601页。

② 1867年所定的条约，由于"大英书信馆处理的香港、日本、宁波以南各埠来往的信函多为商业或私人信函，工部书信馆处理的北方及长江各埠发来的多为官方文书，故工部书信馆常年订户大为减少，1868—1869年收发的邮件数量也大为下降，在1868年一年间减少了约94英镑的收入"（上海档案馆藏U1-2-745，1869年5月28日工部书信馆致工部局总办函。转引自黎霞：《工部书信馆与近代上海邮政（1843—1897）》，第48页）。故双方在1869年10月7日重订约章，"寄往纯系中国港口和日本港口的信件明确由工部局办理"（上海市档案馆编：《工部局董事会会议录》第三册，第735页），但不足半年，双方便开始指责对方违反协约，经过近一年的来回函商不果后，最终以分手收场。

③ 上海市档案馆编：《工部局董事会会议录》第五册，第541、560、572页。

④ 沈阳市邮政局邮政志办公室编：《中国邮电史料》第1辑，沈阳市邮政志办公室1985年版，第77页。

⑤ "董事会在谈到工部书信馆馆长5月11日报告中所提出的关于海关送交工部书信馆邮寄的邮件数一事时，断然否认海关的捐款内也包括了海关职员的私人信件。会议决定：如果包括在内的话，海关的捐款就应增加到每年75两。"上海市档案馆编：《工部局董事会会议录》第七册，第597页。（1877年5月28日）

⑥ 中国近代经济史资料丛刊编辑委员会主编：《帝国主义与中国海关资料丛编之八·中国海关与邮政》，中华书局1988年版，第2页。

关在各口岸试办邮递的方案外，还列举了工部书信馆在上年的收入，以增强必须开办邮政的说服力。同时他还明确提出"接办各国在上海的邮政机构"①。利用已有的邮递资源，增强海关邮政的实力。

不过，尝试开办邮政的工作，却非由九江关税务司葛显礼负责进行，究其缘由，或与葛显礼与赫德对此问题的不同态度有关，"葛氏的性情比较燥急，配不上赫德老总慢条斯理的温文火候"②。另一方面，天津邻近京畿，总税务司便于掌控，而德璀琳与直隶总督李鸿章关系良好，能够借助其权势和关系网络为邮政的开办保驾护航。德璀琳的开局不错，但随后发生的接连事件，包括1878年的冬季陆运邮件事故以及华洋书信馆擅自招股事③，与赫德对开办邮政的思路和安排大大相悖，同时亦侵犯了外籍税务司对邮政事务的绝对控制，故自1879年11月始，德璀琳已逐步割裂海关邮政与华洋书信馆的联系④。与此同时，德璀琳也在检视和修正原有的"以华人递华信"的策略，而更强调海关开办邮政的主体性和独立性，并通过兼并已有的邮递机构作为海关邮政的基础，实现"使邮递业务能在经济上自给并能向前发展"的目标。因此德璀琳在1880年1月17日呈赫德文中提出了几项建议，其中第二条即是"指示并授权江海关税务司同公共租界的工部局谈判于本年4月1日或者最迟于7月1日接收上海公共租界的工部局邮局，包括人员和必要的设备，如果谈判不妥，则在江海关内开办一个邮务机构"⑤。这个建议看来获得了赫德的首肯，是年3月15日，工部局董事会"收到

---

① 《帝国主义与中国海关资料丛编之八·中国海关与邮政》，第3页。
② 晏星：《红印花邮票的催生者：首任邮政总办葛显礼》，台湾《今日邮政》杂志第306期，第2页。
③ 关于华洋书信馆逾权擅自招股一事，详参麦国培撰《华洋书信馆邮史新探》，《中国邮史》2001年第6期。
④ 1879年11月15日，德璀琳将海关邮政处对外改称"海关拨驷达局"（Customs Post Office），开始收发中国公众的信件。关于华洋书信馆关闭的过程，详参国培文，此不赘述。
⑤ 1880年1月17日津海关税务司德璀琳呈赫德文第10号，中国近代经济史资料丛刊编辑委员会主编：《帝国主义与中国海关资料丛编之八·中国海关与邮政》，中华书局1988年版，第20页。其余诸条，包括提高海关书信馆的收寄能力、在天津和北京设立书信分馆、断绝与华洋书信馆的关系、定名海关拨驷达书信馆、与设立于中国的外国邮局谈判、与轮船公司谈判、定制邮票和准备邮政经费等。（《中国海关与邮政》，第20—22页）

海关税务司来函，要求把工部书信馆营业方面的详细情况及按什么条件将该馆移交给海关告诉他"。但商议之后董事会"决定答复如下：工部书信馆移交问题一定要提交纳税人会议决定"①。实则婉拒了海关兼并的要求。

到了该年 11 月，海关再次提出类似的建议，但提出了更加具体的条件：

> 总董说，海关很想按下列条件从 1881 年 1 月 1 日起接管工部书信馆：
> 1. 海关接管书信馆的全部人员与设备；
> 2. 1881 年内，书信馆的业务除了那些有可能改进的以外，一律严格按现行方式进行；
> 3. 1881 年后，为了公众的利益可作些变动，如扩充海关邮政部门；
> 4. 书信馆的办公地点设在海关后面的大楼里；
> 5. 工部局要劝告公众对书信馆移交海关一事给以支持。

这一建议比 3 月的去函更为具体，虽然工部局董事会对此仍不持肯定态度，但至少通过了"在弄清楚纳税人会议是否会同意移交书信馆之事之前，不作任何安排"② 的决定，使得兼并事宜似乎出现一丝希望③。

---

① 上海市档案馆编：《工部局董事会会议录》，第七册，第 702 页。
② 上海市档案馆编：《工部局董事会会议录》，第七册，第 723 页。
③ 查上海租界纳税人会议有两种，一是年会（Annual meeting），每年举办一次，时间规定为四月初；一是特别会（Special meeting），系临时以特别事故召集之会。两者在讨论事项上的分别，则在于"年会讨论之事项……即（一）通过预算决算，（二）通过捐税，（三）选举地产委员。特别会讨论之事项，……一为批准工部局所定之附则。一为商议与租界内大众相关之事。后者范围至广，可以超出章程规定之事项"。由于"纳税外人会议通常认为监督工部局之机关，工部局之行使权利须对之负责"，其中"关于通过预算捐税（第九款）核准决算（第十二款）与临时支出（第二十五款）等，该会有绝对之权力"（蒯世勋著：《上海公共租界史稿》，第 106—107 页）。故从制度而论，海关若要接管工部书信馆，工部局董事会应该将此事提交纳税人会议讨论。而值得注意的是，海关第一次提出接管是在三月初，而纳税人会议在四月召开，若工部局董事会有意讨论此事，时间上是可以安排的，但实际上工部局董事会仅以此为借口否决了海关的建议，而并无任何实际行动，比之次年将第二次建议交由纳税人会议讨论，可见当时工部局董事会并无由海关接管工部书信馆之意。

讨论的结果,在 1880 及 1881 年的工部局董事会会议录并无记载,但在 1886 年 7 月 5 日的会议记录中则略有提及:"1881 年中国海关曾打算在本埠设立一所信局。当时在纳税人年会上,董事会曾提出一项决议案:若海关设立信局,纳税人会议就同意董事会将工部书信馆移交出去。但该决议案为多数票所否决"①。否决的缘由虽无直接记录,但或可猜想其由,一是工部书信馆已有稳定的收入利益,自然不能轻易交出;二是海关邮政立足未稳,即想行"蛇吞大象"之举,毕竟实力不足。

在总税务司赫德的构想中,海关试办邮政是一项持久而稳定推进的新政,而在此过程中尚需根据社会的反响而不断调整制度本身。但试办之初的主持者德璀琳却与此背道而驰,忽视了中国固有的民信局系统对新式邮政制度的影响,而急躁冒进的做法,使得海关试办邮政之初遭遇了多次的挫折。在第一次尝试接管工部书信馆受挫后三年,浙海关税务司葛显礼就宁波海关书信馆的境况,在多份报告中向赫德分析海关试办邮政中所出现的弊病。首先是邮费昂贵,"邮费比英国邮政局贵得多,而英国邮政局对于沿海各口岸间信件所收的资费已经被认为太贵了"②。但贴上海关书信馆邮票的信件,却"连香港也去不了,更不用说寄到外国了"③。其次是海关不愿让利,以致轮船无意帮助代运邮件,"他们替民信局代运信件可以得到相当大的收入而不必负什么责任;但是我们的办法恰恰相反:不付钱而要他们负责"。而且民信局付出的费用相当可观,与海关的吝啬形成鲜明对比④。所以可想而知,即使轮船勉为其难地替不付费的海关代运邮件,自然也比替民信局的带运疏忽不少。第三是现行邮政制度与中国社会习惯不符。葛显礼引用了宁波口岸的英国邮

---

① 上海市档案馆编:《工部局董事会会议录》,第八册,第 686 页。

② 关于邮费的比较,葛显礼在 1884 年 12 月 31 日呈赫德文第 151 号中有详细的对比。《中国海关与邮政》,第 28 页。

③ 1884 年 10 月 14 日浙海关税务司葛显礼呈赫德文第 129 号,《中国海关与邮政》第 27 页。

④ "每一来回由八家民信局付给 10 元,民信局自行派人押运。有一位轮船代理人对我说,这八家民信局为了托运信件,每往来上海一次付给 8 元,每月付给两家轮船公司共计 192 元;另外有四家小些的信局每月送给两船上的买办每人 14 元,托他们代为照顾信袋,一共是每月 220 元,每年就是 2640 元。" 1885 年 2 月 4 日浙海关税务司葛显礼呈赫德文第 24 号,《中国海关与邮政》第 29—30 页。

政人员威尔金生（Wilkinson）的评论（"德璀琳的邮政方案太硬性了"），来提请赫德注意借鉴民信局的做法，改进现有的海关邮政制度。葛显礼指出，"要使一个洋式的邮政局能够成功或者同民信局竞争，必须修改业务制度并且仿照大的民信局的惯例办理"。而且这样的做法并非没有先例，"为了适应'中国方式'，香港和上海工部局的邮局已经不遵守英国邮政局的严格制度，改变了自己的章程，以适应当地的需要和习惯，例如照民信局的办法准各商家记帐，把邮政信箱租给商人，上海工部局邮局对于邮费还有折扣，不象海关那样要求预付中国国内信件的邮费"。纵观中国境内的邮递机构，"只有海关书信馆不肯照办，这样中国人自然不欢迎这个不通融的新的政府机构，更不愿放弃他们原有肯将就的私人信局了"①。无论是邮费还是服务质量，海关邮政均处于下风，故其发展缓慢且不获民众接纳，亦在情理之中。

为了改进海关邮政的服务，葛显礼建议从三个方面进行改善："1 运邮件轮船付费问题、2 减低寄往邻近邮局的口岸的邮费问题、3 取消硬性规定预付邮费问题。"在解决实际利益的问题时，"将沿海和国外邮政规章用中文详细解释"，以使民众对新式邮政的利便清晰了解②。而由海关文案李圭翻译的香港邮政指南抄送道台薛福成后，其"请南北洋通商大臣向总理衙门做了报告"③，故葛显礼深信"中国邮政局是会成为事实的"，而且"中国有了邮政局以后，不久就可以把这些外国邮政的任务接过来了"。他甚至已经为将来的邮政局局长翻译好了"香港邮政局印发的'邮政局长和代办人须知'"④，是年 12 月 15 日更以详细的数据，力图从财政上说明"接管上海的英国邮政局和其他地方的八个分支机构，几乎不必增加任何开支；接管上海邮局以后，其他各地的机

---

① 1885 年 2 月 4 日浙海关税务司葛显礼呈赫德文第 24 号，《中国海关与邮政》第 30—31 页。

② 1885 年 2 月 4 日浙海关税务司葛显礼呈赫德文第 24 号，《中国海关与邮政》第 31 页。

③ 葛显礼并在 1885 年 10 月 9 日呈赫德文第 111 号中报告："现在两江总督、闽浙总督、直隶总督和浙江巡抚都已经同意了这个计划。"（《中国海关与邮政》，第 37 页）此四人分别是曾国荃、杨昌濬、李鸿章和刘秉璋，而其辖区多含通商口岸，是新式邮政制度首行之区，故亦多能获得疆吏之理解和支持。

④ 1885 年 7 月 14 日浙海关税务司葛显礼呈赫德文第 78 号，《中国海关与邮政》第 32 页。

构可以合并到各海关，对于人力没有多大的影响"①。而目前为了推行新式邮政，他已经做了多项准备工作，包括"宁波道台、各省当局和香港邮政监督"的支持、"探明香港不反对将在华邮局移交中国接管，为实际交接作了准备"、收集到充分的数据说明"成立国家邮政局接替外国在华邮政机构会增加相当的收入，而不致成为总税务司署永久的负担"、翻译邮政规章和查明上海英国邮局已有的工作资源等②，甚至向赫德表示，愿意推迟自己的长假以推动中国国家邮政局的开办，并与香港和日本商定移交的准备工作，可见其在开办邮政上的一腔热忱。

虽然葛显礼列举了种种通过兼并在华外邮来建立大清邮政的便利和可行性，但作为海关邮政的掌舵者，赫德思考的问题显然更为全面。他在1886年3月17日致文葛显礼，详述为何目前不急于开办国家邮政的缘由。其中的要结，在于"中国政府对于这个工作还没有正式承认。……中国政府虽然愿意由海关来试办邮政，尽可能满足目前的某些需要，并为将来可能的发展作好准备，可是不愿意把责任由国家负担起来"③。清廷在经费上不愿负担必要的开办花销，而赫德认为正式开办就"必须慎重地考虑经费问题，绝不是随便说一句'照旧办理'就解决问题了"④。因此一旦正式开办，则必须考虑五个问题，包括国家邮政局的分支机构、维持费用、邮局业务、可能的收入以及与清廷、各国政府及轮船方面的安排等，而赫德对这五个方面也已经有了相应详细的考虑⑤，并表示会将这些计划与总理衙门说明，"海关可以承担开办国家邮政局的工作"，但"如果收入不敷开支，需要政府拨款维持"，而为了做好准备工作，赫德将建议调派葛显礼"在中国、香港和日本各地负责进行，并和造册处税务司随时联系"，并批准其休假，在返欧期间

---

① 1885年12月15日浙海关税务司葛显礼呈赫德文第135号,《中国海关与邮政》第37页。

② 1886年1月12日浙海关税务司葛显礼呈赫德文第150文,《中国海关与邮政》第43—44页。

③ 1886年3月17日赫德致浙海关税务司葛显礼令第576号,《中国海关与邮政》第46页。

④ 1886年3月17日赫德致浙海关税务司葛显礼令第576号,《中国海关与邮政》第47页。

⑤ 关于赫德构思，详参《中国海关与邮政》第47—52页。参照1896年大清邮政开办时的设置，可见部分计划有所改变，如此时赫德设计将邮政总局设于上海，但开办后邮政总局改设于北京。而如与轮船公司商定只能带运大清邮政的邮件等，则在后来的实践中有所履行。

与驻伦敦税务司办理邮票供应和加入万国邮政公会等事宜①。

尽管赫德并未直接批准葛显礼的开办计划，但在长期目标上两人是相当一致的。在赫德的默许下，葛显礼于1886年中透过私人交谈以及正式致信等方式，询问工部局董事会对海关接管工部书信馆的看法。8月16日，董事局会议上宣读了他的来信，"来信称，中国政府决定将海关业务扩展至条约规定的各开放港口，此举作为建立中国邮政的第一步。他被任命为全国邮政局邮务司，着手进行筹建。因此他询问，若此项计划付诸实施，工部局是否会撤销工部书信馆及其代理处，把邮政业务移交给中国政府领导的全国邮政局来办理？同时何时能撤销？何时由全国邮政局来接管？"面对这一要求，工部局董事会中暂未形成统一的意见，"有人提出，此事应征询领事团的意见。会议对此没有同意。有人接着建议将葛显礼先生的来信副本送交外商总会，并要求总董就工部书信馆撤销一事征求各位董事的意见。会议最后决定，在答复葛显礼先生之前，先将其来信及其附件交各董事传阅"②。董事会在一周以后，致信外商总会会长，请他就"就中国政府决定建立邮政总局这样一个对西人具有极其重要性的问题"征求外商对此事的意见③，而"几乎所有的商会会员都认为，目前出让工部书信馆并将其置于董事会之外的其他机构控制之下，是十分不明智的"。虽然商会会员认为"建立全国邮政局，统筹全部邮政业务，则将工部书信馆并入其中，乃是理所当然的事"，也是属于中国政府的内部事务，但是"全体侨民的意见应该表达"，而"这些意见都是不赞成这个计划的"。所以"商会认为，在召开纳税人年会之前，最好先行听取全体侨民的意见"④。实则商会的态度已经非常明确，就是反对将工部书信馆交由海关接管。

既然商会态度明确，工部局董事会即对如何应对海关的要求进行了讨论。一是希望可以直接与葛显礼或者赫德面谈接管事宜，二是表达在沪英人"一般持有的意见是赞成建立中华邮政总局的，只要能保持现有权利和

---

① 1886年3月17日赫德致浙海关税务司葛显礼令第576号，《中国海关与邮政》第52—53页。

② 上海市档案馆编：《工部局董事会会议录》第八册，第693页。

③ 上海市档案馆编：《工部局董事会会议录》第八册，第695页。（1886年8月23日）

④ 上海市档案馆编：《工部局董事会会议录》第八册，第698页。

特权。英国臣民在条约规定的各开放港口的利益，使这种谈判具有另一种性质，和香港政府与邮政司之间的谈判不同"①。总而言之，工部局董事会及工部书信馆与大清海关之间必须以平等的地位进行谈判协商，并且要保证大清邮政在接管工部书信馆后，外商依然享有目前的权利和特权。

　　由于葛显礼的去函中对工部书信馆、尤其是如何处理这一机构在面对内递和外联信件时的问题没有清晰蓝图，所以工部局董事会"总董建议，应邀请葛显礼先生与董事会以及商会的成员会晤，以便他们能从葛显礼先生方面听取更为详细的情况"。另外，葛显礼的方案中还牵涉中国开办邮政后与国际邮政业务接轨的问题，有董事认为这是一个比接管工部书信馆更为紧要的问题，故董事会应该要求商会召开会议，倾听侨民对中国邮政问题的关注②。而商会亦于1886年9月21日星期二下午3时召开一次公众会议，征求全体侨民对拟议中的改变邮政制度的意见③，在这次会议中，商会通过两议案：一本埠外国邮局不应撤销；二书信馆仍由工部局管理。事情就此搁浅④。

　　1886年尝试接管工部书信馆失败之后，海关在开办邮政上并没有太多的新动作，只是维持已有的口岸邮件接递服务，而与工部书信馆之间，亦保持原有的合作关系。由于工部书信馆当时的业务相当蓬勃，亦已习惯迎合集邮者的兴趣来向市场销售他们的邮票从而获益⑤，相较于几年前更不会轻易放弃这一机构。但1896年3月20日上谕正式开办大清邮政，由海关举办官民合一的新式邮政机构。从此时开始，工部书信馆应何去何从，即成为工部局董事会讨论颇多的议题。此时工部局董事会最关注的，是能否保全上海一埠的工部书信馆机构，以保证侨民信件传递业务的正常开展以及邮票销售的利润收入，至于其他口岸的工部书信馆代办，则处于可留可弃的地位。1896年4月21日的会议，就将北京工部书信馆的代办交由海关，因为这样不仅于该地侨民更加方便，而

---

①　上海市档案馆编：《工部局董事会会议录》第八册，第698页。
②　上海市档案馆编：《工部局董事会会议录》第八册，第699页。（1886年9月13日）
③　上海市档案馆编：《工部局董事会会议录》第八册，第700页。
④　蒯世勋编著：《上海公共租界史稿》，《上海史资料丛刊·上海公共租界史稿》，上海人民出版社1980年版，第441页。
⑤　上海市档案馆编：《工部局董事会会议录》第十二册，第525页。

且"因为他们负责管理将在中国建立的新的邮政制度"①。到了6月30日,工部书信馆更是把汕头书信馆的业务,移交给海关②。这也是目前有文可循的首个工部书信馆移交海关的邮递机构和业务的记载。

不过,仅将上海以外的书信馆或代办交由海关管理是远远不够的。大清国家邮政的开办,一是体现其利权归属,二是体现其垄断经营。作为是时中国境内规模最大的商埠书信馆,其与一众轮船公司有着密切的合作关系,如果继续允许其保留经营,则无法体现大清邮政建立开办的意义。另外,赫德在早期的开办邮政构想中,上海是全国邮递事务管理的枢纽,邮政总局最初即希望建立于此。虽然在大清邮政正式开办之后,出于全局性的考虑,将邮政总局与海关总署同处北京城中,但上海作为新式邮政试办多年的枢纽,亦不能容许让势力庞大的商埠邮政继续发展。而接管工部书信馆,不仅在场所、寄递及经费资源上有所保证,更能获得一群富有经验的邮政人员及固定客户,因此第三次尝试接管工部书信馆的工作,即在大清邮政建立后不久展开。

相较于前两次在实力不济下的接触,这一回赫德与葛显礼显然做好了充分的准备。赫德在1896年11月决定,通过争取航行在中国沿海及内地江河的轮船公司的合作,来切断商埠书信馆的传递渠道,进而迫使其接受兼并的建议。1896年11月6日,赫德指示在上海的葛显礼开始与轮船公司谈判。12月26日,葛显礼与轮船招商局签订了《海关与沿海航行轮船公司签订关于承带中国邮政局信件合同》,以利益交换的方式,使大清邮政获得轮船带运的垄断权。合同规定,从1897年1月1日起的一年内,"招商局往来中国通商各码头及往香港之轮船承带中国邮政局随时所交来之信件,不收带费"。而除了大清邮政局交递信件外,"其余无论何人及何信局交来往来中国各码头之华洋文信件,招商局一概不得接带"。作为回报,在这一合同期内,"招商局船在中国各埠所用之礼拜关单、夜工关单,其费照现章总税务司允给换一半,以酬该局

---

① 上海市档案馆编:《工部局董事会会议录》第十二册,第533页。
② "会上宣读了德记洋行来函,称当地海关已同意接管汕头书信馆,自7月1日起该洋行即将一切书信馆事务移交给海关。"上海市档案馆编:《工部局董事会会议录》第十二册,第546页。

带邮政局信件之劳"①。而这样的合同,海关亦与其他轮船公司一一签署,以保证海关对传递工具的绝对垄断。

在这一合同的制约下,1897年1月2日上海工部局董事会收到了招商局不再替其转运邮件的通知,而"各轮船公司将发出类似的通知,因为大清邮政官局已与所有轮船公司作出了同样的安排"。1月13日,葛显礼在邮政总办邮政通传(Post Notes)第7号中宣布,已有八家轮船公司接受了海关带运合同,从此以后只替海关带运邮件②。而1月12日与1月19日,工部局董事会相继收到恰和轮船公司、太古轮船公司及华昌洋行的通知,自2月2日起,不再递送该书信馆邮件③。面对邮件被停止带运的现实,1月26日董事会就此事进行讨论,其总董转述了葛显礼表示"海关准备承担递送租界境内的邮政业务,并接管工部书信馆和所有的从业人员"的提议。但董事们一致认为,"在董事会上未收到海关的正式通知以前,工部书信馆必须照常工作"④。虽然该记录没有提及工部书信馆如何处理轮船不带运邮件的问题,但由于其业务的大部以服务上海本地的客户为主,且邮票收入相当可观,维持一时的经营当不成问题。

垄断中国境内的轮船带运权,实则确定了大清邮政对待境内众多邮递机构的原则。在1897年2月2日致金登干的电报中,赫德就明确划分了三类邮政组织及其应对办法。三类邮局分别是"当地商业性(民信局)、外国在中国城市开办的邮局和参加万国邮政联盟的外国邮局"。

---

① 1896年12月26日海关与沿海航行轮船公司签订关于承带中国邮政局信件合同格式,《中国海关与邮政》,第87页。

② 这八家轮船公司分别是:The China Merchants Steam Navigation Company(轮船招商局)、The Indo-China Steam Navigation Company(恰和轮船公司)、The China Navigation Company(太古轮船公司)、The Hoong On Company's Steamers, Managed by Messrs. Greaves & Co.(华昌洋行的鸿安轮埠公司)、The Steamers Owned by Mr. George Mcbain(麦边洋行的轮船)、The Douglas Steamship Company(得忌士立轮船公司)、The Coast Steamers of Messrs. Siemssen & Co.(禅臣洋行的沿海轮船)、The Hongkong, Canton, and Macao Steamboat Company(省港澳火船公司)。转引自中华人民共和国信息产业部、《中国邮票史》编审委员会编《中国邮票史·第二卷(1896—1911)》,商务印书馆2004年版,第21页。

③ 上海市档案馆编:《工部局董事会会议录》第十三册,第474页。

④ 上海市档案馆编:《工部局董事会会议录》第十三册,第478页。

而它们各对应不同的对策:"第一类邮局只递送中国信件,将继续存在,在大清国邮局注册并通过大清国邮局递送沿海邮件。第二类邮局将撤销。第三类邮局继续存在,只递送直接往来外国邮件。大清国邮局,除通知要分发的邮件外,将不干预这类邮局的事务。这类邮局也办理一些例如递送中国沿海邮件的国内邮政业务。"① 该思路全部体现在1897年2月18日,大清邮政官局与各国在华邮局订立的交接邮件的三条办法中②。不过,对于中国境内最大的商埠邮局——工部书信馆,海关则采取了不同的对待方法:通过接管工部书信馆的方式,停止其在中国境内的书信传递职能,但保留其人事资源及局所场地,以为大清邮政增强实力,吸取经验。

1897年2月9日,工部局董事会在会议上宣读了海关终止双方"为相互递送邮件所签订的现行协议"的去函③,双方的合作正式结束。一周之后,葛显礼致函工部局董事会,表示"如果工部局同意,大清邮政官局将接管工部书信馆的所有场地和职员,并连同所需房屋的租契。至于目前工部书信馆范围内的邮政业务,仍将完全和以前一样办理,而各港口之间邮件的交换将按照大清邮政官局的章程和税率办理"。不过工部局的"董事们反对移交"④。很明显,工部局董事会并不愿意放弃这一能为其带来巨大收益的机构,即使葛显礼对接管方案做出进一步的解释,表示"如果纳税人决定将工部书信馆移交给大清邮政官局,则工部书信馆目前所收取的国外邮资标准将不会改变",董事会依然在2月23日,以"为了公众的最大利益"为由,在交由纳税人年会讨论后,"授权下届董事会在本年度内接受或拒绝关于将工部书信馆移交给大清邮政管理局的任何建议",在此期间"为了不让这个部门受到损失,授权他们对邮资进行调整"⑤。希望能如前几次一样,由纳税人年会拒绝海关的接管要求。

---

① 中国第二历史档案馆、中国社会科学院近代史研究所合编:《中国海关密档:赫德、金登干函电汇编(1874—1907)》第9卷,中华书局1996年版,第78页。
② 关赓麟等编:《交通史·邮政编》,上海民智书局印刷所1930年版,第125页。
③ 上海市档案馆编:《工部局董事会会议录》第十三册,第479页。
④ 上海市档案馆编:《工部局董事会会议录》第十三册,第481页。
⑤ 上海市档案馆编:《工部局董事会会议录》第十三册,第481页。

不过，时过境迁，在失去了轮船带运的资格后，工部书信馆的经营成本大大上涨，通过增加邮费来补贴开支毕竟不是长久之计。3月9日，上海工部局在纳税人年会上讨论了"大清邮政官局提出接受工部局书信馆和其职员并按现行系统继续进行它的工作的提议"①，并作出相应决定。自此之后，工部局董事会的态度开始软化，朝着协商转交的方向发展。5月25日工部局董事会就书信馆的问题再次开会讨论，其总董表示，"即使提高邮资，工部书信馆是否有支付日常开支的能力仍值得怀疑"。虽然仍有质疑大清邮政取得成效的声音，但"总的来说，各董事赞成将这一机构移交出去"，其最大的原因，就是"因为已无利可图"②，但是暂不与海关接触商谈接管事宜，是因为他们仍寄希望于某些不定因素，比如一些轮船公司与海关签订的是短期合同的小道消息③。不过，到了6月29日，董事会终于明白"看来现在一些轮船公司不大可能会放弃目前的协议，在这样的情况下，工部书信馆只能继续亏损下去"。既然如此，工部局没必要继续守望微乎其微的机会了。7月13日，工部局董事会总董指出："如果能同大清邮政官局商定一些令人满意的条款，则可将工部书信馆移交给该局，条件是，工部局保留随时可重新建立工部书信馆的权利，如果工部局认为新机构的工作并不能令人满意的话。"④ 于是两天之后，上海工部局董事会正式致函江海关税务司雷乐石，提出转让的条件，并由雷乐石转呈总税务司，等待其就此事的回复。

商谈良久的接管事宜终于进入正轨。半月之后的8月3日，总税务司署给江海关发出接办上海工部局书信馆谈判条件的指令，主要涉及接管之后如何处理原工部书信馆的信件寄递，而寄递原则与2月18日所订大清邮政与客邮交接邮件三条办法一致，分三类区域办理："邮件离开上海租界按沿海邮件章程办理""邮件发给租界按外国章

---

① 《给总税务司的备忘录》，《1897年3月6日江海关税务司雷乐石呈总税务司第4899号文》的附件十一，转引自中华人民共和国信息产业部、《中国邮票史》编审委员会编《中国邮票史·第二卷（1896—1911）》，商务印书馆2004年版，第25页。
② 上海市档案馆编：《工部局董事会会议录》第十三册，第504页。
③ 上海市档案馆编：《工部局董事会会议录》第十三册，第505页。
④ 上海市档案馆编：《工部局董事会会议录》第十三册，第515页。

程或沿海章程办理，分别按照邮件系来自海外或来自中国其他口岸而定""邮件在租界内流通的将按照租界（口岸或租借地）章程办理，但在未来的五年内按不高于现在工部局收取的邮资费率收取"。可见赫德亦深知大清邮政接管工部书信馆，顾虑与阻力均来自于上海租界内的外侨，而保证五年内邮资不做调整，即是试图消除其忧虑与潜在的阻力。

　　大清邮政同时接收工部书信馆的全部人手及设备，但海关亦有条件，即"规定不允许让工部局董事会享有再设工部局书信馆之权"①，明确杜绝了工部书信馆的后路。而工部局董事会则提出，希望能够保留日后重建工部局书信馆的权力，但这一要求被海关拒绝。到了8月24日，董事局最终做出了移交的决定，但对海关的方案做了一处修改，"即第4条丙款应清楚地说明，租界是指现在包含的地区，以及今后在协议继续有效期间租界扩展后所包含的地区"②。言下之意，即虽不能保留日后重建工部书信馆的权利，但却为租界侨民争取到至少是协议上的较低的邮资，达至保护侨民利益的目的。

　　接管一事大致落实后，双方在9月继续就转让的具体细节进行商讨，并于10月14日上午，由江海关税务司雷乐石与上海工部局董事会署理总办濮兰德（J. O. Bland）签署了移交的协议，"由于工部局董事会表示不能约束其继承者"，所以总税务司署提出的"规定不允许让工部局董事会享有再设工部局书信馆之权"一条并未写入正式协议③。10月30日，上海大清邮政官局发布公告，称"现行的本地邮政规章制度和本地邮资费率不变，直到有进一步通知为止。凡公众投入信筒或信箱的信件，需在本地或沿海口岸投递的，需贴用大清邮政官局的邮票，新闻纸和包裹等不包括在内"，本地信函按现行本地资费表付费，"需在

---

① 《1897年8月3日总税务司署致江海关税务司第7215/34248号文》，转引自中华人民共和国信息产业部、《中国邮票史》编审委员会编《中国邮票史·第二卷（1896—1911）》，商务印书馆2004年版，第25页。
② 上海市档案馆编：《工部局董事会会议录》第十三册，第526页。
③ 中华人民共和国信息产业部、《中国邮票史》编审委员会编：《中国邮票史·第二卷（1896—1911）》，商务印书馆2004年版，第26页。

沿海口岸投递的，按现行大清邮政官局公布的费率"①。

1897年10月31日，上海工部书信馆正式停止营业，从其开办到结业，为期34年，是中国近代历史上时间持续最长、规模最大的商埠邮局，而海关从提出接管工部书信馆的设想到最后正式接管，前后亦逾十年。工部书信馆移交给大清邮政后，其员工改组为上海大清邮政官局的本地业务部门（俗称"工部间"，英文名称仍为 Local Post Office），从1897年11月1日起开始工作。其他口岸的商埠邮政机构，也大致在1897年前后停止营业②。

虽然工部局董事会将工部书信馆移交海关，但依然十分关注本地邮政事业的状况，有间接史料反映："据邮界先进薛公聘文回忆，上海租界工部局里的邮局，当他在民国九年进上海邮局时，还继续存在"③。这一邮局是上文所指的大清邮政本地业务部门"工部间"、抑或是民国后工部局重新建立的客邮机构，尚难辨析。

举办新式邮政、兼并取缔外邮局所，本应为清廷固有权利及操办之事，但在其官员对新式事业的漠视及国家利权知识匮乏的情况下，这一事业却落由外籍海关税务司代为完成。凭借外人身份和对邮政业务及国家利权的熟悉，以及茁壮发展的海关实力对运输工具的控制，代表清廷职官的外籍税务司与代表商埠外人的工部局和工部书信馆，其对新式邮政机构的合并争夺与竭力维护，恰好体现出新旧体制转型过程中被相对忽视的一面：交锋双方均为外人身份，却罕有清廷官员的过问和参与，在某种意义上来说，这是一场"外国对外国"的较量。大清邮政最后兼并工部书信馆，无疑大大增强了其寄递书信的实力和范围，但却没能改变清人对新式邮政为"外人之事"的印象，随着大清邮政的持续开办和外籍税务司对该事业的有力把持，以及清人对国家"利权"的

---

① 《上海大清邮政官局邮政公告第6号》，《1897年10月15日江海关税务司雷乐石呈总税务司第5272/邮43号文》附件三，转引自中华人民共和国信息产业部、《中国邮票史》编审委员会编《中国邮票史·第二卷（1896—1911）》，商务印书馆2004年版，第26页。

② 参见中华人民共和国信息产业部、《中国邮票史》编审委员会编《中国邮票史·第二卷（1896—1911）》，商务印书馆2004年版，第26页及其注（2）。

③ 潘安生：《邮政官局，工部邮局和外国邮局——再谈七十年前上海邮局的掌故》，台湾《今日邮政》杂志第325期，第4页。

渐为关注，外籍税务司在开办一事上的功劳色彩渐为淡化，而侵夺利权的形象日益凸显，随着"革命"话语的兴起，则更加强化因其国籍身份而划归的"侵略者"形象，并对后世的学术史叙述产生了深远的影响。

第三章

裕国便民——大清邮政与邮区网络

第一节 置邮政而挽利权

一 清末的"邮政利权"观念

清末"利权"①一词之含义因时改易,在洋务新政的不同阶段中所

---

① 金观涛与刘青峰在对近代中国"权利"观念的意义演变研究中指出:"在当时的文献中,经济利益和财政大权通常用'利权'来表达,而'权利'则包含政治权力和经济利益两个方面的意思。士大夫先是感到国家经济领域中利益和自主性的丧失,而签订不平等条约和割让台湾更使人们普遍意识到国家的自主性受到威胁。所以在当时的上谕、奏折和外交文件中,先是广泛出现'利权'一词,然后'利权'与'权利'并用,最后人们纷纷用'权利'来代表国家的自主性。"(金观涛、刘青峰:《近代中国"权利"观念的意义演变——从晚清到〈新青年〉》,《"中央研究院"近代史研究所集刊》,第三十二期,1999年12月)朱英则从晚清商人的角度,进一步完善了时人对"利权"及自身利益认识的历史:"'利权'一词,无论在清末的各种报刊杂志上,还是在众多商界有识之士的言论当中,甚至在清朝封疆大吏的奏折中都是一个频繁出现的新概念。这一概念所指的利,显然也不仅仅是单纯的商家个人之利,而主要是国家和民族的经济利益。具体说来,清末的'利权'所指,关乎国家经济命脉的铁路与矿山的修建与开采权掌握在谁的手中。它既与国计民生紧密相联,也与商人的经济利益息息相关。考察有关史实,可知商界中不少有识之士充分意识到利权的得与失不仅涉及国家主权,而且与自身一己之私利紧密相联,商人当然不能置身运动之外,而应积极投身其间。"(朱英:《浅谈近代中国商人的义利观》,《光明日报》2000年11月17日)在交通利权的研究方面,目前以苏全有用力较深,其著《清末邮传部研究》有专章讨论自光绪末年始的利权回收运动,并以"路、邮、电、航"四政分列专节论述,并在总结中认为"清末利权回收运动,其最大的特点之一是社会性"。其以为学界过多凸显了这场运动的成绩,"而漫忽了不足"(苏全有:《清末邮传部研究》,中华书局2005年版,第347、348页)。苏先生于2008年1月发表的《对邮传部主持之利权回收运动的检讨》(苏全有:《对邮传部主持之利权回收运动的检讨》,《历史档案》2008年第1期),是上述专章的扩充,而基本论点与行文并无甚变化。其于2月发表的《陈璧与清末交通利权回收运动》(苏全有:《陈璧与清末交通利权回收运动》,《天府新论》2008年第2期),对时任邮传部尚书的陈璧在这场运动中折射出的"现代主权意识"及表现出的积极姿态给予了高度评价,但其仅论述各项利权回收的过程,而忽略了在此过程中的政治派系之利益争斗。其实苏全有亦注意到,陈璧的利权回收重点在于铁路,对邮政、电报、航运的回收则相对处于次要地位,这已表明其行事重点与利益相系,而背后又与清末政坛的人事纠葛相联。

指代的涵义与重要程度亦有差别。以邮政而论，最早出现于清代官员行文当中的，可能是光绪二年闰五月二十日（1876年7月11日）李鸿章与沈葆桢函商赫德提出的节略草案，其文曰："……昨总署又令赫德往沪复劝说，该总税司有节略七条，总署允其大半。信局、银局两层属由敝处酌定。赫过此会议半日，因系持与威使议和，不得不略与通融。惟银钱交税不另贴水，将来须费计较，且未便令该税司独揽中国利权。"①结合稍后李鸿章与赫德之交谈可知，其对于开办国家邮政持不温不火的中庸态度，但对于铸钱官局则态度鲜明地反对开办，至少也要将控制主办权力，以防"利权"落于赫德之手。可见是时清朝官员对"利权"之认识，仅囿于传统的银钱概念，而对于现代国家财政收入、支出的运转知之甚少，更毋论对赫德提出设立邮政官局的理解。李鸿章态度的不明朗，恰好证明他对邮政官局的不以为然，但又不便明确回拒赫德，由是采取的模棱两可的交涉技巧。

官员们虽对邮政利权不冷不热，但媒体对此却相当重视，常有介绍泰西邮政制度、强调朝廷应重视邮政利权的文章刊于报纸。光绪十一年的《申报》刊载《论中国无书信馆之可惜》②一文，以沪地已有英、美、法、日四国书信馆，而近来德国商务蒸蒸日上，最近拟开行公司轮船，想必日后亦将设书信馆于上海，"然则上海一隅□地，将有五国书信馆矣"。作者随即指出，"查外洋之例，凡书信馆必归本国办理，他国之人寓居其国者，其书信必由所居之国经手，而他国之人不得自开书信馆。今上海为中国之地，而所开之书信馆则皆由各国自行开设，中国不过而问焉。中国于此实大失利权"。不过这一利权的遗失，"仍由中国自失之，非他国之夺取也"。盖中国传统，"官信与私家之信截然分作两途"，以致民众寄信之利，"于国家毫无干涉，其利亦信局自收之"。虽海关曾属意华洋书信馆为"自立邮政"的先导，以期"一切书信皆由中国所设之书信馆代为传递，而外洋之利权即可收诸中国"，但"各信局之恐书信馆独揽利权，致彼等无可觅利，心滋不悦，从中梗阻"，以致最终以失败收场。不过，"书信馆之资本自较信局为钜"，如

---

① 《李鸿章全集·朋僚函稿》，卷十六，时代文艺出版社1998年版，第3656页。
② 《申报》光绪十一年七月廿五（1885年9月3日），第1页。

果能够妥定章程,"与各信局订明约章,令若干信局之资本投入书信馆以为股东","各信局所用之人,亦可详加选择可用者仍与留用",而朝廷须"颁一禁令,令商民不得私开信局",如此一来,"各信局仍得藉此以觅利。而且因此而规模更为宏大,传达愈加广远",且原信局之人员不致失业,国家又可获巨额利润,因为"传递书信而统于国家,其利殊属不赀,驿递可省,此亦一宗资本也。官场文件仍不致有延搁之虞,私家信函统归书信馆传递,虽曰信力之数能有几何,而积少可以成多,其所以利国家者,盖不可以数计也"。以作者侨居上海,"没没无闻,而一年之中来往信资统盘计算,亦不下十余千,其他概可知矣。其有孤儿寡妇不能宣信者,亦可就书信馆倩(请)其代写,虽私家之信,而一归于公,一人岁计十余千,以中国之大、人数之众,统而计之,其数之巨为何如者?"但作者亦明白举办国家邮政之阻力,在于官员观念之阻挠,"所虑者章程未善,或不免有私见之存,则阻各信局之开,不啻与小民争利,我中国向无此政体,无怪其书信馆之不能开行也"。作者最后论道:"外洋各国之设书信馆,国家收其信面上所贴人头之费,其数不可以千万计,吾知中国当有倍蓰他国者矣。有此大利而中国不知,自□□他国之此倡彼和,纷纷开设,以夺中国自然之利,中国无如之何?噫嘻!是不亦大可惜哉!"遗憾之意,溢于言表,故其希望"有怀兴利者奋袂而起也",以保存中国之利权,富裕国库,便利民众。由此可见,举办邮政为国家本有之权利且信资积少成多为巨额财富的观念,已逐渐介绍于清廷朝野,但是否为官商士民所接受,则可从是时海关谨慎开办的态度中窥见一二。

1886年(光绪十二年)3月17日,赫德在致浙海关税务司葛显礼第576号令中,对其主办大清邮政的构思进行了全面的阐述①,其中最为关键的,即为开办邮政的经费问题。赫德认为,葛显礼对困难的估计不足,由于目前举办邮政尚由海关负责,而"现在海关里的所谓邮务人员固然都是有能力的,能够担任更多的工作,但是邮递工作的量虽然不大,总还需要一些人去做。如果海关不做这种工作,海关经费每年就可以节省两三万两,这个数目相当于现在办理邮递工作所需的费用。没有

---

① 赫德此令乃回应之前葛显礼为开办国家邮政而做的一系列准备工作。

这笔费用，海关就不能供给人员办理国家邮政局。如果别人来办理邮政，即使照我们现在的规模，开支就会更大，而且还要预筹经费，开办国家邮政局就更不用说了"。在他看来，"我们所考虑筹办的是中国政府设立的国家邮政局，这样的邮局在宣布开办以后，就必须继续办下去，不能停办。因此在宣布开办以前，我们必须考虑到对于中国官方和公众，尤其对于外国政府和公众所负的重大责任"，能够承担起这样责任的前提，就是"我们必须确定有钱有人"。因此赫德的看法，就是要清廷全行负责开办经费，"应当事先由政府保证，不管收入多少，一定按期提供经费，以备开支"。虽然葛显礼的努力"已经又一次使政府注意到将海关试办的邮递业务扩展国家邮政局的需要和可能了"，但显然赫德需要的是更实际的支持，因此"政府同意这个建议，必须拨给经费，因为从海关本身的需要考虑，我随时都可能被迫停止拨付为办理邮务而支出的经费"①。从赫德一再反复地强调开办邮政经费的重要性，恰好可以反映出清廷对此并不重视，亦未认识到邮政虽为国家利权、可为国家带来可观收益、但国家亦须对此做出投资的观点。而赫德对此事的慎重，也折射出邮政利权的观念尚未为朝野完全接受，亦未能进入朝廷的决策计划之中，所以总税务司只能慎之又慎，必须打好基础，方能大力推行。

尽管对开办问题十分慎重，但是年海关一度有机会开始将国家邮政的计划付诸实践，故沪上媒体十分欢欣鼓舞。光绪十二年七月，《申报》发表《喜闻中国将自理邮政》②，认为各国与中国通商，"反得自设邮政局，以收中国之利权"，如今"中国现欲在通商各埠自办书信馆"，则为中国收回邮政利权之开端。"夫照万国公法而论，一国自有一国之邮政，皆属本国利权，断不能使之旁落。"虽然国家开办书信馆会影响民信局之业务，但可以通过招商纠股、吸纳旧员的办法加以解决，由是"公私合而为一气，上下联而成一家，下则无损于所囗，上则人可以收外洋之利权，吾知苟能办理得法、布置得宜，虑而后发、谋定后动、统

---

① 《赫德致浙海关税务司葛显礼令第 576 号》，《中国海关与邮政》，中华书局 1983 年版，第 46—51 页。

② 《申报》光绪十二年七月廿八（1886 年 8 月 27 日），第 1 页。

筹全局、绝无偏私，则中国自是可以增一绝大利源，其于练海军、严边防与夫一切□番善后等事，所益岂浅鲜哉？"不仅揭明了其利权归属之意义，更凸显出时人对增加利源的憧憬。

对于有西人在《字林西报》发表评论，"谓中国之人皆无一可恃，若以信件交与，安知无私拆等弊"。即使交由外籍税务司主管，"不知海关虽有西人，亦系食中国之食□中国之俸，必□事事顺从中国，故亦无所用之云云"。《申报》亦专文驳斥其"是于中国未曾创设之事而任意肆诋，直是有心坏中国之利权也。彼其所言中国之人直是无一可信，则是有意谤诽也"。该作者认为，西人有意诋毁中国试办邮政之努力，"岂以为华人不知西例，而故妄言之，明以相欺乎？"由是可见，邮政利权事关国家利益、民族体面的观念，渐渐为时人所接受，故外人之评论无论是否有侵涉利权之心，都难免被斥责有意对新政横加阻挠。而该文进一步分析，西人之所以痛诋清廷新政，"不过为保全己之生意起见"，而其生意恰是侵犯中国权利之行为，故作者慨叹"中国朝廷，则凡于西人交涉之事，往往反躬自责，大度包容，于柔远之道毫无遗憾，而彼西人之视华人也，非侮弄之，即仇视之。每观西报，往往若此。正不解其是诚何心！"是何居心，其实作者也心知肚明："西人之重者，利而已。"① 故是事之关键，仍在双方利权之争执，而对于逐渐明了"邮政利权"的清人而言，其外人所夺尚非仅是利益，而是与国家主权同样重要的权利，不容外人插手与侵夺。

举办邮政为国家必有之利权的观念，在《邮政客谈》②一文尤为表现明显。是文开章明义即回答"中国之所以必欲自设邮局，□何为乎"的疑问，是为"惟自收其利权而已"。作者以外国为例，指出"外洋各国皆有邮政局，皆由本国国家自设，他国之人不能问鼎，为今中国之地，外国皆有书信馆之设，中国听其开设而不之问，是失其权也。书信馆既为外国所设，则往来信资亦皆归之，是失其利也"。而且按万国公法，举办邮政本为一国应有之权利，亦是该国之内政，故"中国自行设立，以收其权而裕其利，他国亦不得而阻之"。虽然会有"中国自设邮

---

① 《驳阻挠中国自理邮政西信》，《申报》光绪十二年八月初八（1886年9月5日），第1页。
② 《申报》光绪十三年正月十六（1887年2月8日），第1页。

政局，所谓收其权而有之利，则未必确收也，且不特不能收而已，并恐不免折耗"，但是邮政可为国家创造利源，"中国值此库款不能盈裕之时，凡有举动，必当统盘筹画，果其有利则行之，未必有利则不如止之，其行止之宜全赖乎审慎于几先"。因此"邮政一事，固系自收利权，名目正大，但利权之果可收得与否，当瞻顾运回而后出之，此则善全之要道也"。可见邮政利权之收回，时人有相当坚定的理由，惟如何妥当处理此项问题，虽有原则，却尚未有具体行事之计划。

虽然媒体对邮政利权之重要性相当重视，但缺乏朝廷明确支持的海关，只能在有限的资源下坚持试办新式邮政。不过他们的外籍身份，逐渐成为舆论怀疑与批评的对象，时论认为主办之权操于"海关洋人"手中，利权依旧处于旁落的状态。1890年（光绪十六年）7月间，北京普降大雨，北京与天津间的邮路、电报完全中断，以致津海关税务司德璀琳要"伏乞中堂恩准饬大沽船坞暂借七号、八号、九号小轮三只，以便同六号小轮带信，每早两边各开行一次，计二十四点钟内可到"①。而赫德亦在7月27日致函金登干，描述此间通讯陷于瘫痪的情状："昨晚信差送信来——从天津到这里途中要跋涉九天。我们奇妙地被隔离了：我谁也看不到——北京与其它地方的通讯只此而已。"② 由于邮递误事，以致《申报》"昨译西字报，见有某西人一信论及天津书信馆之误事，竟有轮船到后迟至数点钟，而信始传到者。至于本地传信亦有滞迟多刻者，此为误事不浅□，盖谓该处书信馆办理不得其法"。作者指出，"书信馆之设，所以便商便民，利权独揽，泰西各国无不皆然，日本亦仿而行之，惟中国则行之而未成"。而各口岸书信馆之管理均"寄其责于海关洋人"，"故其迟速之权操之于洋关西人"。如今"既设立书信馆，则必自有规模、自有体统，应用几人，缺一不可。苟其名为自设书信馆，而送信一切仍须仰仗他人，已惟坐收其利，是又何所取义也乎！"虽然作者亦有"犹或谅之曰：此皆国家不自立邮政故也"的谅解，但利权未操于国人手中以致新政无法推行的遗憾，可见一斑。

---

① 1890年7月21日，《德璀琳为借小轮带信事禀李鸿章》，《津海关秘档解译》，中国海关出版社2006年版，第17页。

② 《Z/449》，《中国海关密档》第五卷，中华书局1994年版，第237页。

自光绪二年赫德议办邮政，至光绪二十年总理衙门同意开办，再到光绪二十二年大清正式宣布开办邮政，这二十年的光阴，是清廷士人逐渐认识邮政利权重要性的漫长过程。他们不仅意识到新式邮政可以为国家带来丰厚的利润，而对于目前主办邮政之权利操于外人之手亦相当不满。尽管外籍税务司以清朝官员的身份参与开办邮政，但国籍身份与中外争执，掩盖了他们以朝廷官员试办新政的努力。在之后的开办程途中不难发现，对外籍税务司身份的质疑远胜他们所取得的成绩，使得"利权"之争的内涵，除经济利益与国家主权外，还加上了一层民族主义的意味。

二 谣言与匆忙：大清邮政开办的背景及过程

赫德曾在致友人的信中说道："我所领导的机构叫海关，但它的范围却很广泛，它的目的是在各个可能方面为中国做有益的工作。海关的确是清朝所有机构的行政改革和改善所有行业的可行的核心。而这个核心由英国人来控制，是非常重要的。"① 足见赫德之考虑，既有推进中国新政的考虑，又有保全英国在华利益的私心，在公在私，他都不能放弃海关总税务司的职位。但利权意识逐渐觉醒的中国人，对于海关的丰硕收入与主官的外籍身份开始格外敏感，这种情绪也为赫德所意识："中国和中国人一直在各方面试图展开自己的双翅，他们自然想设法单独飞翔——所有的人都享受自由乐趣，觅求官职以及民族的自负等等，这些都是刺激因素"。虽然赫德自己认为"我负有在各个方面发挥作用的责任和义务"②，但显然他的地位已不同于恭亲王称其为"我们的赫德"的时代了。既有不堪重负、希望离任的期盼，又有担心事业被夺、机构瘫痪的忧虑，既有为其个人利益与国家利益的考量，又有超越现实的理想抱负和追求，在这些复杂的心态下，赫德对一直由海关试办的邮政，宁愿以一种稳妥的手法处理其举办的意愿，如果没有清廷的明确支持，则不会有大规模的举办动作。

---

① 1885年8月26日赫德致索尔兹伯里，转引自魏尔特著，陈敩才、陆琢成等译《赫德与中国海关》（下），厦门大学出版社1993年版，第137页。

② 1889年8月24日赫德致金登干，《中国海关密档》第五卷，中华书局1994年版，第89—90页。

一方面，作为海关的管理机构，总理衙门在对待开办邮政的态度与行事上并无统一的规划，常常是见步行步，得过且过。如薛福成代陈的葛显礼方案，"先后饬江海关道、总税务司筹议，并咨行南北洋大臣查核。十六年三月，总理衙门札行总税务司赫德，以所拟办法既于民局无损，即就通商各口岸推广办理，俟办有规模，再行请旨施行"①。这一决定仅给予了开办推广的合法性，却没有任何实质的支持。故赫德除着手一些准备工作外，也只能等待开办机会的到来。

另一方面，清朝官员行事拖沓迟延，而赫德亦只能抱怨"这些中国人办事从不利落，但我迄今并未听说他们因拖拉而受到任何损失"。因为中国人的工作方式，是"根据情况的发展，自然、轻松和及时地滑到一个安全的地位顺序，对于一个国家的政策来说，可能比一个不断进行试验的政策要稳妥一些，尽管终究不是那么崇高！"②在他的感觉中，总理衙门只有在形势迫使其不得不做出改变的时候，邮政事业的开办才会有动力和资源③。而这样的机会，却因一个无法证实的谣言而不期然地到来，成为触发清朝正式举办邮政的背景之一。历史往往就是如此吊诡。

按《清史稿》所载："（光绪）十八年冬，赫德以数年来创办艰难，若再不奏请设立邮政局，恐将另生枝节。"④所谓"另生枝节"，其实过程颇为曲折。1892年12月14日，赫德从北京发电报予金登干，指示他马上前往瑞士伯尔尼，了解上海要以"自由城"加入邮政联盟之事是否属实，该电报全文如下：

> 谣传上海工部局正在谈判上海作为具有像汉堡那样以自由城的

---

① 关赓麟等编：《交通史·邮政编》第一册，上海民智书局印刷所1930年版，第12页。
② 1891年4月26日赫德致金登干，《中国海关密档》第五卷，中华书局1994年版，第367—368页。
③ 1892年3月20日赫德致金登干，《中国海关密档》第五卷，第511页。
④ 《清史稿》卷一百五十二，志一百二十七，中华书局1976年版，第4477页。这一论断基本为后世邮政史著作所沿袭。如1930年国民政府交通部所编纂的《交通史·邮政编》即全照此说（《交通史·邮政编》第12页）。《中国邮票史》（第二卷）综合运用已出的各种史料，对该事的经过做了详细的记述（中华人民共和国信息产业部、《中国邮票史》编审委员会编：《中国邮票史》（第二卷），商务印书馆2004年版，第8—9页）。

地位加入邮政联盟。请赴伯尔尼了解情况。你自我介绍为巴黎和里斯本协定的签字代表，并称你奉有电报指示前来说明上海并非自由城市，而是中国的一个口岸，既无权谈判，也不能加入邮政联盟；如承认上海为自由城市，将引起中国不满和各国对邮政联盟的嘲笑。进而说明中国正在考虑加入邮政联盟，你一俟奉到书面指示，将再来伯尔尼，但目前筹备工作尚未完毕。注意：目前最好将进行联系一事保密。①

这一消息出现得相当突然，因为无论从是时报纸或赫德的来往信件，都没有发现类似的消息记载。但细察赫德的电文，可见其处理相当老练。此谣传事关体大，但在未能证实之前只能由亲信秘密行事，而对万国邮政联盟，赫德采用缓兵之计，宣称将会加入，但须待筹备工作完成，如此一来，则在制度上堵住了上海欲加入万国邮盟的漏洞和可能②。

结合史料综合分析，上海要以"自由城市"③的身份加入万国邮政联盟，这件事情本身可信度不高④，但谣言的起因却并非无迹可寻。是

---

① 《中国海关密档》第八卷，第722页。

② 按《中国海关密档》编者的注释："上海北京路原有一所英国信馆，清政府欲收回自办，法国亦拟在沪设立信馆。赫德此举，显然是预为筹措，阻止所有这样的行动，以利于他逐步展开总揽中国邮政的计划。"（《中国海关密档》第五卷，第634页）这样的解释未免过于偏颇，一味将赫德视为掠夺中国利权的侵略者，反而不易理清此事背后的内涵。

③ 所谓的"汉堡那样的自由城"，即原信中的"free town"，其历史可追溯到13世纪逐渐形成的"汉萨同盟"（Hanse），而加盟这一同盟的城市，必须是位于沿海地带或通航河流两岸、拥有自主权的城市，而这种政治形态的出现，恰好是德意志地区缺乏统一有力的国家政权所导致。1669年后，汉堡是其中一个仍保留"汉萨自由市"（Frei und Hansestadt）称谓的城市，而1768年，丹麦承认其为神圣罗马帝国的"帝国自由城市"，1819年起，汉堡成为德意志同盟中的自由汉萨城市。从其历史的发展轨迹来看，汉堡由于优越的地理条件与贸易往来，以及德意志地区松散的政治体系、分裂的诸侯国现状，导致了汉堡可以以"自由城市"的身份加入万国邮政联盟，这一结果可谓是欧洲特殊的政治环境与递信方式所决定的，但对于上海而言，是否存在与汉堡同样的资格则成为疑问，也是赫德急于派金登干前往伯尔尼厘清的疑团。

④ 盖此等重要事情，必定须经上海工部局董事会商议、并交纳税人会议决议后方能成事。但翻阅《工部局董事会会议录》，通年之中均没有此类讨论的记录，则可见此事至少并未纳入工部局董事会的议事日程之中。

年工部局管辖下的工部书信馆，有两件事情颇值玩味。一是 1892 年 3 月 8 日，"（海关信局）备忘录并要求海关给工部书信馆捐款自 60 两白银减少至 30 两白银"。而工部局回复，"在 1878 年曾和海关税务司签订协议，两书信馆应免费为不同港口送递邮件，并且没有收到海关信局企图改变的通知。海关给工部书信馆的捐款是用来投递属于不同部门间的信件"。由此事可见，海关信局与工部书信馆之间虽有互递协议的存在，但彼此间还是有经济利益的龃龉，争执亦由此而生，而最后以双方协商告终①。此事虽很快便告一段落，但双方的误解和利益冲突未必是一两次商讨即可解决的事情。

另一件事，则是工部局董事会同日会议讨论"停止采用年度捐款制度，同时在规定所有经书信馆传递的信件必须贴邮票。此外，从外港投寄的任何信件也必须贴邮票"②。这一变动的意义，在于工部书信馆扩大其收寄范围，不再区分所谓的"捐款户"与"非捐款户"，意味着更多的人可以使用这一制度寄递信件货物，从而存在由一个商埠书信馆演变为地方邮政机构的可能性。在经讨论后，工部局董事会于 10 月 25 日"提出一项旨在要求批准工部局废除向工部书信馆捐款的制度的决议，以强制所有邮件必须预付邮资"③。或许是这些制度上的改变，使得捕风捉影的媒体猜测工部书信馆的用意，进而制造出上海以"自由市"加入万国邮政联盟的谣传。

无论此事真实与否，作为试办大清邮政多年的海关均不能掉以轻心。1892 年 12 月 16 日，金登干在收到电报之后，首先为赫德搜集了万国邮政联盟最近会议的纪念册，并就万国邮政联盟的条款中可能存在承认资格的漏洞提出质疑："一个'自由城'不是一个国家。我不理解，根据第二十四条（见第 15 页④），自由城的地位怎样能在任何情况下被

---

① 上海市档案馆编：《工部局董事会会议录》第 10 册，上海古籍出版社 2001 年版，第 799 页。
② 上海市档案馆编：《工部局董事会会议录》第 10 册，上海古籍出版社 2001 年版，第 799 页。
③ 上海市档案馆编：《工部局董事会会议录》第 10 册，上海古籍出版社 2001 年版，第 840 页。
④ 即金登干寄给赫德的 1891 年维也纳会议纪念册的页码。笔者注。

承认是合格的"①。12月19日，金登干动身前往伯尔尼②，并在六天后电告赫德交涉的情况："见到瑞士外交部长，据称从未获悉进行过这种谈判，联邦委员会如接到有关这种谈判的要求，在作出任何决定以前，它会通过我转询中国政府。中国政府可将它的意见委托它的授权代表提出。注意：上述情况已由外交部秘书照会确认，并已通知邮政联盟总办事处。联系系秘密进行的。"这一及时的回电，恐怕可以让赫德安心地度过1892年的圣诞节，因为在这封电报发出之后，赫德便没有了关于此事的进一步指示。

金登干在拍发电报后，又写了一封长达六页的信件报告此次伯尔尼之行，但可惜的是这封标号"Z/790"的信件并不在海关的密档中，只能通过1892年12月30日金登干的信件一窥其秘。他在信中写道："在重读我的Z/790号信后，我觉得我的书面英语比我和卡林③辩论时的法文口语要稍强一些。"可见该信内容，可能涉及其在伯尔尼期间，与万国邮政联盟负责人讨论"自由城市"④、中国加入万国邮盟等问题，而且其中不乏针锋相对之词。而金登干在当时的态度，是"在按指示向中国通报以后，中国会对此'看作'（我没有说对此'表示愤慨'）是不友好的行为"⑤。可见金登干严格执行了赫德12月14日电报的指示，向万国邮政联盟阐明了中国试办邮政机构的立场，杜绝中国的口岸城市单独加入该组织的可能。

赫德看来相当满意金登干的伯尔尼之行⑥，因为通过与万国邮政联盟的交涉，使得总理衙门开始意识到开办邮政的迫切性，也使得赫德获

---

① 《中国海关密档》第五卷，中华书局1996年版，第631—632页。

② 1892年12月19日金登干致赫德电报，《中国海关密档》第八卷，中华书局1996年版，第723页。

③ 卡林，万国邮政联盟的负责人。——原文注。《中国海关密档》第五卷，第635页。

④ 万国邮政联盟的负责人卡林应该与金登干论及上海可能成为"自由城市"的问题，因为后来赫德在信中写道："我很高兴你不赞成对上海可能取得自治权的假设！"（1893年2月19日赫德致金登干，《中国海关密档》第五卷，第662页）

⑤ 《中国海关密档》第五卷，第635页。

⑥ 在1893年2月19日赫德写给金登干的信中称赞道："16日收到你在伯尔尼活动的Z/790号函，我对你在那里的工作感到非常满意。"（《中国海关密档》第五卷，第662页）

得了正式开办的承诺①。但是总理衙门反复迟疑的态度,令赫德大为光火,指斥他们"是彻头彻尾衙门式的出尔反尔"。这种前后不一的做法,令赫德显得有点无所适从,以致"在我未能确定总理衙门的意见以前,我不准备写信给(瑞士)外交部长感谢他对你的接见"②。一周之后,总理衙门依旧态度暧昧,使得赫德"还不知道我们这里的中国朋友们的真正意图,因为'他们内部意见分歧'"③。这句话多少揭示出总理衙门迟疑不决的原因④,不妨从此时总理衙门成员的组成入手,探讨行事间的关联。

查1892至1893年(光绪十八至十九年)总理衙门成员,分别有奕劻、许庚身⑤、福锟、徐用仪、廖寿恒、孙毓汶、续昌⑥、张荫桓、崇礼、洪钧⑦,在此数人中,"仁和(许庚身)由军机章京出身,深得摭拾人过、恐吓索贿之衣钵,济宁(孙毓汶)性阴险深阻,如崖窏不可测,能以一二语含沙射人,倾挤清流,诛锄殆尽"⑧。尤其是孙毓汶,"自恭王去,醇王执政,孙毓汶擅权,贿赂公行,风气日坏,朝政益不可问"⑨。而总理衙门中又不乏耿直之士,如廖寿恒"遇事敢言"⑩,自然与孙毓汶等颇有异见。惟"时枢府孙毓汶最被眷遇,庚身以应对敏练,太后亦信仗之"⑪。而且"毓汶权奇饶智略,直军机逾十年。初,醇亲王以尊亲参机密,不常入直,疏牍日送邸阅,谓之'过府'。谕旨

---

① 《中国海关密档》第五卷,中华书局1996年版,第642页。1893年1月8日赫德就在信中说道:"我现在忙着邮政和帕米尔事件。"
② 1893年2月12日赫德致金登干,《中国海关密档》第五卷,第661页。
③ 1893年2月19日赫德致金登干,《中国海关密档》第五卷,第662页。
④ 值得注意的是,1893年2月12日至2月19日,正值中国农历新年期间(光绪十八年十二月廿六至光绪十九年正月初三),总理衙门亦未必在此新旧更替之际讨论邮政事宜。
⑤ 1893年1月8日逝。
⑥ 1892年4月14日病免。
⑦ 钱实甫:《清代职官年表》(第四册),中华书局1980年版,第3023页。
⑧ 吴寄荃(燕绍)跋吴大澂《尊崇醇亲王典礼疏》,顾廷龙《吴愙斋先生年谱》民廿四《燕大学报》专号十,转引于罗继祖《晚清仕途之险》,《史学集刊》1988年第1期。
⑨ 张謇:《为东三省事复韩子石函》,《张季子九录·政闻录》,《近代中国史料丛刊》续编第961辑,台湾文海出版社1984年版。
⑩ 蔡冠洛:《清代七百名人传·廖寿恒传》,中国书店出版社1984年版。
⑪ 《清史稿》卷四百三十九,列传二百二十六,中华书局1977年版,第12398页。

第三章 裕国便民——大清邮政与邮区网络   185

陈奏，皆毓汶为传达。同列或不得预闻，故其权特重云"①。由此可见，孙毓汶颇受慈禧器重，"且与李莲英结兰谱，得以侦探内宫消息，视皇上（光绪）如虚器焉"。故赫德主张正式举办邮政，在总理衙门颇受推卸，其最大阻力可能来自于孙毓汶。

另外，许庚身于1893年1月8日逝世后，孙毓汶在1月15日即由刑部尚书改迁兵部尚书，此二人之立场行事多有相同，而举办邮政必论及裁撤驿站之事，此无啻裁去兵部之一大职能和收入，曾任海关税务司的马士即指出，"官方人员必会反对取消驿站，并反对将有关每年三百万两预算的行政和财政上的补贴由中国转到外国人的手里"②。故此事之反复，极有可能出于孙毓汶等人之阻拦。

海关因总理衙门的迟疑而无法落实开办事宜，但此消息很有可能已经传播开去，以致工部书信馆迅速做出反应，要在外港建立代办处，以摆脱以往对海关代递的依赖③。1893年，工部局在烟台建立起了书信馆④。而1894年后，芜湖、厦门、福州、重庆也先后创建本地的书信馆，并与工部书信馆建立了密切的联系⑤。

因谣传而一度紧张的开办邮政事宜，逐渐由时间的推移而变得销声匿迹。赫德起初风风火火的筹办工作，亦因总理衙门的一再拖沓而又开

---

① 《清史稿》卷四百三十六，列传二百二十三，中华书局1977年版，第12372页。
② ［美］马士：《中华帝国对外关系史》第三卷，上海书店出版社2000年版，第65页。
③ 1893年4月18日的工部局董事会"收到书信馆馆长来信，通知说海关邮政署很可能在6月30日终止它同工部书信馆的联系，鉴于我们在几个外港的邮件传递依赖于海关邮政署，他建议应立即采取措施在烟台、天津、大沽、牛庄、宁波、温州、镇江和芜湖这些空白处设立代办处，或可以同在这些港口的各个工部局一起作出安排建立分发上海邮件的书信馆，作为酬报，工部书信馆将免费分发他们的邮件"。这一建议最后获得董事们的赞成，并交财务委员会考虑。（上海市档案馆编：《工部局董事会会议录》第11册，上海古籍出版社2001年版，第544页）
④ 1893年4月25日，上海市档案馆编：《工部局董事会会议录》第11册，第545页。由于"烟台海关邮政署十分令人满意，发自上海的邮件应继续送烟台海关邮政署，而烟台发出的邮件则由这里工部书信馆免费分发"。这一建议最后亦获得了董事会会议的赞同。（1893年5月30日，上海市档案馆编：《工部局董事会会议录》第11册，第551页）
⑤ 1894年7月24日，《工部局董事会会议录》第11册，第643页；1894年8月21日，《工部局董事会会议录》第11册，第651页；1894年9月11日，《工部局董事会会议录》第11册，第654页；1894年11月27日，《工部局董事会会议录》第11册，第669页。

始变得遥遥无期起来。不过,1893年5月,"李鸿章、刘坤一称江海关道聂缉椝禀称,上海英、美工部局现议增设各口信局,异日中国再议推广,必更维艰"①,这多少又推动了总理衙门对开办邮政的重视。是年8月,赫德表示"从总理衙门的来文可以看出,中国政府正在认真讨论邮政问题,并将由我来开办,这一点差不多可以肯定了"。但此时赫德反而慎重起来,对开办的许多实际问题考虑得更加仔细,他指出中国开办邮政,有一大堆问题需要慎重考虑,"例如:中国的实际需要和欧洲国家对中国邮政的要求是些什么;哪些事情在中国的条件下是办不到的,哪些事情将来可能证明是不必要的;哪些事情是开办时必须要做的,哪些可以留待将来逐渐发展;在多大程度上可以不顾邮政制度的一些技术问题,用常识来代替;怎样在中国的邮政工作里采取欧洲的方法,等等"②。

由于赫德对中国及中国人在采取新式制度的态度和行事上的了解,知道"中国对于欧洲的任何制度都不会原封不动地接受,因此必须改头换面,才能适合中国人的眼光。改头换面以后,内部的骨架子必须是坚固有力的,五官四肢仍然是完备的,全体的职能当然还是可以实现;不过正如普通的内地人看一个穿大礼服的中国人觉得奇怪一样,一个严格的西方专家看见这种改头换面的制度也会觉得不顺眼的"。要解决这些问题,避免直接的制度移植造成新政的水土不服,除了要根据中国国情加以改造外,还必须"缓步稳进,开始时只做一些必须做而且可能做到的事"。因此赫德计划,要在对外和对内上都建立邮政官局的威信:对外方面,"官局将先在各通商口岸间办理业务,一方面同收发往来外国的邮件的各国邮局进行合作"。"同万国邮政公会发生联系,以便在全世界取得适当的地位。"对内方面,"开办时还需要有朝廷的上谕,以便在中国推广"③。故他要求金登干到伯尔尼了解加入万国邮政联盟的手续,从递交申请、签署声明、入会后的义务以及寻找熟悉邮盟和普通邮政业务的青年人员都做了详备的指示,并要求金登干先用电报报告进

---

① 《清史稿》卷一百五十二,志一百二十七,中华书局1977年版,第4477页。
② 1893年8月20日赫德致驻伦敦办事处税务司金登干函A字第67号,《中国海关与邮政》,中华书局1983年版,第59页。
③ 《中国海关与邮政》,第59—60页。

行情况和答复相关事宜，再用信件进行详细的报告，可谓心思细腻、准备周到了①。

　　针对内外建立威信的两套方略，赫德本人在北京撰就邮政报告，准备上交总理衙门，同时指示金登干收集关于邮政联盟的各种条约、规章和通告②，为与万国邮联谈判相关事宜做准备。是年十月，赫德将邮政报告上交总理衙门，按流程是由总理衙门转送南北洋大臣刘坤一与李鸿章审阅，然后请颁谕旨正式开办③。但赫德亦明白，一旦清朝正式开办邮政，则须同时面对驿站、民信和客邮三大竞争对手，而且短期内难以取缔三者。也就是说，在正式开办后的一段时间内，大清邮政的邮权并非完全统一在朝廷（政府）手中，如此一来，加入万国邮联便存在变数。尤其是金登干于1893年11月29日至12月5日期间，先后会晤了英国驻瑞士公使圣约翰（St. John）、瑞士外交部长雷那立（Lachenal）及国际邮政公署署长霍恩（Hohn）。其中霍恩指出，"中国加入万国邮政公会的事实并不能取消各国在中国境内所设的邮局。他举了土耳其的例子。埃及也是同样的情形"。虽然金登干辩解"中国办理的情形有所不同，外国邮局可能并入中国邮局，或者由于环境关系而自行撤退，不需采取外交行动"④。但此问题关系甚重，金登干在12月5日当天会晤结束后，立即通过电报向赫德汇报⑤，毫无疑问，这对赫德的邮政计划是个相当重大的打击。因为加入万国邮政联盟本意则为取缔中国境内的客邮，进而统一中国的邮权，但如果无法达到这个目的，反而要承担相当的入会费用和义务⑥，并不符合赫德以尽可能少的成本开办邮政的设

---

① 《中国海关与邮政》，中华书局1983年版，第60—61页。
② 1893年10月13日金登干致赫德，《中国海关密档》第五卷，中华书局1996年版，第775页。
③ 1893年10月15日赫德致金登干，《中国海关密档》第五卷，第777页。
④ 1893年12月8日驻伦敦办事处税务司金登干自伯尔尼呈赫德文，《中国海关与邮政》第63—64页。
⑤ 1893年12月15日金登干致赫德，电文曰："请注意：中国加入邮联一事，并不意味着取缔现有的外国邮政局，例如土耳其。以上全部情报直接从瑞士外交部长和国际局局长处获得。我在此等候您的指示。"《中国海关密档》第八卷，中华书局1996年版，第740页。
⑥ 金登干在1893年12月5日的电报中指出："要求加入时，须说明按邮盟规章办理的邮政工作开始日期，以及按第10条规定折成法郎的邮资率并按规章第32条表明希望要哪一等级。对第4点，如系三等，约为英币100镑。"《中国海关密档》第八卷，第739页。

想。因此五天之后赫德致电金登干时，除表示感谢之外，并无其他实际的动作，仅以"等候皇帝谕旨"而匆匆了事①。

迫切加入的心愿在几天内变得如此摇摆不定，除加入万国邮联一事大出意料外，还因清朝内部对开办邮政一事始终没有定论。由于"在谕旨下达以前，我们无法进行工作"，而在中国开办邮政，又需要对其国情现实有充分的了解，"要取得成功，必须研究并考虑当地人的需要和条件"，从而取得他们的支持②。可以说，没有朝廷正式下旨举办，无论赫德或者其他海关税务司如何努力，都只能是纸上谈兵而无法付诸实践。就连与万国邮政联盟进行交涉，也只能以非正式的身份进行，这样的做法对于欧洲官员来说是不可理解的③。从此可以看出，总理衙门在这一事业上的拖拉，不仅是传统势力对新式事业的抵制，而且在中外交涉近半个世纪后，依然在国际交往的体制和惯例上一团空白，令有心办理新政者无所适从。

从1893年8月起，赫德就为大清正式开办邮政而做好各项准备工作，但直至1894年的1月，总理衙门还在一再拖延此事，反倒是收到开办传闻的工部书信馆，"在用发行新邮票的办法抓钱——主要是卖给集邮者！"④可见在新旧制度转型的过程中，由于清朝并未意识到新式制度的意义与便利，其留下的制度漏洞，则为各色非正式机构或群体所利用而敛利。对于赫德而言，不仅自身为清朝建立新事业的宿愿因内部原因未能实现，且掠夺敛利的均为外人，这又易使清人混淆国籍身份，而将赫德等人亦划入掠夺利权的"外人"之中。大清邮政开办后很长一段时间内被认为是"外人之事"，与此不无关联。

1892—1893年的筹备邮政开办事宜，起因是谣传上海要以"自由城市"的身份加入万国邮政联盟，以致一直主持试办邮政的总税务司赫德大为紧张，加快着手筹备正式开办的事宜。但总理衙门对举办邮政反

---

① 1893年12月10日，《中国海关密档》第八卷，中华书局1996年版，第740页。
② 1893年12月13日，《中国海关密档》第五卷，中华书局1996年版，第807页。
③ 金登干在1893年12月15日的信件中说道："在伯尔尼，不通过外交途径处理任何事情，他们感到不能理解。在我和瑞士外交部再次进行谈判时，我希望您能促使总理衙门使我所处的地位较为轻松些。"《中国海关密档》第五卷，第808页。
④ 1894年1月29日赫德致金登干，《中国海关密档》第六卷，中华书局1996年版，第17页。

复的态度，使得赫德虽然制定出开办的计划，但却始终无法付诸实践。而希望借助加入万国邮政联盟以屏退在华各客邮，又为万国邮盟负责人告知"此路不通"。且事关国家利权的重大事件，仅能由海关驻伦敦办事处的税务司以非正式的身份进行交涉，晚清对邮政利权的漠视及对外交往上的业余，由此可见一斑。

在开办邮政这一事务上，"官方一直受到敦促，德璀琳敦促那位总督，赫德爵士则敦促总理衙门"①。1894年2月13日赫德在致葛显礼的信函中写道："邮政局仍在迟迟进展中，我相信总理衙门正在征求各省要人的意见，然后再作最后的冒险。"②但在总理衙门还没最后下定决心之前，又一突发事件，却将大清邮政的举办，在匆忙中推上历史舞台。

1894年7月25日爆发的中日甲午战争及1895年4月17日签订的《马关条约》，不仅使清廷深受割地之辱，还背上了沉重的赔款负担③。按照条约，清廷须赔款2.315亿两，但为了偿付这巨额赔款，清廷"先后向俄、法、英、德四国三次大借款，总计3亿两，连本带利共6亿多两"④，此令并不宽裕的清朝财政雪上加霜⑤。在收入增加不多而支出逐年增加的情况下，清朝除了大举外债外，还必须开拓国内新的税源，以尽可能筹措银两，应付赔款。新式邮政的举办，就在这样的背景中，被推上了历史舞台。

---

① ［美］马士：《中华帝国对外关系史》第三卷，上海书店出版社2000年版，第69页。
② 转引自《中华帝国对外关系史》第三卷，第69页。
③ 《马关条约》第四款曰："清国约将库平银贰万万两交与日本，作为赔偿军费。该款分作八次交完，第一次伍千万两，应在本约批准互换后六个月内交清，第二次伍千万两，应在本约批准互换后十二个月内交清。余款平分六次递年交纳，其法列下：第一次平分递年之款，于两年内交清，第二次于三年内交清，第三次于四年内交清，第四次于五年内交清，第五次于六年内交清，第六次于七年内交清，其年分均以本约批准互换之后起算。又，第一次赔款交清后，未经交完之款应按年加每百抽五之息。但无论何时，将应offer之款或全数、或几分，先期交清，均听中国之便。如从条约批准互换之日起，三年之内，能全数清还，除将已付利息或两年半、或不及两年半，于应付本银扣还外，余仍全数免息。"
④ 戚其章：《甲午战争史》，上海人民出版社2005年版，第501、504页。
⑤ 按梁义群研究，"1885—1894年（光绪十一至二十年）间，平均每年约有400万两的盈余，1891年（光绪十七年）盈余多达一千数十余万两。"见梁义群《甲午中日战争与晚清财政大变局》，杨念群主编《甲午百年祭：多元视野下的中日战争》，知识出版社1995年版，第53页。

有研究称，甲午战争的惨败与《马关条约》的签订，"引发了中国近代历史上第一次大规模的救亡图存思潮"，而"维新人士设计的富国之策（无论开源还是节流）中，差不多都包含了开办新式邮政的内容"①。此判断大体不差，但思想表述与政策实践之间存在相当的空间，尤其是这些思想是否上达天听，是否为决策者所理解与接受，是否对后来的正式开办邮政产生影响，尚须进一步考察。一个明显的悖论，即邮政收入可裕国便民的看法，早在光绪初年即出现与流传，但清代正式开办邮政始终步履蹒跚，则可见"富国之策"与"富国之举"之间，并非可以一蹴而就。

1895年5月2日，康有为递呈《上清帝第二书》，其中论及六种富国之法，"曰钞法，曰铁路，曰机器轮舟，曰开矿，曰铸银，曰邮政"，而邮政之所以成为富国之法，乃因首先可省巨额驿递之费："我朝公牍文移，谕旨奏折，皆由塘驿汛铺传递，而军务加紧，又有驿马遍布天下。设官数百，养夫数万，岁费帑三百万两，而民间书札不得过问。赍费厚重，犹复远寄艰难，消息浮沉，不便甚亦！"而外国邮政岁入颇丰，中国人口众多，若能果行邮政，不仅能获得丰厚收入，且可方便民间消息往来："查英国有邮政局寄带公私文书，境内之信费钱二十，马车急递，应时无失，民咸便之，而岁入一千六百余万。我中国人四万万，书信更多，若设邮政局以官领之，递及私书，给以凭样，与铁路相辅而行，消息易通，见闻易广，而进坐收千余万之款，退可省三百万之驿"，真可谓"上之利国，下之便民"②。但按今人考证，该折拟成后并未上奏③。直至5月29日（光绪二十一年五月初六）④的《上清帝第三书》（即《进士康有为请及时变法富国养民教士治兵呈》），方上达天听，而该

---

① 《中国邮票史》第二卷，商务印书馆2002年版，第12页。
② 姜义华、张荣华编校：《康有为全集》，中国人民大学出版社2007年版，第二集，第39页。
③ 《康有为全集》编者称："本著即《公车上书》。《康南海自编年谱》记载曾于四月八日（5月2日）投递，都察院不收。但据今人考据，该文拟成后并未向都察院呈递。"
④ 徐勤记曰："初六日在都察院递之，十一日察院据以上闻。"徐勤：《南海先生四上书杂记》，转引于孔祥吉《〈上清帝第三书〉进呈本的发现及意义》，孔祥吉《戊戌维新运动新探》，湖南人民出版社1988年版。

第三章 裕国便民——大清邮政与邮区网络

折有关邮政与富国之内容，与未递之《上清帝第二书》同①。是时康有为仅为一新晋进士，虽然其自称"于群臣上书中，凡存九折，以胡燏棻为第一，吾折在第二"②，但是时朝廷重臣关注之重点并不在邮政③，且康有为位卑言轻，对邮政与富国之见解，所起作用未必达后人盛赞高度。

相较而言，时任广西按察使的胡燏棻④所上之《条陈变法自强事宜折》⑤中有关"创邮政以删驿递"的内容，可能更引起清廷注意。盖此文不仅收入《光绪政要》之中，亦为后来刘锦藻编纂《清朝续文献通考》时，特意单独抽出，收入"邮政"类的条目下，可见时人对创办新式邮政的建言，更为折服于此折之论述。是折认为驿递耗帑巨费，民信局安全性不高，以致"公私两困"。而泰西"由国家设立邮政局"，"此法不但省驿站之费，而且岁获盈余，为泰西各国进项之一大宗，亟应仿照办理"。其开办邮政之建议，则是根据清朝已设机构及职能，于其中增加邮政之功能，

---

① 据孔祥吉考证，"康有为《上清帝第三书》于五月十一由都察院代递后，光绪帝即命另行钞录，五月十五日钞就，同日即将此折递呈慈禧太后，五月十九日发下军机处封存。"（孔祥吉：《〈上清帝第三书〉进呈本的发现及意义》，孔祥吉《戊戌维新运动新探》，湖南人民出版社1988年版）

② 康有为在其自编年谱中记道，《上清帝第三书》递呈后，"上览而喜之，甫发下枢桓一时许，枢臣读未毕，恭邸阅到论矿务一条，以手作圈状。上既追入，旋发下军机，命即日抄四份，军机本无书手，乃调自内阁，即日抄呈，以一呈太后，以一存军机，发各省督抚将军议，以一存乾清宫南窗小篋，以一存勤政殿备览观。于群臣上书中，凡存九折，以胡燏棻为第一，吾折在第二。"康有为：《康南海自编年谱》，《近代中国史料丛刊》第一辑11册，台湾文海出版社1966年版，第32页。

③ 从上注恭亲王阅书时之表现，则可见是时权臣对建言富国之策的关注所在。另按孔祥吉先生考证，所存九折之中，单从标题讨论富国之策的，就有委散秩大臣信恪的《请开办矿务折》、翰林院侍读学士准良的《富强之策，铁路为先，请饬廷臣会议举办折》以及协办大学士徐彤所递的《遵议兴利裁费敬陈管见折》等。孔祥吉：《〈上清帝第三书〉进呈本的发现及意义》，孔祥吉《戊戌维新运动新探》，湖南人民出版社1988年版。

④ 孔祥吉《〈上清帝第三书〉进呈本的发现及意义》文中称"顺天府府尹胡燏棻"有误，胡燏棻于光绪二十一年十一月廿五（1896年1月9日）方由广西按察使改授顺天府府尹，见钱实甫《清代职官年表》（第二册），第1329页。

⑤ 按孔祥吉之考证，此折并非出于胡燏棻之手，而有可能是曾就读于上海广方言馆第一期、应出使德国大臣李凤苞之邀随使欧洲、返国后潜心研究中西文化并极力主张学习西方的钟大纬（1840—1900，字鹤笙，号徽寅，华亭亭林人）所撰，后为胡燏棻的幕僚"摭拾公策成之，不易一字"。故邮政史的相关论述，应参照此研究而加以修正（孔祥吉：《〈上清帝第三书〉进呈本的发现及意义》，孔祥吉《戊戌维新运动新探》，湖南人民出版社1988年版）。

"其第一办法，则先借招商局为发轫之始，每船各派专司文报一人，通商十九口岸均设分局管理，公私信件则纠合民间各信局而为之。内地各码头各市镇，令信局一家承包。其第二办法则借电报局为推广之路，凡有电报分局地方亦派一人在局专司文报，代为递送。至未设电报各处，亦照前法，令信局一家承包。其第三办法，则俟火车畅行，再借铁路公司为往来之总汇。凡干路支路火车停卸之处，各派一人在局专司其事，至将来欲遍行内地各镇各埠，尽可广设分局，派人经理，如此则若网在纲，无远弗届见"。如此一来，不仅邮便天下，且可以节省驿站的招待费用，"今东南十余省，凡官员来往无不雇坐轮船。独山东、山西、河南、陕甘五省尚有官站耳。若计其道里远近、人数多寡，由户兵二部酌给路费，沿途听其自雇车马，在应差各官实所深愿，更无庸多虑"①。

胡燏棻该折的可贵，在于利用交通网络的延伸，使之成为四通八达的通讯通信体系，而新的邮政体系应达到公私两便的效果，至于驿站原有的接待功能，则通过发给路费的办法加以裁改。从设计上看，既兼顾传统驿递的功能安排，又利用民间信局及电报局、火车等新旧组织机构的相关功能。但不难看出，其思路仍以具体寄递办法为主，缺乏管理体制的全盘规划，是典型的"旧瓶装新酒"。这亦与是时清人仅意识到新式邮政的寄递便利和收入丰厚、但却忽视了欧美体制中的官制安排不无关系。

战争的惨败与有识之士的呼吁，虽促使年轻的光绪帝痛定思痛，于光绪二十一年闰五月廿七（1895 年 7 月 18 日）颁布自强谕旨，并第一次以上谕的方式将"创邮政"列入"采择施行"的范围内②。但"创

---

① 《清朝续文献通考》卷三百七十七，商务印书馆 1936 年版，第 11225 页。
② 是折称："谕军机大臣等。自来求治之道，必当因时制宜，况当国势艰难，尤应上下一心，图自强而弭隐患。朕宵旰忧勤，惩前毖后，惟以蠲除痼习，力行实政为先。叠据中外臣工，条陈时务，详加披览，采择施行，如修铁路、铸钞币、造机器、开矿产、折南漕、减兵额、创邮政、练陆军、整海军、立学堂，大抵以筹饷练兵为急务，以恤商惠工为本源，皆应及时举办。至整顿厘金，严核关税，稽查荒田，汰除冗员各节，但能破除情面，实力讲求，必于国计民生，两有裨益。著各直省将军督抚，将以上诸条，各就本省情形，与藩臬两司暨各地方官悉心筹画，酌度办法，限文到一月内，分析复奏。当此创巨痛深之日，正我君臣卧薪尝胆之时。各将军督抚，受恩深重，具有天良，谅不至畏难苟安，空言塞责。原折片均著钞给阅看，将此由四百里各谕令知之。"（《清实录》（第五六册），《德宗实录》（五）卷三百六十九，中华书局 1987 年版，第 838 页）

邮政"最终还是"筹饷练兵""恤商惠工",最现实的仍是处理迫在眉睫的战争赔款。赫德同样敏锐地感觉到,巨额的战争赔款必定使得清朝进行更多的改革,只是在条约签订初期,"中国很可能还试着用一些老办法去筹措日常支付所需的款项,而不是采取包括改革内政和引进革新等新办法"①。

无论如何,上谕的颁布,使得"创邮政"得到了皇帝的首肯,如果能够获得直省实力督抚的支持,开办则更有把握。故1895年8月28日,赫德电示海关造册处税务司葛显礼,指示他与南洋大臣张之洞讨论开办邮政的问题。9月10日葛显礼呈文赫德,汇报此次会面,指出虽然张之洞"想坚持由地方办理邮政的意见",但在葛显礼力证"地方办理邮政比国家办理并不省钱,没有多少用处,不见得比现行的办法好"之后,张之洞接受了国家开办邮政的方案,并表示"他将催总理衙门赶紧进行"②。

三个多月后的12月27日(光绪二十一年十一月十二日),张之洞方在其《筹办江浙铁路折》的附片中上《请办邮政片》。张之洞在此片中,一是指明邮政可大大增加国家的收入,"利商利民,而即以立国",故泰西各国"特设邮政大臣,比于各部尚书,以综厥事。递送官民往来文函,取资甚微,获利甚巨,日盛一日。即以英国而论,一岁所收之资,当中国银三四千万两。各国透行,莫不视为巨帑"。而另一意思,则是开办邮政可以撤销各国在华邮局,扫除"侵我大权,扰我大利"的忧患。而总税务司熟悉邮政情形,"各关税务司熟谙邮政办法如葛显礼者当不乏人",因此可以借助其人手,妥议章程,大举开办,"如果中国邮政认真举办,各国在华所设信局必肯裁撤",而且还可成"理财之大端,便民之要政"。此片上奏后,于1896年1月17日(光绪二十一年十二月初三日)获上谕称:"至邮政一节,业经总署筹议,粗有头绪矣。"③

---

① 1895年4月21日赫德致金登干,《中国海关密档》第六卷,中华书局1996年版,第274页。

② 海关造册处税务司葛显礼呈赫德文第923号,1895年9月10日,《中国海关与邮政》,中华书局1983年版,第69—70页。

③ 《张之洞全集》(二),卷四十,奏议四十,河北人民出版社1998年版,第1057—1058页。

随着国际环境的进一步恶化，清廷发现通过传统途径筹措赔款已经越发艰难①，导致财政拮据、税源枯竭而不得不另觅出路。所以1896年1月5日，刚度过元旦的赫德不无惊奇地发现，"总理衙门突然注意起我们的邮政事业，使我怎么样工作也腾不出手来处理你的报告"。这多少激发了赫德的热情，于是当天他又致电询问加入万国邮联"最简便的办法"②。但赫德很快发现，这只是"总理衙门到处设法找利息较低的借款"，在处处碰壁的情况下，其临时抱佛脚，"又在到处打听邮政制度，指望从邮政来增加税收"。所以赫德感叹，"总理衙门只要是认真地按照我要求的去做，我可以使他们朝着新方向真正起步，但是情况却始终是'恢复原样'！"③ 颇有"哀其不幸，怒其不争"的意味。

虽然经历数年的反复扯皮，但在光绪二十二年二月初七（1896年3月20日），清廷正式下谕开办邮政，"由海关现设邮政推广，并与各国联会，以便商民，而收利权"。在两天后，马上要收到上谕的赫德不无感慨地写道："经过三十年的讨论和二十次试行，最后，在我任内，邮政将成为事实。"虽然夙愿成真，赫德反而显得非常谨慎与低调："但是周围和前面还有种种困难，我必须默默地小心地而谨慎地着手筹办，并缓缓地稳妥谋求发展，不能仓促行事！"④ 而他亦指示金登干，将中国正式开办邮政的消息公告欧美国家，为下一步加入万国邮政联盟做好舆论和法律的准备，杜绝上海等口岸城市试图以"自由城"加入万国邮盟的可能性⑤。次日的《泰晤士报》即以"Chinese Postal Reform"（中

---

① 金登干就曾向赫德报告说："公众对于中国已开始很少兴趣或没有兴趣，中国借款不再受欢迎了。中国除非自己奋发图强，从根本上引进改良措施，否则它将发现要想再借钱是难乎其难的。"（1895年11月15日金登干致赫德，《中国海关密档》第六卷，中华书局1996年版，第380页）

② 《中国海关密档》第六卷，第403页。这份电报于1月5日上午11时50分发出，金登干于次日上午8时10分收到后（《中国海关密档》第九卷，中华书局1996年版，第1页），隔日即向赫德答复。1月10日在写给赫德的信中，金登干再次简述加入的办法，即通过中国驻巴黎公使庆常办理，"如果邮政业务现在在您的指导下，我就能够亲自同公使联系，无需借助于马格里爵士或通译了"（《中国海关密档》第六卷，第405页）。

③ 1896年1月12日赫德致金登干，《中国海关密档》第六卷，第408页。

④ 1896年3月22日赫德致金登干，《中国海关密档》第六卷，第444页。

⑤ "谕旨已颁下，将扩充海关邮务部门，建立大清邮政局，由赫德任海关总税务司兼总邮政司。请公布此讯。"1896年3月27日赫德致金登干，《中国海关密档》第九卷，第21页。

国邮政改革）为题发布了消息，虽然仅是一则简讯，却使得欧美人士在第一时间收到了中国邮政改革的消息①。

虽然"邮政业务到手太迟了，不尽合我意"，但自己创办的事业最后获得认可，还是一件好事情，而且"'稳扎稳打'是我的座右铭"，即使在获得了开办的上谕，也还要在章程、人事上做好安排，稳步推进。赫德想到的合适人选，是曾经热心推进邮政开办的葛显礼，即使其因车祸而受伤，是否能顺利工作尚难预料，但"从国内派来新手一定比无用更糟，因为他们必须符合外事的要求并努力达到外事要求的条件，与此同时，更重要的时还须赢得中国人的好感并适应中国人的方法、可能性和他们的困境。这三件事没有一个新手能理解或受得了的"②。不过，这一次赫德可是看走眼，受伤之后的葛显礼与之前判若两人，使得初办的邮政事业一度处于停滞状态。而开办后的大清邮政，只能在"便民"上凸显其独特地位，而"裕国"的功能，始终未能在清季得以体现。

第二节 大清邮政的初期运转

一 开办章程与舆论反应

光绪二十二年二月初七（1896 年 3 月 20 日），由光绪皇帝在总理衙门所上的《议办邮政折附总税务司开办邮政章程》朱批："依议"后，大清邮政正式获得了开办的权利。此文件乃为清廷枢臣对新式邮政的认识程度的最为重要的依据，也是赫德为之奋斗三十年的成果，而其中对邮政的功用及职能的分配，若细细分析，则可于开办这一事件外，更多一分对时人思想世界的了解。

此《议办邮政折》主要是赫德起草，而其主旨亦为赫德对大清邮

---

① 《中国邮票史》第二卷，第 17 页。《泰晤士报》的报道全文如下："Imperial Edict issued extending the Customs Post Office Department and establishing a National Postal Service under Sir Robert Hart as Customs and Posts Inspector General."（1896 年 3 月 28 日）转引自《中国邮票史》第二卷，商务印书馆 2004 年版，第 17 页。

② 1896 年 3 月 29 日赫德致金登干，《中国海关密档》第六卷，中华书局 1996 年版，第 448 页。

政之发展构思:"遵旨议办邮政,请由海关现设邮政推广,并与各国联会,以便商民,而收利权。"可见其主要方法,是借助海关试办邮政之成果,建立起国家邮政的体系,故也就意味着大清邮政的推广,是从口岸城市往内陆延伸。而开办邮政的目的,一言而概之,则是收回属于现代国家经营范围与权利、但为民间信局及客邮所掠夺的部分:"与各国联会",是加入万国邮政联盟,保证中国邮政利权不因条约所割让的口岸城市而分裂;"以便商民",是将原"不与小民争利"的民信局收归国家邮政体系,以消泯其过往任商业自由发展,而给民间书信往来造成的制约;"而收利权"则针对商埠书信馆与"客邮"而言,逐步取缔外国在华设置的各种递信机构,而将利权归于大清邮政。

不过,此折并未提及如何处理驿站问题,而牵涉而至的朝廷公文传递责任归属,亦未在此折中纳入大清邮政的范畴。可以说,此时正式开办的大清邮政,在制度上只是处理"民"的文书往来,官方的公文与信件是否亦由邮政处理,在没有彻底理清邮政与驿站的权属之前,还是依例交驿站带递。但该折亦未明确否决官员将公文信件交邮政寄递的做法,官员可以根据自身的需要进行选择,而朝廷对此亦无明确的训示,至少是默认了这类的做法。因此从该折所反映出的朝廷对邮政的认识,基本还是在商业行为的范畴之中。其开篇回顾张之洞拟请开办邮政,谕旨称"邮政一节,业经总署筹议,粗有头绪矣",于是"仰见圣主周恤商旅、通志类情之至意",可见朝廷只在张之洞的折子中,读出了"取资甚微,获利甚巨"的意味,而新式邮政制度可能带来朝廷信息沟通与政治控制方式的改变以及其潜在的巨大经济收益,尚未能深入体会。

《议办邮政折》中简略回顾了赫德众人自光绪二年起议办邮政的历史,指出举办新式邮政的症结所在,即"体制不同,推广每多窒碍"。那如何设置体制,方能推行无碍呢?总理衙门的想法,是由总税务司赫德专司其事,而由其总其成,"略如各口新关规制,即照赫德现拟章程,定期开办,应制单纸,亦由赫德一手经理。遇有应行酌改增添之处,随时呈由臣衙门核定,期于有利无弊"。故无论试办抑或正式开办,总理衙门都没有直接插手具体的事项,其主要职责,乃"俟办有头绪,即推行内地水陆各路,克期兴办。一面咨行沿江、沿海及内地各直省将军督抚知照,届期即将简要办法饬地方州县晓谕商民,咸知利便"。至于开办中的具体事务，如民信局的挂号与"帮同递送"、与电报局的协调合作、与轮船及未来的铁路接交协同等问题，均"由该总税务司与各该局员会商办理"。"官邮政局岁入暨开支款目"，亦由"总税务司按结申报，臣衙门汇核奏报"。与试办时期相比较，从管理方法到协同机制其实并无大的区别，而关键之异处，在于海关获得开办邮政的合法性，从而凌驾于民局、客邮之上，可以借助朝廷力量对其进行打压与整合。至于加入万国邮政联盟一事，亦可准备照会，"寄由出使大臣转交该国执政大臣，为入会之据，自可援万国通例转告各国，将在华所设信局一律撤回"。在这样的开办机制下，海关及其外籍税务司无疑是将更多的权力收归己有，但同时也意味着海关的岁支之中，要为新式邮政多添一笔额外经费，在其尚属雏形阶段，支出自然远超收入。总理衙门愿意将此项新政全行托付海关办理，其中未必没有这份心机。

《议办邮政折》后所附《邮政开办章程》，是赫德依靠制度完备的新关，逐步健全邮政网络的方案，也是赫德"稳扎稳打"举办思想的体现。他认为"邮政开创之初，订立章程无须过繁甚细"，只要能"俾外人易于知晓，并使在事员役得所遵循，俟之既熟，体察情形，再为因时制宜，酌力详章，分归各类登记奉行"。因此他将寄递方法，按海关邮局办区域进行设置，分为"通商口岸互相往来寄递""通商口岸往来内地寄递""通商口岸往来外国寄递"三种，由此不难看出，海关之前试办邮政的成果，基本集中在通商口岸，要拓展新式邮政的网络，海关则不能急于取缔民信局及客邮，反而须先与其合作无间，方能建立起新式邮政的局所、使用人群与信用。

按赫德的构思，"京都总税务司署中寄信局，应改为邮政总局，管辖各口邮局"，而"上海通商口岸为中国寄递适中之区，分赴南北暨入长江并往外埠，较为事繁任重"，因此拟委已设之造册处税务司"兼管邮政事宜，各口分局均应报由兼管邮政税务司转呈总税务司核办"，再由总税务司"转呈总理衙门核办"。这就确立了新式邮政开办初期的三层管理模式：兼管邮政税务司——总税务司——总理衙门。其他"各新关已设之寄信局，现拟改为邮政局"，"仍归税务司等管理，照他项关务会同监督商办"。由此可见，在具体口岸的邮政管理，由于开办主体（海关）的缘故，并未将其列为独立事业操办，而是看作"关务",由中外海关官员共同管理。虽然海关监督未必可以涉足此项业务,但却与海关税务司在其他关务上所要遵循的原则相同,所以新式邮政制度上在初办时未能成为独立的事业,而只能附庸于海关发展壮大。

在邮政设局上,"凡设有邮政局之处,应谓之联约处所,其未设有邮政局之处,应谓为不联约处所",因此大清邮政正式开办之处,"京都、天津、牛庄、烟台、重庆、宜昌、沙市、汉口、九江、芜湖、镇江、上海、苏州、杭州、宁波、温州、福州、厦门、汕头、广州、琼州、北海、蒙自、龙州等处所设之寄信局,统作为邮政局"。在这些地方所设邮局工作略有起色后,"即在附近处所随设分局,即如天津之塘沽、大沽,并铁路电线沿途各站,上海之吴淞,宁波之镇海,福州之罗星塔,广州之黄埔,沙市之陆溪口,九江之武穴、湖口,芜湖之安庆、大通,镇江之南京等处,所有各该处分局应由该税务司会同监督派人管理"。

是时大清邮政可寄送之信件,"分为封口信及明信片,与贸易册并刊印各件共四项","其信资亦当分晰为三,一为岸资,一为内资,一为外资"。通商口岸联约处所来往信件信资,可参下表:

表3-1　　　　　　　　通商口岸联约处所来往信件信资

类型	数量（张/件）	重量	价格	备注
明信片	每张		洋银一分	
封口信	每件	二钱五分	洋银二分	
	每件	五钱	洋银四分	余以此类推
	每件	一两以下	洋银八分	
新闻纸	每张（华）		洋银一分	
	每张（洋）		洋银二分	
贸易册并刊印件		二两	洋银二分	

资料来源:《议办邮政折、邮政开办章程》。

由于大清邮政各邮政局服务范围暂仅限于口岸城市,故其所收信资亦仅限于其所收递范围的服务费用，"若外国信件送到本局转寄不联约之处，其内地运送之资应由收信之人付给，若由不联约之处将信件送到本局转寄外国，其内地运送之资应由交信之人付给，所有民局运送之资（即内资）听民局自行酌订收取"。而为了控制和吞并民信局，大清邮政一是要求民局赴邮局挂号，"凡民局开设联约处所，应赴邮政局挂号领取执据为凭，无须另纳规费，倘该民局领有执据后不愿复行承办此项事件，应先赴邮政局呈明将执据缴销"。一是民局信包不准交轮船寄送，"凡民局之信件途径通商口岸交轮船寄送者，均须由该局将信件封固装成总包，交由邮政局转寄，不得径交轮船寄送，并应按往来通商口岸之意完纳岸资"。两项措施之中，以后者对民局生意影响较重，盖挂号之事，以当时邮政之力度难以强使民局就范，即使规定"凡有邮政局之处，除挂号之民局外，所有商民人等不得擅自代寄信件，违者每件罚银五十两"，亦缺乏足够的监管力量。倒是民局信包不准交轮船寄送，几成断绝民局经济命脉，因是时民局基本借托轮船员役寄递信包，此禁施行，民局之经营成本即行剧增，故大清邮政施行未几，各地即有反对之事，细察缘由，以民局集中之区域为多，即与此条规定有关。

除做好合并控制民信局之准备外，大清邮政有不少借鉴欧美邮政制度的规定，如"邮政局须制造信票，以便粘贴信面，作为寄送外国暨通商各口之信资"，而交付邮局寄送的信件，可在"各处邮政局并邮政局托售之铺店等处"购买信票，粘贴于信面作为信资，若有伪造信票者，"应按伪造银钱票据之罪惩办"[①]。吸取信局局伙缺乏监管的教训，《邮政开办章程》中规定"凡邮政局之员役等，若有私行拆动信封及传扬泄露等事，除照局中定章罚办外，犹须按其本国律例治罪"。如果轮船之行主、船主、水手、搭客等携带应属邮局寄递之信函，"违者每次罚银五百两"。

附于《议办邮政折》后的《邮政开办章程》，只是大清邮政正式开办的粗略框架，赫德之本意，就是要借鉴欧美制度，制订一"简单的制

---

① 虽然光绪二十二年（1896年）的邮政章程已经规定伪造邮票的惩治措施，但直至十年之后的光绪三十二年（1906年），清朝方由刑部奏定《严定伪造邮票，并冒用旧票等治罪章程》。

度"先行开办①。这也造成其中某些成分未必尽合中国人传书递信之习惯。但新政乍出,即引起朝野之热论。因新式邮政之开办,一是可能改变传统驿传传书带信、维持皇朝统治的功用;二是与"小民争利",将遍布各地、大小不一的民局收归大清邮政之下;三是影响商埠邮政与客邮之运转,对在华外人之书信传递习惯造成冲击。如《论邮政将兴之可喜》②一文,认为大清邮政开办,"凡属有心时事者无不闻之而色然以喜也"。他认为泰西诸国与大清对待邮政的态度不同,缘由在于对邮政"裕国"功用的认识有关:"按泰西国法,以邮政为最重,缘其所入实属不资,足以裕夫国用,故郑重视之,而为国家所专主不同,中国视为末业,一任微民各自为之,而官且置之不问"。如今朝廷正式开办邮政,"乃效西法,西法不惟重官府之文书,兼重商民之函信,并行不悖,决不少存歧视之心。诚能一旦举行,则事权归一,章程必严,岂惟是大便乎?"如今举办邮政,官民信函递途归一,"而于国家则□增一极厚之入款,恐较之地丁钱粮之数有增而无减也"。以邮政收益比拟皇朝税源大宗之地丁钱粮,可见邮政在其心中地位颇重。

该文同时指出,兴办邮政的阻力,在官为"不与民争利"的观念,在民则是信局倒闭的实际境况。但其认为,官家对贫民数十文之租赋尚时时催索,"何独乎信资之末微而鄙薄弃之耶?"而且邮政开办之后,"可设专官以理其事,而毋庸按察之兼权,可设局于各隘,而毋庸州县之驿卒驿马以及代马之船,与夫提塘等秩也"。朝廷既可坐收巨利,又可节省各地设官管驿之费用,实为一举多得之良政。至于邮政开办导致信局闭业,"此利本应归诸国家",且开办后可以聘用原信局员役,不会造成大量失业的局面。而且大清邮政由总税务司赫德负责开办,"一切章程既由总税务司鉴定,自必十分周到,百般妥协,以总税务司赫德

---

① 1896年5月10日赫德在致金登干的信中,讨论到"印花税"的问题时说道:"谢谢你寄来的所有'印花税'文件,但是它们并不完全符合我的要求,尽管以后全都会有用。我的目的在于制定出一项简单的计划,同我的邮政章程有点相似,以便为中国实施这种税收制度。"从此些片言只语中,可见赫德对此时邮政章程之看法。

② 按:《中国邮驿史料》所收《时务分类文编》中的王韬《论邮政将兴》一文,与此文基本相同,仅有个别文字之误差。见仇润喜、刘广生主编《中国邮驿史料》,北京航空航天大学出版社1999年版,第316—318页。

君，固深明夫邮政，而又久居中国，事事留心，深知国中之情形故也"。字里行间颇见乐观之意，也代表了大部分期盼新政改革者的心情。

有赞成之声，亦有反对之音。大清邮政举办之初，即有"洋人来函以新设邮政之不便"，他们主要是工部书信馆及工部书信馆的长期顾客，"因设国家邮政，工部局顿失此有用之入款"。甚至更有质疑，朝廷将正式开办的邮政托付海关办理，是失去了国家邮政的合法性和合理性，不能称之为"国家邮政"："盖政府者，各督抚与他方官之谓也。……此次新设海关邮政，仅在洋人侨寓之通商各海口地方，甚属有限，乌得谓之国家邮政。"他们认为，虽然海关邮政以收回利权为名，实则"无非为筹款起见"，而海关既为主办邮政之机构，"我辈来往信资，中国既未先行明商，亦未先行请由我官允准，并未尝将所定各事先行通知我辈，遽将信资加至数倍之多，试问如此办法，岂果中国固有之权耶？"而且大清邮政之筹划开办，既未通知工部书信馆，亦未有通告商埠民众改易寄递方法之事，属于"无端秘密从事，仓促之间遽行改弦，以致各口来往书信扰乱无章，其居住内地各人亲友书信文，都须阻隔数月矣"。不满之意，溢于言表。

对于此些抱怨，有回应指出，所谓"阻隔"一说有言过其实之处，"考诸现在情形，较诸往昔亦无不便之处。譬如上海有人寄信至内地某处，但将信交海关，照岸资则例付给邮资，海关即将此信递至距某处至近之通商口岸，由该口岸邮政局向内地寄发，所有内地信局应得信资，仍向收信之人收取。其有内地寄来之信亦复如是"。而且大清举办邮政，并非秘密进行，其与在华客邮机构亦有沟通并获得支持，如"香港邮政督办与赫德总税司意见相合，正在香港将所有中国信件责令由香港驿务署一手经理，如此办法香港驿务署每年入款可望多加十万。然则欲求大英书信馆与海关邮政相争利，岂不难哉！现在邮政已设，绝无中止之望"①。相较之下，在华洋人虽有怨言却底气不足，反观清廷于新政开办之初颇具信心，态度亦较为强硬，誓将筹备多年的邮政尽力推行，以

---

① 《论洋人来函以新设邮政之不便》，《皇朝经济文新编》（商务、税则、邮政），《近代中国史料丛刊》第三编第284册，台湾文海出版社1987年版，第290—292页。

收回利权，裕国便民①。

对于舆论而言，除了注意到新式邮政的开办对现存传书递信方式的影响外，还注意到其对交通事业的影响。《申报》有《闻中国皇上准兴邮政谨抒末议》一文②，认为邮政开办后，"中国其从此可收富强之效哉！"不仅可如泰西邮政般年收巨资③，而且"中国而欲兴邮政，宜以创修铁路为先务，马路次之"。在保证传输速度外，还可以提高传递的安全性："凡人寄托书函，无不以迅速为喜，苟非长江大海，为轮船所不能达者。一有铁路，则千里之远不难朝发夕至，断无迟滞之虞。顾铁路究有不到之区，僻壤穷乡焉能一一筑成枝路，则惟有以马路补其不足。庶几一切信件，用马车载驶，既得免于羁滞，而所带银钱汇票不虞盗贼之生心。今者铁路已有成议矣，所望铁路不及分枝之处，次第开辟马路，以便邮局夫马之奔驰。"

时隔月余，《申报》又载《中国政务日兴喜而论之》④一文，认为邮政之开办，代表了清朝政务的新气象："可知中国政务递兴，仿行西法不遗余力，无复从前之墨守旧章矣"。而且邮政之发展，亦能推动交通体系的完善："现在邮政已将开办，铁路已将动工，既或之后可相辅而行，未成以前亦并行不悖。"而作者更希望，"邮政之外规仿西法之事尚多，所望渐次举行，毋畏难、毋因循、毋避嫌、毋推诿"。可见甲午战争之后，朝廷开办新政之缘由多因现状所迫，但对于朝野有识之士而言，这是迫在眉睫的改革需要，通过各种行之有效的措施，最终达至十年之后"与泰西人并驾齐驱"的效果。

以后来人之目光读此文字，既有感于时人的拳拳救国之心，又有叹

---

① 事实上，在华洋人虽在大清邮政开办初期略有怨言，但工部书信馆在个别口岸的书信馆，已经改由海关担任书信馆的总办。如汕头书信馆即于1896年4月21日的董事会会议"决定由海关作为书信馆代办，因为他们负责管理将在中国建立的新的邮政制度"（《工部局董事会会议录》第12册，上海古籍出版社2001年版，第533页）。

② 光绪二十二年三月初七（1896年4月19日），第1页。

③ "犹忆一千八百七十二年伦敦都城已分设邮局一千五百处，收得信资五兆二十万八千九百二十二磅。是年法国通国收得信资五百五十六万六千八百九十二磅。一千八百七十年意国收得信资六十三万九千零六十一磅，美国邮政局多至一千七百六十九处，一千八百七十二年收得信八十七兆四十万六千七百六十八封。"

④ 光绪二十二年三月廿五日（1896年5月7日），第1页。

于其时现实之桎梏于新政之危害。其实时人早已指出，洋务新政难以推广之因，及朝廷于此类事务不得不采用西人之由，在于"华人积习太深，即有清正廉明之官，亦不能革除其陋习。为饷项计，未敢规复旧制，而一任西人之代谋。……大抵华人之办事也，无事不取乎圆融；西人之办事也，无事不取乎认真。华人格于情面，务为委曲以迁就。更有钻营之辈从中煽弄舞弊之辈，百计图维，故每事创于先机，而败于垂成焉，良可慨也"①。故其新政之推行，关键之处还是人事之安排。对于刚刚起步的大清邮政而言亦是如此，不仅是华人经营"多所窒碍"，客邮、民信局甚至主办邮务的外籍税务司，都在其中起了不同程度的阻碍。其中缘由，值得探究。

二 新政机构的外部障碍

大清邮政虽于1896年3月20日正式宣布开办，而开办章程亦于当日公之于世，然规条与实际操作之间沟壑良多，各口岸、各局所及各递信机构之间的协调合作，尚需时日方能稍见条理。一方面，尤其是管邮人员的挑选与安排，令赫德这位总邮政司煞费苦心。另一方面，尽管赫德等人深谙正式开办、加入邮盟与取缔客邮之间并非必然因果，但俄、日诸国在大清邮政宣布开办后即迅速在新开口岸设置邮局，给新生的邮政体系造成不小的运转障碍。对于民信局而言，虽然《邮政开办章程》要求"民局挂号"的规定一度使得他们无所适从，但很快他们即发现，此时的总税务司及各口岸的主管税务司均无暇安排取缔民信局的工作，甚至于大清邮局的正式运转，亦因各种缘由推至次年的1月1日进行。在艰难的外部环境中，大清邮政的各项事业开始缓缓起步。

列强于甲午之后，在华大举设置邮局的做法，引起了赫德的关注与忧虑。在清廷无法对这些侵犯利权行为做任何实质性的反抗时，赫德主政的大清邮局亦只能略尽其能，利用职权内的策略与之周旋。在列强之中，俄、日主要是在各口岸继续开设客邮机构，尤其在新开口岸，速度比大清邮政要迅速不少；而法国除了增开邮局、保存旧局之外，还要求

---

① 袁翔甫：《论邮政有试行之信》，《皇朝经济文新编》（商务、税则、邮政），近代中国史料丛刊三编第284辑，台湾文海出版社1987年版，第305—307页。

清廷在新式邮政机构中安排法国邮务人员担任要职，力图要在新政中分一杯羹。

大清邮政开办不久①，法国公使施阿兰即照会总理衙门，"中国设立邮政，思茅、河口两处，当照各口之例，一体设立分局。又上海、天津两口有法国书信馆，系与万国邮务总会联约者，凡有权利，务须仍旧保全无损。并将来中国邮政局陆续推广，招募外国人员，其法国人员亦应公平令其同办"。而总理衙门接照会后，于四月初十（5月22日）回札，对法国的要求一一做出回应。对于其要求保全其上海、天津两处书信馆，总理衙门称"查中国设立邮政，即经入会联约，所有一切章程自应按照万国通例办理，以昭划一，不能于贵国所设之书信馆独有所偏"。对于在思茅、河口设立分局，"自应照各口之例设立"。而对于招募法国邮员的要求，仅承诺将来"亦当一体遴用，以见公平之议"②。可以说，总理衙门并未就其要求做出任何承诺。但另一方面，总署的政策似与总税务司的理解有所出入，赫德曾在早前的第707号通令中，引用总理衙门就加入万国邮政联盟而致瑞士联邦委员会的照会，表示"中国目前仅为保留参加，最后加入之意向，虽已正式宣布并予备案，然须待各通商口岸官邮政局一切就绪之后，方可全部生效"③。可见在加入万国邮联问题上，总理衙门若不是理解有所偏误，则是仍以应付之心态，仅为解决眼前洋人之利权要求，而未曾虑及日后的发展需要。在次日去札总税务司时，总理衙门则嘱咐"现在开办伊始，务须援照通例斟酌尽善，并申复本衙门可也"④。从此或能发现，总理衙门虽渐有意识维护清廷之利权，但在具体行事上却往往取决于其对新式事业的认识和举办环境的具体情况。"邮政为国家固有之利权"的观念虽已被接收，但事涉对外交往，举办又耗费甚多，故总理衙门宁可付诸利权予同为外人身份的海关税务司，亦不愿亲力亲为与各国一一争执。近代中国利权的丧

---

① 光绪二十二年四月初七（1896年5月19日）。
② 《历史档案》1984年第3期，第24页。
③ 1896年4月17日总税务司第707号通令，《旧中国海关总税务司署通令选编》第一卷，中国海关出版社2003年版，第357页。
④ 光绪二十二年四月十一（1896年5月23日），《历史档案》1984年第3期，第24—25页。

失，固有列强的侵略掠夺，但亦应注意清廷自身观念局囿与行事惯例，在维护和失落利权一事上的影响因素。

赫德虽为洋人，却是领清廷俸禄的海关税务司，一方面既须维护清廷体面与利权，另一方面亦不愿他国涉足已为英国掌控之利益。故四月十六（5月28日）赫德的申呈，针对法国公使的照会一一批驳。对于施阿兰指上海、天津两处法国书信馆须保权无损，赫德则反驳"其天津一处，未闻有法国书信馆，上海一处法国设有书信馆。惟或为该处工部局设立，抑为法国国家邮政分局，尚未知悉"。言语之间，暗指法国有借机滥索权利之嫌。而且中国本为地主，对于客邮局所开办自有法规照行，法国公使以强硬态度照会要挟，无疑为本末倒置之举："伏悉上海系中国之地，若他国欲在该处设立邮局，原应先由地主允准。且设立后欲入万国联约公会，亦应先由地主允行，方为正办。"但是赫德也知道，以清廷之实力，亦不能将法国书信馆立时取缔，故暂取权宜之计，"应俟邮政各事就绪，入会办毕，再议及此，尚不为迟。若现时遽议此节，不但太早，且恐于目前他事不无妨碍"。否则不但难以成事，甚至可能影响已在进行的邮政事业。

赫德同时亦意识到总理衙门对加入邮盟与收回利权之间的关系理解有误，他在此份申呈中便指出："溯查光绪二十一年十二月十五日申呈贵衙门内称，各国在中华设立分局，系中国向无邮政官局所致。若不入会，则各国势必不肯将此项分局收回。若既入会，收回固较易，但仍须向各该国商定等语"。但赫德虽将此层关系说清，却未必对总理衙门之为政用意有切身体会①。不过，反对法国利用大清邮政开办而掠夺利权的想法，赫德与总理衙门倒是一致的，包括送呈法国公使阅读的文件，也是有所选择，以免其有机可乘："是以前奉贵衙门饬将章程等件交与法国施大臣阅视，总税务司但将章程之英文并照会瑞士国之法文交付，并未将奏稿交阅，因恐另生枝节，于办理一切有碍。"而他认为自己与清廷处于同一阵线，对待法人应该同心协力，既然朝廷已经奉旨开办邮政，则"自无不遵照开办之理，何得由局外者预为过问"。

---

① 赫德可能没有意识到，总理衙门的回札，可能仅为搪塞法使而行的借口，而未必尽然是其对加入邮盟或邮政利权的真实认识。

至于法人要求招募其人员负责邮政事务，也被赫德婉拒，虽然"法国系和好之国，其人民亦属聪明能干"，但"邮政之举，实属创始，暂时只用海关人员兼理其事，既无需另派洋员，自可不必专请法人前来"。不过，这些都只是托词而已，最关键的问题，在于"邮政事宜乃系中国自主自办之事，外国勿庸干涉"①。而这里的"外国"，自然要将英国排除在外，因为海关主办新式邮政，并未以培养中国人才为目的，而是招募总税务司可以控制的人员进行负责。一旦法国安插人手进入邮政系统，不仅导致总税务司的权力旁落，更可能使得海关的管理体制发生变化，这自然是赫德无法接受的事情，当然要防患范于未然。

侵夺中国邮政利权之事，各国之行径不尽相同。法国重视从人事上插手控制，而日、俄两国则直接漠视中国邮政开办之事实，反于各地加速设置邮局的步伐。赫德在五月初九（6月19日）的申呈中即指出，"近闻日本拟遣官赴杭州、苏州、沙市、重庆四处，自本月二十一日设立邮政分局，似此行殊不可解。法国既知中国奏明开办邮政，祗请于新开之口由中国设立邮政分局，而日本反定自办，若然，诚恐日后事宜较为难办"。为确保新开办的大清邮政在与客邮的竞争中不落下风，赫德拟定三项措施，请求总理衙门进行配合处理。一是"由贵衙门将中国奏明开设邮政官局照会各国查照。若新开口岸官民人等如欲寄信，即可交由中国之邮局传递，毋庸自行开设"，一是"由总税务司札饬派往新开各口之税务司迅为设立书信馆，自本月二十一日，即西历七月初一日，即一百四十四结为始开办"，最后还要"请贵衙门电致中国出使日本大臣，向该国政府将自行设立之不便声明为要"。② 三项措施，一是要取得国际舆论与惯例的认同，二是加快本国邮政事业的建设速度，三是与日本进行实质性的交涉，处理手段考虑得相当周全，但效果则未必如其所愿。毕竟国家之间的交涉，必须以实力为后盾，方能论及平等交往与互尊利权。

对于清廷的要求，日本外务省的回应是："我国政府在以上所开四处开设邮便局者，系仿照天津、上海、烟台之例。如贵国政府设立邮便

---

① 《历史档案》1984年第3期，第24—25页。
② 《历史档案》1984年第3期，第26—27页。

局后，该事务整顿，实足凭信，候各国将天津并其余数口之邮便局撤回，则我国政府亦欣然相同将其撤回。"① 所谓"天津、上海、烟台"之例，应指在这些早期开放的通商口岸的租界内，各国可以自行设置邮政局所的做法。对于这样的狡辩之词，赫德在次日的申呈中即指出，"查该国在新开口岸现行设立邮便分局，不但与中国开办邮政增加阻碍，且与敦笃友诣［谊］之道相背"。因为时势变迁，过往客邮设局的理由，不能作为今日辩护之借口："缘日本等国在天津等处设局，系在中国未经开办邮政以前，且拟设之时，并无辩驳阻止之词。今拟在苏杭等处设立，乃在中国已经开办邮政之后，且虽有辩驳，尽可置之不理。两事大相悬殊，彼时不得不设，此时不得妄设。"但这样的回复能否让日本撤局，赫德心里也没把握，只好向总理衙门建议"如此试行，视其如何作复"②。

没有实质阻止行动，显然毫无阻拦日本设局的功效。总理衙门在七月初五（8月13日）致函赫德时称，"又于七月初一日接浙江巡抚电称，闻日本领事小田来杭，带有该国邮政官，欲在领署设局"③。十二月初三（1897年1月5日）又接湖广总督张之洞文称："湖北荆宜施道俞钟颖详称，光绪二十二年九月二十三日，准日本领事永泷照称，西历十一月初一日，拟在沙市创设本国邮便局。"由于该事经两国之间来回交涉，却仍无最后定论，以致直省官员无法采取对策，只能"详请核咨总理衙门查核示遵"④。可见清廷既无法断然拒绝日本的设局要求，又不能不为保存自身的利权而往复交涉，但日本已经先发制人，在新开口岸采取实质的设局行动，而直省官员在无朝廷明确的指示下，亦只能仍由外人行事，最终导致利权旁落的结局。

既然无力改变客邮设局的现实，总理衙门亦只能在继续交涉的前提下，先以发展完善自身邮政为目标："查中国初设邮政，各国皆存觊觎，

---

① 光绪二十二年六月十四（1896年7月24日）给总税务司赫德札，《历史档案》1984年第3期，第27页。
② 光绪二十二年六月十五（1896年7月25日），总税务司赫德呈，《历史档案》1984年第3期，第27页。
③ 《历史档案》1984年第3期，第28页。
④ 《历史档案》1984年第3期，第28页。

自不能因日本一国作梗先置之不议，自须随时驳阻，以为根据。俟日后中国邮政通行，再援通例照会各国撤回"①。而驻日公使裕庚与日本外务部的交涉，并无令人满意的结果，日本外务部认为："盖为贵国邮便局创设之日尤浅，事物尚未整顿，未足深信，故为所疑。是以我国政府亦系同一理由，于新开四口新设日本邮便局之在所必要也。"他们的逻辑是："若于贵国邮政果有阻碍，则上海、天津等处之各国邮便局，其设立以来，历有年所，其熟悉练达，为众所深信，则其妨碍贵国邮便，比在新开四口我国初设邮便局更甚，固未可与比，想亦必所深悉。"因此若要关闭新开四口的日本邮便局，日本的前提条件即"如贵国邮政事务实能整顿，各国亦能凭信，至将上海、天津等处所有邮便局撤回之时，则我国政府即将该新开四口所有日本邮便局便行关闭，不事踌躇"。这些狡辩，无非是为施行既成事实的托词罢了，且日本此时甚至已无兴趣与清廷对此问题再行交涉，而直接要求"请烦转饬沙市关道，与领事有条理之求请，幸勿对其妄行挠阻，以全两国和谊，实为厚望之至"②。这种赤裸裸的威胁，显与甲午战争之后两国地位的升降有关。故赫德在四天后亦不得不屈从于现实，向总理衙门申呈表示"中国情理两全，而日本执欲创设，殊可惋惜"。为今之计，只能"莫若暂作罗［罢］论"。但即使虽无实力阻止日本侵犯利权，亦"应请贵衙门再为照会日本一次，以日本在新开四口创设邮局，中国仍不甘服，既承允俟上海等处各局撤回，即将该四口新局关闭，此语业经立案，此事姑之不议"③。此段文字，读来颇具有心无力之感，从最初要求照会日本取消新开口岸的邮局设置，到最后只能以"仍不甘服"但默认现状的结局了结此事，不难看出，甲午之后的清朝与列强博弈的资本已大大减少，即如设局撤所此等小事，清廷亦难以保护自身的权利。不仅经济利益受人侵蚀，而且外国势力深入内地，对清朝社会安定亦是一潜在隐患。只缘是时清廷

---

① 光绪二十二年十二月十二日（1897年1月14日），咨出使裕大臣文，《历史档案》1984年第3期，第28—29页。

② 光绪二十三年正月十三（1897年2月14日），行湖广总督张之洞文，《历史档案》1984年第3期，第29页。

③ 光绪二十三年正月十七（1897年2月18日），总税务司赫德呈，《历史档案》1984年第3期，第29页。

如将倒之茅舍，虽漏洞百现，却未必尽有精力一一补全，到最后亦只能得过且过，留待日后补救了。

第三节　与民争利：大清邮政与民信局的纠葛

大清邮政的成立与发展，恰是清末新旧机构面对时势而共处并存的缩影。从欧美新式邮政机构的发展上来看，国家开办的邮政机构取替原有的民间带信集团，将所有邮递事务统于国家的控制之内，其不仅将邮政收入加以控制，亦是对各种信息、货物的流通及其安全加以可调节的掌控，进而维护国家的安全与社会的稳定。但大清邮政的开办，虽由总理衙门议办，实权却操纵于海关之中，并没有独立的中央机构主管。加之海关又被视为"外人之事"，故尚处襁褓之中的大清邮政，或被漠视、或觉名不正言不顺，难受朝野认同。

作为朝廷新政的大清邮政，最后目标是将驿传、民信局、客邮及其他非正式邮递局所（如文报局）统一在自己的管辖范围之内，但开办初期的尴尬地位，使得其并不能对由兵部主管的驿传体系加以合并（驿传本身的存在就是朝政运转的体现）。而甲午之后的客邮扩张态势，与列强与清廷的实力消长恰成因果，海关在此方面亦难有作为。故可以下手逐步取缔的，则只有遍布各地的商业带信机构——民信局。所以海关在大清邮政开办初期，其工作重心主要针对民信局而展开，亦使得后人认为大清邮政之主要特征即为"便民"。日后随着大清邮政实力的逐步增长，其低廉价格与传递安全亦逐步为朝廷所认可，进而在官制改革期间，实行"裁驿置邮"，将官民文书的传递，一概纳入此邮政体系之中。

大清邮政对民信局的控制取替，亦随着其实力的逐步增强与设邮地区的增加，而采取由宽松到严紧的控制措施。相对于驿传体系与客邮局所背后所依靠的势力，民信局显得势单力薄。但在具体的地域内，民信局则可以利用当地商业组织的声势，给直省官员带来一定的压力，从而使其对总理衙门及海关进行抨击与交涉。但随着大清邮政的逐渐壮大，各地官员的态度亦逐步由反对、观望转为支持，故民信局的生存空间，随着时间的推移，则越发狭窄，而最后不得不面临消亡的境地。

大清邮政取缔民信局的过程，既是清廷从"不与民争利"到接受邮政"裕国便民"观念的过程，亦是清廷从传统皇朝到开始接受现代国家职能意识的过程。随着邮政事业的逐步开展，民众寄信递物无异更为快速便利，但同时亦须开始面对清廷的邮件检查与邮件控制。新政往往便利民众，但同时亦会带来新的烦恼，这种双刃剑式的选择，始终在清末的政治经济生活中，挥之不去。

一 领取执照与联邮代寄

在《议办邮政折附总税务司开办邮政章程》中，列有"专款"阐明大清邮政与民信局之关系，一是阐明民局的信包交递方式，二是邮局的信包交付方式，三是民局领取执照的事宜。可见大清邮政开办初期，只是先从确定民局地位与二者的合作方式入手，尚未论及取替控制之事。

《开办邮政章程》中规定，"凡民局开设联约处所，应付邮政局挂号领取执据为凭，无须另纳规费，倘该民局领有执据后不愿复行承办此项事件，应先赴邮政局呈明将执据缴销"。而以往的民局直接将信包交轮船员役代递的做法亦须改变，"凡民局之信件途经通商口岸交轮船寄送者，均须由该局将信件封固装成总包，交由邮政局转寄，不得径交轮船寄送，并应按往来通商口岸之章完纳岸资，至其轻重大小随后酌定，由各该邮政局晓谕众知，所有在内地往来之内资，由该民局自行酌定收取"。至于邮局收取民局的总包后，"应寄交书明处所之同行民局查收，取回收单备查"。从三条专款上来看，要求民局登记执照并非难事，而不允许民局自行交轮船寄递信包才是问题关键所在，因为信局托轮船带寄信件，只是付给轮船船员代为接看，至目的地再用小艇接收信件，这样自然较以信包托邮局转寄为廉。故信局之反对新式邮政，主要还是在于利源被裁，费用增加之故。

对于新式邮政开办将会遭遇民信局的阻力，赫德早有预告："中国官方不愿意同各地以带信为生的人民争利……邮政虽然有政府的全力支持，但在缺乏像其他各国所有的优越条件如好的公路和妥速的交通的情况下，无论从便利公众或收入来源说，即使要求不高，也不一定能令人满意。"所以"我们现在从头作起，将来当然还会有各种困难，但是时间会对我们有利，只要耐心谨慎地办理，那就不但不怕失败和出乱子，而且还可以得到巩固和发展的"①。而耐心谨慎的办理，首先要对各口岸民信局的具体情况进行调查登记，方便造册管理，故总税务司署于1896年7月17日发布第733号通令（邮字第13号），饬令各关税务司"出示晓谕，招请凡在尔口岸之民局照章挂号"，在挂号的时候要求民局登记以下资料："（1）该局字号为何？（2）何年开设？（3）设在何处？（4）局东姓名及籍贯为何？（5）若另有分局，其开于何处？（6）若另有代理店，其开于何处，用何字号？（7）邮袋寄递何处，当月何日所寄，寄费若干（开明预收之金额连同投递所需金额），以及途中约需几日？"另外，总税务司将上述训条"申达总理衙门，俾得转知各地之有关华官"。而造册处亦将寄送各官10或20份通令，"以便在设于尔口岸之民局中散发"②。可见赫德的谨慎之策，一是要摸清现存民局的具体情况，二是借助官府的命令减少阻力，三是公告民间此举的法理依据，而目的都是要减低各地出于商业利益或旧习惯而可能对新式邮政产生的阻力，使其不至于在开办初期即遭遇夭折的厄运。

遵照总税务司的指示，各关开始了登记民局的相关工作，而媒体亦对此事表示关注，并对新式邮政的落实颇有期待。如《申报》于镇江的访事人报道，"日前镇江关税务司李君为邮政事出示一道晓谕，各信局知照示云，照得开设邮政官局，总署奏准在案，所有章程载明，若寄送内地即用已设之民局代递，或系民局将信件交由邮政局转寄，抑或邮政局将信件交由民局转寄。其内地递寄之信资，应由民局照旧自定自取，与邮政局无涉。凡民局开在设有邮政局处所，应赴邮政局挂号，领取执据为凭，无须另纳挂号规费各等语。为此出示晓谕，凡有民局均于本年八月十五日以前赴关挂号，以便领取上开执据"。除列明挂号需登

---

① 1896年4月30日第709号通令，《中国海关与邮政》，中华书局1983年版，第79页。
② 《近代史资料》总第114号，第42页。各口岸自10月1日起将各民局资料登入册簿，而造册处将为各口岸登记民局提供执据，同时这些挂号局所的清单亦同时呈送于总税务司，方便管理及日后的进一步行动。

记的事项外，还需特别注明"赴关挂号并无他意，亦毋庸另纳丝毫费用，即希照办可也"。因此该报乐道"此可见邮政有必行之消息矣，不禁拭目俟之"①。七月二十（8月28日）的《申报》又报道："香港西字报云，粤海关税务司出示，谓中国已奏准开邮政局，所有广东各信局，须于八月十五日以内赴关挂号领照，不费分文。"甚至于为了保证行文的正确性，该报还于七月廿九（9月6日）全文登载了杭州关税务司的晓谕。虽然各关的通告内容基本一致，但《申报》在如此短的时间内频繁报道，可见媒体及民间对此事的关注程度，实非一般新闻可比。但显然此类消息的传递在不同区域有明显差别，如广东"省内举办邮政，其章程未见示谕通衢"②。这也可能与广东一地（尤其是省城）的商行势力及其对官府的影响有关，之后粤省信业的反对即反映了这一点。

《申报》对民信局在大清邮政登记一事的关注，正反映出留心新政、期盼清廷改革的士人态度。他们并不考虑"朝廷与民争利"的问题，而是认为民信局的弊端甚多，而大清邮政取而代之，是"识时务"之举。光绪二十二年七月二十（1896年8月28日）《申报》所登载的评论《阅本报信局事拉杂论之》，即认为"中国自与泰西通商以来，信局生意之盛，几乎莫与比伦矣"。但生意兴旺之后，则出现"局多而高低不一，人众则良莠不齐"的弊病，尤其是信局的"奔走在下之人"，"少年喜事，倥朝夕驰，逐于花天酒地之场，非习染日深，即纷华日事。试商其一年之出息几何，一月之进益几何，一身之本领几何，而顾可胜其挥霍，滥其交游乎？"所以"公堂究拿局伙之案，所为层见迭出也"。

另外，信局在口岸开设之后虽然发展蓬勃，但其本身的信誉与服务，亦因其制度的简陋而备受诟病。尤其是"信局者，以忠信为主者也"，但在大清邮政即将开办之时，"恐于己之生意不利，而先为自便之私图，以为得尺则吾之尺，得寸则吾之寸欤？"这样的心态，恰恰反映出民信局的局限，盖信业首要保证传书带信的信用，次为传递路线的广泛覆盖，而民信局出于商业利益的考虑，在路线安排、局所开设和服务对象上均有限制。虽然同行之间的竞争尚能保持信用之淳朴，一旦面

---

① 《邮政新章》，《申报》光绪二十二年七月十六（1896年8月24日），第1页。
② 《羊城新闻》，《香港华字日报》光绪二十三年正月初七（1897年2月8日）。

对以朝廷力量推行的大清邮政（虽然这种力量未必有实质性支持），则显示出一种小商户式的狭隘，只以保全自身为最大目的，其本质仍是追求商业利润，与大清邮政的"便民追求"有本质的区别。该文作者亦意识到这一分野，在文中论道："可见邮政之设，原所以济风轮火珀之不逮，并非有意□越民间，而使之独抱向隅也。嗣后民局信件，一经官局承接，不但往返便捷，且得互相稽查，缓者急之，滞者先之，内地交易受益实多，并可保永无殷洪乔之事①，岂非一举而两得乎？就使官场信件不无渐少，而民间由此见多。"随着信局业务扩大，甚至连公文都可带递，但信局带递公文，则多有遗失之弊②。可见无论官民函件，现存之制度均不足以善用。若驿传铺递可靠快捷，则官员不至将要件交民局寄递，而民局带递又易生意外，对顾客亦保障不足，新式邮政的推广，已是迫在眉睫的需要了。

　　从《申报》的报道即可看出，是时信局中人接到挂号的示谕时曾"颇有难色"，但经过与税务司的商议后"业已议妥，故日内各信局已纷纷赴邮政处递禀挂号矣"③。所以赫德才以为"中国人的各邮行都听话了，反对的呼声已消失了"④。显然赫德也对登记执照的进展顺利感到意外。不过，赫德还是告诫众税务司，"在颁发每件挂号凭单时，均应尽心竭力向领单者作如下说明"，包括"使民局屡知彼等应代邮政官局所办之事，应如何与后者建立联系，以及邮政官局将代民局所办之事"。民局除为邮政官局代办外，"应照旧或任便经营其业务"，并在稍后"将公布较详细之规条及章程，并以其抄件供与各民局"。最重要的，是"我等无意损害或取缔民局，唯欲承认、扶助，并与之协作，以

---

　　① 殷洪乔的故事，出自《世说新语·任诞》："殷洪乔作豫章郡，临去，都下人因附百许函书。既至石头，悉掷水中，因祝曰：'沉者自沉，浮者自浮，殷洪乔不能作致书邮。'"徐震堮：《世说新语校笺》，中华书局2001年版，第400页。后世常以此喻带信不及、丧失信用之事。

　　② "本埠某局承接上月初九廿四蔡观察寄紧要公件两函至湖北抚署，近接来信称未收到，观察派家丁赴局查检底簿，一面函请上海县提究。黄大令立将局主提鞫，据供现已函致湖北稽查，求恩交保出外，大令未允，着收押所中，限五日内查明禀覆，如违提比，此又一事也。"《阅本报信局事拉杂论之》，《申报》光绪廿二年七月二十（1896年8月28日），第1页。

　　③《照章挂号》，《申报》光绪二十二年八月初十（1896年9月21日），第3页。

　　④ 1896年10月4日赫德致金登干，《中国海关密档》第六卷，中华书局1996年版，第555页。

期有裨于民局，有利于大众，亦有益于政府。而民局所取之上策，则应是互惠与友爱"①。不难看出，赫德的政策相当稳妥，以互惠合作的态度示好于民局，避免过早引发冲突。毕竟开办邮政之初，海关在人事安排、邮品制作以及客邮侵权方面的工作繁重，因此赫德并不愿在民信局的问题上另生枝节。

不过，媒体对邮政官局与民信局关系的理解，则别有一番意思。《申报》中有新闻言："中国开办邮政，闻各口岸统于明年西历正月一号，即华十一月廿八日起设局开办。芜湖信局政大源等十五家，前于八月间奉税务司晓示，饬令具结挂号领凭，代递内地各埠信件。兹经税务司班谟君于上月廿七日，即西历十二月一日传令各信局主至关，发给执据，每家各领一张，饬令改为联政局，盖固在通商口岸所开，冀与邮政相联之意。"②按媒体报道之意思，似将民信局视为邮政官局之下属，难免令人产生邮政官局将信局纳入邮政系统的怀疑。虽然即时没有反对的声音，却未必意味各民局已经接受此等安排，而之后民局反抗之激烈，亦是总税务司所始料不及。

民局怨念渐生，除本身的利益冲突外，大清邮政的政令频变与开办推延，也渐令民局心生异念。光绪二十二年十一月廿九（1897年1月2日），"中国邮政局本定于西历元旦开办，各内地信局已奉税务司发给执据改为联政局，并颁给西字牌照，每家一张。谕令此后凡有内地信件交邮局，及邮局有内地信包交令转递，均以此照为凭等语"。但《申报》发现，"本月廿二日又奉税务司传唤各民局到关，谕以邮局细章尚未就绪，现奉总税务司札谕，展期迟至中国正月初一日始行开办，年内并不改弦更张，仍旧照常生业。各局皆唯唯而退，然意中皆甚悬悬。盖以细章至今未见，不识开办时究竟若何措置也"③。新政因故推迟，而大清邮政又减价带信，"自邮政奏归总税务司督办，所有通商口岸往来中外书信即由各海关向设之书信馆代送代收。现在天津海关之邮政局已

---

① 1896年10月9日海关总税务司署通令第748号，邮字第19号，《近代史资料》总第114号，第51页。
② 《申报》光绪二十二年十一月十六（1896年12月20日），第1页。
③ 《邮政改期》，《申报》光绪二十二年十一月廿九（1897年1月2日），第2页。

易新章，不拘水陆，周年投递。各口信件重不过四钱，向日每封计银三分，折收大钱四十八文，现在核减至四十文，以广招徕云"①。既将轮船的运输权掌控于手中，又降低信资招揽顾客，这种潜移默化的竞争，将会对民信局的生意产生影响②，进而诱发双方的矛盾。

二 大清邮政与民信局的冲突

赫德希望以稳妥的方式处理民信局的问题，但兼管邮政的造册处税务司葛显礼却与此设想背道而驰。他有意摆脱赫德的束缚，而由自己把握大清邮政发展的方向与步伐。为此赫德特地去信说"我认为邮务不应发展得太快"，因为"你所建议的通告——将那些机关一律关闭——也似乎超过了我们所要求的一切：它们自己会停业吗？我们是否应该坚持？"所以他反反复复地向葛显礼强调，一定要做好调查并向其详细汇报后，才能定出行动的策略，并且要时刻注意一个准则："就地行动必须符合北京的看法！"③ 尽管该信几经剪裁转译，但仍能从中体会到赫德的忧虑，以及对在中国实施新政的深刻理解。

葛显礼似乎并未接受赫德的建议，因后者仍感觉"葛显礼希望走的步伐太快而呈送的报告又太慢"，且葛显礼还"自作主张地发出了一份通令，把我的方案等等都打乱了。我们各处都处于困难之中！"④ 在赫德看来，对邮政制度的"设计必须尽可能细致"，"而且提出的要求必须有弹性，能曲能伸，因为我们在工作步入坦途之前，一定得转弯抹角，必须摆脱很多困境。……就国内的邮寄行业而言，我们不予鼓励，

---

① 《津沽鲤信》，《申报》光绪二十二年十二月十二（1897年1月14日），第2页。
② 工部书信馆在1897年1月5日的董事会会议上，"收到了招商局来函，称从下月2日中国新年那一天起开始办理大清邮政官局业务，并自该日起，除了由大清邮政官局托运的邮件外，他们的轮船拒绝将其他邮件运往各中国港口"。"会议随即讨论了这一措施对工部书信馆今后收入的影响，会议认为有必要提高本埠邮件的邮资。"（《工部局董事会会议录》第12册，第474页）有外国背景的工部书信馆在此措施下尚有此等顾虑，则民信局之拮据则更可想而知。
③ 1897年1月25日，赫德致葛显礼函，转引自马士《中华帝国对外关系史》（第三卷），上海书店2000年版，第68—69页。
④ 1897年1月31日赫德致金登干，《中国海关密档》第六卷，中华书局1996年版，第616页。

而只是最妥善地处理现有的局面"①。最后一句尤其引人深思,所谓"最妥善地处理现有的局面",即说明开始出现了与其原先设想不同的情况。

大清邮政带运章程的发布,改变了民间信局的寄递格局。一方面,因为各信局原"愿代邮政局收取信函,任交邮政局递寄,每函重不过二钱五分者收资二十文",但是有信局并不遵循此收费准则,"以致各局无信可收"②,由此"各信局在二马路景福楼茶肆与全泰盛信局潘陈二伙友为难,几酿祸端"③。虽此事后经官府平息,但却可见信局行业内部由于邮递新规则的变化,遵规者与违例者产生了利益的群体分化,与大清邮政联邮的局所,其信资比非联邮者稍微昂贵,由此必定分流客户,故彼此之间发生竞争及冲突,也就不足为奇了。

另一方面,则是民信局与大清邮政的直接冲突,例如在镇江,虽然大清邮政开办之后,"迩日各商民信函概投局递寄,络绎不绝,局中司事异常忙碌",但同时却出现"镇地各民信局不知何故,相率罢市"④的局面,这无疑为日后更大的冲突揭开了序幕。虽然此时(1987年初)出现的尚是零星的冲突事件,但在邮政开办之后各口岸在具体执行中遇到的实际问题,才是矛盾逐渐积累爆发的源头。而各地在举办中所遭遇的问题,可总结为以下几方面:

其一,秤量标准与秤量工具不统一。由于"所有章程均系粗定",因此汉口邮政局发现,虽然规定"每函重不过一两须费洋八分,轻则如数递减","但用华秤与西秤不合,每钱须加二分五厘,是不可以不办"⑤。由于民局与海关在秤量标准及工具均有差别,不仅秤量结果易有出入,关键的还是不同的结果需要缴纳不同的费用,双方意见不一,势必产生矛盾。

其二,重罚携带私信。如金陵邮政局规定,"凡遇往来信件,必盖印本局图记,粘贴印花,否则作为私信,查出从重罚锾"。这一措施对

---

① 1897年2月7日赫德致金登干,《中国海关密档》第六卷,中华书局1996年版,第620页。
② 《信局肇事余闻》,《申报》光绪二十三年正月十一(1897年2月12日),第3页。
③ 《解案待讯》,《申报》光绪二十三年正月十二(1897年2月13日),第3页。
④ 《信局罢市述闻》,《申报》光绪二十三年正月十二(1897年2月13日),第2页。
⑤ 《汉阳邮政》,《申报》光绪二十三年正月十四(1897年2月15日),第2页。

信局而言，则迫其必须至邮局挂号，打包托寄；对个人而言，则需要购买邮票，一改以往由收信人付资的惯例，而且信资固定，不能如民信局寄递般可以议价托带，因此在寄递习惯上是一项新的改变。是故此项措施出台之后，"阖城轮船信局计共十三家，即一律闭歇，所有商民铺户人等之信，须齐赴官局投递矣"①。信局之闭歇，或许是韬光养晦、静观其变之策，但对"商民铺户人等"而言，则意味着不能以惯常手段寄递书信，由此可能需承担更多的费用。

其三，安全保障不足。邮政开办初期，士子孙宝瑄即评论曰："邮政局立，扰民殊甚，寄书多遗，又不能与置辩"。孙宝瑄其人，对新法新政并不排斥，有此负面评论，或因要求信局登记领照被视为"扰民之举"，而各邮局人手不足，对信差培训不够，方出现"信件多遗"的状况。其实孙宝瑄之真正用意，在于担忧整体政治未有改善，而仅在枝节进行修补更新，不仅无助于大局，对新政事业本身就是一个打击和损害："或曰：新法其果不可行乎？曰：中国势殊，骤增一事，弥多一病。根本不固，求其枝叶之茂，未之闻也"②。故孙宝瑄的想法，至少反映出部分士人对于没有整体制度变革、仅在行事方式上更新不持乐观态度。

其四，人手不足。由于新式邮政统归于各口岸海关管理，这即意味着各海关税务司要在本关现有人手中抽调人员，参与管理邮政工作，但相对于寄递的人群与信件重量，海关的人手显得捉襟见肘。如福州邮政局，于是年"正月十二日开局"，而且看来业务较受欢迎，"附近南台一带居民铺户，凡有尺素皆自向投递，其与邮局较远者则由信局转投亦可"。如此大的投递需求量，应是海关始料不及的，"邮局内只一洋人写字填印，其余不过书办及跟丁二三人司收银信，而投信之人络绎不绝，殊有应接不暇之势云"③。

其五，开办不一与利益冲突。虽总税务司署最后确定1897年1月1日各口岸海关正式举办邮政，但直至2月25日，"杭州访事人云，浙省

---

① 《白门邮政》，《申报》光绪二十三年正月十四（1897年2月15日），第2页。
② 孙宝瑄：《忘山庐日记》，上海古籍出版社1983年版，第76页。
③ 《福地长春》，《申报》光绪二十三年正月十八（1897年2月19日），第2页。

举办邮政局，虽已租定房屋，而开办之日尚无定期，各信局均照常寄带，惟长江等处及各海口之信均均不收纳，据云须俟上海议定章程后如何代寄也"①。相较于已经开办的口岸，此地的动作无疑稍慢一拍。不过次日《申报》即揭明缘由，所谓"开办之日尚无定期"，其实乃因"各信局人均谓从此以后生意日少不数，开销势难支持，议将闭歇"。而直省官员担心信局停业影响社会，"深恐失业者众，难免有滋事等情"。因此与信局商定，"准其照常收受信函，打一总包交邮局加盖印花，遵例完纳信资。寄往他埠仍由信局收纳分发，惟不准有夹带贵重货物及私交民船带赴等事。至新闻纸及书籍仿单，须打作一卷，两头露出以免避重就轻。若民间自买印花贴于信上交局转递邮政处者，每函由邮局给付力钱五文以酬其劳"。而处理手法的核心思路，即"各民局得沾利益"，方获得"开办日期尚须候示遵行"的结局②。

以上所引，从不同的角度折射出新式邮政举办后所引发的问题。一言以蔽之，即新式邮政为朝廷开办，日后势必将民信局取而代之，因此双方的利益冲突不可避免。在这样的背景下矛盾激化的表现，则出现民信局信差殴打邮局信差，以及信业行会向官府施加压力，要求彻底取缔新式邮政，恢复官民信邮两分的旧貌等事件。如果说前者尚是纯商业利益的争夺，而后者则反映出直省官员对待邮务新政的态度：未必尽然反对，但出于安抚商会的情绪及维护地方稳定的理由，从而以奏请禁止的姿态，给商会一个交代。

信局局伙殴打邮差一事，发生于光绪二十三年正月初九日（1897年2月10日）③，《申报》自正月十八（2月19日）起对此事做了多天的报道。事情的起因，是镇江邮政局派两名邮差渡江赴扬州分送信件，"旋以路途不熟，倩某信伙陈某分投。翌日扬州各信局伙闻之，即于晚间纠集同业数十人，蜂拥至栈中，声势汹汹，夺去信百余封，并将甲乙及陈痛殴不已。约历一时许，若辈始次第散归"。次日陈某赴镇江关

---

① 《远信难通》，《申报》光绪二十三年正月廿四（1897年2月25日），第3页。
② 《杭省邮政续述》，《申报》光绪二十三年正月廿五（1897年2月26日），第2页。
③ 按《申报》该日新闻所述，则殴人事件发生于正月初九，但按该报正月廿一（2月22日）之报道，则将时间写为"正月初七"，本著姑存二说，而于行文中采择前者，盖时间稍前者，可信度略强。

禀告被殴事宜，"税务司李君闻言怒甚，立即电达南洋大臣，一面照会常镇通海道吕镜宇观察。十三日观察已达，委曹大令升前往邗江查办"①。次日，《申报》继续探讨此项事故发生之原因，指出由于邮政新章初行，"各民局主人纷纷至镇江商议章程，遂一律暂停收发。顾本郡虽居内地，实为商贾辐辏之区，市□百货，均听长江各埠行情。遽尔消息不通，新闻纸不到，铺户居家无不焦急"。而更有不法之徒捏造谣言，"谓现在章程未定，如由各埠私带信函来往，一经获住即议罚巨款"，方会引发"镇江专足来扬投送信件，寄居某客栈内，经某某等信局伙蜂拥□殴"之事，而在十三日吕镜宇观察抵扬后，"各民局始行开市，鱼雁通行矣"。至正月廿一（2月22日），《申报》已查悉被殴局伙为"邮政局信差唐堃南、陈八子、陈宝生"，而"首起事者为福兴润、全昌仁、铨昌祥三家，已由江甘两邑宰饬役分投严缉矣"②。八日之后，事情的前因后果进一步明了："本月初旬各信局尚未开市，镇江邮政局饬唐陈二信差渡江投递信函，至则天已黄昏，拟觅居停止宿。行至湾子街畔，遇已歇某信局伙陈六指子，询明来意，导唐陈至三义阁西首客栈□以代递各书。"由于陈六指子之前曾为"从前各信局公雇专递仙女镇一带旱班者"，因此"各信局中人见之，谓其业已赋闲，何以仍持信件投递？遂相约出而揪扭，势甚汹汹，旋经旁观之人排解而散"③。

观此事之经过，至少有以下几点颇值思量：一是信业本为带有封闭性之行业，退役局伙不许再行经手寄递，而陈六指子之行为，实已违背传统之惯例；二是利益冲突的加剧。陈六指子之举本非过分之事，却因于特殊背景（新政乍行，民局停业商议）下，又有谣言触动信局敏感的神经，才使得众员役在此事上失去理智；三是新的权势介入。海关作为新式邮政的举办主体，在事故发生后由税务司迅速过问，向当地官府施加压力，不仅是寻求解决之道，更是以此打压民信局的气焰与信心，为日后进一步收归民信局做准备。但这样的行为亦带来负面的影响，海关本已被视为"外人之事"，如今开办邮政，本应与内地民众树立使用

---

① 《信差被殴》，《申报》光绪二十三年正月十八（1897年2月19日），第1页。
② 《信局肇祸余闻》，《申报》光绪二十三年正月廿一（1897年2月22日），第1页。
③ 《详述信局肇事缘由》，《申报》光绪二十三年正月廿九（1897年3月2日），第2页。

信心，而外籍税务司在此类冲突上强硬的处理态度，反而更为邮政添上一层不易抹去的"外人之事"的标志。

信局局伙殴打邮差，尚是民间旧有的信业组织，对自身利益渐被侵蚀的忧虑反应。而广州七十二行要求总督谭钟麟奏请取消邮政的事件，则可见直省督抚对新式邮政的态度。1897年2月17日粤海关暂行代理税务司密喇（G. F. Müller）致函赫德，报告"我们的邮政工作进行顺利"，"可能要增加人力"。但是他已经感觉到有些不来登记的民局的阻力，"它们同省城七十二行一起反对大清邮局。有一百个人各自写禀帖分别向督、抚、司、道、府、县投送。说他们的营业受了影响，要求停办邮政局"。对此两广总督与广东巡抚的态度尚是不偏不倚，息事宁人："总督对他们说，邮政局是北京主管部门办的，并把禀帖发还。巡抚没有发还禀帖。"而密喇"听说他们要派代表到海关来，但至今还没有来"①。民信局没有与海关直接交涉，则很有可能是在继续活动广东的高级官员，而且他们的压力取得了效果。半月之后，两广总督谭钟麟上《奏为邮政局琐碎烦苛，众怨沸腾，无比饷糈，徒伤政体，吁恳天恩饬局裁撤，以恤商民》折②，其中列举多项新式邮政的扰民之举，以期朝廷裁撤邮政，以免民怨鼎沸。谭钟麟认为，赫德所定章程，"皆外国之法也。自本年正月开办后，众情哗然，商民纷纷赴各衙门具呈求免"。之所以民怨甚重，主要有几方面的不便：

第一，信资递加，负担甚重；秤量不一，钱银差价。该折指出，"详查章程，每信一函重二钱五分取银二分，原不为多。然重至二钱六分则取四分，层累递加，以至七钱二分。局中称重未必悉准，细民不皆携平，以往轻重高下，每至龃龉。且以钱折银，价有参差，商人计较锱铢，争竞喧诟，盖所不免"。不过，这些弊病在开办初期在各口岸亦已存在，并非粤省独有，故虽为不便之举，却尚难说明"扰民"的严重性。

第二，苛罚商民，措施太过；虎狼胥吏，搜刮财物。谭钟麟指出，

---

① 《中国海关与邮政》，中华书局1983年版，第87页。
② 光绪二十三年二月初二（1897年3月4日），《光绪朝朱批奏折》第102辑，中华书局1995年版，第895—896页。

"书信来往，或专人投递，或附信行汇寄，原听其便。今则一函漏报，罚银五十两，而小商之资本竭矣。倘信内带有物件，罚银五百两，则中人十家之产荡然矣"。他严斥此为"国家二百五十余年，从未有此苛政也"。而且这样的处罚条例，为海关的从业员役提供了一个搜刮财物的商机："盖罚款不归公而归私，故局中人役专以搜刮为利，客商所带箱笼必倾筐倒箧，逐件穷搜。孤客远行，无违禁之物，虽不受罚，而目击行李狼藉，不可收拾，弱者怒于色，强者必怒于言。"如此一来，极易触发民变，而基于税务司的外籍身份，又会进一步导致国际交涉，影响朝政："粤俗蛮悍，动辄因细故酿命案。税务司以一外洋人敛怨于众，万一事起仓卒，地方官无从保护，不但有碍关税，且恐牵动全局，此不可不深虑也。"这才是该折的核心所在，也是新式邮政与民信局冲突的最大缘由。为了将收寄的权利归并于大清邮政，而用高额罚款的办法阻吓企图私递的信函与个人，而海关员役又借此机会中饱私囊，势必引起社会不满，这种反对浪潮一旦成事，不仅对新政造成沉重打击，甚至可能再起中外交涉，对于朝廷而言绝非良策，对地方稳定更非善事。这样的指控一旦坐实，对新式邮政而言无疑是扼颈之举。

第三，邮政收入微薄，无须为此得罪商民。开办新式邮政，最直接的动因即为筹款而起，希图以巨额邮资之收入，填补朝廷因战事、赔款而产生的财政漏洞。但谭折为朝廷敲打算盘，"查粤海四关自正月初一至月底止，省关所收信资一千零七圆，潮州关二百九十余圆，北海关一百三十余圆，琼州关一百余圆，共一千五百余圆。七折合库平一千零数十两，除补水一成，每月尚不及千两。总计一年不过一万一千余两。江海繁盛之区，以上海、汉口、广东为巨镇。粤海四关所收止此，则他关可想矣"。这与当初因为"时局难窘，贷债莫偿"而希望新式邮政可以带来"数百数十万"收入的想法大相径庭，故谭钟麟认为，朝廷"奚须此涓滴以助沧海"，"如主计者以此款必不可少，臣请每年筹一万余金解部，为粤东商民免此扰累"。希望朝廷打消邮政可筹巨款的念头，而避免再骚扰民间，商民不得安宁。

纵读谭钟麟此折，论述层层推进，先是揭示新式邮政的一般弊病，进而触及其与民信局斗争的核心手段，再论此举对朝廷安定的影响，最后直接阐明"邮资巨款"之说的不可靠性，要求朝廷以安民为首，切勿以新政而触发民怨，以致得不偿失。不过此折上后，朝廷并未对其有明确的表态，而仅以"该衙门议奏"回应。在谭钟麟上奏两周之后，粤海关税务司裴式楷（R. E. Bredon）则揭示了此事的奥妙："巡抚①不肯在奏折上会衔，这不是因为他们喜欢邮政局，不过是知道现在反对也没有用处罢了。官场方面对于邮政局的反感，主要是由于他们没有权力参加进来，又无法向老百姓隐瞒真相。"② 由此可见，谭钟麟此折虽揭示了新式邮政之严重弊病，但其用意却未必尽是取缔新政，而主要是由于直省官员无法插手新政利益，因此顺水推舟，借信业公愤而对新式邮政加以打击。

然而，裴式楷亦对谭钟麟此折中所奏报的弊病，尤其是海关员役搜查民众私带信件的指控做出回应。他辩护说，"事实上除了船员携带的袋子之类，我并没有下令进行特别搜查，不过在海关查验行李物品的过程中遇有私带的信件，就扣留移交邮局。凡是有收件人姓名地址的，都在收取邮费后把信件还给他们。有时还允许他们改寄别处"。裴式楷特别强调"我很注意搜查不要过严，免得引起不必要的麻烦，但是我认为应当查扣一些私带的信件，使人们知道私带信件是不合法的"。至于谭钟麟指海关对私带信件者课以重款，裴式楷则一口否认："至于奏折所说漏报信函罚款太苛，当然是没有的事情，事实上从来还不曾处罚过。"③ 双方的指控与辩驳均各执一词，而大概的事实，或可从新闻中窥见一二："（广州采访友人云）从前民间零星物件交信局递送者，每被关役搜出充公。今则照章粘贴印厘，万无一失，且所定价目较各信局更廉，利国便民，莫此为最矣。"不难看出，信局携私被海关查处，其实由来已久，其中充公货物为私人侵吞或许有之，却未必尽是新式邮政之罪。

新式邮政屡为诟病责难，除因定价低廉、抢夺民局生意而惹来打压

---

① 时任广东巡抚为许振祎，"字仙屏，江西奉新人……二十一年，迁广东巡抚，禁赌闱姓，粤民利赖之"（《清史稿》卷四百五十，列传二百三十七，中华书局1976年版，第12550页）。

② 1897年3月18日，粤海关税务司裴式楷（R. E. Bredon）致赫德函，《中国海关与邮政》，中华书局1983年版，第88页。

③ 1897年3月18日，粤海关税务司裴式楷（R. E. Bredon）致赫德函，《中国海关与邮政》，第88页。

外，商民对此事缺乏了解亦是原因之一，故"某日藩司复面谕广州府周太守，略谓邮政告示务于康衢大路四处张贴，并行知府属一律出示晓谕，务使穷乡僻壤亦能家喻户晓。盖以新章奉行未久，诚恐民间未尽周知也"①。所以谭钟麟奏折中所陈诸条，多有可值商榷之处，而同为粤省官员，巡抚不联衔奏报，藩司晓谕张贴告知邮政章程，则更可见是时官员未必尽然反对此事。上折奏请取消邮政，不过是安抚信业商民的动作，毕竟直省官员无法干涉海关行政，奏折上后既可以此借口回应信业，又可直言早于奏折中预示此兆，故上奏亦无须朝廷有实质的表态，只是官员纯熟运用宦术的又一实例而已。

  外界指责未必尽能坐实，但海关在制订规章及晓谕民众方面确实还有欠缺之处，尤其是通过上文所引各函即可看出，造册处税务司葛显礼的措施，较赫德的指导方针更加激进，亦使得各口岸在处理相关问题时手段不一，因此总税务司赫德在1897年3月30日发布《海关总税务司署通令第776号》，就大清邮政建立后"民局②履行手续后可照旧经营事"做出明确的解释。该通令对"总税务司所有筹划与所写有关民局之文件"进行解读，认为有五点是隐含其中但之前没有明示的，包括"民局几乎全部可照旧经营其业务""唯一之变更为，须在官邮政局注册以示认可。至于递送转口信函，注册民局须经官邮政水陆运送，缴纳一定费用并不得超重""民局可如其他人一样寄递包裹，亦可照旧作为函件寄递。如作为函件递送，则包裹与信函分别包封，而在任一包裹中可附民局自己之通知书""并未禁止彼等在包国内寄送银钱""民局业务经营一切如旧，只是附加必要之注册手续，如运船邮件之接送方法及寄运费"。总而言之，"民局可照常营业，安心操其旧业不受干预"。而各关税务司"可放心执行已发布之指令"，"令邮政员工亦愈加熟悉指令，且使众多员工日益胜任差事"。至于之前拟开办的包裹递送及汇款事宜，赫德以目前邮政业务过重与员工缺乏经验为由，暂时不予开办。

---

  ① 《珠娘新曲》，《申报》光绪二十三年二月十六（1897年3月18日），第2页。
  ② Native Post Agency之汉译，系指当地民间经营之收发接送信函机构，官办邮政后继续存在。（《旧中国海关总税务司署通令选编》编者注）

他再三重申，"凡欲生存进而成事避祸者务须稳步缓进"①。这亦与其对开办邮政的一贯主张相符。

面对朝野的质疑反对之声，作为海关主管上司的总理衙门亦承受相当压力，并不得不就相关的奏折，向朝廷、直省官员及商民做出解释，但其回应基本依赖总税务司的申复，既不明言申斥官员奏折的不实之处，亦未提出具体措施要求海关更正有关政策。光绪二十三年三月廿八（1897年4月29日）总理衙门具奏议复御史徐道焜、两广总督谭钟麟、闽浙总督边宝泉等关于邮政滋扰的奏折，首先强调"臣等查邮政一事，有裨饷源，外洋各国，行之已久"，而清廷决定开办邮政，是经众臣"再四考求，时阅数年，始行奏办"，可谓深思熟虑，未雨绸缪。之所以开办之初有诸多问题，乃因为"各口商民于章程详细多未通晓"，所以其已"一再饬令该税务司妥心妥议办法，务令有利无弊，以期经久可行"。但对于各奏折中所指之弊病，总理衙门也依照总税务司的回复，一一议驳：

第一，带信之罚太严、寄报之费太重。徐道焜指，"中国托人带信，习以为常，今搜出一信罚银五十两，船上搜出一信罚银五百两，万一有内地船户商民未知禁令，忽然搜出，则虽罄囊橐身家，不足以偿罚金，是便民者转以扰民"。而总署申复，"罚款一节乃专防商民船只私带邮政局应寄信件……如有为朋友便带书信，或专人投递信件，尽可随意由水陆各途行走，断不至阻滞盘诘"。徐道焜又认为，"日报以广见闻，外国销行最畅，寄报之费多不过每纸一文，今局中所定寄报之费，中国纸每张五厘，外国纸每张一分，其值与报费相等，是阻报馆销行之路，即阻华人阅报之机"。对此总税务司仅应以"俟行之一年后，若查有应减应加，自可酌改"。

第二，对谭折的回应。"邮局章程皆外国之法"，这是谭钟麟奏折开章明义的观点，但总税务司对此不以为然，"盖中国邮局宜分为两端，故所定之章程半系遵守联约各国之公法，半系仿照现有民局之规条，参核订定，其所定寄费，原不为多"。虽不否认邮政章程根源之一在于外国"公法"，但亦明示借鉴民间信局的规范；不仅否认"皆外国之法"

---

① 《旧中国海关总税务司署通令选编》第一卷，中国海关出版社2003年版，第381页。

的指控，同时亦是否认因主办者是外籍税务司、而产生的"外人办外人之事"的说法，从而为新式邮政开办的合法性加以正名。对于邮资"以钱折银，不免争竞喧哓"的说法，总税务司则指交易折钱，势所难免，"非特邮局开办始有之"，而且邮局"早经酌示兑换一定之准数，如以银交易须付若干分，以钱交易，须付若干枚，如此清算，何能争竞"。揣度回复之意，似有指谭钟麟奏折所言未必属实，乃有意针对邮政而发，而非实心调和民信与邮政之矛盾。

至于谭钟麟奏折中影响严重的两条意见，一是"局中人役专以搜刮为利"，二是"邮局所入至微"，对此总税务司亦有解释。他认为"罚办乃各处办公均有之事，不独邮局为然。即以邮局而论，所罚亦非轻率"。因为海关搜查行李，本不针对民局或私人带信，"乃为搜查私货，系于邮政未设之先即有之事"。所以"如有为朋友便带信件或专人投递书信，并无阻滞。但包揽书信汇总代寄，即与走私无异，始行议罚"。由于"曾有华洋商人报运行李书籍"但却"经海关查出洋药手枪绸缎"的先例，所以"此章未便更改"，即直接否定了海关局役有搜刮之事，反而使控告者背上"意图走私"的嫌疑。

但对于邮政收入的多寡，总理衙门或赫德都暂难证明，只能以"行之既久，始能收有巨款"模糊带过。在该点上，谭折反而是抓到了问题的核心，即虽然欧美各国邮政收入足为国家税源之一大宗，但在清廷是否能够达到同样的效果，尚未能知。若将如此利权交托外人，却又未能尽收税利，肯定是得不偿失。这样的观点，在庚子之后的新政时期，更为盛行。

第三，对边折的回应。边宝泉所奏邮政烦扰之事，均是细节问题，因此总税务司的议复亦是简略带过，并无详尽解释。如边折称"邮政不准信带银洋"，议复以"汇寄银款之事，邮局现时虽未兴办，然统共章程内已列有此条，本年夏间即可举行"为由，婉拒取消此条的要求。又如"招商轮船不收公件"，则复以"尽可将公件或迳交邮局寄递，或交文报局转由邮政局代送"。而"秤用洋码，民皆不便"，则要求商民重查已定章程，乃因为"当时特将洋码若干合中国秤码若干于章程内详细载明，似不难谙悉"。总而言之，"邮政局系奉旨开办之件，总税务司未敢擅拟裁撤"，以其为朝廷开办之由，间接回拒疆吏要求裁撤之请，但开办所引发之弊，则须在章程上"琢磨尽善，共为耐性遵行，期在终底于成"。

总理衙门亦同意总税务司之申复"尚属实在情形"，只是"事当创办，不厌详求"，需要"制贵因时，宜期尽善"。对于徐道焜、谭钟麟、边宝泉等奏折中所言之弊，"以钱折银及秤用洋码等事，早经酌定准数，详载章程，商民易谙，自不至窒碍难行。至寄报及汇银两层，既据申称随时酌办，自应毋庸置议"。而枢臣疆吏所极为诟病的罚款、搜查之事，"既据申称罚款系专指包揽书信汇总代寄者而言，若为朋友便带书信，或专人投递信件，并无阻滞，其拆验箱笼，乃关吏搜查私货之故，非为信件，亟应妥定办法，逐款申明，俾众共知，庶浮言永息，此事可底于成"。总而言之，海关试办邮政之措施并无太多不当之处，而商民意觉烦扰之因，在于对新式邮政的章程缺乏了解。因此总理衙门的解决之道，一是加强宣传，"饬令该总税务司酌定简明办法，刊刻报单，张贴各口岸设局处所，并散给各口各处信局及寄信之人，务令家喻户晓，人人咸知利便"。二是邮局自身亦须加强监管，"饬令各口税务司认真经理，不准邮局厮役人等借端滋扰，庶几推行尽利，要举不致坐废半途矣"①。

从总理衙门最后的议复来看，并未对海关主管的新式邮政有过多诟病，肯定了继续推行的必要，而不愿将其半途而废。而海关在此事之后，专门出示《邮政局章程解释》，阐明原开办章程中的模糊之处，包括明定费用和银钱折价："明片信（即不封口信）每张收洋银一分，封口信每件计重二、四、六钱以下收洋银二、四、六分，余类推。每洋银一分合京当十钱五枚，外省足制钱十枚，寄外洋信酌加"。罚银之则，"专指私带邮政局应寄之信而言。如有人为朋友便带书信，或专人投递信件，尽可随意由水陆各途行走，断不至阻滞盘诘"。而若再有"不肖关胥及假冒厮役婪索等弊，许受害人赴关喊告"，但若是因违法而被搜查，如"商民私带违章漏税货物经关搜罚者，与邮政局无关"②。争议之处既经厘清，而总理衙门又表明支持态度，至少在官府层面的阻力已

---

① 以上所引各节，均出自《中国海关与邮政》，中华书局1983年版，第90页。
② 《中国海关与邮政》，第91页。

除，海关亦可放开手脚，加快新式邮政的建设。

失去官府支持的民信局，一方面受制于大清邮政的蓬勃发展而流失客源，另一方面则是民局长久以来无法解决的痼疾：安全传递。因此在大清邮政"初时章程未能周知，居民亦多疑阻。嗣后知其寄资甚廉，而又能速而无误也，于是咸乐就之"①的情况下，民信局的生意日见减少。既经明示不准私带邮局应带之信，而海关打击走私的力度则明显加大，甚至有"洋关枷号犯人"的情况出现，以致州县官员不得不与海关税务司商榷，"嗣后查有民局走私，即将该局字号函知地方官给谕从严戒饬。彼既设有店局，亦属将本营生，想经官戒饬以后，亦断不敢冒禁违章，重滋罪戾。似胜于枷号带送信包之无识愚人也"②。语气之婉转，与之前的强硬大为不同，同时亦可反知总理衙门对邮政事务的议复，无异为各海关税务司注入一剂强心针，在推动新式邮政的发展上更加用心用力，如宜昌关税务司"欲另雇役夫沿途送信，计宜昌约雇三十余名、四川重庆约雇二十余名，每人月给工食库平银七两，总管者加一两。不论风雨昼夜，得诣即送，厘定时刻到站，交与前站役夫接递。庶几信件既不迟滞，又免浮沉，法至善也"③。在上海，"邮政局自创行以来迄今已半载有余，官商士庶交称利便"。为了"体恤商民、推广邮务起见"，上海邮政局在市面广设信箱，积极推广明信片的使用，方便商民沟通信息④，真正达至"裕国便民"之效。

不仅如此，江海关邮局还与工部书信馆完成联约，"自本年西历十一月初一日即华历十月初七日起，所有经办本埠收发书信事既归本局接办。其向在三马路所设之工部局书信馆，今则撤移在本关邮政局内"。

---

① 《论中国通商各口宜多开小汇划庄以辅邮政之不逮》，《申报》光绪二十三年八月初一（1897年8月28日），第1页。

② 光绪二十三年八月初十（1897年9月6日）广东省南海县知县董元度致粤海关税务司函，《中国海关与邮政》，中华书局1983年版，第137页。

③ 《递信善法》，《申报》光绪二十三年九月十二（1897年10月7日），第2页。

④ "在各租界马路要口及城厢内外店铺中一律设有信箱，凡有欲寄书信者，无论递往何处，只须于封面上粘贴邮票，即可任便投入箱内，由每日派人按次开收，无须将信亲送至局，以免跋涉。""如市上店铺开报货物行情及银洋涨落消息等事，照外洋通例只须购此明信片，将所报之事随便填写，并注明收片之人姓名住址，局中即可饬差递到。此项信片现有印成者，每张信洋一分。"[《邮局新政》，《申报》光绪二十三年九月二十（1897年10月15日），第3页]

而商民寄递信函,"均可就便放入各铺号本关新设之信箱,暨工部局沿街所安之信箱内"①。则可见其不仅开拓新业务以增利源,还兼并旧机构以减低人们对新局所的陌生感,设想不可谓不周。各关之间亦互相借鉴行之有效的经验,如"惟鄂省邮政分局设立人字街,地甚偏僻,往返颇觉不便",于是税务司"爰仿照沪上章程,在各街铺面分设信箱,逐日派人收取,从此寄书者无跋涉之劳,邮务当更蒸蒸日上",与邮政创行初期"各信局每妄造谣言、肆情诋毁,鄂人士少见多怪,遂相率裹足不前"②的局面形成了鲜明对比。

民信局的生存状况,则与新式邮政相形见绌。一方面,其弊病主要是缺乏保障,"往往将人递寄函件辗转迟延,甚有效殷洪乔之付诸浮沉者"③。这与同城邮政局的方便快捷相比,无异相去甚远。另一方面,民信局为争取寄递时间而多于夜晚行驶,由此常遭匪劫,以致信件货物丢失,而且数量庞大,一次常在千金之上④,因此难以与可以借用火车、轮船资源的邮政局相抗衡⑤。由于信局之困境渐窘,往年稍可维持的生意⑥,"自今年官局开办以来,民局信件日形减少,商等平时已属万分为难,因别无恒业可守,不得不勉强支持,冀获蝇头微利。今若遵照官局所开章程,则商等势难度日,为此不揣冒昧,叩求大人体恤商情,格外从减。还乞另定章程,准如所请"。惟章程钦定,且邮局势力日益增长,故津海关税务司之批示,亦是直接回拒:"查此项旱班章程系北京督办订定,本关未便擅改。惟奉行出示晓谕耳。所有各信局自应

---

① 《江海关税务司雷为出示晓谕事》,《萃报》光绪二十三年十月初五日第六号,第十三号。
② 《邮政风行》,《申报》光绪二十三年十月廿三(1897 年 11 月 17 日),第 1 页。
③ 《查询信局》,《申报》光绪二十三年十月十一(1897 年 11 月 5 日),第 3 页。
④ 《局船被劫》,《申报》光绪二十三年十一月初八(1897 年 12 月 1 日),第 3 页;《局船被盗》,《申报》光绪二十三年十一月十二(1897 年 12 月 5 日),第 2 页。
⑤ 如冬季南北信件寄递,常遭冻港之困,故总税务司"冬令自备一船,由北带河至烟台接送南北往还之信,其陆路则由火车递送,统计不过五日之期,较之往时马递书信速可倍半"。而轮船则可借用开平矿务局平日转运煤矿之船,"咨请北洋大臣王夔帅饬局预留一号在烟台海面过冬,为递送书函之用。夔帅准之,已谕饬局员与赫君熟商一切矣"[《邮程无阻》,《申报》光绪二十三年十月廿二(1897 年 11 月 16 日),第 1 页]。
⑥ "查向年未设邮政,民局自发,旱班按华秤每斤十六两,给走伙差力银五钱,照此核算,冬令数月有绌无盈,所恃者惟春夏秋三季稍资周转,以补冬令之不足。"

遵照前谕将信贴票散送，勿归总包，是为至要。"① 民信局之经营，自此更为困难矣。

第四节 博弈：大清邮政与民信局的内外交战

大清邮政开办之后，对民信局的生存空间的确造成了极大的挤压，但民信局亦非坐以待毙，在尝试借用官府的力量对海关加以约束失败之后，民信局转而向客邮寻求帮助，企图通过客邮的运输系统带运体系，逃避大清邮政的登记及缴费系统。而大清邮政主管人员对邮政业务及中国实情的陌生，使其在制订邮资章程时仅注意邮政收支的平衡，而忽略了信局群体的回应。随着民信局偷运漏费的情况日益严重，不仅使大清邮政的收益大大减少，同时亦使民众对大清邮政的接受程度逐渐降低，故大清邮政不得不对邮资标准重新修改，以期争夺市场，培养民众使用大清邮政的习惯，以达至打击民信局及客邮之目的。

在这一过程中，不难看出客邮、民信局及大清邮政为新式制度的建立运行与抵制违抗之间的博弈。而归结到底，仍是利益的互相利用。虽然倚靠海关财政实力支持的大清邮政，最终取得了这场博弈的胜利，但同时亦付出了沉重的代价，其不得不在之后较长的时间内，以海关借款的方式维持日常的必要运转。从此事可见，新制度虽然有"裕国便民"之利，旧制度却亦有适应民众生活的部分，而新旧制度之间的争夺，又有外国势力的介入，更令这场博弈变得复杂迷踪。

值得关注的是，民信局借助客邮势力以抵制大清邮政，而大清邮政之主政者恰好亦是外籍之税务司，从某种意义上而言，这是一场"外国对外国"的战争。其中既有不同国家之间的矛盾斗争（如英法），亦有本国与本国之间的交涉（如英国），因此又折射出近代中国制度转型的另一面向，在这样一个重要制度的交涉之间，清朝官吏仅处于一种次

---

① 1897年12月（光绪二十三年十一月）各信局致津海关公禀，《中国海关与邮政》，中华书局1983年版，第137页。

要的地位，掠夺及维护中国利益的，却同样是来自欧美的"外人"，显示出一种颇有意味的诡异。

庚子之后，各项朝政逐渐重上轨道，而海关主持的新式邮政，在各口岸税务司的具体管理下亦逐渐获得国人认同，尤其是其邮资与服务和民信局相比，更显便利和优势。是年媒体发现，各地邮政局所有增加的趋势，如"江南省垣向无邮局，本月初一日始经人在泉署前租屋开设，取费既廉又无失误。较之民间信局但知婪索邮力，任意将往来尺素浮沉者，迥乎有天壤之别矣"①。而在武昌，"迩来邮政通行传送既速，取费又廉，商民同声称颂。惟外府州县以及乡镇市尘，或仅有民间信局，或并信局而无之，雁往鱼来，殊多不便。近闻江汉关税务司何文德君拟于各埠添设分局，酌量推广，以期消息灵通。刻已遴派司事多人分投察勘矣"②。

相较过往，直省大员对新式邮政的态度亦有更改，如山西巡抚即出示晓谕，明令保护邮政③。该告示称"邮置旁通，实经邦之要政"，而"通商以后，市埠内增，华工外出，海陆之缄函日密，口岸之信局日多，自非设法扩充，赶图兴举，则音书梗阻，缄牍稽迟，显为士民不便之端，即隐为中夏失权之渐"。是故朝廷创设邮政，正是体现"为周恤商旅、收回利权之要图"。该份告示着重指出，晋省民众多以经商为业，通讯不便，"欲发电音则苦无力，欲附官驿又碍定章"，"今立邮局，则重洋绝域，无异乡邻，往复要函，克日即达，专差可省，译费可轻，此其便于民者也"。但更重要的，是大清邮政可以统一民间递信之纷繁规章，保护为客邮所侵犯的邮政利权："内地未设邮局以前，民局纷错，规章本未画一，价值复有低昂，以致外洋各商图占利益，或包揽递寄以争售，或广设局所以取赢，柄既属人，利非我获。是以京外合议，奏创邮章，以资补救。刻下晋省教案将结，外邦人士经历正繁，各口音书发收尤夥，侵权越俎，实深隐虑。今立邮局则信路无阻，可杜讹言，公家所收，又得巨款，国用渐资挹注，邮费日见充盈，此其便于国者也。"

---

① 《推广邮政》，《申报》光绪二十七年二月廿二（1901年4月10日），第2页。
② 《推广邮政》，《申报》光绪二十七年三月初四（1901年4月22日），第2页。
③ 该则材料在《中国海关与邮政》未注具体时间，而《旧中国海关总税务司署通令选编》（第一卷）所收海关总税务司署通令第975号附件，则明确标明为光绪二十七年七月二十五日（1901年9月7日）。时山西巡抚为岑春煊，亦可见其在对待新式邮政的态度上较为开明。

因此山西保护新式邮政的开办,"上以副朝廷通志类情之盛,下以免商民音缄阻阁之虞"①。此例至少反映出山西由官至民,对新式邮政的观感已有绝大的进展,故总税务司赫德不得不感慨"内地邮政将在不事张扬之中有序扩展,并必有所得。去年无助之传教士家庭惨遭杀害而恶名昭著之山西省,如今却领头拓展和平进步之邮政事业,标志其已发生相当重要之进步"②。

从另一方面而言,新式邮政的有效拓展,则可推见民局生存的空间,必然在这一过程中逐渐萎缩。为保生计起见,民局亦必找寻办法,努力保存一丝立身之地,而其方法,一是禀呈省宪和总署,号称邮资昂贵,生存艰难,要求减少收费以舒缓民困;二是联合客邮躲避收费,损害大清邮政的利权。为此双方在邮资问题上来回较劲,争相以低价战略争取客源,为获得邮政管理的主动权而争斗③。

大清邮政开办之后,规定民局须至附近邮局登记,其所收邮件若寄往通商口岸,必须以总包形式交大清邮政递运,并支付一定数额的"岸资"。在正式营业后,该项费用由《邮政开办章程》原定的"每盎司洋银8分,每磅1.28元"调整为"每磅1角"④。光绪二十五年十一月十

---

① 《山西巡抚保护邮政的告示(1901年)》,《中国海关与邮政》,中华书局1983年版,第96—97页。
② 《海关总税务司署通令第975号》,1901年9月17日,《旧中国海关总税务司署通令选编》第一卷,中国海关出版社2003年版,第458页。
③ 关于大清邮政与民信局之间的邮资争斗,晏星在其著《中华邮政发展史》中撰有"客邮民局的干扰"一节,简略提及光绪二十八年(1904年)的邮资斗争,认为大清邮政的降价"对于民信局和客邮局都是有力的回击"(晏星:《中华邮政发展史》,台湾商务印书馆1994年版,第369—370页),言辞之间可见其态度。而近出的《中国邮票史》(第二卷)则有一小节,综合运用多种史料,记述大清邮局与民信局、客邮在邮资争斗中先输后赢的过程,并指出在这场斗争中,"国家邮政社会化大生产的优越性此时已经表现出来",而且"邮政官局与民信局的这种竞争格局,对国家邮政的发展亦有正面的影响"(中华人民共和国信息产业部、《中国邮票史》编审委员会编:《中国邮票史》(第二卷),商务印书馆2004年版,第27—31页)。
④ 《中国邮票史》(第二卷),第28页。调整邮资的决定,按《光绪二十三年正月初五日(1897年2月17日)江海关税务司雷示谕》,乃由大清邮政总办、造册处税务司葛显礼咨称奉总税务司电札做出,而光绪二十七年十一月廿七(1902年1月6日)赫德致外务部申呈第153号中,曾提及"因思初设官局,宜加体恤,是以暂订为每磅收资一角,逐渐加增"(《中国海关与邮政》第139页),可见该事最后获赫德认可。但该决定是否与葛显礼有关、经历何种妥商过程,目前尚未有资料证实。

九（1899年12月21日）邮政总局订定《大清邮政民局章程》，其中第十七条即规定"若重十二两（即一磅也）应纳银六十四分（即六角四分也）"①。但在光绪二十七年六月初六（1901年7月21日）海关税务司兼邮政总办阿理嗣（J. A. van Aalst）致赫德申呈中，则以光绪二十三年的《邮政开办章程》所定邮资为例，力陈"每一英斤应纳资费一元二角八分，此奉旨所订之价目，实系格外公允"。他认为"每信包一斤约有六十余件，各民局与民间所索信力即系每件一角上下，共计每斤约收六元有余，若付官局寄费一元二角八分，仍获五元有奇，民局焉得谓邮政有碍其生理乎？"②乍看阿理嗣的说法不无道理，但查大清邮政的邮资表即可发现，1897年所定信函邮资，重0.25盎司以内收2分银元，重至0.5盎司收4分银元，续重每0.5盎司收4分银元，而1899年则全一为每重0.25盎司收2分银元③。由此可见，若从顾客角度来看，交邮局寄递信件无异比交民信局更为低廉，所以若按规章计算，民信局即使交纳一元二角八分的岸资后，的确可有盈余，但如若收信不足、又要维持原有的经营规模、并向邮局缴纳必需的岸资后，恐怕生计就颇为吃力了，所以这也是为何民信局千方百计要求大清邮政减低邮资的重要原因。

不过，民信局经营范围各有不同，在某些区域信局经营较为如鱼得水，再加上其与客邮联合，反而可以获利甚多。阿理嗣在申呈中即指出："若以中国邮政每斤纳费一元二角八分，谓系碍其生理，何以在南边各口岸中国民局所交各该处英国邮局寄往香港、新嘉坡暨属英国等处之总包，付英国邮局资费每斤三元二角，此不更碍其生理乎？且由澳门、旅顺口、青岛、广州湾、越南、台湾各等处之寄费，亦皆按此例交纳，从不闻该民局等有何言语，只系惟命是听，此与中国邮政方法能相较乎？"所以他认为，民信局是"受惠愈重，则愈蒙尝试之心，以博非分之利"，只是总税务司"上体皇恩，下恤民隐"，将邮资一降再降，

---

① 《交通史·邮政编》，上海民智书局印刷所1930年版，第52页。

② 《海关税务司兼邮政总办阿理嗣（J. A. van Aalst）致赫德申呈》，《中国海关与邮政》，中华书局1983年版，第98页。

③ 见《中国邮票史》（第二卷），附录三"邮政资费表"，商务印书馆2003年版，第423页。

以致原本"不过欲暂行试办一年"的"每斤一角"的办法,"迄今已历四年,此法尚未改易"。由于"查明民局所付之资费不但不敷船脚薪工房租,即致挂号纸张笔墨之费均不敷用,情形如此,邮政局自不能以此亏累之事隐忍经营",所以阿理嗣拟订办法,"将每斤一角之法先行改为每斤六角四分,试办一年,过此一年,即遵谕旨所订之数按每斤一元二角八分纳资,其有愿附官局之民局准其附入,以免有碍生路"。但该令一出,竟引发"金陵民局竟纷纷投禀环恳上宪咨致总署转饬照旧办理"的结局,以致阿理嗣愤怒地连番质问:"孰知该处民局竟诈伪百出以欺上宪耶?更孰知总署竟被欺矇,并不饬查底蕴,遽代民局阻止新议之法,仍令照旧办理耶?总署安知不欲遵章之民局只在金陵一带,其他处民局皆欲遵办耶?总署焉知违拗官局者只系轮船信局,并非往来内地寄信之老民局耶?"这类信局在邮政开办之后,生意一落千丈,要求海关减少资费,"不过婪索民间资财而已"①。而在"近年来天步艰难,国家需款年比年繁,来源甚少,筹措维艰,不得不于邮政一举尽力维持"的情况下,"国家无论如何作难,究竟仍须饬令民局或附入官局,或改易他业"②。言下之意,则是暗示总税务司应说服清廷坚定信念,推行原定的邮资政策,以打击民局和客邮,为大清邮政的财政窘境解困,并为其下一步的发展奠定经费基础。

阿理嗣的陈见,恰好反映出其对清廷邮政事务的经验不足。对于"与民争利"的邮政事业来说,若非清廷为筹措甲午赔款而仓促正式开办,恐怕以其"外人之事"的身份,尚难获得清廷的认可。正因如此,下属可以用"高压"思路建议推行,但赫德却必须考虑全局的布置与影响,尤其是该年七月张之洞、刘坤一所上《江楚会奏三折》中,建议朝廷设"驿政局"以抗衡海关的邮政局,若此时再以强硬手段逼迫民信局就范,无异授人口实,再起不必要的波澜。而民信局在风闻加价之后,已经开始有所行动。十一月十一(1901年12月21日)"扬州访

---

① 《海关税务司兼邮政总办阿理嗣(J. A. van Aalst)致赫德申呈》,《中国海关与邮政》,中华书局1983年版,第99页。
② 《海关税务司兼邮政总办阿理嗣(J. A. van Aalst)致赫德申呈》,《中国海关与邮政》第100页。

事人云，信局见邮政官局加收小包费，每磅须缴洋银六角有奇。因于上月杪一律停班，以图挟制"①。而金陵方面亦有消息，省垣各信局主在听闻改订新章之后，"即合词□恳两江督宪刘岘庄宫太保。旋谕候电商总税务司核夺，各信局即于十月二十五日停班，以为邮政局必当设法转圜"。只是令民信局始料不及的是，"迩者邮政局所收信件较强加至数倍，遂置之不睬，仍各局一律闭门，不知何时始开班递信也"②。双方的交锋，至此陷入一种胶着状态。

随着南洋大臣刘坤一的介入，外务部与大清邮政不得不在邮资问题上，对民间信局暂作退让。光绪二十七年十一月廿六（1902年1月5日）外务部致札赫德，指刘坤一在之前"请饬总税司将现加之数大加酌减，以安民业"后，又电告外务部称："自汉迄沪，民局均纷纷呈诉，沿江上下均已停班，情甚迫切，必须将民局包封加费量予核减，方可息事宁人。"故外务部做出决定："查邮政原章信局包封每磅取资一角，今复照前加费每磅须收六角四分，以致民局纷纷呈诉，停班失业，自应量为酌减，以顺舆情，本部体查情形，酌中定议，拟于信局包封每磅收费三角，似于兴利便民两有裨益，相应札行总税务司速议申复，以便电复南洋大臣饬遵可也。"③可见大清邮政虽为国家事业，但清廷官员的认识则多有分歧，对于直省督抚而言，保持辖区的稳定远比朝廷新政重要，故民信局利用这一优势，在刘坤一的倾斜下，迫使海关与大清邮政不得不在邮资上做出妥协。

面对外务部的谕令，赫德在次日即递交第153号申呈，详析加价缘由，及在目前境况下解决的办法。赫德指出，大清邮局并非无体恤民局之心，数年来以低价代送民局信件总包即是明证，"但在邮局进项虽多，仍属不敷出项，是不得不酌订修改办法，若因入费不敷，遽议闭歇，必致失中国日后一大利源，且各国乘机在中国纷纷开设分局，亦甚与自主之权有碍，是此法非总税务司所愿为也"。由于大清邮政交客邮轮船代递信包，"亦系一律每磅与资九角，所代寄者亦多民局信包，邮局出费

---

① 《琼枝璧月》，《申报》光绪二十七年十一月十一（1901年12月21日），第2页。
② 《笛步寒潮》，《申报》光绪二十七年十一月廿七（1902年1月6日），第3页。
③ 《外务部致赫德札》，《中国海关与邮政》，中华书局1983年版，第139页。

第三章　裕国便民——大清邮政与邮区网络　　235

九角，而取之民局者只一角，亏累岂非甚巨？轮船寄费如此，不但钧札所定三角不敷，即新拟之六角四分亦尚有亏"。为此赫德提出两个解决办法，一是"民局挂号方有代寄包裹纳费之事，其挂号与否原听自便，并非勉强，不若将现已挂号者，全行注销，随其自行设法寄送，倘日后有愿回局挂号者，即按公会章程，每磅取资九角，以符定章，而资局费"。若外务部认为此法不可行，只能照收资三角办理，则"应先订明，自改纳三角之日起，每年加费一角，加至九角为止，此六年中彼此设法，庶民局承认日后渐少余利，邮局承认目下暂受亏折"①。实则赫德之策略乃"以退为进"：注销所有挂号民局，等于大清邮政前期所做工作全然白费，亦不符合将邮政事业统一于大清邮政麾下的目标；而逐年增加邮费，既可应对南洋大臣刘坤一的要求，又可逐渐改善大清邮政的财政窘境，比起阿理嗣要求一步到位的做法更具阴柔，又在不动声色中达至自身目的，赫德此举，可谓高招。

改订邮资的消息，亦很快由媒体向社会披露："前日午后苏松太兵备道袁海观察牌示辕门云：仰信业人等知悉，光绪二十七年十二月初三日奉南洋通商大臣刘电谕邮政加费，二次切电外务部饬减，兹得电复，当由本部酌定，每磅共收费三角，札饬总税务司核复，兹据申称，邮政公会每磅九角，彼国代中国邮局寄送，每磅一律与资九角，所代寄者亦多民局信包，邮局出费九角而取之民局者只一角，亏累甚巨。不但收费三角不敷，即新拟之六角四分亦尚有亏。现奉钧札收资三角，仍属入不敷出，应订明自改纳三角之日起，每年收费一角，加至九角为止等。因饬道传谕知照，奉此合亟牌示，其各遵照，毋违特示。"②光绪二十八年正月初七（1902年2月15日），总税务司颁布通令第1006号（邮字第54号），令各关实行新邮资③，事情至此，似可告一段落。然波澜不惊之表面，却暗藏反弹之暗涌，不足一月，事情即全然变化。

光绪二十八年二月初三（1902年3月12日），赫德申呈外务部称：

---

① 《赫德致外务部申呈第153号》，光绪二十七年十一月廿七（1902年1月6日），《中国海关与邮政》，中华书局1983年版，第139—140页。
② 《示定邮资》，《申报》光绪二十七年十二月初七（1902年1月16日），第3页。
③ 《中国邮票史》（第二卷），商务印书馆2004年版，第29页。

"窃查奏准设立邮政官局代民局寄递信件一事……现在时势变更,自应另订办法,以收因时制宜之效。兹拟自三月初一日起,各民局如其在口岸之官局挂号,即可代为寄递信包,无庸纳费。"[①] 3月17日（二月初八）总税务司颁布通令第1012号（邮字第54号）,正式宣告邮资的新变化[②]。对于短时期内这一大幅调整,《中国邮票史》（第二卷）引用光绪三十年正月廿九（1904年3月15日）《邮政总办帛黎呈具邮政现状暨将来进求实效办法节略》中称客邮引诱民局前往交运信包,大清邮政官局在无奈之下只好做出全免信包寄费的说法[③],认为此次邮资大减,乃是客邮介入的原因。但除此外因,尚有清廷内部的阻力干扰,而最大的因素,仍是来自于两江与湖广总督,刘坤一与张之洞。

光绪二十八年正月十三（1902年2月20日）,赫德在一份致外务部的申呈中引新闻报道称,两江及湖广总督对海关深入内地拓展邮局一事表示诧异,认为邮政暂归赫德兼管,"不过一时权宜之计","然若不及早设法收回邮政,将与海关永为外人占踞"。虽然会同复奏变法折内有将内地驿站改为邮政的建议,但"税司并未先行禀明钧处允准,亦不妥商外省,遽派洋员前往内地,不计官权民情有无妨碍,便欲设局,大属不合"。甚至他们以为"赫德近日借赔款为词,揽办常关,并欲占夺各处关局,复饬税司推广邮政迳入内地,意欲将中国利权一网打尽,用心亦良险矣。若不及早限制防范,中国实尽是洋官管事,华官只如地保,华民只充奴隶而已"。所以两位大员建议,"务急切饬赫德,海关只可在通商各口设邮政局,至内地各处,洋员现来往不便,且关地方官权利,民间信局生计,必须详审,即欲推广,亦须由地方官自行举办,以免觊觎"[④]。

[①] 《赫德致外务部申呈第185号》,《中国海关与邮政》,中华书局1983年版,第140页。

[②] 《中国邮票史》（第二卷）,商务印书馆2004年版,第29页。按:《中国邮票史》所订3月17日为二月初三,不确,应为二月初八。

[③] 该文称:"至光绪二十七年末欲增为三角,每年复递加一角至九角为止,各信局甚不相服。是时海关章程无稽核洋局收包之条,于是洋局趁此诱令信局前往交运信包,略取费资,以攘中国邮权,故官局无法,只得全免信包寄费,当经呈报外部在案,直至于今,仍系如斯。"见《中国海关与邮政》,第124页。

[④] 《赫德致外务部申呈》,《中国海关与邮政》第103—104页。

面对这一指责,赫德具以详文回应。他首先历数在华洋人,于各项洋务新政上对清廷所立的功劳,然后在谈及邮政问题时指出,设立邮局之目的,乃因"彼时因思中国已有驿站民局,然皆散漫无纪,若设有关局以统率之,则各项商民受益良多,数年之后办理就绪,国家亦可多得一大宗进项"。但推行以来却遇两项难题,"一系地方官因知邮政可变为官事,自思举行,阻止推广之路","二系数年以来各国在中国通商口岸各设信局,现有推至内地之举,此与中国邮政日行之事多所掣肘,并与中国日后应自办理之事关系亦属非轻"。由于这两个原因的掣肘,赫德才会"促令各税务司速行推至内地,以便捷足先登,不致他国借口云中国未设邮政,均可代办,是总税务司推广邮政,不但系奉旨之事,亦关于非常之情形所迫而致也。地方官非特不应阻止,且应会同襄助"。① 由此可见,客邮的咄咄进逼固是做出调整的原因,但清廷的内外职官对海关主持下的新式邮政进行打压和阻挠,直接影响了新式邮政事业的推广,此消彼长之下,反倒促进了客邮势力的增长,这对于清廷的新式邮政事业无疑是一大倒退。所以赫德不得不强调,"(邮政)原应中国自行办理,两督宪电语,将此义发明,甚属不诬,深可佩服。然此三事委派外人,实迫于非常之情形,且系奉旨允准之件,何得有抗违之举?虽委外人,仍系中国之公事,非外国之私事,亦系中国所明派,非外国所私派,毫无用心甚险之处"②。不仅要强调自己与侵犯中国利权的客邮是截然不同,更是鲜明地强调自己"办中国公事"的身份,以求获得官府的全力支持,减少新式邮政推进的阻力。

获取清廷的全力支持固然重要,但消除枢臣疆吏对外人身份的疑虑尚须时日,在竞争局势愈发紧迫的情况下,说服朝廷介入既无把握、亦无太大实质作用,故赫德亦只是表明态度,却未尽然用力于游说一事。与其寄望于朝廷,不如全力争夺民间客源。虽然大清邮政官局在光绪二十八年三月初一(1902年4月8日)开始推行信局寄包免费,但与此同时它也降低了所有信件、包裹的收费标准(见下附表),以吸引更多民众利用邮局寄信,这样一来,虽然看似免费为信局带信是一大让步,

---

① 《赫德致外务部申呈》,《中国海关与邮政》,中华书局1983年版,第105页。
② 《赫德致外务部申呈》,《中国海关与邮政》,中华书局1983年版,第106页。

实则邮局还用低价在暗地里争夺民信局的客源，谁胜谁负，尚难立时定论。

表3-2　　　　　　　　大清邮政各类邮件寄费清单①

各类邮件	斤重	中国境内		外洋各国		
		第一资	第二资	第三资	第四资	第五资
		附近总局指定之处	往来各局邮件	香港	已入邮会各国	未入邮会各国
信件类	每重五钱	半分	一分	四分	一角	二角
明信片	单	一分	一分	一分	四分	四分
	双	二分	二分	二分	八分	八分
新闻纸类	每重三两、每包或一张或数张	半分	半分	每重二两		
				二分	二分	五分
刷印物及书籍类	每重三两以内	一分	一分	每重二两		
	由三两至八两	一分半	二分			
	由八两至一镑	三分	四分			
	由一镑至二镑	五分	八分	二分	二分	五分
	由二镑至四镑	一角	一角半			
贸易契类	每重三两以内	一分	一分	每重二两		
	由三两至八两	一分	二分			
	由八两至一镑	三分	四分			
	由一镑至二镑	五分	八分	二分	二分	五分
	由二镑至八镑	一角	一角半			
货样类	每重三两	一分	一分	每重二两		
	由三两至八两	一分半	二分	二分	二分	五分
	由八两至十二两	三分	四分	惟每包寄费不得在四分以内		
请领挂号执据	邮局收信据每件	五分	五分	一角	一角	一角
	收信人回执每件	一角	一角	二角	二角	二角

---

①　丁进军编选：《光绪二十八年邮政总署颁布的邮资清单》，《历史档案》1991年第2期。

续表

各类邮件	斤重	中国境内		外洋各国		
		第一资	第二资	第三资	第四资	第五资
		附近总局指定之处	往来各局邮件	香港	已入邮会各国	未入邮会各国
包裹类	每重一磅以内	五分	一角	凡往国外包裹，须按国另加资费，此项包裹另有办法，可向邮局探询		
	由一磅至二磅	八分	一角半			
	由二磅至十一磅	一角半	二角			
	由十一磅至二十二磅	三角	四角			
汇兑银	每元	二分	二分	不汇往国外之钞票		

此单自光绪二十八年三月初一日起即为定妥，所有前项费单已于是日注销作废，仰各寄信人周知勿误。

与光绪二十五年所定邮资相较[①]，光绪二十八年的邮资调整有几大变化：第一，信函资费分本埠和外埠进行收费（即上表所引"附近总局指定之处"和"往来各局邮件"），进一步细化按区域和路程远近进行收费，鼓励民众多加使用；第二，大幅调低信函资费，若按同样重量计算，本埠和外埠邮资分别只是原来的1/8和1/4，以往需要四分邮资的信件，现在付半分即可，民众何乐而不为呢？第三，新闻纸、印刷品、书籍、贸易契、货物等需要打包秤重计费的物件，邮资也分别降至原来的1/2到1/4不等，这对新闻媒体、出版机构及商业组织的吸引力尤为巨大。

另一方面，邮政官局亦极力提高自己的服务质量：第一，信函物件可寄往任何地方，"凡有邮局处所，官商军民之公私信函、书籍刷印各物、货样小包、银两微数，无不能由邮政局或往国内各处，或往外洋各国，随意递寄"；第二，对邮政员役严格管理，除正常邮费外，"并不准邮政局人员暨信差等另索酒资"。如果寄信者怀疑邮局员役有"另外

---

① 光绪二十五年（1899年）所定资费，参见《中国邮票史》（第二卷），商务印书馆2004年版，第423—424页。

需索，以及邮件遗失或误投等弊"，可以亲谒或致函邮政司投诉；第三，教导民众使用新式邮政的发寄规则，包括"凡交邮政局寄递之邮件，须于封面上写明寄交某人姓名、住寓某省、某府县村镇，及作何业，或在何铺店字号，逐一详细登载，以免延误"；"凡交寄之邮件，寄件者亦可于封皮后面或角上，将姓名、住址详细注明，以便该件若无法投递，邮政局即可交还本人。如有不欲注写者，亦听其便"。交递之件"封面须粘有足敷满费之邮票，此票须加慎结实粘贴，以免撕揭擦损遗落"。而邮政章程还可在各邮局以一百文购买，方便客户购买参考。虽然邮局发信"有一定时刻，各处邮局俱经宣示，凡欲寄信者，莫若先时早来，以免耽延"①，并不如民信局灵活，但从信资和服务而论，邮政官局都比民信局高出一筹，尤其是其制定了"常（Regularity）、速（Speed）、妥（Security）"的服务方针②，即使暂时在信包寄费上让利，最终亦能通过减少民信局客源的办法，来打压其生存空间。

大清邮政官局的资费调整自光绪二十八年三月初一（1902年4月8日）起，而当日即有媒体通过"沪局经理人惠赠章程单"来获知该事，并评论各项资费"已较前者约减去四分之三矣。至于寄递包裹费益廉之又廉，此亦官商所宜知者也"③。三月初五（4月12日），苏松太兵备道袁海将此邮资调整在其署前示谕民局④，而八天之后，《申报》亦对金陵实行新法进行了报道⑤。到了四月，湖南亦按新邮资开始收寄商民信件，并获"各地一时皆称快便"的良好局面，当地税务司还准备

---

① 丁进军编选：《光绪二十八年邮政总署颁布的邮资清单》，《历史档案》1991年第2期。

② 北京市邮政管理局文史中心编：《全国各级政协文史资料邮电史料》（上册），北京燕山出版社1995年版，上册，第281页。

③ 《邮政新章》，《申报》光绪二十八年三月初一（1902年4月8日），第3页。

④ 《信局须知》，《申报》光绪二十八年三月初六（1902年4月13日），第3页。该新闻称："昨日苏松太兵备道袁海观察悬示署前，其文曰……兹拟自三月初一日起，各民局如其在口岸之官局挂号，既可代为寄递信包，毋庸纳费。除札饬各口邮政局查照遵办外，申请查鉴咨饬传谕各民局一体遵照等因。到道奉此，合行。牌示，为此牌仰信业人等一体遵照，毋违特示。"

⑤ 《邮政新章》，《申报》光绪二十八年三月十三（1902年4月20日），第2页。

"俟有成效，即当分往衡永、宝庆各府开设矣"①。不仅如此，大清邮政官局还积极开拓客源，主动招揽生意，"甬江各信局因闻邮局有将次派人日至各钱庄收集信件之说，恐绝生机，特于日昨邀集同行会议，闻欲聚向邮局关说，未知邮局作何办理"②。从媒体的报道看来，大清邮政官局的事业未有受免费寄递信包的影响，反而更有蒸蒸日上之势。

面对大清邮政的竞争策略，民信局未必尽无察觉，只是其本为民间经营之商业，各局之间即有明争暗斗的商业竞争，尽管为应对大清邮政而偶有联合之事，但其本质还是各自为政。面对大清邮政的降价竞争，亦只有"芜湖各信局……信业中人集众会议，拟在适中之处设一总局，各派一人在彼照料，将信价大为核减，以省经费而广招徕"③。其余局所，恐怕还沾沾自喜于邮政官局的免费带运，而尚未意识到自身经营之事业，已如渐沸热水中的青蛙。

大清邮政官局一面降价吸引客源，一面积极深入内地拓展局所和邮政线路。从媒体的报道上来看，邮政局所的设置已不止通商口岸，而在各省均有安排。如在四川，"总局前设重庆省外寄川之信件，邮至于渝总局转交民局，耽延时日，资力重给，颇形不便。下月成都始设总局，而顺庆、保宁、梁山、灌县、资州、富顺、自流井府、叙州府、夔州府、万县、彭山、嘉定、湿江、龙安、潼州、涪州、雅州、中壩、松藩、绦州、彭县等府州县均已开办分局矣"④。在安徽，"芜湖邮政现已推广内地，如芦州、无为州、运漕、巢县、六安、定远、凤阳、寿州、正阳关、怀远、颖州、太和、周家口、毫州、宁国、太平等府州县十七处均设分局，众口称便。现又由皖南之南陵、泾县、旌德、徽州、屯溪等处再行推广云"⑤。在湖南，"自邮政新改，省城邮票大加畅销，以故省城供事江晴波君亲往各府属查勘，并分遣供事四处遍开分局。计已开之分局湘潭、常德；已设之邮区临湘、益阳；将开之分局则为辰州、沅

---

① 《各省近事·邮局改章》，《湖南官报》光绪二十八年四月初六日，第二十五号，第二十三页，《清末官报汇编》第 33 册，全国图书馆文献缩微复制中心 2006 年版，第 16474 页。
② 《闽浙·信局会议》，《岭东日报》光绪二十八年六月十二（1902 年 7 月 16 日）。
③ 《鸿兹双鲤》，《申报》光绪二十八年三月三十（1902 年 5 月 7 日），第 3 页。
④ 《（四川）四川邮政》，《大公报》光绪二十八年五月十三（1902 年 6 月 18 日），第三版。
⑤ 《（安徽）皖南邮政》，《大公报》光绪二十八年五月十四（1902 年 6 月 19 日），第三版。

州、洪江、宝庆、益阳、澧州、津市、衡州、永州、郴州焉"①。在山西，"邮政局生意较去岁大旺。去岁太原每日收信十余封，今年每日收六七十封，并可寄带现银，人皆称便。外州县如平遥、介休、祁县、太谷等处亦皆设立分局，惟每日收信极少。邮局拟于下月间分三路通至陕西省西安府，计由太原至西安为一路，由开封至西安为一路，由四川成都至西安为一路"②。在江西，"江西邮政现已逐渐推广，如九江、牯岭、吴城、南昌、丰城、樟树、吉安、万安、赣州等处均已设有邮局，唯南安府尚未通行。九江总局前遣供事王显理君前赴开办，闻已于日前开班矣"③。

甚至于"龙兴之地"的满洲，"去岁因拳匪扰平，于牛庄、海城、辽阳、奉天、铁岭、开源、买卖城、宽城子、吉林、盖平、锦州、田庄台等处次第设局，旧政复兴。今因东方铁道南阿分轨，业经告竣，内地往来交通之事，较前必繁。故海关又择定双城堡、哈尔滨、呼兰阿、什河北、团林子、齐齐哈尔、新民屯等处添设新局，以递消息。其邮税与各处一律，惟递送物件及汇兑等事尚未举行"④。其余各省各地区亦因应当地的需要，由当地税务司进行设置，如广西百色，因"邮政自开设以来，人人称便。除各大埠已设外，现再于百色添设，故西江之消息可以直达矣"⑤。如江苏高作，"高作镇与宿迁毗连，为紧要之区。刻经邮政局在该处添设信箱，以便商民就近投寄信件"⑥。又如湖北枝江县，按照邮件收集的繁简程度，而设置分局和信柜，方便商民："宜昌访事人云，自邮政局设立以来，海内商民同声称便。近日主持邮务者，以荆州府枝江县属江口、董市二镇夙称繁盛，特在江口设一分局，而于董市设一信柜，以资推广。是亦挽回利权之一端也。"⑦

---

① 《（湖南）邮政畅行》，《大公报》光绪二十八年六月十四（1902年7月18日），第三版。
② 《岭东日报》光绪二十八年七月初四（1902年8月7日）。
③ 《（江西）南安置邮》，《大公报》光绪二十八年七月初五（1902年8月8日），第三版。
④ 《满洲：记满洲添设邮局事》，（译西七月三十日东京时事新报），《岭东日报》光绪二十八年七月十二（1902年8月15日）。
⑤ 《（广西）邮政推广》，《大公报》光绪二十八年八月十二（1902年9月13日），第五版。
⑥ 《两江：推广邮政》，《岭东日报》光绪二十八年八月十五（1902年9月16日）。
⑦ 《枝江置邮》，《申报》光绪二十八年九月初四（1902年10月5日），第2页。

口岸城市的邮政总局在工作渐入轨道之后，即遣员前往下属州县设局开办，如"汉口邮政总局执事西员派人分赴蔡甸、新沟、汉川县、系马口、仙桃镇、麦旺嘴、鼓市河等处创设分局，所订邮章甚为妥善，从此鱼书□宇，来往益灵，寄书邮当不复有浮沈之虑矣"①。故大清邮政官局虽将邮资和代寄费用大幅降低，但通过积极拓展邮政路线和建设邮政局所，将邮政网络建设深入至各省内地，令普通民众有机会使用这一新式制度，从而压缩民信局的生存空间，迫使他们逐渐并入大清邮政的体系之内。

随着大清邮政官局在各地的设立，普通民众对邮局的认知亦从陌生渐至熟悉。"客有来自湖南者，言及湘中邮政局共设九处，商民咸称利便，投信者实繁有徒。此后尚须由渐扩充，以收鳞鸿之利。"②但在某些边远地区，如关塞外之张家口，"向无邮局，商民信函皆由标局及票号递寄，赀费既重而每多迟滞，舛误遗失尤所不免"，而自设立邮局以来，"转运妥速，无不称便。惟往来信件仅流厲之官商，士民寄函甚属寥寥"。之所以出现这样的状况，乃因为"风气未开，往往愿出巨赀付商局寄递，而以邮递为洋人所设，不愿顾问者。此种见解十人八九，愈劝导之则愈出其疑"。故有媒体称，"非广兴学校，潜移默化，恐终无开通之日也"③。虽然该地邮局尚未能获取信任，但却可观媒体态度相当支持，而这亦是大清邮政可以迅速发展的舆论基础。在大清邮局的拓展和媒体的鼓吹之下，大清邮政的快捷便利亦渐为众人所识。

借助于税务司的外籍身份，府州县官员无论是对于邮政事业还是邮差人员，都相当礼让三分。广东澄海曾发生邮差与渡夫争执一事，"经邮局照会澄邑侯许大令，请将渡夫拘究。谓某甲呼渡，大迫被某乙痛殴，且信件亦为沈毁等情。许大令立即签拘，而某乙催托其族某茂才到局为之缓颊。邮局不许，连日差拘颇急"④。将近一月后，"前报纪邮政局差与渡夫龃龉，澄邑侯拘渡夫不得，邮局又照会请拘讯办。许大令于

---

① 《分设邮局》，《申报》光绪二十八年十月十七（1902年11月16日），第2页。
② 《三湘邮政》，《申报》光绪二十八年正月十四（1902年2月21日），第2页。
③ 《士民愚陋》，《大公报》光绪二十八年七月十七（1902年8月20日），第二版。
④ 《邮政近闻》，《岭东日报》光绪二十八年七月二十（1902年8月23日）。

初七日拘获渡夫王双全，当堂为之审判云。提讯渡夫王双全，据供因向邮政局信差讨取渡资不给，彼此互相拖扯，致将信包失跌落水，实属好利妄为。着即重责，发交王姓耆老领回约束，日后不准再行滋事。倘被查觉，定行严惩不贷。候即据情照复税务司可也，于此亦足见大令之关心邮政矣"①。该事之争执，邮差并非尽然占理，但在邮局、税务司的影响之下，州县官员的偏向显而易见。

即使有阻挠邮政之顾虑，税务司亦多商请督抚札饬州县官保护："查三水邮政应通处，系自北江沂上以入江西，又缘江西而达广西，与该两省九江、梧州分局联接上，二年已经陆续开办。随因变警，以致耽延。现该税务司接奉宪剳，催其从速举办。该税务司恐偏隅僻壤，各处愚民无知，或因'邮政'二字妄为猜疑，以致滋事阻挠，即申请督宪札肇府、罗定州、连州、韶州各属，如遇邮政司事人等到境设局，务须实力保护襄助为理，并由各地方官出示晓谕，妥为化导，申明邮政裕国便民之义，并请给护照六纸，以便填给司事人执持前往开办，以免梗滞而卫遄行云。"② 前述暗阻邮政发展的朝廷因素，已因邮政的迅速发展而渐趋支持。

与此同时，信局的生计亦益发陷入困境。在新式邮政的大力拓展下，民信局纵有免费寄递之便与客邮暗助之力，仍难阻挡衰落之势。《申报》即察觉，减价后的新式邮政大力压缩民信局的生存空间，其不得不广拓生路，维持生计："省垣信局正牌号十六家，分牌号数十家。自有邮政局后，各信局即已不振，今年邮政局又减寄费，虽于信局总包函件不取邮资，而民间寄信交邮者多，故信局仍难支拄，始犹赖代售彩票，得获厚利藉补信业之亏。迨则有设肆专售彩票，而信业遂一蹶而不能复振矣。"③ 甚至有开封信局因无法支撑而不得不中止营业："此间华人信件以邮费甚贱，咸托邮局寄递，以致旧有信局大率不能支持，已有一二家相机闭歇。目下此间西境一带亦已遍设邮局矣。"④ 至光绪二十九年后期，即如民信局生意较为集中的江南地区，也出现了"信局难

---

① 《力护邮政》，《岭东日报》光绪二十八年八月十一（1902年9月12日）。
② 《本省新闻·推广邮政》，《岭东日报》光绪二十八年八月廿八（1902年9月29日）。
③ 《详记金陵各业情形》，《申报》光绪二十八年十二月初七（1903年1月5日），第2页。
④ 《豫省邮政译函》，光绪二十九年正月廿一（1903年2月18日），《时事采新汇选》第四册，国家图书馆出版社2003年版，第2084页。

支"的状况:"(金陵)自有邮政以来,此间民信局十有六七家生涯已形寥落。然内河及旱道仍由民信局转运,尚属薄有糊口之资。近年邮政日渐扩充,又复减收寄费,寄信者咸投邮局,而各民局收信愈少,几至门可张罗,赀本稍裕者尚能勉强支持,其全赖信资赡家者则咸苦徒耗开支,生计日趋艰窘。正和、全秦洽两局日来相继倒闭,闻两局各有亏累,其数均属不赀云。"① 在此消彼长的实力变化下,民信局的生存变得更加困难,而大清邮政欲一举取缔兼并民局,则此时正是良机。

光绪三十年二月十六(1904年4月1日),大清邮政"又颁新章饬知信局,凡属口岸,仍照旧章办理,其余各埠改照平民信收价"。此事之起由,乃与主办邮政的海关运用其制度进一步压制民局有关。按邮政总办帛黎所称,"向来专运口岸寄件者曰轮船信局,在内地运送寄件者俗称民局,二类应分别办理。以轮船信局言之,当未设邮政之前,无论何项轮船应赴海关报纳船钞,嗣税司以兼办邮政,有查核轮船之把握,故可令由轮船运件之信局,必到官局挂号,否则不准轮船代其私运,违者查出科罚"。但定章初时,信局对寄递费用"甚不相服",而"洋局趁此诱令信局前往交运信包,略取寄费,以攘中国邮权",所以海关不得不全免信局寄费。但"现在情势则有不同,因已改有新章,不但满费一磅从向章一元二角八分内减至三角二分较前甚轻,而华洋邮局寄包按去岁与外国新订章程亦须赴关报验,则邮局复有稽查之把握,即信局可杜违章之门。此事现即照办,惟于邮款大有所亏,不过为防利权外溢之险,暂允如此,是其间明有应行改革之事,即系此满费既轻之时,莫若收回信局免费之举,订章令交满费,以符旧议而善将来"②。究其缘由,还是双方实力发生变化,新式邮政已在全国各主要地区设立收寄局所,而普罗大众亦乐于使用寄资低廉的邮局,信局生意急速减少,即使附从于客邮亦难与新式邮政抗衡,故大清邮政官局在此时重提涨价之议,除为平衡邮政收入外,亦是集中力量打击客邮和兼并信局之开始。

---

① 《信局难支》,《申报》光绪二十九年九月十二(1903年10月31日),第2页。
② 赫德致外务部申呈第696号,附件《邮政总办帛黎呈具邮政现状暨将来进求实效办法节略》,1904年3月15日(光绪三十年正月二十九日),《中国海关与邮政》,中华书局1983年版,第124页。

此令一出，民局哗然，上海长江南北洋各民局，包括裕兴福、协兴昌等一百十九家禀呈商务总会总理严道厚①，由其转呈商部泣诉民局困境："伏查新章第一条注明轮船火车能抵之处，即所谓口岸寄口岸，并未加费，平民信之未加费，即信局之照旧免收费似同一例也，而何以长江各埠如通州、江阴、安庆、大通等处皆有轮船；北洋如天津、京都等处皆有火车，均属口岸，反不获免费，若只准民信不加，不准信局免费，不但漫无区别，抑似与原章不符，且民信固独沾实惠，而信局又受偏枯，近年信局凋敝异常，借蝇头以苟延残喘，此外别无生计。……伏查民设信局，生计本属细微，自有邮政以来，凡轮船火车能到之口岸，民间信函由邮局迳寄者居多，民局生计更难支持，幸而口岸挂号之民局包封免费稍获沾润，以资糊口"。故他们请商部转咨外务部主官札饬总税务司，"捐区区往来有限之资，拯万万信局无穷之命"②。除由商会转禀商部之外，信局亦如前举，禀请南洋通商大臣干涉其中："今年二月间邮局颁行新章，饬知信局，除各口岸仍照旧免费外，其余各埠均改照平民信例收价。一时南洋如通州、江阴、安庆、大通等处，北洋如天津、京都等处均须纳费，各信局乃愈难支拄。月前由裕兴福等倡首，联合一百余家信局，禀恳南洋魏午帅，请饬商税司，仍照向章免费，以全生计。刻闻已蒙批准，饬下该管关道会商税司妥议办法云。"③

由于海关管理的新式邮政成效明显，朝野之间对新式邮政的作用与收效大有改观，不少直省督抚明令保护邮政④，而海关亦继续从制度上

---

① 严信厚（1828—1906，一作1839—1907），字筱舫，浙江慈溪费市（今属江北区）人。早年入李鸿章幕，由其保荐为候补道，加知府衔。光绪二十八年受命成立上海商业会议公所，任总理，两年后改任上海商务总会总理。
② 外务部致赫德札，附件《照录商务总会严道信厚等原禀》，1904年7月25日（光绪三十年六月十三日），《中国海关与邮政》，中华书局1983年版，第143—144页。
③ 《外省新闻·江苏·信局禀免邮费》，《大公报》光绪三十年六月十一（1904年7月23日）。
④ 第五版。如河南巡抚陈夔龙，在1904年告示中明确表示"欲整顿农工商务，先以开通邮政为要义，欲开通邮政，尤以保护推行为要义，有此数便，究其实上裨于国，下便于民。西人查验各国邮政，何国每人发信最多，即知何国文明之速"（《中国海关与邮政》，第120页）。而山东巡抚周馥亦称"因恐邮政利权为外人所夺，特饬附近铁路一带设立大清邮政局，所有民间往来函件皆由该局投递，不准投递别国邮政局，以符公例"（《湖南官报》甲辰五月初八日，西历六月廿一日，第六百八十八号，第19页，《清末官报汇编》第36册，全国图书馆缩微复制中心2006年版，第17788页）。

堵塞民信局可能利用的漏洞。外务部于光绪三十年四月廿六（1904年6月9日）接总税务司申呈，"以邮政关系紧要，洋人船只既以未订专条，不便强使代运，所有华轮行驶内港，自应急定专章，俾饬遵守而重邮政"。光绪三十年五月十八（1904年7月1日）外务部致札赫德，认为"总税务司所拟专章于邮政不无裨益"，兹准总税务司所请及拟订的章程补条："凡华轮均有代运邮袋之责承，其行驶内港者，一领准入内港之关牌，即应代运邮政信袋分交路经各局，每值行驶往来遇有邮局处所，即须赴局声报，以便随时交接邮袋，不致有误。除带运包裹分量较大者如何发给水脚，由各该邮政局按公平运费核给外，所有寻常邮袋订明不给运费，其代运邮件各华船，不得私带信函，并不得转带他局邮件。至专责寄带之邮件，亦须格外加慎，如有损失遗落违章等事，仍惟该船是问，或罚办，或将入港关牌撤销，随时酌情定办，以昭郑重"①。拟订此章之意义，在于利用海关的权利，巩固大清邮政的带运优势，同时彻底从制度上堵塞民信局利用华轮带信的可能。面对这样的改变，民信局要么继续借助客邮带信，要么私通华轮船员偷寄，但无论是哪种方法，都比原来的成本高出不少，对民信局而言无疑是雪上加霜。

民局生计日见困窘，大清邮政却也未必手头宽裕。以低价手段吸纳客户、又大肆开拓邮政网点，单靠邮资收入根本不足以维持日常开销。但大清邮政的优势，在于有海关雄厚的财政实力支撑。在光绪三十年初，赫德即已申呈外务部，在报告已有成绩的同时②，也明确指出邮政经费入不敷出，随着业务的深入开展而缺口更大③，需要进行必要的财政补贴，虽然"向闻各省驿站每年有三百万两之专款备支，只缘各省情形未克深悉，是以能否由该款内提拨，不能臆度"。其实赫德对此亦是

---

① 外务部致赫德札，1904年7月1日（光绪三十年五月十八），《中国海关与邮政》，中华书局1983年版，第126—127页。

② "历办至今，除甘肃一省未经设局外，已有总、分、支等局几及千处之多，局中所用洋员约一百员，各项华人约三千人。光绪二十九年分内收发信函之数，约四千三百万件。又代民局寄送不收资费之包件，约七百三十余万件。各项包裹，约四十九万件。共收资费约三十五万两，共支经费约六十七万两。"赫德致外务部申呈第696号，1904年3月15日（光绪三十年正月二十九），《中国海关与邮政》第120—121页。

③ "现据邮政总办拟具明年推广之法呈核，照其所拟，则明年约需经费一百零九万两，以入款三十五万两计之，不敷约七十四万两之谱。"《中国海关与邮政》第121页。

心知肚明，根本不能指望朝廷动用驿费补贴新式邮政①，他的用意，在于为动用海关经费寻找合理的理由："因思邮政现尚未有专署，仍属海关兼办，不若即由关税项下迳提所需之数，若可照行，则每月津海、江汉、江海、闽海、潮海、粤海等六关各拨银一万两，计共六万两，作为协济邮政之费，俟各邮局入可敷出时，再行停拨。"他认为新式邮政实现财政的平衡，"大约八、九年内必可有望，至彼时前论之各项难处消归乌有，而国家进款年见加增，民间利便亦与之俱进矣"②。可见光绪二十八年的邮资调整，虽然为大清邮政的大力拓展带来便利，却也带来沉重的财政包袱，随着邮政业务的深入开展，这样的财政需求将越来越大，而且"若欲酌加邮赀，则恐外人贬价招徕，无术可以抵制"③，还不如由海关全力支持，将竞争对手解决之后，再考虑平衡邮政收支的问题。只是这样的思路，已与开办当初"裕国"的设计相背，而全力倾注于以"便民"而立身的措施。

虽然总税务司决定以六关税收拨款资助新式邮政的运转，但事实上六关并无按全数拨给，而不足之银两，仍如前例，由海关借垫④。但在

---

① 《申报》于光绪三十年八月初二（1904年9月11日），第2页；登载《邮政筹款》一则，其中揭露总税务司的申呈亦曾递交户部，且外务部曾函复称"邮局出售邮票，每年约三四十万两，加以所请之常年经费七十二万两，可得一百余万两。以此款项推广邮政，得效必速。户部款项充裕，能允此款最为合宜。如户部只允一半三十六万两，加以邮票进款三四十万两，得此款项现时已设之邮局仍可照办。倘户部一无所允，则邮政只得停办，外国邮局必即刻乘虚入手，实为中国利权所系，诚为可惜，甚望经费有着，俾得照常办理"等语。而最后户部还是以"部库支绌异常，无从拨措"为由，同意"该税务司所拟，由津海等六关税收项下，每月各拨银一万两，应令各该关监督酌量筹解，仍不得有误例支各款，相应飞札该关道遵照可也"。

② 赫德致外务部申呈第696号，1904年3月15日（光绪三十年正月二十九），《中国海关与邮政》，中华书局1983年版，第122页。

③ 《邮章将改》，《申报》光绪三十年六月初六（1904年7月18日），第2页。

④ "（六关协款）此举实为整顿邮政之始基，不意各该税司自去岁西历七月起，请为拨解之时，而津海、福州两处，全未照解，其余四处，所拨亦未如数，计江海拨银三万两，江汉拨银二万四千两，粤海拨银五万三千两，潮海拨银五万四千两，共拨银十六万一千两，按原议半年应拨银三十六万两，计差银十九万九千两。此项拨款，若归去岁进款核算，计是岁入款，实有五十七万三千四百两，按出款七十二万六千四百两计之，实亏银十五万三千两。所亏之银，仍系援照从前办法，暂由海关借垫。"1905年3月6日（光绪三十一年二月初一日）赫德致外务部申呈京字第51号，附件：光绪三十年份邮政节略，《中国海关与邮政》第129页。

新式邮政入不敷出的情况下，海关依旧敢于借助调整邮资来打击竞争对手，乃因其有"嗣见邮政业已略有把握"的自信，而"伏查所加一分之费，为数甚微，细探各处舆情，尚无异议。是以去岁往来邮件，较诸前岁，仍见增多，可见邮政前途，大有可望"①。而光绪三十年大清邮政先后援引联邮章程，与法国、日本、英国等国家签订互寄合同，从而取得"中国邮资，任便增减，各国邮局不得因而垄断取盈"的效果，切断民信局暗援客邮私寄先行取得法律的合理性。同时大清邮政与外务部商定《铁路代递邮政章程》及《华船递送包件办法章程》，其中均有如"铁路只允中国官局运送包件，其民局及别国官局邮件概不准行运送"、"各华船不得私带信函并不得擅带他局邮件"之类的条款规定②，保证大清邮政对交通载运工具的垄断，从而达至逐步控制民信局的目的。

在多种措施的施行下，大清邮政虽暂时与民局形成"凡用轮船火车运送者，如往来通商口岸，仍系照旧免资，如非通商口岸，则按去岁七月所定寄费新章交纳半费"及派遣人员在轮船码头、火车站接收民局在车船开行时就便交寄信包的做法，但最终目的，还是要达至"将来若能不分口岸与否，不论何项信局，统归邮政满费之例，斯于国家设有邮政之义，始称达其极点"的局面。在这一政策的推动下，海关对不遵守带运条例的轮船，处以相当严厉的处罚，如"戴生昌小轮不肯为海关递带邮件，税司查照行轮定章，凡洋轮不带邮件即不能与华商小轮利益均沾。故各家小轮本日开班之关单皆前一日发出，戴生昌则须俟至本日十点钟开关以后乃可领取"。而这样的处罚，直接影响该小轮的商誉与生存："二十四日自镇驶杨，竟以稽迟落后，搭客久待不耐，群请退票，恐于生意大有阻碍也。"③ 在这样的状况下，一众华轮只能接受海关的章程，为大清邮政带运信件，在"不准私带"的约束下，民信局原本的优势逐渐消失殆尽，而海关则趁此机会，修改替信局带运信包的费用，继续增加他们的经营成本，以迫使其最后自动结业，而统一邮政业务于大清邮政辖下。

---

① 《中国海关与邮政》，中华书局1983年版，第129页。
② 《大清光绪新法令》，上海商务印书馆2011年版。
③ 《小轮不带邮件（镇江）》，《申报》光绪三十一年四月初二（1905年5月5日），第9页。

光绪三十一年十一月廿五（1905年12月21日），赫德在京字第243号致外务部申呈中，力诉"邮政轮船经费已成巨项支款……现在邮务异常扩充，寄递邮件日见加多，一切差工脚费、办公开销，势必异常浩大"，而"民间信件，虽经民局之手，既得用邮政轮船之便，亦应在按件纳费章程之内。至于海、江轮船，专归邮政付费，搭用铁路亦经贵部核准章程八条，均不容稍事宽假"。所以赫德向外务部要求，"须令民局按照邮例国内邮资全数交纳（即系每重五钱洋银二分，按总包每重一斤六角四分）"。如果担心一时遽难修改，"取资较重，则先行通融减半收费亦可，但必须呈明通行遵办，方免各处日后借口，并俾邮政推广有资。所有拟定轮船火车运送邮局代寄民局之信包，一律完纳邮政满费，或半费之处，出自贵部鉴裁"①。而此令一出，各地民局顿感紧张，而他们的应对之道，亦只能如前面禀当地官员，请求核查商办："浔郡信局总业具禀道宪玉观察，为民局附邮寄信求沾利益。奉批查邮局代寄总包，事关全局，应如何定章，俾邮局民局均沾利益，各不相碍。沪关为各关总枢，谅能查酌情形，妥议兼顾。自应俟议定办法，浔关一律仿办，俾免歧异。现准镇江关道移查前情，已移商镇关核办，著即知照。"②而上海的信局在商议之后，向两江总督提出一折衷方案，"请将各该民局所送信包应缴邮费，拟以三角为断，转请商会劝谕遵办。奉玉帅于日昨批示到道略谓据禀已悉，仰候商务总会及税务司复到再行禀候，汇核酌办"③。以是时信局的势力与地位，再强烈要求全免寄费已希望渺茫，而将邮政官局所定的费用折减一半，已是民信局所能争取到的最好待遇，因为这不仅意味着邮政官局减少一半收入，更重要的是表明民信局依然拥有一种特殊的地位，即游离于大清邮政的正式体制之外，并随时可能再次形成对其业务的威胁。

不过，与四年前相比，民信局与大清邮政的实力已经不能相提并论，由于递运工具已为大清邮政掌控，而邮政又因涉及国家利权而逐渐

---

① 赫德致外务部申呈京字第243号，光绪三十一年十一月廿五（1905年12月21日），《中国海关与邮政》，中华书局1983年版，第145页。
② 《信局求准同沾利益（九江）》，《申报》光绪三十二年三月初五（1906年3月29日），第9页。
③ 《民局信包酌抽邮费》，《申报》光绪三十二年三月廿八（1906年4月21日），第18页。

广为人知，不少官员的态度已从怀疑反对转为支持，故民信局的要求都是无疾而终。在这样的困境中，民信局不得不采用非常的手段以应对，最常见的莫过于拒绝挂号和托轮偷运："（口岸民局赴官局挂号，用轮船运送信包）定办有年，竟有不肯挂号者，不但违章私寄，且于信包查获扣留之后不复认承，冀令收件人代输罚款。"而这些不挂号民局的手法，"往往亦效货物走私之法，与轮船中水手等串通，私将信包藏匿船内偷运"。由于"散处商民交寄应投之家信等件"未便充公，而民局在信件被没收后"往往不肯承认"，所以海关只能"代为拆送，照章向收件人索罚三倍"。由于这种办法对违规的民局没有直接的惩处，"不能戒其后不违章"，所以赫德商请外务部，"可否由各口岸地方官再行晓谕未挂号之民局，令其补行赴官局挂号，俾得一体由官局代寄信包之利益，如仍不遵，即勒令一律歇业，抑另有何项办法之处，即请贵部酌定示复，以便转饬遵照可也"①。

其实，海关虽对未挂号的私寄民局颇为头疼，但对民局而言，这也不啻为饮鸩止渴的应对之道。一旦私带信包侥幸过关，尚可收回几分薄利，但若信包被查出没收，不但血本无归，还使得收信之人无端三倍受罚，顾客自然心存忿念，而民信局长期以来建立起的商誉与信任，很快即被侵蚀殆尽。清末媒体势力渐趋壮茁，而民信局集中之地往往又是商业繁荣的口岸，恰是媒体集中之处，因私寄而为扣压信件的新闻屡见于报，更令商民心生怀疑与犹豫，而逐渐改用更为稳定安全的大清邮政。所以私寄信件对民局而言，看似可以支撑一时，其实更是将客源向大清邮政拱手相让。

不过，毕竟民信局从业者众，硬性打压及没收信包，容易引起信局哗变，影响统治稳定。故税务处②于光绪三十二年八月廿三（1806年

---

① 赫德致外务部申呈京字第396号，光绪三十二年闰四月二十一（1906年6月12日），《中国海关与邮政》，中华书局1983年版，第146页。

② 光绪三十二年四月十六（1906年5月9日），清廷颁布上谕，任命铁良为督办税务大臣，唐绍仪为会办税务大臣，"所有海关所用华洋人员统归节制"。六月初二（7月22日），税务处成立，"嗣后各关事务除牵涉交涉仍由外务部接办，支用税项应候户部指拨外，其余凡有关系税务各项事宜，统应径申本处核办"。关于税务处成立的原因，及其与海关隶属关系改变所带来的结果，参看陈诗启《中国近代海关史》第十七章，人民出版社2002年版，第377—399页。

10月10日）札行总税务司赫德，认为妥定专章，整顿民局私寄并无不妥，但海关"原拟三日限内认罚取回，逾限不取即按照不领准单之私货送关充公，限期似觉太促，自应酌量从宽办理"。因此税务处札饬总税务司，"嗣后所有邮政挂号民局私寄包裹，自查出之日起，限十五日内由民局照章认罚取回，逾限不取，即行送关充公结案，无论货包银包一律照此办理，以重邮务，而杜弊端"①。另外，税务处还同意了海关于光绪三十一年十一月二十五日致外务部的申呈中、建议对民局信包减半收费的要求："查现在邮务扩充，开销浩大，所有官局由轮船、火车代寄民局总包，自应酌量收费借资弥补，惟骤令按照全数交纳，似非体恤之道，应先行通融办理，一律暂按半费收纳，以示体恤。"并咨行各省将军督抚转饬各该地方官出示晓谕民局遵照办理②。四天之后，总税务司署发布第1378号令，通谕各关"民局交大清邮政局代寄之总包自1906年11月16日起半价收费"③，并于九月初六（10月23日）申呈税务处相关决定④。而各地在接到谕令后，当即饬令属下出示晓谕，广而告之⑤，使各地民局周知政策并认真遵行。而各地邮政官局还照税务处办法，"先期与该地方官出示晓谕，令各民居无论口岸与内地，有未挂号者，准其赴官局挂，以三个月为限。倘该民局仍不遵照，私自运寄，一经搜获，即将该信包拆开，一面从速将各信分送向收件人罚缴邮资，照原费倍半，复于此项信背上盖一戳记，内刻'此信由民局私寄，官局查获，罚资信半'等字样。一而根查此信由何

---

① 税务处致赫德札处字第29号，光绪三十二年八月廿三（1906年10月10日），《中国海关与邮政》，中华书局1983年版，第147页。

② 税务处致赫德札处字第30号，光绪三十二年八月廿九（1906年10月16日），《中国海关与邮政》第148页。

③ 海关总税务司署通令第1378号（第二辑）于北京，光绪三十二年，1906年10月20日，《旧中国海关总税务司署通令选编》第一卷，中国海关出版社2003年版，第578页。

④ 赫德致税务处申呈关字第73号，光绪三十二年九月初六（10月23日），《中国海关与邮政》第148—149页。

⑤ 如光绪三十二年九月廿四（1906年11月10日），津海关道梁敦彦函就此事致津海关税务司墨贤理（《津海关秘档解译》，中国海关出版社2006年版，第27—28页）；光绪三十二年十一月初一（1906年12月16日）（第9页），《申报》报道浙江巡抚张曾敫在"奉到北京税务大臣来电议加民信局总包邮费等因，当即通饬各属出示谕知"。

人接递，从重罚办，以重邮政"①。最终目的，还是将各地民信局纳入大清邮政的管理之中，将竞争对手转为下属，统一全国的邮递机构和邮递方式。

面对大清邮政的步步进逼，民信局可以应对的方法不多。如光绪三十二年，宁波各信局因"邮局议加寄费，每磅定洋三角五分，各民局有碍生业，日前已邀集同业联名禀请税务司酌减寄费"②。而光绪三十三年年初，扬州各民局"近奉税务司通饬，每磅加增邮费二角二分，力有未逮，特于前日在福兴润信局公同筹议，拟即联合赴省禀请江督核减，以维生计"③。由于扬州众信局"兹闻内河信件，邮局亦令每磅完缴邮税三角二分，如不遵缴，照年议罚。而各局则谓内河均有足班，不须邮局代寄。现在外江邮税尚须求减，若内河再须完税，则生计此绝。因即联合镇江淮徐各属信局公同筹议，拟赴省垣上控"。为了增强声势，各局除议定联合上诉外，还规定"有不到者罚洋五十元"，以此"齐赴省垣具禀督辕，恳求免加，以维持生计云"④。

不过，这些行动最后都再无下文，而清廷官员看来对此事亦不再明持反对态度。即如武英殿大学士王文韶因"闻天津火车站有邮政局人役搜查过客行李，任意勒罚"而交函税务处，"希转告该局严行禁止"，署总税务司裴式楷亦以"近数月以来，邮政司闻有山东把头时常来往夹带信件，是以查过数次"为由，认为"邮政局现已通行各省，而民间信局准其赴官局挂号代为递投，照核减之数纳费，其不挂号者一概不准私寄。……其挂号民局并可于邮政办公时刻外，在轮船火车开行之时，立将信包交邮政人员收寄，足征便商之处无不竭力施行。乃竟仍有违章私寄者，自不得不照章罚办"。而且怀疑王文韶原函"似不过得诸传

---

① 《专件：奉天邮政局告示》，《盛京时报》光绪三十三年二月初九（1907年3月22日），第2版。

② 《邮局加收寄费（宁波）》，《申报》光绪三十二年十月十二（1906年11月27日），第9页。

③ 《信局拟情核减邮费（扬州）》，《申报》光绪三十三年三月初七（1907年4月19日），第12页。

④ 《信局公议赴省禀恳免税（扬州）》，《申报》光绪三十三年三月十九（1907年5月1日），第12页。

闻"，故申复之余，并不对此规定与执行做出任何修改①。即如王文韶此等官员的交涉，尚难令海关及大清邮政改易做法，则各地信局面禀之省宪道台，则更难有所作为了。

———————
① 署总税务司裴式楷致税务处申呈关字第617号，光绪三十三年四月初十（1907年5月21日），《中国海关与邮政》，中华书局1983年版，第134—135页。

第四章

裁驿置邮——新政时期的制度转型

第一节　邮部设立与收回邮政

清末邮传部设立后，所进行的收归邮政自办及裁驿置邮等重大事件，本系相互影响、相互呼应，然其二者在联系之中又现各自独立的进程，充分体现了清末制度转型过程中的利益人事纠葛。收归邮政自办，主要针对外籍税务司主管下的新式邮政；而"裁驿置邮"，则是解决邮传、陆军两部在管邮管驿权限上的分歧。无论是收归邮政自办还是裁驿置邮，都与清末朝廷的官制改革所引发的政情变化以及各部人事变动与利益归属密切相关，故其线索繁多，原因复杂，若能厘清史实，则可对传统驿递体系向新式邮政制度的转型过程，有更清晰和深刻的认识。

清末驿递体系向新式邮政制度的转型，还反映出官制改革引致中央部院与直省督抚的权限分化问题。关晓红的研究指出，在清末官制改革的方案中，"由于低估了改革的风险，缺乏掌控全局的能力，清廷最终实际采取了自上而下、先内后外的策略"[①]。就本节讨论的问题而言，即可发现，虽然新官制中以邮传部为管邮专职部门，而驿传事务亦划归其所管，但由于其与陆军部在管驿、裁驿职权上难以归于统一，是留是裁难以适从，故出现中央管邮部院未定政策、而直省督抚已有改驿裁驿之举。从这一事件中亦可发现，清末政情变化剧烈，仓促讨论与匆忙实施的官制改革，显然难以适应救时、救国、救民的需求，则更毋论在此

[①] 关晓红：《种瓜得豆：清季外官改制的舆论及方案选择》，《近代史研究》2007年第6期，第21页。

改革过程中，各方还有利益考量、争夺和妥协，则这场改革到底成效几许，可想而知。

一 中央邮政管理机构的设立

清代的驿传体系虽历有更改，但总不出中央与直省两管理系统之外。为应对条约体制下代递信件责任而出现的海关邮政，则成为传统体制之外的新式制度萌芽。1896年大清邮政开办之外，新式邮政之安全便利与传统驿递的迟滞丢失形成鲜明对比，"官员们都派人来问怎样把奏折公文等往北京发送"①，而总理衙门甚至说，"该衙门和北京市铁路矿务局，将取消旧时的官驿站的邮递办法，一切邮件，都将经由我们的邮局传递"②。故"裁驿置邮"的构思与需要早已出现，惟新式邮政始终由外籍税务司所操办，虽然其亦隶属清朝职官体系，但其存在之起由却因中外战争所致，无论是从"夷夏之辨"、胜负优劣抑或逐渐萌发的民族主义，都很难令其被清代官场所认同。

虽然对新式邮政争议颇多，但其作用之显著则渐为朝臣所肯定。故在庚子之后，张之洞、刘坤一于《江楚会奏三折》中，即提出以"驿政局"取代"邮政局"之名、而行邮政局之实的做法。《江楚会奏三折》共有三折一片，其中光绪二十七年六月初五（1901年7月20日）所上第三折《遵旨筹议变法谨拟采用西法十一条折》中，其"九曰推行邮政"，以外洋邮政与中国驿政相对应③："查外洋各国邮政，为筹款一大端，大率岁入皆银数千万两，而递信最速。中国驿站为耗财一大端，岁费约三百万两，而文报最迟，盈亏相反，迟速亦相反。"而之所以投入巨费而效率低下，主要是"由于有驿州、县马必缺额，又复疲瘦，州、县以此为津贴，管驿家丁以此为利薮，故文报必致迟延，官绅书信间有外加马封附文递送者，有驿官以其非例准之条，又系不费之惠，故既不驳回，亦不收费，浮沉听之州、县，不当驿路者设铺司，武

---

① 1897年2月17日粤海关暂行代理税务司密喇（G. F. Müller）致赫德函，《中国海关与邮政》，中华书局1983年版，第88页。
② 1899年11月12日赫德致金登干函，《中国海关密档》第六卷，中华书局1996年版，第1032页。
③ 此举似有暗指海关主办之邮政名目不正之意。

官文报交塘汛,其延搁更甚于驿站"。驿传系统日渐腐败,而列强又多开设邮局于中国内地,为保利权起见,"自光绪二十一年奉旨饬催总税务司赫德办理,光绪二十二年沿海沿江渐设邮局,附于海关税务司兼办,于是沿江沿海公文私信,迅速胜前而信资极省"。可见张之洞与刘坤一亦承认,新式邮政的建立,对革除驿站旧弊、在公文传递及民间私信的发展确有明显的推动作用。

不过,两位封疆大吏亦同时指出,海关所办邮局,"用费不敷尚多。此盖因垄断而生调停,因调停而致赔累"。这一指责明显反映出二人仍以为新式邮政为普通商业之事,而与朝政民情之运转无甚关系。由于他们仍把驿政视为政令传递的必须渠道,故方在《江楚会奏三折》中主张,"于各省、州、县遍设邮政局",只是这一"邮政局""应名曰驿政局,以免与税司之邮政局相混"。其管理方式,"应由各省督、抚督饬臬司,责成州、县设局办理","由省城总局妥定章程,刊发印花领用粘贴,用过照数报销,即以原有驿站、铺司各经费拨充局用。内河内地分别设立快划、快马、健夫驰递,明定章程,准带官民私信。所有京外文武衙门文报、书信统归此局递送,其文报责成仍照驿站向章,其信资务宜从省,以广招徕"。通过核算是年印花信资收入,即在次年扣发相应数量的驿铺经费,"行之既久,信资日增,驿费日减,十年之后专取信资即敷局费,驿铺各费可以全行省出","则每年可省用款三百万矣"。驿政局之局费,"统于驿铺经费内,自行酌剂支用"。其局场地,"即设衙署内,并无另需费用,并须于境内大镇酌设分局。此局不须多人,亦无多事,但派一人驻于客栈即可,或附于店铺代办亦可,但经管发印花、收信函、收信资而已,并无多费"。寄递所用之交通工具,"此时沿江沿海地方,其由轮船者暂归税司,内河无论轮船、民船及岸上陆行者,统归州县。畅行以后,再行体察情形。如能并江海轮船,邮局亦归之州县,勿庸税务司兼管为善策"。

值得注意的是,在该折设计之中,海关邮局最终亦须归并于州县主管的"驿政局"之内,在"海关邮局未归州县之前,邮政局与驿政局彼此互相代寄信件,内地寄内地者只贴驿局印花,内地寄通商各口者加贴邮局印花一分,通商各口寄内地者加贴驿局印花一分,其驿局与邮局彼此往来交易一切细章,随后详酌"。故该折所言"推广邮政"的关键,即在于体制上交由州县兼办:"此事若归州县兼办,则费不另筹,局由州县酌设,进退裕如。若另行委员设局,则廷寄奏报要件设有迟误,必多推诿,故惟有责成州县之无弊也。"[①]

张之洞、刘坤一在《江楚会奏三折》中对新式邮政或"驿政局"的设计[②],在具体寄递方法和业务安排上,多有参考海关邮政。但在其设计中,州县进一步扩大其管理"驿政"的权力,尤其在经费上拥有了更灵活的自主权,而原具体管理"驿政"的机构与人员,正式成为州县官署的下属,与以往州县官聘请幕僚管理驿站的惯例明显有别,如此一来,管理邮政的人员更趋专业化。但该方案依然与新式邮政的要求迥异,与旧制相比之进步,在于将非正式机构纳入衙署结构之中,但却将州县官的繁重责任进一步加深,故在其推广计划的构思中,似乎仍与过往"按需设驿"的做法类似,而并非如新式邮政般在人群聚居处即设立相应邮政局点。

整体观之,该设计接受了"邮政收入为国家利源之一"及"开办邮政为国家应有之利权"的思想,但在具体设计上旧制与新法掺混,既想参考新式邮政传书递信、办理银汇的相关办法,又不愿放弃旧有驿站的政治用意。这种新旧掺杂、表里不一的体制设计,正是庚子之后清廷思变、但在财力拮据和保守势力暗阻之下的妥协之举:既保证传统体制不受太大冲击,又增加新的职责以应付日益严峻的变局需要。就邮政而言,其更有一关键用意,在于建立一比海关邮政更为"正统"之新式邮递机构,而将为外籍税务司控制的邮政利权收归国人管辖。故由此亦可发现近代邮权收回上之一吊诡现象:外籍税务司主办之海关邮政与清廷疆吏主张之"驿政局"机构,均要求驱赶客邮而收回利权,但外籍税务司不久即发现,自己原来也在被逐群体之列。虽然邮政利权至有清一代结束依然被实际操纵于外籍人员手中,但双方的斗争在庚子之后则日益激烈和直接,随着中国民族意识的日渐唤起与觉醒而更加明显。

---

① 苑书义、孙华峰、李秉新主编:《张之洞全集》,第二册,卷五十四,奏议五十四,河北人民出版社 1998 年版,第 1445—1447 页。

② 此三折一片之起草,主要还是张之洞于中主导,但刘坤一在其中起制约作用,使此次会奏之主调不至于过于激进。关于其起草过程及上奏经过,可参见李细珠《张之洞与清末新政研究》,上海书店出版社 2003 年版,第 91—98 页。

第四章 裁驿置邮——新政时期的制度转型

《江楚会奏三折》中所建言的各项改革措施,在清末新政改革中多有采用,但"推行邮政"一节主张建立"驿政局"与海关邮政分庭抗礼的做法,却没有得到清廷的认同。无法推动的缘故,除了该局实属多此一举外,该计划不仅要从海关的管辖内将邮政利权收回,同时暗示改革现有的管驿体系,把原属兵部的管理职能更多地下放到州县一级,但如此一来,不仅削弱了兵部原有的职权、减少其管理的巨数驿费,而邮传业务亦未见得会有必然的起色。赫德在光绪二十八年正月十三(1902年2月20日)致外务部的申呈中即分析道,"总税务司驻京如此总理邮政事务,各省之邮政合一,日后必可为国家之一要政,俟其成功,或另设专署,或另设大臣均无不可"。要使如此庞大复杂的系统有效地运转和盈利,则必须要有统一和专业的机构对其进行管理,而《江楚会奏三折》中提议由州县官直接经营邮递业务,"地方官因知邮政可变为官事,自思举行,阻止推广之路,惟各处官员散办,不归一处专办,恐将来成效难期"。而且"数年以来各国在中国通商口岸各设信局,现有推至内地之举,此与中国邮政日行之事多所掣肘,并与中国日后应自办理之事关系亦属非轻"①,如果由州县官员各自为政,不仅难以达至将邮政"速行推至内地"的效果,同时还可能让客邮肆虐的情况进一步恶化。所以张之洞、刘坤一的建策,意义不在具体的措施,而是明确了邮政为国家之重要利权、需要从外籍管邮人员手中收回的观点,并开启了之后十年内清廷为收回邮政利权而努力的序幕。

《江楚会奏三折》虽然提出将新式邮政收归自办的看法,但仅在具体的设局寄递方法上有所建议,却没有提及在中央层面设立管邮专部。这看似矛盾的安排,或许正好提示了是时直省官员对官制新政的思路和看法②。不过,自此之后,多有直省官员呼吁设立邮政专管部门,以便收回邮政自办及安排裁驿置邮事宜。光绪三十一年后,清廷逐步推动各项新政的举办,开始有官员建议在官制上加以改革,设立专部管理邮

---

① 《中国海关与邮政》,中华书局1983年版,第105页。
② 从《江楚会奏三折》的具体内容来看,大部分是关于直省州县官员如何改革"治法"的具体措施,而少有谈及对官制的整体改革。虽然张之洞未必保守,但从揣摩朝廷意旨出发以及刘坤一的制约之下,还是以稳妥作为第一。关于张之洞主稿《江楚会奏三折》的经过及其内容分析,详参李细珠《张之洞与清末新政研究》,第二章,上海书店出版社2003年版。

政："闻日前有某大臣呈递封奏，略谓现值朝廷振兴庶务之际，所有商务事宜已经设立专部、议设官职。而农务邮电事宜亦为国家要政，宜增设专部以资整顿而一事权。"① 不过，设官立制，牵一发而动全身，虽有该议，却未必立时付诸实践。倒是光绪三十一年八月初三（1905年9月1日）端方的《设法收回关税邮政折》，道出了其中奥秘。他首先指出，由洋人操控关税与邮政之事，乃因为是时新制初立，"情形未谙，一切钩稽之役，自不得不委任西人"。随着口岸增多，"赫德之势力范围遂日益加广，而各关税务司遂为西人独擅之技，中国更无能预其任者"。虽然"邮政亦内政之一"，亦是"原为交通利便而设"，本是皆归国家自办。但如今由外人主办，"设有军国重要机关警密消息，一切不行，是则临时之洩漏阻碍，流弊何穷"。更重要的，是邮政为国家"岁入一大宗"，所以中国"既假人以权，且需津贴其费，所失过多，殊觉非计"。随着"近年学堂另立，民智渐开，邮税所入可望日渐增多，似不可舍此利权，听其外溢"。在"权"与"利"两方面来说，均不能再将邮政任其操于外人之手。故端方建议，一是由外务部饬令赫德交出邮政事宜，由清廷官员接管；一是暂时留任洋员，而同时"专派学生前往日本学习邮务"，"固不虞接办之无人，要政之中辍也"。其在文末更指出了收回邮政自办的意义，"历观古今中外历史，未有税务邮政两事授柄外人而能立国者"。而在新的知识体系熏陶之下，更应意识到"挽回利权一分，即保持主权一分。外人渐知中国于自治之权力能振作，庶几侵占主权之诡谋自然消泯，洵抵制之一端，而图强之一策也"②。

从端方此折可见，是时官员对收回邮政之认识，主要是从收回被赫德掌控的海关利权的角度出发，亦意识到邮政为国家本有之利权，不可轻易交由外人主管。但至于收回邮政后的机构设置和日常管理等问题，并无具体的筹划。而端方的奏折上达天听后，亦仅是"下部知之"的结果③。至于海关管理邮政的工作，并未因清廷官员的奏劾而停止。除

---

① 《请设农邮电专部》，《申报》光绪三十一年二月初一（1905年3月6日），第3页。
② 《端忠敏公奏稿》，《近代中国史料丛刊》初编第94辑，卷六，台湾文海出版社1966年版，第653—657页。
③ 《清实录》（第五九册），《德宗实录》（八）卷五百四十八，中华书局1987年版，第272页。

继续在各地开设分局外①，还与英、法、德、日等国签订邮政章程，而邮政章程的主旨有二："一系各该国境内，现允认中国邮票一律通行；一系在中国境内通商口岸外之各腹地，若英法另设局所办理邮务，中国可不承认。"②对于德国在山东商埠开设邮局，亦商定妥协办法，以保证客邮局所不至于扩散至其他地区，损害利权③。故虽然收回邮政自办的时论甚盛，清廷却罕有实际举动，而推动新式邮政建设的工作，基本还是备受批评的外籍海关税务司在实际操作。

随着官制改革呼声渐高，尤其是1905年9月学部的成立，"成为清末中央行政体制变革突破瓶颈的标志"④，"重新划分旧制部院职能的问题提上日程，长期延续的六部架构势必改变，解决新旧体制交替，重新组合新行政体系的需求日益迫切"⑤。但若要设立专部管理邮政，则须妥善处理旧制之中兵部对驿站的管理权限，而后者关涉利益厚重，并非轻言裁撤即可成事。以驿站经费为例，兵部即称"臣部办公经费，向仅恃驿站奏销、朋马兵马奏销饭银、札付饭银数项。各省皆多蒂欠，办公已属不敷，而纸张笔墨等件，庚子后久未承领，既须自行备办，合署饭食仅户帮千余金，尚不逮十分之一"。而即使如今奏请朝廷酌筹办公经费，其相关费用亦无法全额收齐⑥。由此可见，兵部经费不足，以致陷入运转的困境。而兵部又不像外务部、商部等"另有津贴"，历年事务

---

① 《推广邮政》（汉口），《申报》光绪三十一年三月二十（1905年4月24日），第3页；《义税司推广邮政》（镇江），《申报》光绪三十一年八月廿五（1905年9月23日），第3页。

② 光绪三十一年二月初一（1905年3月6日）赫德致外务部申呈京字第51号，《中国海关与邮政》，中华书局1983年版，第128页。

③ 光绪三十一年二月初十（1905年3月15日）赫德致外务部函，《中国海关与邮政》，中华书局1983年版，第159页。

④ 关晓红：《晚清学部研究》，广东教育出版社2000年版，第87页。

⑤ 关晓红：《种瓜得豆：清季外官改制的舆论及方案选择》，《近代史研究》2007年第6期，第22页。

⑥ "驿站饭食，二十六年七月，奏定每万两按四分核收，其朋马饭银、兵马奏销饭银，各省有按二分报解者，有按三分四分者，今拟仍照各省旧章核收，军需善后报销费，每万两销折十两。……"《兵部奏裁汰书吏、酌筹办公经费折》，光绪三十一年十二月二十（1906年1月14日），《湖北官报》第四册，光绪三十一年发行，《清末官报汇编》，全国图书馆文献缩微复制中心2006年版，第31册，第15303页。

积压太多，不仅清理不易，而且形成一个不停往内耗钱的黑洞，一旦停止又无良法改革，则必定引发部务的动荡。有鉴于此，兵部更不愿轻易将驿站的职能交出，对裁驿之事或移交职能，基本坚持反对的态度。

光绪三十二年，海关管理体制发生变化。清廷为逐步收回海关利权而设立税务处，将原属总理衙门（后改外务部）管辖的海关改归新设立的税务处管理。税务处设"督办大臣一员，会办大臣一员，提调一员。分设四股，每股总办各一员，帮办各五员"，而由"第四股管理邮政事务"①。是年六月廿六（1906年8月15日）"政府王大臣会议，迩来中国邮政日见推广，惟无统辖之所，殊难以一事权。应即商之总税务司，将各省邮政归于税务处管理，以便查核而挽利权。惟税务大臣铁大司农，以甫经接办税务，头绪纷繁，一时不能兼管邮政，大不以此举为然"②。此时邮务的确未交由税务处接管，两周后刑部制定邮律并奉旨允准后，仍是"由外部照会赫总税司饬邮政总局及各省分局遵办"③。而两位新任的税务大臣铁良、唐绍仪，亦"因税务头绪纷繁，故拟另添邮政大臣，以专职任而重邮政云"④。

光绪三十二年七月初六（1906年8月25日），戴鸿慈等呈递《奏请改定全国官制以为立宪预备折》，在第四条"中央各官宜酌量增置、裁撤、归并"中，建议"因交通之利大开，析铁路、轮船、邮政、电报诸行政而为邮部者"。由于"中国旧有六部，惟户、刑、兵三部最为切要"，而"军（兵）部掌军事行政，为旧制所固有，现在绿营半皆裁撤，各省训练新军，非复部臣所能积核，然既无知兵之实，徒拥掌兵之名，名实不符，殆同闲冗，臣等以为宜仍旧制，以练兵处并入，改其名曰军部，而将各国通行之军事行政职权，应归兵部大臣统辖者，皆责成焉"。在这种设计下，不仅于该部中分立陆军、海军两局，还要仿西制建立参谋本部及推广军事教育，但原属兵部管辖的驿传体系则未见提及，故该职能应属"裁并"之列。为此戴鸿慈等建议设立"交通部"，

---

① 《清朝续文献通考》卷一百十八，商务印书馆1936年版，第8786页。
② 《申报》光绪三十二年六月廿六（1906年8月15日），第4页。
③ 《申报》光绪三十二年七月初十（1906年8月29日），第4页。
④ 《拟设邮政大臣之消息》，《北京五日报》光绪三十二年七月二十六日，《京版报刊上的北京邮政》，北京燕山出版社1992年版，第5页。

管辖交通行政:"自轮船、铁路、电报盛行,而交通行政浸已繁多,各国殆无不特设专部以领之者。中国铁路,各国久为垂涎,急起经营,正恐惟日不足,邮政本为交通枢纽,今尚委诸税司之手,办理亦未得宜。其他轮船、电线创办已久,而进步甚迟,欲求整顿扩张,正赖事权统一。臣等谓宜合此数项,仿日本递信省例,特设一交通部。"① 除中央机构设邮部专管外,戴鸿慈等又建议"变通地方行政制度",每省设民政司、执法司、财务司、提学司、巡警司、军政司、外交司和邮递司,除执法司和军政司外,"其余六司皆为督抚之最高辅佐官"②。

七月十三(9月1日),清廷颁定"仿行立宪"上谕,认为"现在各国交通,政治法度皆有彼此相因之势。而我国政令积久相仍,日处阽危,忧患迫切。非广求智识,更订法制,上无以承祖宗缔造之心,下无以慰臣庶治平之望"。因此"时处今日,惟有及时详晰甄核,仿行宪政。大权统于朝廷,庶政公诸舆论,以立国家万年有道之基。但目前规制未备,民智未开,若操切从事,涂饰空文,何以对国民而昭大信。故廓清积弊,明定责成,必从官制入手。亟应先将官制分别议定,次第更张,并将各项法律。详慎厘定"③。但在官制改革的讨论中,主要集中在建立新的行政体系,尤其是理顺"道咸以降,督抚权力扩张,出现权力下移的趋势"而产生的中央与直省的紧张关系④,而对于裁驿置邮的讨论并不太多。是年八月十六(10月3日)曾有报道言,朝廷新定地方官制中,设有邮政司部门:"凡一省之航铁道、电信,均其职掌,而本省驿递亦裁撤并入。"⑤ 不过,清廷最后的政制设计,采用了"自上而下、先内而外"的办法,直省的改革暂且搁置,而首要对中央各部的职能进行重整和设计,因此如何重组兵部的管理职能、是否设立专部管

---

① 《出使各国考察政治大臣戴鸿慈等奏请改定全国官制以为立宪预备折》,故宫博物院明清档案部编《清末筹备立宪档案史料》(上册),中华书局1979年版,第371—372页。
② 《出使各国考察政治大臣戴鸿慈等奏请改定全国官制以为立宪预备折》,故宫博物院明清档案部编《清末筹备立宪档案史料》(上册),第377页。
③ 《光绪宣统两朝上谕档》第三十二册,广西师范大学出版社1996年版,第128页。
④ 关晓红:《种瓜得豆:清季外官改制的舆论及方案选择》,《近代史研究》2007年第6期,第22页。
⑤ 《新定地方官制(京师)》,《申报》光绪三十二年八月十六(1906年10月3日),第3页。

理邮政及如何处理驿站问题，成为媒体关注的重点之一。

《盛京时报》在九月十五（11月1日）刊登了《定各堂部司各官额缺职掌述汇》的京师要闻，其中透露朝廷将设立交通部，专管交通事务："……第九交通部。管理全国交通工事（以工部改设，兼有商部、外务部、兵部之职掌）设四司，一曰路政司，二曰邮电司，三曰航业司，四曰都水稽察各省交通司、河道及铁路局、电报局。"从此报道不难看出，清廷初时讨论的方案还相当粗略，其改设思路，基本从原有六部入手，将相近的职能进行重组和整合。所谓兼有"商部、外务部、兵部"的职掌，大概即指邮政与驿递而言，因为二者职能与交通事务重合者即为上述二事。对交通部的职能构思，基本涵盖了后来邮传部"路电邮航"四项职责。而九月十六（11月2日）奕劻等进呈《厘定中央各衙门官制缮单》，在《附阁部院官制节略清单》中，其设计方案与《盛京时报》的消息多有相符，其中"兵部掌绿营兵籍，徒拥虚名，近日时局非有陆、海两军不能立国，而马政应隶陆军，故分兵部为陆军部，以太仆寺并入，而海军暂隶之，以次于学部"。而对于邮传事务，"轮电、交通、邮递络绎，非设专部则运转不灵，故变工部为邮传部，以次于农工商部"[①]。可见《盛京时报》的消息相当灵通，其报道基本涵盖了奕劻该折的全部信息。

而九月廿五（11月11日）的《盛京时报》在改革官制上谕发布后，进一步解释了当初为何以工部改交通部的想法："交通为增进国势之要政，东西各国咸重之。中国现于电政、路政、邮政、航业亦次第推行，不设专官，曷由进步。今拟以工部改设交通部，即以该部所掌之河工海塘各事宜附入，并以商部通艺司所掌之铁路、设电、行轮，外务部権算所掌之邮政。"而其具体职能，则是"交通部管理全国铁路、电报、电话、邮政、驿传、航路、标识、商轮、民船、水路运输、疏瀹河道、河湖海隄工各事宜，并稽查各省交通司河道及铁路局、电报局、邮政局"。由此可见，在交通部的设计内，管理事宜相当庞杂，并不仅仅关注于交通事务。而其所设邮电司，则职掌"一审定电报电话规则、局

---

① 故宫博物院明清档案部编：《清末筹备立宪档案史料》（上册），中华书局1979年版，第470页。

所章程及修理添设事项；二考验电报电话用品及关于电学之工业管理、电学工程之学堂（拟以工部奏设之艺学馆并入）事项；三考察电报各局委员学生之成绩及稽核出入款项事宜；四稽核全国邮政及研究一切邮政事项；五筹办未立邮局地方之驿传，更定章程，整饬驿务事项"①。按其思路，似乎在新部成立之后暂不处理裁驿置邮的事宜，而是保持邮政与驿传的网络，在部分地区依旧采用驿传的方式处理邮递问题。虽然设立交通部的方案最终没有获准，但对于该部职能的构思却未必事出无因，继续保存驿传，很有可能是一种妥协方案，暂不触动实质的利权问题，而首先建立起一套"仿行宪政"的官制体系。

光绪三十二年九月二十（1906 年 11 月 6 日），清廷发布厘定官制上谕，其中管驿的兵部"著改为陆军部，以练兵处、太仆寺并入。应行设立之海军部及军咨府，未设以前，均暂归陆军部办理"。而之前传闻改为交通部的工部，则"着并入商部，改为农工商部"。而"轮船、铁路、电线、邮政，应设专司，着名为邮传部"②。从此定制可以发现，原先讨论以工部改交通部的方案基本放弃，而易"交通部"为"邮传部"，则出自总司核定官制方案的奕劻、孙家鼐和瞿鸿禨的决定③。但是厘定官制中，对管驿权利依然归属陆军部，亦不虑及裁驿置邮之问题。在颁布上谕后陆军部所定《陆军部各厅司处应办事宜》可以看出，该部仍如原兵部，设置捷报处与马馆管理驿站、驿马问题。④ 陆军部军咨处的第四司（此司缓设，归第二司兼办）的应办事宜，即包括与推广邮政相关的各个主要方面："一考查全国邮政现在情形事宜；一收集全国邮政各项章程规则图表事宜；一核议全国邮政推广办法事宜；一规

---

① 《京师要闻·交通部官制草案》，《盛京时报》光绪三十二年九月廿五（1906 年 11 月 11 日），第 2 版。
② 《光绪宣统两朝上谕档》第三十二册，广西师范大学出版社 1996 年版，第 196 页。
③ 韦庆远、高放、刘文源：《清末宪政史》，中国人民大学出版社 1993 年版，第 152 页。
④ 捷报处的职责，包括："一接递各省折报事件；一承领军机处交发京外各省廷寄折报皮包事件；一承领政治馆交发事件；一收发转行新疆等处及新疆转行公文事件；一每日进内呈送印花；一办理效力差官当差期满及各项事故；一接递折报行查驿站迟延等项事故；一支领夹板、黄袱、油布、油纸、粗细黄绳、纸张、朱墨等项"。而马馆则负责"一捷报处递送折报马匹；一本部递送五路公文马匹；一外务部听差马匹；一政务处听差马匹；一德胜门睡门听差马匹"等等。

定军用邮政章程事宜；一规定平战两时邮政与军队联系章程事宜；一筹拟添设邮局以利军事计画事宜；一研究现在全国驿递台站利弊筹拟改良事宜。"① 由此不难看出，陆军部并未将驿递的相关职责归并到邮传部中，反在其职责内还涉及全国邮政的相关事宜。

  上述情况表明，由于官制初定，各部相关交叉职能尚未能明确划分。在稍后陆军部所上《核议陆军部官制并酌拟办法折》中，附有《拟定陆军部章制敬缮清单》，其中军乘司"掌军台、驿站、牌票、贡马、军马各项事宜。凡旧隶兵部车驾司所掌，除各牧场事宜划归军牧司外，其余各项及由武库司内画出遣配等事件皆属焉。区为驿传、销算、配成三科分理司务。其捷报处、马馆仍旧设立，一切事宜隶属该司"。而该司"设司长一员，承发官一员，驿传、销算、配成三科各设科长一员，共设一二三等科员十八员，录事十二员。另设捷报处总办一员，办事官六员，录事二员。又马馆监督一员，录事二员"②。可见新官制的厘定，并未如之前的方案将职能调整重组，以驿传事务而言，其主管部门并无改变，依然交由兵部改制而来的陆军部管理。形成对比的是，光绪三十三年六月颁布的邮传部新官制，原设计的邮电司被分为电政司与邮政司，邮政司"司掌全国邮政，凡邮政应行考核调查及筹划扩充，并审议邮律各项事件"③。其中亦无涉及驿务，陆军部对此项职权依然牢牢控制，不愿放手。

  邮传部的成立，在名义上新式邮政有了中央一级的主管部门④，而首任邮传部尚书张百熙亦针对地方管邮体系及邮权问题提出几项计划："邮传部设立布置停妥后，即拟将邮政收回自办；邮传部拟奏于各行省，设邮传使，所需经费，即以各省向有驿站支项拨充；……；

---

① 《清陆军部档案资料汇编》，国家图书馆藏历史档案文献丛刊，全国图书馆文献缩微复制中心 2004 年版。
② 《清陆军部档案资料汇编》，第 211 页。
③ 《奕劻等邮传部官制奏》光绪三十三年六月二十三日，汪熙、陈绛编《轮船招商局——盛宣怀档案资料选辑之八》，上海人民出版社 2002 年版，第 844 页。
④ 刘锦藻按语："我国交通行政，向无专辖长官，如船政之招商局附属北洋大臣，内地商轮附属旧时之工部，邮政附属总税务司。……盖至是设部始有总汇之区焉。"《清朝续文献通考》卷三百六十，商务印书馆 1936 年版，第 11037 页。

闻张尚书议拟将来派员入万国邮政公会及万国路政公会，以资讲求，而期联络。"① 可见是时邮部主官即已将邮政及驿站事务归入其部职责之中，不过二者之间仍有分别，在其看来，似乎收回邮政自办更为重要，宜先举行。只是张百熙仅任职五月即离世，而邮传部在收回邮政自办及裁驿置邮等事务上，尚因人事与利益之羁縻，纠缠直至清亡。

二 收回邮政与清末政情

收回邮政自办一事，早于庚子之后即有地方大员提议施行。光绪二十八年（1902年）时任直隶总督的袁世凯"拟请政府极力整顿邮政，简派大臣督办其事。旧例驿传事务概行归并邮政办理，以归划一。一切办法查照日本递信省章程参酌而行，所有经费则以驿站经费充之。所加有几即可另设专部，或归南北洋督办均可，收效无穷云"②。此议置收邮权与裁驿站于一举，而其中提出收回邮政自办的想法，与张之洞、刘坤一建议设"驿政局"的思路异曲同工。光绪二十九年三月初八日（1903年4月5日）南洋大臣魏光焘③亦咨称："邮政一事，按照公例应由本国自行设局办理，前因中国未曾自设，以致各国借口设立。……可否饬令总税司速筹联约公会之计，以期早日入会，商撤各国邮局，亦为扼要办法，等因。"④ 此议与袁世凯上论不同之处，则借撤客局入邮联为手段，但设立专部、收回邮权的初衷，却与袁世凯之论殊途同归，足见是时封疆大吏对此事之论见。

枢臣疆吏未必真有将邮政完全收归自办的心意，但在庚子之后，"收回利权"的呼声愈发高昂，在逐步苏醒的民族意识催促下，各类官员在对待此类新式事业上更加谨慎小心，即使未能真正收回主办，舆论态度上却不能稍退几分。面对清廷官吏对收回邮权的压力，赫德则在光绪二十九年三月廿六（1903年4月23日）的申呈中，以土耳其加入万

---

① 《清国近事：邮传部之计划》，《台湾日日新报》光绪三十二年十月十六（1906年12月1日）。

② 《湖南官报》第二百八十二号，第二十一页，《清末官报汇编》第34册，全国图书馆文献缩微复制中心2006年版，第16962页。

③ 钱实甫编：《清代职官年表》第二册，中华书局1980年版，第1499页。

④ 赫德致外务部申呈第492号，《中国海关与邮政》，中华书局1983年版，第117页。

国邮联、却仍不能撤去客局为由申辩:"撤局之效既无实在把握,中国入会有何益耶?且会中各国必谓中国邮务尚非国家特立之署,不过附入海关内之一举,必须特立专署,方宜入会。但一经分出专办,则应另筹经费,且须照前数年之议,归他人管理,而往来外洋之邮件既须借重各国之船,亦恐须由中国协济款项,种种作难,一时纷起,而已经入会,势难中止。"以邮政收归自办的经济困难为由,以期打消清廷官员收回邮政自办的迫切热情,力图继续将邮政的举办和管理权操纵于海关税务司的手中。

赫德所说的经济困难未必失实。光绪三十年正月廿九(1904年3月15日)他在致外务部申呈第696号中,发现光绪二十九年的邮政事业入不敷出:"光绪二十九年分局中收发信函之数,约四千三百万件。又代民局寄送不收资费之包件,约七百三十余万件。各项包裹,约四十九万件。共收资费约三十五万两。共支经费约六十七万两。"而若照邮政总办帛黎拟定的推广方法合算,光绪三十年将"约需经费一百零九万两,以入款三十五万两计之,不敷约七十四万两之谱"。而中国举办新式邮政,面对的困境又甚于泰西各国:"即如泰西欲办某事,先备专款,中国邮政则无有也。又泰西邮政归国家独办,不准他人侵扰,中国则不然,不但各处均有民局,且官局尚须代民局来往寄包,不纳资费,以致官局应寄之件均被民局攘夺,官局应得之资均被民局侵取。又各国境内不准他国人设局,中国亦不然,已有数国在境内设局,中国甫经推广,而各该局亦随之多设,不但此等洋局侵占中国利权,且有不明大义之民局会合他国之局,以掣官局之肘。"不仅民局与客邮相通,而且官方态度"亦多视为外人之举,非中国之事,以致漠不相关,毫不襄助"。为了抗衡客邮,拉拢民局,赫德建议以低廉的费用,为民局寄递信件包裹①,而举办"之应需经费,仍少六、七十万两,不得不设法筹备。向闻各省驿站每年有三百万两之专款备支,只缘各省情形未克深悉,是以能否由该款内提拨,不能臆度。因思邮政现尚未有专署,仍属海关兼办,不若即由关税项下迳体所需之数,若可照行,则每月津海、江汉、江海、闽海、潮海、粤海等六关各拨银一万两,计共六万两,作为协济

---

① 清代新式邮政的费用标准变化及分析,另见详文。

邮政之费，俟各邮局入可敷出时，再行停拨"①。此法实行一年后赫德发现，"计目前之为难者，确有两端：一系各民局交寄之信包，不给分文资费，实系官局亏累之原因，一系所指各该关不能按期如数解款协济，致官局进退维谷，若不设法力为救正，将恐已成之举，一旦涣散而不可收拾矣。且邮政随复奉有推广之旨，而各省地方官，大半仍视为外人之事，其实若不由总税务司经理，则各国必将在中国自办矣"②。至于各关实际协济的数量，《清朝续文献通考》记载为"实收不过三十二万"③，而光绪三十二年十月廿三日（1906年12月8日）副总税务司裴式楷致税务处节略中则言："六关监督按年应拨邮政经费七十二万两，实收入四十六万三千八百四十两七钱五分"④。无论实际数目多少，均可见困难依旧，经费不足，本被视为"裕国便民"的邮政事业，却因为无法自给自足而成为主办部门的负担，一旦完全交由清廷自办，其命运如何尚难预测。而于公于私，赫德都不可能毫无保留地移交邮政权力。

在邮传部成立之后，将邮政收回自办之传闻，亦因预备立宪将各项权力收归中央而益发增多："数日以前京津两处传言外务部已与驻京公使朱迩典、总税司赫德商定，中国邮政与海关税务一律照旧办理，并无更改。现有袁督处华员相告，谓中国邮政未曾载入中国向英德借债合同之内，今为欲集中央之权于北京，中国拟乘目前之机会，将赫德所管之邮政收归自办。盖赫德于一千八百九十八年奉派充总邮政司一职，本非久远之事也。赫德已申文外务部请示邮政如何办理之法，外务部尚未批复，因国政府对于此事之政策，现尚未决定也。"⑤ 由于张百熙"在任时间很短，身体多恙，且逢草创，故无所作为"⑥，故"外务部现与邮传部尚书张百熙、侍郎唐绍仪商议管理邮政事宜，惟以现无谙练之华

---

① 赫德致外务部申呈第696号，《中国海关与邮政》，中华书局1983年版，第120—122页。
② 赫德致外务部申呈京字第51号，光绪三十一年二月初一（1905年3月6日），《中国海关与邮政》，第128页。
③ 《清朝续文献通考》卷三百七十七，浙江古籍出版社2000年版，第11237页。
④ 《中国海关与邮政》，第134页。
⑤ 《邮政归中国自行管理之近闻》，《申报》光绪三十二年十月廿一（1906年12月6日），第2页。
⑥ 苏全有：《清末邮传部研究》，中华书局2005年版，第64页。

员，且自一千八百九十八年赫总税司创办邮政以来，颇为得法。张唐两大臣拟仍令赫德办理，暂不更改。但税务处现既归并度支部，以后凡关邮政之事，赫德应申报邮传部请示。张唐两大臣现正修辑邮政章程，以便会同赫德酌定新章，为将来办理邮政。张本并将邮传部与赫德职权分划清晰，探闻邮传部拟设邮政处专管邮政云"。由于税务处自身职权归属尚在变动，而督办税务大臣亦将不日奏裁，故吏部要求"所有税务皆归度支部侍郎，随时与总税务司赫德会商办理"①。毕竟时在官制改革期间，而朝廷设税务处之用意，在掌控税关之收支命脉，对海关麾下的各类新政反暂无暇顾及。因此直至邮传部真正将邮政收归部管之前，所有邮政的管理、人事及推广，仍是由赫德等一众海关税务司兼管推行。无论是清廷或是海关，都明白对方政策之重点不在此事之中：一方表明收回，但无具体的时间和操作安排；一方愿意交出，但十分被动地等待对方的安排措施。大家都可以在一种心照不宣的拖延中，继续为着本来的政治、经济目的而各取所需。

虽然邮政未在邮传部设立之时即收归部办，不过原海关举办邮政的顶头上司，则由外务部改为邮传部："中国邮政虽经外务部与邮传部订立新章，然仍归总税务司管理。惟改由邮传部尚书张百熙、侍郎唐绍仪颁给训条，不再向外务部直接耳。"② 这实际上迈出了邮政收归部办的第一步。

宣统元年五月初一日（1909年6月18日），《盛京时报》载论说《论我国推广邮政之所有事》一文，对邮政收归部办一事，多有议论："我国邮政，开办数年，成效颇著。然其间有一怪现象焉，则既有邮政，而上之未废驿站。且或设立文报局，下之仍设信局是已。其间又有一异事焉，则始之视为等闲，不设专部。比虽设有专部，仍不急行收回，授权于外人是已。"撰者以为，邮政权利责任重大，各国将邮政设立专部、统归中央政府管理，乃因其有二重要原因："一则邮政与军事法律等，同为国家之特权，宜自中央政府握之，然后可保持秩序。二则邮政之

---

① 《西报纪邮政税务近事》，《申报》光绪三十二年十月三十（1906年12月15日），第2页。
② 《邮政仍归赫德办理》，《申报》光绪三十二年十二月初六（1907年1月19日），第3页。

事，贯通全国，且与国外多有交涉，非统于中央政府，则散漫无着，不能成画一之规。故地球之大，无国人自由通行邮便之国，更无任外人自由通行邮便之国。任国人自由通行邮便，语其弊，中央政府失职而已，若任外人自由通行邮便，则主权所关，万万不能假借。"虽然举办邮政，有民局、客邮之阻挠，然在撰者看来，最大之困难反倒在举办邮政的主管机构中："中国初设邮政，本名试办，当时因无谙理邮政之人，以其策为总税务司所建，故遵命其兼办，亦昔日命总税务司襄议海军之类耳。税务大臣既设，则其权遂转移于税务大臣。前者办法既未完全，今亦无庸再议。"邮政乃"全国信息之交通，血脉之联贯"，因此要多设学堂，培养人才，但最为紧迫的，是"窥政府之意，推广邮政，在所必行，则收回邮政，正旦夕间事，安得不急起而图之"①。时人深谙推广邮政之关键，在于将原属外籍税务司兼办的邮政收归国人、设立专部办理，以免权利在各机构中辗转各属，以致延误举办，损害中国利权。

舆情汹涌，政情却未必尽如人愿。收回邮政之举迟迟未决，一是邮传部人事变动频繁，派系林立，几乎是晚清政坛权争之缩影；二是中外官员之争，主要是外籍税务司及其背后之列强势力与清廷职官之争斗。表面仅是两部门之职权交接，底下却暗涌频现，以致收回邮政归属部办一事，一直悬而未决。自光绪三十三年始，媒体多次报道邮传部将收回邮政的传闻，如是年九月二十（1907年10月26日）《申报》自北京电："邮传部司员拟定收回邮局自办说帖，呈请堂官核办"。而六天之后《盛京时报》亦有报道："近日邮传部各司员在署私议，谓中国现在邮局所需津贴，计□十万金之谱，而日本自办邮便，每年可入千余万□。我国土地人民与日本相较，何止十倍，诚能收回自办，设法改良，当不可思议云。闻不日将缮具说帖呈堂请办。"② 然而此事始终未能决断，邮部之理由，均系"本部官制尚未厘定"③，"亦未设有专司办理，

---

① 《论说·论我国推广邮政之所有事》，《盛京时报》宣统元年五月初一日（1909年6月18日），第2版。

② 《时事要闻·请议收回邮政自办》，《盛京时报》光绪三十三年九月廿六（1907年11月1日），第2版。

③ 《邮传部暂缓接收邮政（北京）》，《申报》光绪三十三年四月三十（1907年6月10日），第4页。

头绪纷繁,一时无从措手,自当从缓筹商"①。其实并非官制未定,而是邮部主官频迁,大策难定,部属无所适从,干脆以"拖"字诀应付众望,以致无所作为。

胡思敬在《国闻备乘》中记有"邮传部不利堂官"一条,由是可见当时邮部主官之变动,与政坛人脉之牵连:

> 邮传部初开,用张百熙为尚书,胡燏棻、唐绍仪为左右侍郎。命下而燏棻病笃,未几遂死,改用江西巡抚吴重熹,以其旧办电政也。重熹渡鄱湖,大风覆舟,援起,绝而复苏,京师人不知确耗,有为之设祭招魂者。绍仪依北洋以起,故会办铁路大臣,一手把持部务,与百熙争权,属曹分为两党,争辩不休。侍读马吉樟劾之,两人皆受谴责。右丞陈昭常为绍仪同乡,狎友右参议施肇基为绍仪侄婿,皆牵连罢官。百熙旋中寒疾,误服苓连不议。林绍年署尚书,不一月,岑春煊代之。春煊与奕劻不合,出为两广总督,陈璧又代之。绍仪外用为奉天巡抚,继其任者为朱宝奎。春煊奏弹夺职,召广东提学使于式枚为右侍郎,旋即出使。设部未及半年,死者、去者、革者相继连绵不绝,说者多谓邮传部不利堂官,后陈璧亦为谢远涵劾罢。……然前车虽覆,后进者犹贾勇直前,初不以为戒也。②

自光绪三十二年九月设部,至宣统三年五月初三日正式接管邮政,邮传部共经历了九任尚书、九任左侍郎和八任右侍郎,他们的任职期限可见下表③:

---

① 《京师要闻·邮政议归自办》,《盛京时报》光绪三十三年五月初十(1907年6月20日),第2版。
② 胡思敬:《国闻备乘》,《民国史料笔记丛刊》,上海书店出版社1997年版,第48—49页。
③ 是表参苏全有先生研究制,其表见《清末邮传部研究》,中华书局2005年版,第57—59页。

表 4-1　　　　　　　　邮传部历任尚书、侍郎表

官称	姓名	任职时间	任职期限
尚书	张百熙	光绪三十二年九月—光绪三十三年二月	五个月
尚书	林绍年（暂署）	光绪三十三年二月—光绪三十三年三月	一个月
尚书	岑春煊	光绪三十三年三月—光绪三十三年四月	一个月
尚书	陈璧	光绪三十三年四月—宣统元年正月	一年零八月
尚书	李殿林（暂署）	宣统元年正月	一月不足
尚书	徐世昌	宣统元年正月—宣统二年七月（四月到任）	一年零三月
尚书	沈云沛（暂署）	宣统二年七月	一月不足
尚书	唐绍仪	宣统二年七月—宣统二年十二月	五个月
尚书	盛宣怀（宣统三年四月改称大臣）	宣统二年十二月—宣统三年九月	九个月
左侍郎	唐绍仪（补授）	光绪三十二年九月—光绪三十三年三月	六个月
左侍郎	朱宝奎（补授）	光绪三十三年三月	一月不足
左侍郎	吴重熹（转补）	光绪三十三年三月—光绪三十四年八月	一年零五月
左侍郎	吴郁生	光绪三十四年八月	署理至宣统元年三月
左侍郎	汪大燮（补授）	光绪三十四年八月—宣统二年四月	一年零一月
左侍郎	李焜瀛（署理）	宣统二年四月—宣统二年七月	三个月
左侍郎	沈云沛（署理）	宣统二年七月—宣统二年十二月	五个月
左侍郎	李经方	宣统二年十二月（署理至宣统三年九月）	九个月
左侍郎	吴郁生（兼署）	宣统二年十二月—宣统三年九月	九个月

续表

官称	姓名	任职时间	任职期限
右侍郎	胡燏棻（补授）	光绪三十二年九月—光绪三十二年十一月	两个月
右侍郎	吴重熹（补授）	光绪三十二年十一月—光绪三十三年三月	四个月
右侍郎	于式枚（补授）	光绪三十三年三月—光绪三十三年八月	五个月
右侍郎	郭曾炘（署理）	光绪三十三年八月—光绪三十四年二月	六个月
右侍郎	盛宣怀（补授）	光绪三十四年二月（未到任）	
右侍郎	沈云沛（署理）	光绪三十四年二月—宣统二年七月	两年零五月
右侍郎	盛宣怀（补授/署理）	宣统二年七月—宣统二年十二月	五个月
右侍郎	吴郁生（补授）	宣统二年十二月—宣统三年九月	九个月

由是可见，尚书（大臣）之中，仅有陈璧与徐世昌任职超过一年，左右侍郎之中，亦只有吴重熹、汪大燮与沈云沛任职超过一年。故曾鲲化叹道："计五年七个月间，长官凡十三易，久者为陈璧，任一年八月，暂者为吴郁生，仅任半月，平均每人不到半年，此政务之所以不振也欤？"①

再考究任职邮部众官履历，均与庆王奕劻及北洋大臣袁世凯有极亲密之关系："盖全国之权寄于奕劻，奕劻之权又寄于载振，载振又转寄权于商部二三宵小之手。京朝议论纷纷，皆称商部为'小政府'。其时任丞、参者，左丞徐世昌、唐绍仪、陈璧不一年即升侍郎，先后为本部尚书。右丞杨士琦、唐文治旋升本部侍郎，参议沈云沛旋升吏部侍郎，

---

① 曾鲲化：《中国铁路史》，《近代中国史料丛刊》初编第973辑，台湾文献出版社1966年版，第66页。

其余候补丞参、司员起家至大官者不可缕数。"① 另外,"吴重熹为世凯府试受知师,遂擢河南巡抚。唐绍仪旧从世凯驻朝鲜,甲午之变,出死力护之以归,故遇之加厚,既夺盛宣怀路政界之,邮传部开,又用为侍郎,一手把持部务,案卷、合同尽为所匿,尚书张百熙虽属世凯姻娅,不能与之抗也。绍仪既得志,复引用其同乡梁如浩、梁士诒、陈昭常等皆列要位。……徐世昌久参世凯戎幕,铁良亦尝从之练兵,既入军机,始稍稍携贰。世凯时,不由科目出身,遇投帖称'门生'者,大喜,必力援之。定成晚入其门,遂长大理院。方其势盛时,端方、陈夔龙、陈璧、袁树勋无不附之"②。此般势力网络覆盖之下,趋权嗜利之辈纷纷见风使舵,常出叛变钻营之事:"常州朱宝奎游学西洋归,□缘入盛宣怀门,宣怀以乡谊,处以铁路局小差。人颇机警,渐被亲任,不数年,由同知捐升道员,遂充上海电报局总办,凡各局弊窦无不知之。窥宣怀有婢绝美,求为簉室,宣怀不许,由是离交。私发路局积弊,并钞录累年洋商交涉案,叛归袁世凯。世凯久涎铁路、招商、电报三局之利而不详其底蕴,至是得所借手,遂参宣怀,尽撤其差,以铁路局交唐绍仪、招商局交杨士琦、电报局交吴重熹而保宝奎为邮传部侍郎,后为岑春煊劾罢。"③

明了此间关系,便可知收回邮政一事,实与邮部人事变动及主官对新式邮政在交通事务之地位认识密切相关。张百熙、林绍年及岑春煊主政邮部期间,或因健康欠佳不足任事,或是政争失势匆匆离京④,实未能就邮政及其他交通事业大展拳脚。而管部时间最长的陈璧,更热衷于敛财聚富,主张缓办邮政:"收回邮政问题,闻陈尚书已决意缓办,其原因系电政收回后,减价展线等事需款甚钜,须预筹弥补之法。若再收回邮政,亏耗更大,万难筹济。故议定俟筹得的款抵补后,再行将邮政

---

① 《商部捷径》,《国闻备乘》,上海书店出版社1997年版,第52页。
② 《北洋捷径》,《国闻备乘》,上海书店出版社1997年版,第57页。
③ 《朱宝奎叛盛归袁》,《国闻备乘》,上海书店出版社1997年版,第59页。
④ 岑春煊任职未足一月即改授两广总督,匆匆离京,即为清末之重要史事——"丁未政潮"。其失势离京,即为奕劻、袁世凯一派于政争中之胜利。事件经过,可参看侯宜杰《20世纪初中国政治改革风潮——清末立宪运动史》,人民出版社1993年版,第91—95页。

收回，切实扩充云。"① 而海关自光绪三十三年三月即获知邮传部拟接收邮政，但始终以"官制未定"为由，"从缓办理"。至次年十二月，方拟定自宣统元年正月接收邮政。只是邮部即使愿意接手，海关方面亦未必乐意交出。光绪三十四年十二月初九（1908年12月31日）署总税务司裴式楷致函税务处，以"如邮政之欠项暨现在所用各项邮员应如何看待等事，均似应于事前由邮传部与钧处暨署总税务司妥为商酌，似不能统由邮政总办与邮传部司员接洽办理"为由，要求税务处先与邮传部妥商其节略中提出的诸项交涉条件，再行商讨交接事宜②。

收回邮政未遂，而陈璧已先因贪污事件去职③。而迟至宣统元年四月方上任的徐世昌，媒体并不看好其对交通事业的主政："……邮部徐尚书之谈邮政、电政也，航权、路权也，非不井井有条，洋洋不竭，乃其所扩张之事业，无一能实行，其所见者则何以，故记者曰：今日官场言行之不相符往往如是。"④ 其时徐世昌上任月余，各项措施亦难以顿时展开，与其说其针对徐世昌，不如从媒体对邮部为政之失望角度理解，更为妥切。

相较前任，徐世昌无疑更为重视收回邮政之事业。他饬令"邮政司员调查列入万国邮政公会规则，并饬邮政总局将各省邮政内应行改良实事认真办理，以便调查后列入公会"⑤。并与各堂官"拟定邮政行权办法各条列下：（一）因加入万国邮便联盟之时，中法订有协约，此次收回邮权，行权聘用法国人为顾问官，但优其俸金而减少其权限；（二）以管理邮政事务之总局移归邮传部；（三）设立邮政练习学校养成人才；（四）设立印刷局，专为印刷邮券及铁路车票；（五）沿东清铁道、

---

① 《时事要闻·邮政又议缓收》，《盛京时报》光绪三十四年八月初九（1908年9月4日）。陈璧原任道员、布政使，托关系入拜奕劻，并献银五万两以换取奕劻干儿之名号，进而晋职邮传部，后亦因贪污卖官而被清廷革职。是事可参见李乔《清代官场图记》，中华书局2005年版，第77页。
② 署总税务司裴式楷致税务处申呈关字第813号，《中国海关与邮政》，中华书局1983年版，第185—187页。
③ 陈璧被革职事件与任职邮部之关系，可参见苏全有《清末邮传部研究》，中华书局2005年版，第68—70页。
④ 《梁尚书与徐尚书》，《申报》宣统元年五月十八（1909年7月5日）。
⑤ 《中外要闻·加入邮政会办法》，《盛京时报》宣统元年六月初六（1909年7月22日）。

南满铁道各处,曾经外国设立邮局,如天津、上海、胶州、济南等处新设之外国邮政,拟与外国协议一概废止;(六)加入万国邮便联合会,以期邮便行政能与世界画一;(七)以现时之电政局及铁路停车区之事务处充为邮政局;(八)经营邮政兑换及邮政贮金等事。"① 若按徐世昌此番规划,不仅可以接管海关主办之新式邮政,并可逐渐削减外人在邮政领域的管辖势力,培养中国人才,与世界邮政机构联为一体,构思甚妙,但施行甚难,关键因素,在其与"政府某公"的交谈中一语点破:"交通权为国家之命脉,中国交通权之损失者,以邮政、航权并满洲、青岛等路为最。将来所受影响甚巨,倘能久任邮部,必设法将各项陆续赎还,以图报称。"② 邮部主官一职非能久驻,即有一番雄心壮志,奈何人事变动并非个人可以掌控,片语之间,憾恨之情溢于言表。

  即使困难重重,收回邮政之事也稍有进展。宣统元年九月廿三(1909 年 11 月 5 日)左侍郎汪大燮造访总税务司署,询及收回邮政应办之事③。十月初八(1909 年 11 月 20 日)署总税务司裴式楷致邮传部节略,提及六条应办事宜,包括"将邮政华洋人员由总办帛黎统率,均行移归节制""邮政已与数国客局订有合同并面订之件一律无异""中央与地方管理邮政之权限应清晰划定""附入邮会或须有待""撤回客局应与收回邮政无涉""清还已垫之邮政经费"④,而其主要目的,首在保持外人继续保持对邮政事业之实际管辖⑤。月余之后,徐世昌亦与裴式楷相商整顿邮政之事,并拟于宣统二年正月一日开始实施⑥。宣统元年十二月十七(1910 年 1 月 27 日)邮传部奏遵章预陈次年筹备实情,确定"邮政则叠与税务处筹议接收,兼分咨出使大臣,拟拣派学生赴奥

---

 ① 《中外要闻·拟定统一邮政办法》,《盛京时报》宣统元年六月二十(1909 年 8 月 5 日),第 2 版。
 ② 《京师近事》,《申报》宣统元年七月初二(1909 年 8 月 17 日),第 5 页。"政府某公",很有可能是与其关系密切之袁世凯。
 ③ 《署总税务司裴式楷致邮传部节略》,《中国海关与邮政》,中华书局 1983 年版,第 187 页。
 ④ 《署总税务司裴式楷致邮传部节略》,《中国海关与邮政》,第 187—191 页。
 ⑤ 无论是海关税务司抑或是邮政总办,其身份均系清政府之官员,然其国籍与官职之异,往往是国人相诟之主要原因。任职之外人未必不尽心为清廷服务,但涉及其本国利益时又因人因势做出不同选择,此节另具文再议。
 ⑥ 《京师近事》,《申报》宣统元年十一月十二(1909 年 12 月 24 日),第 5 页。

练习邮便及银行储蓄规章，俾备器使"①。并在《分年筹办邮政单》内，明定宣统二年之筹办事宜为"筹办接管邮政事宜，调查从前及见在办理情形并经费等项。又各国邮政办法章程，筹备一切经费，并各色邮票；与税务处协商交接邮政事宜；编订邮律及一切规则，采各国通行之邮律先行编订奏明办理；设邮电班于交通传习所；派学生赴奥学邮政，以上二项均已奏明办理。筹画邮政经常及推广所需经费，按每年邮税所入以四分之三充一切办公杂费，而以其余一分为推广经费；筹备归并驿站办法"②。宣统二年正月十五（1910年2月24日）《盛京时报》接专电"邮传部徐尚书奏将邮政改归该部管辖"。至是，收回邮政自办之事方明确时间步骤，公之于世。

　　政策计划与付诸实践尚有相当的距离。虽然清廷官员已奏明宣统二年接收邮政自管，但海关方面仍无此项改变，1910年4月15日署理总税务司裴式楷卸任时，仍是"将掌管之海关总税务司署及邮政总局向安格联先生交接"③。可见海关税务司将邮政总局及其属下局所之运转，仍视为海关业务之一部分，而清廷不得不再度重申，"政府拟于七月初一日实行海关邮政分办之法。每省拟派海关员一人充当邮政总办，悉归北京邮政大臣直接管辖，并拟在沪建设万国邮政局一所，其意殆欲渐次实行收回外国之邮便局"④。本已确定之事，又因清廷内部之人事变动，再显不定之情势。

　　邮传部自设立以来，常为各御史所奏劾，而其中一问题，在于"邮部冗员之多，为各部冠"。御史胡思敬在奏折之中即言"该部丞参至二三十人之多，其薪金之开支全年在十万左右。如法部各衙门，自堂官以至司员，全部经费尚不过如是。且有以四品京堂之尊，可以由邮传部堂倌径直加札委派，实亦无此体制。并闻各项丞参人等，一至丞参厅气焰十倍，俨若堂官云云"。即如徐世昌赴军机处解释"本部候补丞参及丞参上行走人员，虽较他部为多，然邮电路三项事务殷繁，非他部可比，

---

① 《中国近代邮政史料》，全国图书馆文献缩微复制中心2005年版，第75—79页。
② 《清朝续文献通考》卷三百七十七，浙江古籍出版社2000年版，第11236页。
③ 《海关总税务司署通令第1686号》，《旧中国海关总税务司署通令选编》，第一卷，中国海关出版社2003年版，第650页。
④ 《中国邮政之新措施》，《申报》宣统二年六月十八（1910年7月24日），第5页。

实有无可裁减之势"。亦被要求"无论如何，亦当遵旨裁减，且更应将一切行政费用详加厘订，竭力撙节，以免再有烦言"①。此时媒体已有传闻，"近日京中盛传邮传部右侍郎盛宣怀来京后即行上任，粤督袁树勋亦有调动消息，两广总督一席，邮传部徐尚书有简授之希望"②。随后《申报》又对此人事变动加以分析，认为"邮传部徐菊人尚书近日在部极不得意，匪特盛杏荪先生谋代其位，伊亦亟欲外放。闻其原因有四：（一）度支部稽核部款甚严，部中款项实有难于报销之处；（二）屡被御史指摘，谓其滥用私人；（三）借款势在必成，未成之前，条约既难磋改，既成之后，鄂湘又或有风潮；（四）如一旦晋升大学士开去，底缺反不能为生活。有此四大原因，故外放之心甚炙云"③。

媒体虽对徐世昌失势多有揣度，但其受排挤的真正原因，与袁世凯之失势下野牵连甚大。宣统二年正月十六（1910年2月25日），御史江春霖奏劾庆亲王奕劻，其折尽揭奕劻、袁世凯及其朝野人脉网络，堪称清末官场一大地震。折中指出，袁世凯坏戊戌变政格局，"因得罪先帝，乃结庆亲王为奥援，排斥异己，遍树私人，包藏祸心，觊觎非望"。尽管袁世凯在慈禧死后圣眷渐微，但无论枢廷疆省，均遍布奕劻和袁世凯的党朋人脉。就奕劻一脉而言，"江苏巡抚宝棻、陕西巡抚寿恩、山东巡抚孙宝琦则其亲家，山西布政使志森则其侄婿，浙江盐运使衡吉则其邸内旧人，直隶总督陈夔龙则其干女婿，安徽巡抚朱家宝之子朱纶则其子载振之干儿"。在袁世凯一方，"邮传部尚书徐世昌则世凯所荐，两江总督张人骏、江西巡抚冯汝骙则世凯之戚，亦缘世凯以附奕劻"，而这些还是知名的朝廷大员，"阴相结纳者尚不在此数"④。虽然江春霖后因此折被上谕斥为"信口雌黄，意在沽名，实不称言官之职"，但仅着"回原衙门行走"的薄惩，本身就说明清廷对此两大权贵在朝中势力肆横的担忧⑤。

江春霖该折影响广泛，不足十日已为媒体转载，而满蒙权贵亦欲藉

---

① 《邮部被参之详情》，《申报》宣统二年七月初九（1910年8月13日），第4页。
② 《京师近事》，《申报》宣统二年七月初九（1910年8月13日），第6页。
③ 《京师近事》，《申报》宣统二年七月十四（1910年8月18日），第5页。
④ 《清实录》（第六册），附《宣统政纪》卷三十，中华书局1987年版，第538页。
⑤ 《光绪宣统两朝上谕档》，广西师范大学1996年版，第36册，第14页。

此对奕、袁人脉有所动作。东三省总督锡良就认为"江春霖所奏不恶",准备请郑孝胥代撰奏折"请开国会",发挥江折之深意。而深谙政事的郑孝胥则劝其少安勿躁,"公乃疆臣,言事须稍靠实"。他认为若要朝廷有所动作,必须"俟有机会,然后指论,必中其心病,乃有效耳"①。不过,深受袁世凯打击的盛宣怀,正趁此时机运动满族权贵,以图重返清廷中枢②。据胡思敬载:"度支部办预算表,梁士诒与唐绍仪把持邮政,皆粤党也。泽公谋欲去之,莫能窥其底蕴,宣怀乘机进贿,遂起用为邮传部尚书。"③ 参前文可知,梁士诒、唐绍仪均与袁世凯关系深重,而宣统年间满族权贵力图清厘袁党,重掌要权。无论是徐世昌的去职抑或是唐绍仪的短暂掌部,都只是这场政争中的缩影而已。

同时遭遇人事变动的海关与邮传部,主官对于邮政收回的态度亦有变化。新任代理总税务司安格联以为,"中国邮政向在新关庇荫之下与新关合办,其进步实属迅捷顺手,因有以上所列,并此外不必提明之故,是以仍照旧办理无异为妙,以助邮政安步进行。但邮传部既已设立邮政一项,既因遵旨改归大部接管,即不得不钦遵办理,惟若能设法免邮政与新关骤然分离,俾不致损碍其进步,似属较善。窃以为邮政与新关分离一事,似应悉心周密筹备万全,现拟设法由邮传部与邮政局联络,可否使总税务司与邮传部直接来往,作为筹备之第一步,由邮传部实行管理邮政事宜,惟不改现行之办事法则,并设法免致邮政之质点感触众人之视线,仍借新关之势力,以助邮政之推行,俾与客局办事顺手,其一切筹备分离事宜,即由总税务司相助为理"④。之后他更是提出"现欲遵旨由邮传部接管邮政,不必将邮政之现在地步最要质点改变,不必与新关分离,似可照前陈节略之意将邮政移归邮传部管理,使

---

① 劳祖德整理:《郑孝胥日记》(三),中华书局2005年版,第1241页。
② 光绪三十四年十二月十一(1909年1月2日),载沣下令罢免袁世凯军机大臣、外务部尚书职,盛宣怀乘机着手进行夺回被袁夺取的招商局的工作。见夏东元编著《盛宣怀年谱长编》(下册),上海交通大学出版社2004年版,第892页。
③ 胡思敬:《国闻备乘》,上海书店出版社1997年版,第16页。
④ 《代理总税务司安格联关于邮政、新关分立节略》,《中国海关与邮政》,中华书局1983年版,第192—193页。

第四章　裁驿置邮——新政时期的制度转型　281

与新关联络仍旧办理而已"①。试图将邮政的控制权继续把持在海关的手中，而收回之时间于此又受阻碍，有媒体即称"邮传部堂官于收回邮政权一事筹画已久，现已决议，定于明年春将实行完全收回（邮政权向本属于邮传部半属于税务处）"②。

时间一再拖延，以致媒体质疑邮传部是否真有收回邮政自办的意图。《帝国日报》即分析道："该部邮政司岁销甚巨，无事可办，屡招物议。兹复恐资政院提起质问，月前乃检他人条陈，截取裁改驿站及分年筹办事赴政务处会议，遂有此奏，而于接管税务处邮权，归并陆军部驿权，尚未明订办法，能否实行划清权限，容俟续报。"③ 此言未必毫无根据，宣统二年十二月初七（1911年1月7日）的《申报》便载有《资政院对于邮部权限之质问（北京）》一文，其中可见"资政院议员胡柏年等，日前质问会议政务处，略谓查上年八月宪政馆奏核筹备清单，内载邮政应责成邮传部堂官会商税务大臣收回邮政。本年四月奏定行政纲目，内载税务司邮政亟宜改归邮传部管理，均奉旨允准在案。乃屡催屡展，未见施行"等语，议员们并质问"当日之以邮政隶属税务者，不过为税关通信便利起见，非以其行政性质，即当属诸税务也。故邮传部未立以前，故可以权宜附属；邮传部既立以后，即不得因仍不改。且行政机关各有主管，以税务而兼及邮政，以邮部而不理邮政，循名责实，顾如是乎？屡次言收回而未能收回，屡次言改归而未能改归，岂税务处之争持管辖乎？抑邮传部之自甘放弃乎？"

此质问见行于报，即"兹闻税务大臣对于此事颇不满意，谓邮政事宜送与邮部一再提商交收之法，乃该部竟藉口筹备未善，延不接收。今资政院之质问，自局外观之，一似本处有意侵权，本大臣等实不能冒此不韪。因决定于日内咨行邮部，务于年内将邮政事项一律接收，其船政事宜亦即同时划归部辖。本处决定自明正起决不与闻其事，大约盛尚书

---

① 《代理总税务司安格联面交税务大臣胡维德节略》，宣统二年八月十七（1910年9月20日），《中国海关与邮政》，中华书局1983年版，第193—194页。

② 《邮部收回邮政权之计划（北京）》，《申报》宣统二年八月十四（1910年9月17日），第5页。

③ 《邮部奏办邮政之原因》，《帝国日报》宣统二年九月初七（1910年10月9日），《京版报刊上的北京邮政》，北京燕山出版社1992年版，第7页。

到任后即与开谈判矣"①。此番言论大概亦是意气之言，毕竟"邮传部筹备宪政清单内开宣统二年与税务处妥商收回邮政事宜，去冬业已届期"，若再不将此事了结，邮传部亦难辞其咎，因此履新的盛宣怀，"与税务处大臣及邮政顾问法人非立氏磋商数次，闻其结果，因税务处于明年颁布新官制清单时应在裁撤之列，故须俟该处裁撤后再行由部接管，刻下收回邮政一节暂置不论"②。不过，暂置不议不代表毫无作为，在此前后，盛宣怀已"咨请各督抚通饬各邮政处认真查办，以除弊根而重邮政"③。而派往日本考察之司员亦已回京，"将来邮政前途或有一番整顿也"④。接收邮政之准备，其实已经具备条件。而海关借口要先与税务处磋商后方与邮传部交接，税务处亦在宣统三年四月十二（1911年5月10日）表示"本处拟将邮政事宜定于本年五月初一日移交。除咨复邮传部外，相应劄行代理总税务司即将邮政交替事宜先期准备，迅速申复，以凭办理可也"⑤。之后，海关已无理由拦阻邮部接管邮政，而邮传部亦定于宣统三年五月初一日，正式接管邮政自办。

海关虽将邮政利权交出，但仍在管理职位上安插人手，以保证邮政之主要权利依然控制于洋人手中，其中最要之事有两项："一、总税务司奉旨开办、管理邮政，按新关办法另行拣用人员，并与各国签定邮约，一切责成甚重，如将其事交卸，必接手之洋员仍有相同之职务，俾足以下绾所属，外洽联邮。一、邮政总办帛黎继续其后，即负总税务司担荷之责成，该员开去底缺之先，必其职位权限已定，确与所当之重任相符，该员始能放怀接手，并其辖下始能信仰无疑。"而移交邮政之后，总邮政司"上承邮传部管理邮政事务"，"交替后所有邮政各局事务及所用各项人员，统归该总邮政司处置，似应照总税务司管理税务之法参

---

① 《试问邮传部其何说之词》，《申报》宣统二年十二月二十（1911年1月20日），第5页。
② 《紧要新闻·邮部决计暂不收回邮政（北京）》，《申报》宣统三年正月初七（1911年2月5日），第4页。
③ 《紧要新闻·盛尚书之注重邮政》，《盛京时报》宣统二年十二月廿二（1911年1月22日），第2版。
④ 《京师近事》，《申报》宣统三年三月廿四（1911年4月22日），第5页。
⑤ 《税务处致代理总税务司安格联札处字第1885号》，《中国海关与邮政》，中华书局1983年版，第194页。

酌施行。至关于邮政一切事宜，则由该员申请堂宪候示遵办，遇事亦应与正堂直接来往"，"在事之华洋邮政人员，凡经总税务司准定者，现在均仍定用，即按现行之邮政章程，所有长久留用及薪水、升阶、请假、养老等事，均照在总税务司辖下时无异"①。最后一句实则点出移交之关键：既与总税务司辖下无异，即系人事、管理等仍照其旧，故清廷管部大员仍难插手其间，所以这一安排，无疑为收回邮政之后的各种冲突埋下伏笔。由于帛黎甚重外人，对中国职员甚为轻视，且不喜使用由交通传习所培养之年轻学生，以致引发华洋冲突②。而清廷虽有大臣认为"邮政权既于本月初一日经邮部收回，所有邮政主权自应全归中国，乃邮政局总办仍是外人，名义上虽受局长之指挥，实际上行政用人仍归总办支配，是收回邮政徒有虚名，应再研究方法，收回实权云云"。但庆亲王奕劻则蔑言曰："此事早已办理妥协，若再要提议不是又要惹出交涉来吗？请贵大臣办去，老夫耄矣，无能为也。"最后亦不了了之③。

所谓利权之争，其实最后仍是人事利益之交涉而已。在舆情及主官推动下的收回邮政之举，亦只能在清末改革的大潮中去理解。自邮传部设立到建议邮政收归部办，到最后此举终于成事，但并未对外人管理邮政之局面有质的改变。历任邮部尚书侍郎，其中不乏实心实意革新改进之官员，然困囿于派系利益与人事斗争的漩涡当中，只能力保事有所为、但难有所获的局面。而借力于列强实力的外籍管邮官员，其心意也未必全然以侵略中国利权为事，邮政毕竟是海关经营数年的成果，而晚清官场机构之行事作风，难保卓有成效的邮政运作受到拖累乃至破坏。延续数年的收回邮政之争，不过是清末政治与社会的一个富有代表的缩影，在旧有政治体制下的修修补补，实在难以保证新式事业的顺利举办与有效运作。收回邮政之后不足半年，辛亥革命的枪声即打破了清皇朝最后的一丝希望，而新式邮政亦在新政制与旧人事的交汇下，继续完善着自身的体制建设，并对近代国人的书信习惯，产生持续长久的影响。

---

① 《代理总税务司安格联致税务处申呈关字第1424号》，宣统三年四月廿七（1911年5月25日），《中国海关与邮政》，中华书局1983年版，第195—196页。

② 《收回邮政后华洋员之冲突》，《申报》宣统三年六月廿三（1911年7月18日）；蔡焕钦：《民国初年收回邮权的斗争》，《集邮博览》2005年第1期，第30—31页。

③ 《京师近事》，《申报》宣统三年五月廿六（1911年6月22日），第6页。

第二节　接管驿站与裁驿置邮

收回邮政之举，虽涉及中外人士的互动争夺，实则其仍在新政范围内进行交接。虽然邮传部仍难对新式邮政有真正意义上的操控，但毕竟归于其部职能之下，亦从名义上实现了新式邮政管理权的统一。而将驿传体系改归邮传部管理、并由其负责裁改一事，则相对复杂许多。邮传部企望将驿站之管理亦纳入其职能之内，再与收回邮政相结合，进而重新整合邮政事务。但裁驿之举，一是涉及兵部及后继的陆军部之职权；二是驿站关及数百万经费，在没有新的利源替代下，其部并不愿轻易放弃；三是驿站与军报秘密之关系，尽管此时电报传消递息之便捷已深入人心，但因其费用高昂及为其他派系控制，反不如驿站之方便操纵，尤其是西北等边远地区，新式邮政及电报设置均鞭长莫及，驿站之存在则显得更有必要。在此等状况之下，裁驿置邮一事则反复纠结，充分显示出清末新旧制度转型的复杂过程。

一　庚子前后的驿递概况

大清邮政的开办，虽然为公文传递开辟了一条新的较为安全的途径，但由于其初行开办，无论路线抑或覆盖区域均有限制，尤其深处内陆的西北地区几乎全无涉及。因此文廷式认为，邮政虽为善政，但清廷却无举办善政之人："邮政行而民间无不受其害，中国未有行政之人，则一切善法皆成秕政矣。"[①] 基于对新式邮政的怀疑及现实条件的约束，此时清廷之军报政情，仍由驿站铺递系统传输，虽其向为官员诟病，却因暂无更合适之体系取代，而不得不得过且过。

自戊戌始，关于驿传铺递公文多有遗失的消息，常见于枢臣疆吏之奏折及新闻媒体的报道，而其弊病，一是公文拖延不发，一是寻常折件由驿驰递，此二者均系违反既定规则的做法，却又是清廷长期以来难以解决的驿递陋病。光绪二十四年正月初九（1898年1月30日），《申报》

---

① 文廷式：《闻尘偶记》，《近代史资料》总44号，第27页。

报道两江总督刘坤一整顿铺递公文的问题,其文称"两江总督刘岘庄制军查得所属各州县公文往往迟延不到,难保铺兵快役无捺搁情事,因于去冬某日行司札府转饬到县,大旨略谓时候公文随到随发,不准稍延时刻,如违查参不贷"。公文随到随发,本是职分内理所当然之事,而如今居然要直省大宪三令五申进行整治,则可见是时拖沓情况的严重。

至于寻常奏折入驿递送,更是屡禁不止。驿站之设,本为迅速传递重要政情军报,对驿站之人力马匹均有较高的要求,而寻常奏折附驿递送,给递送带来较大的负担,减低了传递速度,常经清廷上谕训示,而始终无法根治,在新政呼声渐兴的戊戌年,这种耽搁是力图改革的光绪帝所不能接受的。故是年四月廿九(1898年6月17日)清廷上谕称:"各省陈奏紧要折件,允准分别里数发报驿递。乃近来寻常折件竟有由驿驰奏者,殊非慎重驿站之道。嗣后各将军督抚等,务当查照定章,除应行驿递之件照旧发报外,其寻常折件,均着专派差弁寄递,不得率用驿递。将此通谕知之。"① 只是朝廷的训谕并未改善各直省的驿弊,能否真有实效,取决于当地官员的态度,而并非朝廷一纸谕令即可改变。

维新期间,各地士民照朝廷上谕所示,纷纷上书陈述变法措施,但从制度上论及整改驿站的奏章不多,而常在只言片语中提及驿站改革可以采取的办法②。议论较多的,则为光绪二十四年七月二十六日浙江绍兴府山阴县举人何寿章的上书,其中一节专论邮局与驿站之关系。他认为邮局有利无弊,但"民局不撤,是民一邮政,官一邮政也。驿站不裁,是口岸一邮政,内地一邮政也。同为一事,何乃纷歧"。因此几个职能相同的机构应该合并为一,由国家统一控制,而驿站在其中可以扮演一重要角色:"国家设立驿站,岁费数百万,仅乃为官员递寄文牍,然而一议裁撤,虑滋寇盗,明季之祸,动以为戒。窃以谓驿站不必裁,而民局则必撤,改驿站为邮局,则中边通为一气。改民局为官局,则官

---

① 朱寿朋编:《光绪朝东华录》,中华书局1984年版,第4098页。
② 如光绪二十四年七月二十六日候选布政司经历关敏道呈奏,其中提到:"将来铁路告成,紧急文报可以火车递送,则驿马仅送寻常公文,大可酌量减裁,省费甚钜"(国家档案局明清档案馆编:《戊戌变法档案史料》,中华书局1958年版,第87页);又如光绪二十四年七月,候选主事杨瑜良呈奏中有言:"以各省每年驿站夫马费数糜钜万,而传递公文又迟延时日,固不若火车之速而省费。"(《戊戌变法档案史料》,中华书局1958年版,第113页)

民联为一气。"具体而言，"拟请特简大员总理其事。一面饬下各直省将军督抚详查现在驿站情形，何处应增，何处应减，民间信局谕令一律裁撤，各站驿夫大抵虚额，即以民局夫役补充，民局办事人员酌量派充官局司事，以资熟手，刊刷印花，发交各纸局一律通售，大城广市宜多设分局，或于通衢广设邮筒，按时由局派人收取，务期章程画一，脉络贯通，始则无耗费之虞，终且获赢余之利"①。细察何寿章的方案，核心是将不同性质的邮递机构统一于驿传体系内，而将驿传体系按照新式邮政的制度要求进行改造，这种以"驿政改邮政"的思路，后来也在张之洞、刘坤一的《江楚会奏三折》中出现，而且直接另立门户，对抗海关主持的新式邮政。

另外，七月廿七（9月12日）尚有"都察院奏代递优贡沈兆祎呈请推广邮政裁撤驿站各等语"，其折主要提出"京师及通商口岸设立邮政局，商民辑皆称便，亟应多设分局以广流通。至各省府州县若能一律举办，投递文报必无稽迟时日之弊，其向设驿站之处，自应酌量裁撤"②。不难看出，驿站或改或裁，只是形式与方法的问题，而其陋弊甚多，造成朝廷文报迟延、虚耗公帑，进而影响政情流通、上下蒙蔽，才是众人的关心所在。翰林院编修黄绍第即称，"窃维今日壅蔽之患，约有二端：曰不通中外之情与不通上下之情而已"，但"未有通中外之情而不先通上下之情者也"。而欲通上下之情，"其发动枢机也，在皇上；其传递邮置也，则在内外大臣"③。而四川叙州府富顺县举人卢庆家亦称，"窃维吏治之坏，坏于壅蔽，实坏于因循。壅蔽则下情欲上达而无由，因循则积弊欲更张而中止。而推致此之由，则惟公牍稽迟，其贻误为尤甚"。虽然皇帝洞悉积习，三令五申，"然吏治不外公牍，公牍速则百废具举，公牍迟则万病丛生"，如不对公牍流通渠道做一整改，则创办新政、富国强民，亦只能是纸上谈兵、空中楼阁罢了。

戊戌维新仅历时一百零三天即告失败，许多新政亦仅是停留于纸面建议而未及实施，而驿政之中的流弊依旧，甚至更有恶化的趋势。光绪

---

① 国家档案局明清档案馆编：《戊戌变法档案史料》，中华书局1958年版，第84页。
② 朱寿朋编：《光绪朝东华录》，中华书局1984年版，第4188页。
③ 光绪二十四年八月初一日，翰林院编修黄绍第折，《戊戌变法档案史料》，第129页。

二十五年五月初一（1899年6月8日）两江总督刘坤一奏报"驿站迟误本章公文要件,并查有伪造回照情弊",根据江南提塘奏报,其衙门拜发本章及由驿发递各部科公文,均有未经接到的事故。在排查江苏、安徽两省驿站均无延误后,方发觉原系首站良乡县"藏匿本箱公文多件,并未递京"。因"查发递钦部要件,沿途驿站宜如何妥速驰递,以免迟误",而"该县竟敢匿不转递,并伪造回照,希图狡赖,如果属实,瞻玩已极",故刘坤一请旨"敕下兵部立提良乡驿站官吏质讯究办,以肃邮政"①。该折上后,朱批上谕即着"裕禄将全案人证咨送刑部质讯究办"②。五月初七（6月14日）裕禄回奏调查结果,因提塘与马夫各执一词,在回照的真伪上争持不下,"其中显有情弊,亟应澈底根究"。又因"该提塘系隔省职官,直省未便提质",故其建议"应饬该县王汝廉检齐先后收到回照,带同马夫吴长兴赴部听候传质。相应请旨,饬下刑部就近传同该提塘质究确情,照例惩办"③。

经调查两月后,良乡县延误公文传递一案有新的进展。光绪二十五年九月廿一（1899年10月25日）据御史余诚格奏称,"良乡县马夫销毁江南本箱一案,显系该县王汝廉与部书句串压阁公文,为颠倒官缺、稽延处分地步"。而审理此案的刑部"但据马夫一面之词,颟顸奏结,仅将知县议处、马夫拟流,实属草率轻纵"。按余诚格之意,自当"加重问拟,以肃邮政",但朱批仅"着刑部明白回奏"④,并未对相关人员做进一步的处罚。月余之后（1899年11月）,湖南巡抚俞廉三亦奏称上年相关刑事案件的题本揭帖,同在该处驿站丢失,如今此案查明,则"自系良乡县马夫沈匿"。但除查办该县涉案马夫及追缴相本章外,亦

---

① 中国第一历史档案馆编:《光绪朝朱批奏折》（交通运输·驿站台站）,中华书局1996年版,第714—715页。

② 中国第一历史档案馆编:《光绪朝朱批奏折》（交通运输·驿站台站）,中华书局1996年版,第715页。

③ 中国第一历史档案馆编:《光绪朝朱批奏折》（交通运输·驿站台站）,中华书局1996年版,第715—717页。

④ 《清实录》（第五七册）,《德宗实录》（六）卷四百五十一,中华书局1987年版,第953页。

更无其余后续动作①。

　　重要公文的传递频频出错，且良乡县乃全国驿站之中枢，可见此流弊已不能不加以大力整顿。光绪二十五年七月二十（1899年8月25日），兵部上奏历数近期重大驿弊，以期严斥各地主管驿务官员，从而整顿驿站，保证邮递安全及速率，以保证朝政的顺利运转。其文首引御史齐兰奏文，"驿递之设，所以通文报之往来，州县视为故常，有驿丞者付之驿丞，无驿丞者付之家人胥吏，而捺搁沉匿之弊从此而生。上年良乡县马夫沉匿公文，甫经办结，今年又有私造回照之事。幸而海疆无事，少需时日，尚不至殆误事机。设当军机络绎，万一耽搁，关系匪浅"。而查近两年来，先后发生多宗重要文书遗失案件，均系涉及重要衙门及相关督抚，包括"本年二月间，通政司因山西本章遗失，请旨查办有案。四五月间，江苏巡抚德寿因本章公文未接批回。两江总督刘坤一因直隶良乡县马夫有伪造回照情弊，先后奏奉谕旨查办亦在案。又臣部准安徽巡抚邓华熙咨称，自上年七月至年底止，拜发题本均未到京，咨部查明办理。此外，各省公文遗失，咨部补发。通政司因本章迟逾，咨部转查，又复往往有之"。以致其部官员慨叹"驿站废弛，至斯已极，尚不止该御史所指各案也"。若照大清律例，"紧要公文及接递本章等项，无故迟延三刻以上者，该督抚查参，照例分别议处。又塘驿递送公文册籍等项。司驿官各立印信号簿，上站号簿用下站印信，每月底移明查考。倘有沉匿稽延，详报上司题参。又臣部处分则例，沉匿公文，该管之员分别罚俸降革。事干军情机密，无论官员兵丁递送及匿失多寡，俱革职提问"，可谓"定例綦严"。但之所以驿递频出事故，根源乃在各州县官漠视驿递事务，"有驿丞者付之驿丞，无驿丞者付之家人胥吏，是各州县并未亲身经理，尚复成何事体"。这与"各州县驿站夫马等项经费，由臣部题销者每年百余万两"的财政安排明显不相符合，故"今各省接递本章公文，遗失迟误竟至层见迭出"，主要还是"州县漫不经心"所致。因此兵部奏请，"下各省督抚，督同臬司严饬有驿州县，随时认真稽察，将额设驿站夫马等实力整顿，不准稍有缺

---

① 中国第一历史档案馆编：《光绪朝朱批奏折》（交通运输·驿站台站），中华书局1996年版，第719页。

额。遇有接递折报、公文、本章，均须照例按限递送，毋稍迟延。并将奉到传牌滚单挨次添注时刻，俾上下各站互相稽查。并由臬司申明旧章，妥议办法，勿使稍有贻误。倘无遗失，务令登时揭报各该督抚臬司，从严参办，一面飞咨原处，赶紧补发，以重公务而肃邮政"①。

照以上各枢臣疆吏之奏报，则可见遗失之公文涉及范围甚广，不仅牵涉一般日常公务，甚至有官缺文件及刑案奏报，其重要性可见一斑。不过，处理良乡县扣押邮件、伪造回照一案"雷声大雨点小"，可见清代驿传体系之设计虽然颇为周密，但由于其职能集合于州县官的日常政务之中，若其不加以重视，则往往易为奸狡之辈上下其手。而驿传之设置，本为迅速沟通内外政情，如今不仅公务延搁，回执伪造，甚至于直省重大政情被隐瞒漏报，对朝廷政治之运转有重要影响。虽然清廷深谙"邮政"之道，贵在吏治清明而驿递快稳，但建筑在人治基础上的管理体制，管驿之员有法不依、随意破坏，办案之官则避重就轻、草草了事，亦可见"邮政"之"政"意义深远，不仅是皇朝政治运行之道，也须面对和解决下属在违规用驿之时、如何有效惩罚的问题。

驿递事故之报告，不仅行诸公文之上，亦为媒体所揭报。光绪二十六年闰八月十四（1900年10月7日）《申报》报道："月前德安县驿站，因贻误紧要公文，经部中诘责，九江府孙景裴太守札委季少尹斌廷往提站书候讯。"② 一月之后，该事仍未处理完结："前月德安县驿站因贻误紧要公文，经部中移文赣省大宪转饬九江府孙太守，札委季斌廷少尹往提站书，迄未到案，现复委许仲硕参军前往催提矣。"③ 虽然此事与良乡县驿件丢失事故并无关联，但二者所反映出的，却是直省大员对州县驿站管理的松懈与无力。良乡县隶属顺天府，与京师近在咫尺，而县令对进出京师之驿件居然可以上下其手，以致扣押要件、伪造回执，可见平日监管已十分无力，而至于催提管驿人员赴省到案，居然迟迟不往，则可见此类官员之跋扈。尽管奏报及新闻均系个别事件，但细细读

---

① 《奏为各省驿站废弛，遵旨申明定例，请旨严饬各督抚臬司认真整顿，以重邮递》，仇润喜：《中国邮驿史料》，北京航空航天大学出版社1999年版，第262—263页。
② 《浔郡官场纪事》，《申报》光绪二十六年闰八月十四（1900年10月7日），第2页。
③ 《浔郡官场纪事》，《申报》光绪二十六年九月廿六（1900年11月17日），第2页。

去，却不难体会是时驿站管理及运作，其弊病已是积重难返，加之新的通讯方式——电报已逐渐在清季政治生活中运用起来，也间接地打击驿报的快速性，及影响各地官员对驿报重要性的认识及施行。

驿站之设，除传递紧急重要文报外，接待来往官员亦是其重要职责，但无论是用驿官员或管驿官员，都利用设驿之便骚扰民间，增加民众负担，以致民怨纷起。光绪二十六年十月初四（1900年11月25日），上谕称"河南陕州、渑池、灵宝、阌乡一带，客店大半关闭。官差过境，地方官按设驿站，藉端苛派，扰累民间，控诉俱置不理"，故饬令河南巡抚于荫霖确切查明此事。两月之后（光绪二十六年十二月初八，1901年1月27日），于荫霖就此事回奏，发现管理驿站之员役常有勒索民间之事，如渑池县马号号夫"按节向大小客店索大钱二百文，麦料系粮房与饭店支应，按节各索大钱三百文"。陕州马号管号家人"以过兵为名，多索麦料，折价勒交。其草先以三觔为一觔，后乃以十二觔为十觔，民不堪苦，咸为切齿"。灵宝县麦料草束未有加增，"但催取时差役轮流下乡，需索饭钱数十文或一二百文，为数无几而催索频烦，乡民未免恶其滋累"。阌乡县"马号草料取之民间，号麦征之饭店"，"催取时系差役经手，每遇下乡，动辄需索饮食，或钱数十文至百余文不等，名曰催费，官府是否知情，外间不得其详"。虽然"陕州及渑池、灵宝、阌乡各县，均为关陇要冲，近因转运粮饷，贡献方物，并秋冬间兵事驰驱，沿途各驿差使烦要，实倍于常"。但该地历来"或按粮银摊派，或按亩数均输，或以常年流差之所余以补兵贡大差之不足"。而且于荫霖"调集各州县收支车马差徭月报卷宗详加查核"，发现渑池、灵宝、阌乡三县及陕州，"常年流差以及各项局用杂用，历年均有盈余"，即使恰逢五十辆以上兵贡大差，其向民间按亩摊派亦应敷用，何致常有"苛派病民"之事？关键原因，则是州县官员对差役家丁"失于察觉"，"徇利纵丁，罔恤民艰"。故于荫霖除奏参三县知县及陕州知府外，更拟"督同司局，并严饬该管各道府州，于向章所有者重加厘定"，"浮加滥索，一律革除，并遵前旨，将官眷过境、不在驰驿之例者，一概不准支应，即应行驰驿，向支车马各差，亦须严定限制，

第四章　裁驿置邮——新政时期的制度转型　291

一概不准滥支",以期达至"既不病民,亦不病官"的效果。① 此事虽为个案,但却别具意义,足证清初所定"驿马官养"的政策,到此时基本形同虚设。由于朝廷在内忧外患之下,常有官差兵事调遣,而州县无法负担支出之时,便须将此类负担转移民间,于是胥吏在其间上下其手,中饱私囊而病民病官。虽然此弊亦为官员所知,但在官制未变、收支拮据而需持续应差的情况下,亦只能约束下属不可滥支,却不能根绝此类派支之事,百姓负担依旧,差别仅在负担数量而已。

清季驿站支出庞大,而主要负担费用均来自于民间赋税,但除驿站本身支出之外,尚有大量与之相关的行旅事务需其料理,故此类额外费用,又须民间再行负担,此即王锡彤所载"中国取民之制,有田即有租,有丁即有税。其租税之外,另出一种车马钱,又出一种草钱,不知起于何时。且他县无之,惟滨临大道之州县设有驿站者,乃独有此恶例"。本来此项费用因兵事而起,后来却逐渐演变为州县的常供:"初则由兵以及官,渐且变本而加厉。有车马者出车马,无车马者出钱。既可出草养兵,便可纳草入驿,愚民敢怒而不敢言。恶吏刮皮并及于骨,行之既久,遂成正供矣。"部分地区,如王锡彤所在之河南汲县,即成立车马局应对其役:"每届岁首,县官辄召集四乡大户,款以酒食,接以颜色,俾号召其乡邻踊跃输将,大户在城中租房承应,民间遂呼之曰大户局,此即车马局之先河也。"其征收人员,"向主之以家丁,名曰车马门书吏。则于兵房之中分出一部分,名曰号兵房。催钱者名曰保正,亦多由衙役兼充"。其平日应付最多者,"为罪犯之递解,折奏之差弁,云贵两省之会试举人,上官派查事之官弁吏役。大约每人除坐车外,仍多索几车折价入囊。其余则官署之幕友家丁,与各大小官之到任解任。再次则幕友之幕友、家丁之家丁,讨得县官一纸,即可到处讹人"。虽然名为"派草",百姓却不能以草交纳,"车马门丁与号兵房窟穴其间,百番盘剥。草变为钱,用一派百,出其少数供给本管知府及分府之候补官与同城之佐杂,其余则县官之正当收入也。若驿马真用之草,则又另有一种草经纪为之购买。巧取牙用,另开新径。总之,额外

---

① 中国第一历史档案馆编:《光绪朝朱批奏折》(交通运输·驿站台站),中华书局1996年版,第726—730页。

浮收在经手丁役，相机贪婪，较县官所得尤多"。所以一旦遇有兵差过境，"县官方愁眉苦脸，车马门与号兵房则彩烈兴高。盖此消息传来，可于常年车马外另作一种新摊派，渠辈财运亨通矣。有车出车，无车出钱，车钱而外又出一种军需草。各乡村大户之黠者，亦得上下其手，勾串分肥。民之破家荡业者，大都均在愿者矣"①。反观于荫霖之奏折所言，与此类"车马局"之情形多有相符。故清廷在光绪二十六年十二月廿一（1901 年 2 月 9 日）的上谕中，据于荫霖的参奏，对四名州县官进行了处罚或免职。② 由此亦不难看出，对几名州县官之诟责，并非由于其参与婪索之事，而是对属下有失监之责。这种情况的出现，与州县官之职责集中、分身无术相关，因此新式邮政之建立，以专业机构管理专门事务，并不仅是适应民众递信之需求，正处于转型期间的清朝政治体制，本身亦有这样的需要。

现存驿递系统陋弊甚多，而新式邮政亦在个别朝廷机构中担任起寄递职责，但为何其推行在朝野仍多遇阻力，甚难遍及？除因其主办机构为洋人之外，新式邮政所带来的相关问题亦是引起顾虑之缘由。驿传系统本身即为一等级体系，其与密折制度相辅相成，形成一套直省高层官员之间互相监督的集权体系③，而州县官员又在道台、两司、提督、巡抚、总督等监督之内，各类政务信息、人事变迁均须经铺递、驿传体系层层上报，以便朝廷对信息来源进行登记、查核及反馈，因此其成本亦相对高昂，且不能对民间开放，理由即在于此。而新式邮政之便利，在于以低廉价格传递信件，若有特定目的，寄信者且可以匿名方式投寄，如此一来则易对朝廷体制造成冲击：若因来源不明而对此类信件置之不理，则难免遗漏可能的重要信息，但若对其加以重视，势必鼓励匿名指控之风日益增长，无论倾向何种方法，均会对清廷惯行的政治结构造成一定影响。因此驿传体系虽然耗费相当，但却因其具有高度的负责性与

---

① 王锡彤著，郑永福、吕美颐点注：《抑斋自述》，河南大学出版社 2001 年版，第 62—63 页。

② 《清实录》（第五八册），《德宗实录》（七）卷四百七十七，中华书局 1987 年版，第 297 页。

③ 参看杨启樵《雍正帝及其密折制度研究》，第八章，"相互监督"，上海古籍出版社 2003 年版，第 171—175 页。

封闭性，使得朝廷既可对政治信息进行了解，又不致于面对大量的头绪而耗费精力——追查，更可明确个别的责任官员负责具体事项的操作，所以有其不可取代的价值。至于匿名书信，清廷向来坚决反对，如光绪八年正月廿四（1882年3月13日）谕示："御史邵积诚奏请饬禁止接递匿名书信等语。匿名揭帖，例禁綦严。若如所奏，近来投递匿名书信不一而足，甚至刊刻成书，以绝无根据之词，肆口诬蔑，颠倒是非，混乱观听，于朝政大有关系。着五城御史出示严禁。嗣后如有向京员私宅投递匿名书信者，即将来人送交刑部，严行究办，以儆刁风。"① 尤其邮政开办之后，此类事件日渐增多，势必对朝政造成更大影响，故清廷宁可对驿政修修补补，也不敢轻易将朝政信息之流通全然托之邮政，以免造成更大的冲击。

  主办新式邮政的海关税务司同样意识到驿传体系在清朝政治中的重要地位，如海关税务司兼邮政总办阿理嗣（J. A. van Aalst）曾于光绪二十七年六月初六（1901年7月21日）申呈总税务司赫德，指出"自有轮船以来，驾驶可到之处，地方官业已不用驿站，将来铁路遍通各处，则驿站自然一律无用"。但即便如此，由于邮局之职能与驿站不同，故"官员由驿站供应一层，邮政局固属无能为力"，而对于取代驿站传递公文，官员亦多有疑虑，虽然阿理嗣指此多为"成见"，却也指出必须健全逐渐深入省府州县的邮局体系，避免成为动摇朝廷统治的祸源："刻因邮政将欲在各直省省城、府、厅、州、县推广设立分局，或由火车，或由轮船，或由马匹，或由人役，均按一定时刻往来寄送，凡官文书暨应登簿之要件，邮政局自必加意慎重逐细记载，以免失踪而捷寄投。"如此一来，各省官员方会对此项新政予以方便，"饬令地方官加意保卫邮政局，并随时予以房屋车马或铁路轮船各项免票"②。

  阿理嗣所递申呈时，已近《辛丑条约》签约之期，该篇申呈除论及驿传事务外，还对兼并民信局及撤销客邮提出了一整套方案，作为遭受战火破坏后新式邮政重新恢复的建设方案。而与此同时，远在江楚之

---

  ① 朱寿朋：《光绪朝东华录》，中华书局1984年版，第1274页。
  ② 中国近代经济史资料丛刊编辑委员会：《中国海关与邮政》，中华书局1983年版，第102页。

地的张之洞与刘坤一，亦在上奏清廷的《江楚会奏三折》之中，第一次从制度上较为全面地主张对驿传体系进行深入的改革，只是这份方案不仅出于改善驿递质量起见，其中最大缘由，还是与海关争夺新式邮政之利权相关。

二 新政下的管驿职能归属争夺

光绪三十二年九月二十（1906年11月6日）清廷厘定新官制后，改由陆军部继承兵部的管驿功能，而邮传部专管"轮船、铁路、电线、邮政"。因裁驿置邮之议由来已久，朝野均期望在中央官制上确定管邮机构及裁撤虚縻国帑之驿站，而最后的结果居然是传统驿传与新式邮政两套系统并存分管，实在令鼓吹多时的媒体相当意外。

《盛京时报》在厘定官制上谕颁布之后十天，即发表论说《论中国宜裁撤驿传添设邮电》，认为国家的强弱及文明进化的程度，实与沟通渠道的畅通与迅速相关："觇国之强弱，于其通塞而已。上下不通，则无宣德达情之效，而桀黠之吏因缘以为奸；内外不通，则无自近及远之规，而狡诈之邦乘机以愚我中国。内忧外患迭起，循生譬之风庳之疾医者，于此先求其筋络血管之灵通，与夫四肢百骸之畅适，而后节之以饮食，和之以药饵。安在塞者之不可为通，弱者之不可为强乎？吾国效法文明，艰钝万状，独怪其事已举、其效已见，因推行之不广，从而减文明之速率者，莫如邮传一事。"而世界各国竞争激烈，"假使比邻之事而吾不知，然其势相均、力相敌，不必加害于我，我不必有惧于邻。长此互相推诿，互相因循，互相漠视而无所顾，犹无害也。而吾国人又明知优胜劣败之局，我于败而人据于胜，有旦暮不相容之势也"。因此要应对这种激烈的竞争，"非去塞求通、去败求强，国家与国家、个人与个人连为一体，通为一气，实有所不可。是故东西洋之谋国者，尝以邮电二者为通信之机关，国家之喉舌，其亦筹之矣"。但是对于清廷来说，"邮递之事难言矣。既以州县官及驿丞掌之，司道总之，具册报部，复隶于兵部之车驾司。一岁差官之廪给、仆从之口粮，水驿则备舟楫，陆驿则供于牧。视地之冲僻，事之繁简，以定应给之数，而编征于田亩，或支领于户部。讵意数千年之旧法，陵夷以至于今。其害之中，于吏治者更仆不能数，非独文报之延阁，官马之缺额已也。十里五里之距，若

第四章 裁驿置邮——新政时期的制度转型

秦越人之视其肥瘠忽焉，不加欣戚于其心，而谓能为国家筹缓急，视异域若户庭，亦千百而不一二觏矣"①。兵部管理下的驿站如此祸害，而新官制下却依然由兵部改来的陆军部管理，实则意味驿传体系毫无改变，怎不让期盼改革的人们大失所望呢？

不过，上任不久的张百熙，则希望通过大力发展邮政来逐渐式微驿站的力量。《台湾日日新报》报道，张百熙上任后除拟将邮政收回自办外、加入万国邮政联盟外，"拟奏于各行省，设邮传使，所需经费，即以各省向有驿站支项拨充"②。由邮传部设置邮传使管理各省邮政，而管理经费却从陆军部的驿站经费中支出，显然是有意借助直省官制的设置，削弱陆军部对驿传乃至邮政事业的控制。

内廷之间，对裁驿一事亦表赞同，但如何保证传递的安全，则需各机构慎重安排。有报道指"政府屡议裁撤驿站，每以事涉交通，未果实行。日前诸大老以现设邮传部，嗣后凡有紧要公事，均由专电传递，其寻常文件由邮局另行编号递送，以昭慎重。如试办有效，即将各省驿站一律裁撤，以节糜费"③。既然议裁驿站，则自当对其情况进行清查，故同日亦另有报道"邮传部张冶秋尚书，日前会同陆军部铁宝臣尚书商议驿站办法。现已电饬各省将军督抚查明驿站共计多少处，每年需用经费若干，向例如何办法，一并详细声覆，以凭核办。并闻此举意在推广邮政、裁撤驿站。前经邮传部连日计画，组织章程，已有端绪，近与陆军部熟商，各堂亦极赞成，大约事在必成矣"④。而五天之后，又有消息称"邮传部最近之提议，已拟将中国邮政切实整顿，大加扩充。将于一年之内通饬各省，将所有驿站一律裁撤，以节冗费，刻已电致张香帅会商办法矣"⑤。可见时人虽有担心裁驿置邮后公文传递的安全，但亦同时

---

① 《论说·论中国宜裁撤驿传添设邮电》，《盛京时报》光绪三十二年十月初一（1906年11月16日），第2版。
② 《清国近事：邮传部之计划》，《台湾日日新报》光绪三十二年十月十六（1906年12月1日），第9页。
③ 《复议裁撤驿站之计画（北京）》，《申报》光绪三十二年十一月廿一（1907年1月5日），第9页。
④ 《会议清查驿站（北京）》，《申报》光绪三十二年十一月廿一（1907年1月5日）。
⑤ 《北京五日报》光绪三十二年十一月二十六日（1907年1月10日），北京市邮政管理局史志办公室编《京版报刊上的北京邮政》（解放前部分），北京燕山出版社1992年版，第6页。

安排新式邮政完善制度，以祈消除朝野顾虑，推进新旧制度的顺利更替。

裁驿虽能节省朝廷经费、加速公文传递和保障文书安全，但却有一最大障碍，即由兵部改来之陆军部及对其旧职能的维护。陆军部的理由，即是军报的安全问题：一旦驿站、台站、铺递全然裁撤，如何保证军事文报可以在短时间内安全送抵京师，以供朝廷做出及时的反应？虽然裁驿置邮呼声甚高，但邮政局所的覆盖区域有限，不少边疆地区依然依靠驿站甚至信局传递文书，且清末边疆常有战事，从军事角度需保全驿传系统。从实际利益考量，每年三百万两的驿费，对任何一个职官部门都是相当丰厚的经费，加上一旦裁撤驿站，大量驿站人员如何安置，也是陆军部需要面对的难题。在这样的情况下，裁驿一事又触礁石。

邮传部在清末以人事变迁频繁而著名，其官员浮沉不过因一"利"字。光绪三十三年二月廿五（1907年4月7日）《盛京时报》报道，邮传部尚书张百熙因病出缺，坊间盛传"邮传部尚书一缺，政府拟以林军机①实授。或曰调赵次帅②补授"。之所以流言纷飞，乃因为"邮传部管理轮路邮政等事，为利源会萃之处，故大员中运动者甚多"。由于主官时常变动，故对牵涉多部门利权利益的事业，往往采取"拖"字诀，但求己任不须身陷此类烦务即可，而缺乏对这类事务的整体规划和实质运作。故是年三月下旬，又传出"缓裁驿站"的消息："政府前拟裁撤驿站，所有各著公文，概由邮局寄递。现邮传部堂官以邮政尚未归本部接办，长途寄递设有遗误，关系匪轻。特商之政府，将各省驿站暂缓裁撤，俟本部接管邮政后，再行提议。"③ 这也是邮传部惯常的论调，将收回邮政与裁驿置邮相提并论，而收回邮政需与海关来回商讨，在拖延之下，驿站问题则被耽搁一边，既有充足理由，又不得罪相关部门，更

---

① 笔者注：当指林绍年，"字赞虞，福建闽县人。同治十三年进士，以编修历充乡会试同考官。光绪十四年，改御史。……三十一年，移广西。明年，内召，以侍郎充军机大臣，兼署邮传部尚书，授度支部侍郎"。《清史稿》论曰："绍年劲直，其任封疆、治军旅多有绩，而立朝不复有所建树。"（《清史稿》卷四百三十八，列传二百二十五，中华书局1977年版，第12391页）

② 笔者注：当指赵尔巽。

③ 录《山东官报》，《四川官报》丁未三月下旬，第七册，京外新闻，第四页，《清末官报汇编》第52册，全国图书馆文献缩微复制中心2006年版，第25976页。

不需为该部增添工作负担和财政开支,可谓是一石三鸟的安排。

邮传部的消极怠工、陆军部的握权不放,使得本可利用新制度的文书传递改革,迟迟不决。《盛京时报》称,"闻京内各部院衙门,以目下邮政已着成效,且近来驿站递信较迟,不及邮局之速妥,因拟此后各署公文一律改为邮递,裁撤提塘,藉此可节糜费"。此事一旦成行,势必有助于邮驿改革的进行,只是"邮传部须俟本部接办邮政后,再为计议此事云"①。而次日《申报》则进一步引述该部部员的理由,称"邮传部接收邮政早有是议,各堂官以邮政头绪纷繁,且本部官制尚未厘定,自应仍归总税务司办理。俟陈尚书到任后,将部务清理就绪,再行澈查接管云"②。寥寥数语,却揭示出邮传部在短期内的主官变动,对接收邮政一事的影响。盖张百熙于光绪三十三年二月十八(1907年3月31日)病逝后,林绍年曾短暂署理该部尚书,直至三月二十(5月3日)岑春煊由四川总督改授邮传部尚书③,但其仅在任二十五天④,所以"方草创之初,章则未定,事务纷繁,乃首发治事程期,每接见僚属,皆以职务相勉,一改前政画诺坐啸之习。又本部成立以来,官制犹未厘定,余参酌新旧,奏请颁布章程。定稿未上,会广东急奏请兵,而庆、袁之计行矣"⑤。而于四月十八(5月29日)上任的陈璧,则是岑春煊政敌、庆亲王奕劻的亲信,所谓"一朝天子一朝臣",在新尚书态

---

① 《京师要闻·各署公文拟归邮递》,《盛京时报》光绪三十三年四月廿九(1907年6月9日),第2版。

② 《邮传部暂缓接收邮政(北京)》,《申报》光绪三十三年四月三十(1907年6月10日),第4页。

③ 钱实甫编:《清代职官年表》,中华书局1980年版,第326页。

④ 按岑春煊《乐斋漫笔》回忆,他与慈禧在该年初的四次入对,促请其对贪贿误国的奕劻加以惩治,而其改授邮传部尚书,即是留其照顾京师这块"重要根本之地"的安排。但素有"官屠"之名的岑春煊,初上任即弹劾本部侍郎朱宝奎,之后又弹劾袁世凯亲信段芝贵,因此奕劻、袁世凯"行百五十万金于大公主,使伺间数为太后言",又值广东匪乱,于是四月十七(5月28日)岑春煊即改授两广总督,"迅赴新任",该事史称"丁未政潮"(荣孟源、章伯锋主编:《近代稗海》第一辑,四川人民出版社1985年版,第100—104页)。而有研究者认为,"丁未政潮"是造成预备立宪失败的重要原因,参见张践《丁未政潮与预备立宪》,《四川师范大学学报》(社会科学版),1994年第21卷第2期,第123—127页。

⑤ 岑春煊:《乐斋漫笔》,荣孟源、章伯锋主编《近代稗海》第一册,四川人民出版社1985年版,第103页。

度并不明确之前，邮传部各堂官又何敢轻易执行旧主官所定的政策①？只是救亡图存的新政措施，即在这一系列的人事斗争中一拖再拖，以致延误时机，浪费资源，也失去了社会各派人士的信心。

邮传部对邮政及驿站事宜均拖延不决，似乎坚定了陆军部保全驿递的信心。光绪三十三年五月初七（1907年6月17日）陆军部上《各省驿站拟请仍由陆军部经理》片，其中明言驿递不可轻裁，因其关涉军报安全："各省驿站、边防台站，向由兵部掌管。上年厘定官制，原订清单内以兵部车驾司所掌之驿站划归邮传部管理，意在裁改归并，俾成画一之规。惟驿站之设平时转递文件，而以军报为重。现在轮船铁路未尽交通，且军事秘密遇有紧要文报，仍须由驿递送，方昭慎重。拟请仍照旧例，由陆军经理，以一事权。"当然，陆军部也没有否决厘定官制上谕中对邮传部职能设计的方案，该部表示"俟将来航路铁路一律通达，操纵自如，其各处驿站应裁应并，再当会同邮传部详察情形，奏明办理"②。此种论调无疑与邮传部同出一门，如果邮传部未将条件准备充足，陆军部则可以将驿递继续保持下去，双方就在这种心照不宣的情况下互相保全，各不侵犯。

既然驿递暂不裁撤，邮政又不能有所进展，之前构思裁驿置邮后发生的寄递改变，如今均不能实现了。《申报》《盛京时报》报道了"公文不由邮政局寄递"的新闻，其文曰："邮传部堂宪现以各署公文关系紧要，万一稍有洩漏，殊觉未便。故已会议决定，以后各衙署文件，往来均不得有邮政局寄送。俟邮局收归中国自办时，方准邮寄云。"③ 六月初七（7月16日）《盛京时报》又转载了陆军部五月初七《各省驿站拟请仍由陆军部经理》片，向社会公布陆军部以"驿站之设平时转递文件，而以军报为重。现在轮船铁路未尽交通，且军事秘密遇有紧要

---

① 除岑春煊自己承认所设计的邮传部官制未及施行外，《盛京时报》在五月初三（6月13日）（第2版）的报纸上登载了《岑拟邮传部官制之内容》，最后亦表示"因简放两广故不果"。可见政争失败，其对邮部的主政思路也基本无从实现了。
② 全国图书馆文献缩微复制中心：《中国近代邮政史料》，全国图书馆文献缩微复制中心2005年版，第123—124页。
③ 《申报》光绪三十三年五月十四（1907年6月24日），第3页；《盛京时报》光绪三十三年五月廿三（1907年7月3日），第2版。

文报，仍须由驿递送，方昭慎重"的理由。不过，虽然拒绝裁驿，但却有部分直省大员绕开陆军部，直接上奏朝廷裁撤驿站、设置新局以传递公文，其中以东三省最为显著①。由于朝廷已允准裁撤奉省之驿站，陆军部也无法反对，故亦照准将截留驿站之款留文报局之用，但局所员役及文递事故，均须该督负责。而驿员虽被裁撤失业，却也安排得当。至于原有的"运送祭品、贡品及驰驿各差"，亦因"火车畅通"的原因而得以圆满完成。故陆军部只能要求徐世昌等"若遇有军务应如何思患预防，该督念切时艰，尚宜通盘筹画，以期推行尽利"②。虽然裁撤驿站仅限奉省一隅，而文报局基本仍是以带递官方文书为主，尚未全是新式邮政的服务形式③，但毕竟是对旧制的一次较大改革，对其他省份是一个有效的借鉴。

驿站之败坏，其实亦是众所周知，即使多加申斥、核查亦无济于事。光绪三十三年九月上旬，《四川官报》载《护督宪批顺庆府陈驿站损坏公文，请饬查究禀》，正是这种状况的写照："北路驿站驰递公文，损失迟延，屡经申饬。该州县惟事敷衍，并不严查，以致该驿书等愈无忌惮。此次紧要密札竟致破滥，难保非有心折阅，是非严究不可。仰按察司饬将三台县及上站驿书马夫等并提来省，发成都府严讯，从严惩

---

① 关于这一问题，下文详议。
② "臣等查，驿站积弊诚有须变通者，奉天自上年设立文报各局，往来文件既称便捷。又火车畅行，可勿庸经由驿站，且按该前将军赵尔巽咨送各局所章程内，一切开支及该省历年驿站应销各款，两相核计，不甚悬殊，而挹彼注兹，一转移间，诸多便利。该督所请截留驿站等款，移作文报各局用款之处，自系切实办法，拟即准如所请，以重要公。惟是各局所员弁人等，薪工既优，责成自重，如迟延遗失等弊，亟应由该督等严定章程，随时认真查察，照例分别核办。至称缺额马匹，委因频年兵燹，草料昂贵，例定马干，断不敷用，势不得不有缺额。"而对于所裁驿员，"各驿丞均系微未穷员，责以赔缴，力有未逮，请概予免追，以示体恤一节。查该省近年以来，屡经兵燹，百物腾贵，例限马干银两，实难足用，况相沿已久，今一旦照例追赔，亦非所以昭公允"。《清末各地开设文报局史料》，《历史档案》1999年第2期，第55—56页。
③ 《申报》光绪三十三年六月廿一（1907年7月30日）（第12页）有载《黑龙江通函》："文报局附在交涉局内，江省邮政不通，又无信局，官场文牍可由文报局送递，而商民信件无可觅寄，此亦开通问题之一大阻障也。"由此可见，东三省之裁驿站设文报局虽稍有进步，但其本质并无太多改善，只是在职责和寄递上更为严格。

处,并行顺庆府知照,缴原封筒存。"① 十一月初六(12月10日)湖北按察使梁鼎芬"近以各路限行文报每多迟延,总由各州县于邮传事务漫不经心,驿马仍有缺额,以致废弛不振。现已札委臬署监印官徐嵘前往分别确查矣"②。至十二月,《四川官报》又载《护督宪批南充县请通饬嗣后驿递公文勿盖专差戳记禀》,亦可见是时驿站之"不成事体"的行为:"昨据该县具禀,蓬溪县李坝场挡回丰都县公文,有违定章,业已批司委员查究。乃前案尚未查复,今又有挡回之事,实属不成事体。仰按察司即饬沿站查明,究由何处挡回,据实禀复,以凭惩办,不得徇隐干咎。并由司通饬各属,以后发驿递送公文,毋得再盖专差戳记,以杜藉口,免致迟误。"③ 足证各地驿传之衰败,即使疆吏多有查改之心,实行却大为不易。

　　裁驿之呼吁,虽有陆军部与邮传部为本部权利而心照不宣的默契,但不少有识之士依旧大力疾呼,以图在裁驿问题上有所作为,而为朝廷节省糜费和提高文报传输效率。光绪三十三年十月初六(1907 年 11 月 11 日)分省道程清上邮传部条陈,指出各省驿站的马乾银两,"向归州县侵吞者殆居大半,如马额名为百匹者,实不过三五十匹充额"。所以官场议论"咸以'马乾一裁缺皆大坏'为词,此即可为驿站糜费、官吏侵蚀之明证"。公文函件交由"迂缓之驿站收递,固为事有专属,宁迟毋误之意"。但其实"驿站之遗失漏露,随处皆然,断非邮局之稳速可比",通邮之处的官吏信件,"皆有由邮寄而不愿驿寄者"。故其建议邮政收回自办,"饬令各省不复置驿,公文概由邮局投递,既无殆误要公之弊,而更可年节此巨款之漏卮,裨益实非浅鲜"④。随着各项新政的开展,无论是中央或是直省均需要大量经费以备应对,在没有更多利源开拓的情况下,则需要对已有的财政资源进行调配和增减,因而驿费渐成可裁之费用,

---

① 《四川官报》丁未九月上旬,第二十三册,公牍,第二页,《清末官报汇编》第 53 册,全国图书馆文献缩微复制中心 2006 年版,第 26266 页。
② 《北洋官报》第一千五百七十册,第十页,《清末官报汇编》第 2 册,第 693 页。
③ 《四川官报》丁未冬月中旬,第三十册,公牍,第四页,《清末官报汇编》第 53 册,全国图书馆文献缩微复制中心 2006 年版,第 16406 页。
④ 《政治官报》光绪三十三年十月初六第十七号,台湾文海出版社 1965 年版,第 567—571 页。

而裁驿之建议亦渐为各地官员所接受，进而积极向朝廷建言裁驿置邮之举。

光绪三十四年正月廿八（1908年2月29日）陕甘总督升允在代宁夏府知府赵惟熙请建西北铁路一折中，即将驿站经费作为可调用的资源之一。他认为各省驿站"岁费帑四百余万金，实则济公用者为数寥寥，十之六七半归中饱，以致积压公文，遗失本章者比比皆是"。由于邮政建立已久，各署公文"要件多交递寄，既妥且速，驿站几成虚设"。故其奏请裁撤驿站，分四年裁减驿费，原驿递传递公文的功能，"除贺折应仍专差寄呈，以昭肃敬外，其余概由邮局递寄，以期简捷而节虚糜"。虽然北省州县多倚靠驿费为津贴，"裁之无以办公"，但值此改革官制之际，朝廷正议"优给廉俸"，以免州县"恃此侵蚀之款，移作弥补之资"，何况"明知其弊，又乌可因仍旧贯，为此苟且之政体乎？"从升允的行文中，不难感觉到关于邮政的两种新旧观念的交融。邮局递件快捷省便，恰可改革原驿站积压迟延之弊，而裁驿费以避免官员私吞公帑，败坏政体，恰是传统关于"邮政"的看法。升允还在该折中简要提及，裁驿费以为西北铁路经费，在前两年"自不得不先顾邮递，以免文牍阻滞"，故前两年每年拨银四十万两，以作推广之用，"二年以后推广，当已遍及，即不再筹"①。

由于升允代奏此折所涉事关重大，又是清末官制改革时期牵扯两部机制和利益的问题，故陆军部仅在是年四月，以"现当兴练陆军，一切军需报告，尤赖有驿站之存，较为可恃"为由，奏请任由该部经理驿站一事。由于江南、奉天等地区相继裁撤提塘、驿站，陆军部需要对裁撤之后的情状有所了解，方能设法遏制愈发增多的直省裁驿之请。宣统元年正月廿七（1909年2月17日），邮传部、陆军部就升允代奏此折联合议复，力陈不可轻易裁驿之理由。两部宣称朝廷设置驿站的意义，一是以"军报为重"，各承差机构职有专掌，紧急奏谕与寻常文书由不同人员按不同速度传递，如马馆与捷报处，前者"历来递送文件最要者"，后者则"承办军机处交出加封书字等事，次为各部院咨行外省紧

---

① 中国第一历史档案馆编：《光绪朝朱批奏折》（交通运输·驿站台站），中华书局1996年版，第853页。

要文报"，而"惟寻常文件汇交各省提塘，由铺递送"。一是负责接待递货，"各员弁奉差赴防，及解送贡物、军装、饷鞘，并西北路将军、大臣、员弁赴任赴差，蒙古喇嘛回子王公等年班入觐差竣回旗，一切遣犯护送等项，亦均由驿站照章供应"。如今由于举行新政，"文报日繁"，因此有关要件，任由各衙门交驿站驰递，"其交邮局转寄者尚少"，原因即是"邮局接件计值，事同商业，平时既无考成，临事更难督责"。而原作为朝政"血脉"的驿站，本来就是"专司接递，责无旁贷"，一旦出现"迟延、沈匿、拆动、洩露等弊"，即可按例处罚，相较于"章程尚未全备的邮局，一有迟误，不过罚办"的境况，更有严密操控之便。

陆军部更指出，驿传之意义，在其对于军事调配的重要性。一旦"遇有缓急，施以军令，尚可操纵"。而且驿站设撤，均由朝政军情需要，而非商情民信所定，故其"安设处所，多在府州各埠，驿站路分支干，站有冲僻，原自曲折遍通，遇军事紧要，并能随时添改，设法驰报"。尽管驿站存弊甚多，但在清末出现战事之时仍有实用价值，"庚子兵燹，日俄交战，其时文报能通，实由各站知有责成，递夫不避艰险，设法变装，绕越驰递，藉免贻误"。如今兴练陆军，"尤赖有驿站之存较为可恃"。即使江南、奉天等地出现裁撤提塘、铺递设置驿站而改设文报局之举，但并非由邮局主办，而系直省官员"派员经理"。奉天更于偏僻地方设置马拨步拨，"以补其缺"，故其认为两地改设文报局，用意仍在为政而并非为民为商。至于升允折中所称裁驿可岁省四百余万两，而两部"查各省每年驿站钱粮原定额编银三百余万两，历年增减不一，见归臣部，岁销仅银一百六七十万余两"。故其以为，若为西北边防起见、修筑铁路，"乃以各省驿费悉数抵充，剜肉补疮，殊属窒碍难行"[①]。总而言之，升允折中所称诸条，既与朝廷旧制新政之意均不符合，也无法按其设想顺利推行，裁驿省费之思路难行，而唯有维持及改革现有驿站之运转，方为陆军、邮传两部认为的正道。

虽然升允代奏之折被全行否决，但由其文不难看出，驿站之所以难裁，除因中央部院决难轻易放权外，其驿费亦已成为州县收入的来源之

---

① 《中国近代邮政史料》，全国图书馆文献缩微复制中心2005年版，第127—129页。

一，甚至成为维持地方正常公务运转的重要依靠。有此经济依赖，驿站又何能轻易裁撤？但驿站的延缓，已大大影响朝廷正常谕令的传达。光绪三十四年二月初三（3月5日）的《申报》即登载新闻："黔抚庞劼帅封奏，略谓到任一载以来，旧病时发，渐成怔忡。臣妻复于初五日逝世，理宜服不杖期。拟恳恩赏假一个月，以便调理。日行公事，委藩司代拆代行。紧要事件仍由臣力疾自办。再，贵阳离京较远，拟拜摺后即作为告假云云。此摺于十二月初七日拜发，直至正月廿二日到京，奉硃批'赏假一个月，钦此'。然核计日期，则已假满多时，不知廿二日奉到硃批以后补赏病假否也。"① 贵为一省巡抚的庞鸿书，其奏折居然在路上走了四十五日，而按定章之制，贵州巡抚的本章应在二十八天内抵达京师②，其时间比《钦定大清会典事例》所定多出整整百分之六十。一旦爆发军事活动，这样的传递速度势必对战局造成不利的影响，也是对陆军部以"军报便利与安全"为理由保全驿站的最大讽刺。

从另一个角度分析，陆军部与邮传部此议复奏折，政争意味大于实际意义。江南地区裁撤提塘铺递、直隶省分裁驿设文报局，本意均以改革驿递原有旧弊，明确管邮递邮人员职责，以及严格管理邮递公文事务，其最终目的，均是实现从驿传体系到新式邮政制度之间的转换。但议复折却反其道而行之，力陈两地改革之后却仍须借用传统驿递的邮寄方式，故驿传体系仍有存在价值。孰知此究系新制不足或是因改革不完全而引致？驿传作为传统皇朝的政令军报流通渠道，自有其存在价值与意义，但在旧弊难清、新制便利的局面下，作为管邮管驿的中央部院，不思整改而固守旧制，恐怕则非仅为军报之安全考虑了。

政令不行，吏治不清，是清末政治改革面临的最大问题。虽然驿站在大部分直省仍未裁撤，但已有官员通过整顿驿夫铺夫来达到整治吏治的目的——而这本来就是传统驿递体系的功能之一。光绪三十四年二月初七（1908年3月9日）的《北洋官报》揭示赵尔巽在湖北"通饬所属府厅州县整顿吏治办法二十四条"，其中第十四条就是

---

① 《驿递奏折之濡滞（北京）》，《申报》光绪三十四年二月初三（1908年3月5日），第4页。
② 《钦定大清会典事例》卷七百，《续修四库全书》第808册（史部、政书类），上海古籍出版社2002年版，第719页。

"整顿驿站铺夫"①。不过直省官员对驿站的左修右补，虽为改进驿递效率和安全、提高行政效率的目的起见，但却令陆军部有所警惕：一旦直省督抚势力持续坐大，如奉省般将驿站全行裁去，则该部不啻将此项权利拱手让出，还白白奉送大量固定经费。故自是年二月起，陆军部相继咨令各省造册奏销驿站钱粮，以此查清各地历年在驿递上的耗费。二月十七（3月19日），"苏抚准陆军部咨开，现设统计处，必须将各项支用款目详细查核办理。查苏省驿站支用各款，历年皆未据造册具奏请销。自应赶紧造册送部核办等因。陈中丞当即札行苏臬司，速将有驿各州县历年应造驿站奏销各项册籍汇造总册，详候核奏"②。两天之后《申报》又行报道："陆军部近电咨云南、贵州、江苏等省，略谓前奉谕旨，饬各部院均办统计，本部已设统计处，开列表册，各省驿站事关统计。查江苏、云南、贵州等省驿站钱粮久为造送，应即将历年未经奏销各案勒限造具简明妥册，分起奏报，并将由部覆准本案钞送，以凭核办。"③ 其最大目的，就是对历年驿站的相关费用做一厘清，从而更有力地掌控驿传的相关事务。

驿站之所以迟迟未裁，在陆军部看来是职权之事不容侵涉，而邮传部方面则认为准备不足无从下手。光绪三十四年五月《陕西官报》载文，揭露了邮传部缓裁驿站的原因："（北京）政府前提议各处通行轮船铁路，拟咨饬各省酌量裁撤驿站，改归邮递一事。现经邮传部各堂详议，此事以各省铁路尚未遍设，此有彼无，此近彼远，不能到处流通。且邮政甫经萌芽，未便骤议更张，是以暂从缓办矣。"④ 七月上旬《陕西官报》的新闻再次确认了这一观点："（北京）闻邮传部尚书与各堂司会议，拟将各省邮政极力整顿，并于火车未通之地斟酌简繁，

---

① 《北洋官报》第一千六百五十一册，第十页，《清末官报汇编》第2册，全国图书馆缩微复制中心2006年版，第903页。

② 《催造驿站奏销册（苏州）》，《申报》光绪三十四年二月十七（1908年3月19日），第10页。

③ 《陆军部催造驿站报销（北京）》，《申报》光绪三十四年二月十九（1908年3月21日），第5页。

④ 《部议驿站缓裁之原因》，录《津报》，《陕西官报》戊申年（光绪三十四年，1908年）五月第一册，时事要闻，交通，第十一页，《清末官报汇编》第44册，全国图书馆文献缩微复制中心2006年版，第22075页。

第四章 裁驿置邮——新政时期的制度转型

添设马匹，以期迅速。至公私各邮件，均分特别、通常二类，特别者临时加班速送。一俟推广普及，办有成效，即当奏请将各省驿站一律归并云。"① 不过另一方面，陆军部方面又强调边务与台站的关系，以此凸显驿站体系的重要："政府诸公日前提议，近来西北边务日益重要，所有各处台站亟宜整顿。拟咨行各该办事大臣体察情形，妥筹练兵裕饷办法，兹报理藩、陆军两部会同核议详细章程，以便奏请实行。"② 只是清末政制未定，各种传闻在媒体上流传不止，六天之后，《申报》又揭露陆军部尚书铁良有意将朝廷折件于次年交邮局传递："枢府前曾拟将各省摺差改归邮递，特令陆军部拟定办法，以便实行。铁宝臣尚书日前特与堂司各官协议，决与明春实行。各省折件改归邮政局递送，以期便捷。核计每年可省经费六七万金，不日即当具摺入奏，刻已咨照直督矣。"③ 反反复复，不一而是，尽管消息真伪难辨，但朝廷在驿政问题上的举棋不定却是事实。

随着政治改革的深入，对文报传递的要求亦越发提高，如广西巡抚就曾奏报，"桂省僻远，奉到章程较迟，加以风气未开，人才极乏，交通不便，文报多延。虽距谘议局成立为期尚有一年，而筹备极紧，急起直追，已形迫促"④。在交通条件尚未能有更多改善的情况下，文报系统若不能保证及时安全的传递，势必对新政及政体改革造成影响。在这样的背景下，裁驿之呼吁越发强烈。但在一片裁驿的强烈呼吁声中，陆军部依旧固执地坚持不裁不改，其理由可从宣统元年二月十九（3月10日）的《申报》中略知一二，最大借口仍是以为邮局事业乃商业行为："陆军部对于裁撤驿站一事持议甚坚，谓邮政系属商业，倘有遗失，无所责成。驿递有关军政，如有遗误，其罪明著于律。以此庚子之乱尚能变装

---

① 《驿传改归邮政之计画》，录《大同日报》，《陕西官报》，戊申年七月上旬，第七期，时事要闻，交通，第九至十页，《清末官报汇编》第44册，全国图书馆文献缩微复制中心2006年版，第22201页。
② 《整顿台站之计画（北京）》，《申报》光绪三十四年九月初七（1908年10月1日），第10页。
③ 《摺件议决改归邮递（天津）》，《申报》光绪三十四年九月十三（1908年10月7日），第10页。
④ 《抚部院奏筹办谘议局情形折》，《广西官报》宣统元年正月十七日星期报第一期，第一页，《清末官报汇编》第17册，全国图书馆文献缩微复制中心2006年版，第8650页。

绕越，官中消息不致全然隔阂。况驿站岁入实止一百七十万两，并无四百万两之钜。必裁此设，彼挖肉医疮，殊无所补。且邮政于荒僻之区未能通行，所请裁驿之处应毋庸议。"①加上邮传部一再强调，裁驿置邮必须有先后次第，待先收回邮权，再议及裁撤驿站："日前邮传部会同陆军部，议将各省驿站决计于明年正月一律裁撤。嗣闻邮传部又议以驿站一经裁撤，则一切公文自应由邮政代递。惟明年又有收回邮政之举，若先裁撤驿站，又多一番周折，故拟先行收回邮权，再议裁撤驿站之举云。"②

事情的转机来自于徐世昌的上任。虽然任命其为邮传部尚书的决定是宣统元年正月十九（1909年2月9日）做出的，而五天之后徐世昌即上折谢恩③，正式接受任命，但是时他尚忙于吉林省裁驿站设文报局的事宜，故其延至四月初六（5月24日）方抵京赴任。其初到部，即已有"徐菊人尚书拟将邮传部再加整顿，如有不得力之员，拟极力裁汰，以期实事求是"④的传闻，可见时人对徐世昌将会给邮传部带来的改变，颇有期望。而徐世昌到部后对政策执行先后加以调整，"拟先以整顿邮航入手，路政较难，必另筹办法方能举行"。亦被媒体评为"尚书可谓知所先后矣"⑤。在徐世昌看来，邮传部"与各部性质不同，所有一切办法，宜纯粹的以商业性质进行。闻各省招商局等处，对于邮部颇有恐惶之意，大可不必。以后本部对于各省商业上事宜，但有提倡，绝无压制云云"。他又召集"该部各司司长，在本署会议令各陈所见，凡船路邮电各项，均欲大加整顿，闻措词极为严厉，想可切实举行云"⑥。不

---

① 《京师近事》，《申报》宣统元年二月十九（1909年3月10日），第5页。
② 宣统元年闰二月（1909年3月至4月），《新政杂志·京师·裁撤驿站之次第》，《甘肃官报》宣统元年闰二月第二期，第十册，第二十一页，《清末官报汇编》第9册，全国图书馆缩微复制中心2006年版，总第4173页。
③ 《徐世昌补授邮传部尚书谢恩折》，宣统元年正月廿四（1909年2月14日），《北洋军阀史料·徐世昌卷》（五），天津古籍出版社1996年版，第387页。
④ 《中外要闻·徐尚书到任后之政见》，《盛京时报》宣统元年四月十二（1909年5月30日），第2版。
⑤ 《中外要闻·徐尚书到任政策》，《盛京时报》宣统元年四月十六（1909年6月3日），第2版。
⑥ 《徐尚书整顿邮部之新气象》，《盛京时报》宣统元年五月初三（1909年6月20日），第2版。

第四章 裁驿置邮——新政时期的制度转型 307

过，媒体对此意见多有分歧，《申报》即认为徐世昌手高眼低、光说不练："邮部徐尚书之谈邮政、电政也，航权、路权也，非不井井有条，洋洋不竭，乃其所扩张之事业，无一能实行，其所见者则何以，故记者曰：今日官场言行之不相符往往如是。"① 言下之意，当然以为徐世昌与诸前任并无不同，或许仅有的差别，只是在徐世昌的想法更有条理罢了。

　　清末官场，无疑是一派系林立、趋炎附势的逐利场，若要对新政稍有作为，不仅本人须有相当的才干，还必须能在复杂的人事关系中左右逢源、上下打点。由于清末官制改革的特点，是自上而下、由内到外，内官改革虽然以新制十一部取代，但外官改制困难阻力重重，关键在于新部院与旧督抚之间的职权争夺②。在这样的背景下，各部主官、尤其以邮传部为代表，如走马灯般轮换，即使有志于新政事业的推动，亦难免有朝不保夕之忧虑，故徐世昌曾向"政府某公"透露心迹，"交通权为国家之命脉，中国交通权之损失者，以邮政、航权并满洲、青岛等路为最。将来所受影响甚巨，倘能久任邮部，必设法将各项陆续赎还，以图报称"③。此事承许与否，不得而知，但裁驿之筹画与举动，则开始由邮传部着手进行。七月廿一（9月5日）《申报》称："自邮传部设立以来，枢府即拟将驿站裁撤、归并邮部办理。旋因邮政尚未遍及，恐多窒碍而罢。现已派邮政总稽查毕君赴新疆边地一带查视情形，预备推广。并由邮传部行知各省，邮政如能遍及，即从遍及之日起，请旨裁撤驿站，以节靡费。"这点对陆军部的理由有釜底抽薪之效，盖边疆区域向因条件限制，邮政路线少有布及，如今一旦将递运领域遍及该处，则必定对陆军部的保全驿站的借口造成打击，进而为裁撤驿站扫清其中一个障碍。不过，调查边疆事宜未必由邮传部发起，文中所提"邮政总稽查毕君"，可能是当时的邮政总办帛黎（Piry）的另译，所以此事可能由海关筹划执行、而

---

　　① 《梁尚书与徐尚书》，《申报》宣统元年五月十八（1909年7月5日），第12页。
　　② 详情可参关晓红：《种瓜得豆：清季外官改制的舆论及方案选择》，《近代史研究》2007年第6期。
　　③ 《京师近事》，《申报》宣统元年七月初二（1909年8月17日），第5页。

邮传部借以作为与陆军部讨论裁驿的借口①。

清末新闻多互相转载，如上引《申报》七月廿一日的新闻，《陕西官报》于是年九月中旬亦转载其中，而其来源是《时报》，则可见同一内容的新闻，至少为三家媒体所报道转载，而其读者的层面和影响的区域亦随着不同的媒体在产生影响，并成为是时各地谘议局热议的题目之一。如湖北谘议局议员卫寅宾即于十月"提出请裁撤全鄂驿站、添设邮政一案"，但经法律委员会和其他议员热议后，"以为驿站为全国交通机关，裁撤与否系全国行政问题。又以邮政现由外人经理，尚未收回，遇有军事公牍不可用外人传递。故决议将此事暂行从缓"②。不过，与此形成鲜明对比的是，是时资政院议员的执照，却是通过邮局寄递发至云南。云南总督电询资政院，"议员执照格式系何日由京颁行？是否邮寄？抑系驿递？"得资政院电复："资政院议员执照格式即日通咨。由京邮寄。"③ 议员执照不可谓不紧要，但在邮寄与驿递之间资政院却选择了前者，而这样的对话又是在督抚与资政院之间展开，则可见清廷的高级官员之间，对驿递同样缺乏信心，越是重要、急递的邮件，越是不

---

① 此事在中央部院看来，主要是管驿的权利之争，但在新疆官员看来，开通邮政则不仅有助于文报流通的便利，更重要的是防止俄国客邮在新疆境内的继续扩展。钟广生在《湖滨补读庐丛刻》中即指："宣统纪元之二月，俄总领事函请设台站邮车，由省城至塔尔巴哈台边界，并请代售邮票，以资推广。兼按察使荣需援约拒之，具言于巡抚，下三司会议，佥以新疆与内地悬隔已久，民间向无信局，致外人得擅其利，自非亟谋交通，无以保固有之利权。非速兴邮政，无以杜日后之觊觎。请裁减驿站夫马之半，提充经费，先从东北两路试办，以次推行。凡公文报章，均由邮递。其商民书信，略仿邮政售票章程办理。惟钦差大员、蒙回王公，照例驰驿。及贡马饷车各差过境者，仍由地方官预备，以清权限。"但新疆邮局与别处不同的，在于"新疆系就地筹款，与各直省支局隶属于北京邮政总局者不同，定以迪化为总局，东北各路为分局，枭司兼驿递事务，故总其成。自洋员以下，皆秉承焉。其对于京局，但有与商榷之义，而无相铃辖之权。惟邮信印花，则由京局颁发，岁缴印工纸价，局中开支款项，不须关白，但按季造册，汇报于部。试办期内，收入之款均存本省，储备推广经费，约期三年，南路各城一律举行。若夫邮程径线，东路直达嘉峪关，与甘肃相联属。西北伊塔两城，则援万国邮政公会例商订，互寄合同，取西伯利亚铁道，传达京师"（《近代中国史料丛刊》初编第26辑，台湾文海出版社1966年版，第186—187页）。

② 《军政·谘议局议决缓裁驿站》，宣统元年十月三十（1909年12月12日），《北洋官报》第二千八十一册，第十二页，《清末官报汇编》第5册，全国图书馆文献缩微复制中心2006年版，第2352页。

③ 《申报》宣统元年十一月廿一（1910年1月2日），第5页。

敢轻易交托驿站传递。如此一来，驿站又怎能仍有存在的价值呢？

裁驿之举议论颇多，而动作甚微，难免使媒体对其中原因多方探究，深挖追底。《盛京时报》则直言，"各省裁汰驿站，迄未实行。良以有驿省份州县，依驿站盈余为署用者十居其四，而吏部亦有所沾润，故阻挠者颇多"。明确指出了驿站久裁未决，其原因就在于驿站带来的巨额利益，而目前陆军部与邮传部已经就裁撤驿站的时间，做出了具体部署："今陆军邮传两部已议定递减章程，定于宣统二年三月初一日裁十分之三，宣统二年十月初一日再裁十分之三，宣统三年三月初一日裁十分之二，宣统三年十月初一日实行裁完。宣统二年七月初一日试办军驿工艺所，使被裁驿夫得以学习工艺。宣统三年五月初一日扩充军驿工艺所。至工艺所开办经费，即用变卖马匹价银，常年经费则由驿站裁汰款中留支十分之四。俟车驿各夫工艺学成即行裁去，以节国帑。大约此所之停办当在宣统五年也。"① 既然确定裁撤计划，陆军部即着手调查相关的驿站局所，以为裁撤做准备："日前军咨处与陆军部会商，以我国驿站原为军需时代递送警报而立，日久弊生，以至视驿站为具文。刻下邮部议裁驿站，节省部款。惟各省驿站大小繁简，向有区别，刻既议定裁减，似非先为查明不可。去年安徽省查减驿站办法颇善，先分最要、次要两等，暂为酌留，其余概以裁去。爰特咨行各省仿照办法，其分类之法大致如下：（一）凡通衢大道而火车电线所未通者为最要；（一）火车电线已通之处各局车站可达之地为次要；（一）向非通衢大道及与邻省交界地方为可裁之地；（一）既非大道，惟邮政尚未设立，或与火车相距太远者，为裁减暂留之地。"② 可见陆军部虽言裁驿，但实际上可裁之处仅为一处，即所谓"向非通衢大道及与邻省交界地方"，此种欲盖弥彰的保存手段，又怎能令人对其行政再存希望？故六月廿五（8月1日）的《申报》，直接用《陆军部无法保全驿站》的题目，概括《陆军部奏称甘肃、新疆巡抚联魁奏新省开办邮政兼递文报》

---

① 《中外要闻·定期递裁驿站之办法》，《盛京时报》宣统二年正月廿三（1910年3月4日），第2版。

② 《中外要闻·陆军部饬查军务驿站》，《盛京时报》宣统二年二月十五（1910年3月25日），第2版。

一折,以其内称"查向章,驿站递送公文摺件,原以军报为重。臣等屡次筹议,以邮局章程尚未完备、铁路亦未畅通,不敢据议裁并。迭经奏准有案。现当筹备立宪,邮政实握全国交通之机关,各督抚体察情形,欲将驿站递送文件改归邮政办理,自应将一切变通办法预先咨商臣部,详核妥协,方昭慎重。此次新疆提拨驿费设立邮政,该抚并未先事会商,第查其咨报案内,邮政各局已于上年十二月开办。该抚经营伊始,度必能杜渐防微,规画尽善,所有提用东北两路夫马经费,一半现即照准。惟此后军报往来及军事运输均关紧要,自应责成该抚督饬该管各官暨经理人员妥定办法,毋稍疏虞。倘有延搁洩露等情,一经查觉,即行照例参办,以重要公。再,各省如有似此变通情事,该督抚务须先行咨商臣部酌核,俟核定后方准开办,以昭审慎而一事权",凸显陆军部虽欲紧握驿站利权,却对直省督抚整改驿站无能为力的疲弱形象,暗喻即使驿站被强行裁撤,陆军部恐怕亦是无可奈何。

舆论的风向愈发对陆军部不利,因为在各种报道中,邮传部逐渐成为裁驿的支持者,而陆军部却被塑造成"坚决反对"的顽固形象。是年六月(1910年7月—8月)《甘肃官报》的新闻即议论:"裁撤驿站之议,邮传部屡经提及,陆军部始终反对。兹闻徐尚书现又接议此事,略以刻下各省邮政均已渐次扩充,本部要牍均由邮局递送,揆其情形,尚无贻误,拟即特定专章,饬令各省邮局另设邮政文报专局承递各衙门紧要寻常文件。如其试办有效,即请将各省驿站一律裁撤,以节糜费,未悉陆军部果能允照办理否?"① 言下之意,当是陆军部理应遵从政情民意,将旧有驿站一并裁撤。

不过,媒体多风闻之词,而内廷之事又错综复杂,是时两部态度已产生微妙的变化。是年二月初七(3月17日)上任的陆军部尚书荫昌,较前任铁良在裁驿态度上相对开明,刘锦棠曾言:"陆军部管辖驿站,每岁报销一百七十余万两。徐世昌掌邮部本拟裁撤,以陆军部请缓中止。嗣荫昌到任,查知此事,西北各驿站每年所得约近四百万两,及咨

---

① 《新政杂志·京师·复议裁撤驿站》,《甘肃官报》宣统二年六月第三期,第二十九册,第十九页,《清末官报汇编》第9册,全国图书馆文献缩微复制中心2006年版,第4529页。

直省确查,则谓有闰之年所得二百八十余万,无闰祇二百十七万,实收一百七十万两,每年作正开销,似此积弊已深,不如裁撤。因饬军乘司调查驿站数及已设文报局,自本年起至第五年止,陆续裁撤,所有文件尽归邮局寄递"①。与此同时,邮传部内部的人事却悄起波澜,徐世昌逐渐失势,以致萌生去意,对裁驿置邮事宜亦慢慢失去信心。《申报》即称:"近邮传部大权尽落沈雨人侍郎之手,徐相不过听命而已,难调人任用,各事亦必沈先承诺,徐始照办。其余各事更可想见。惟沈有心腹唐某极不悦于徐相云。"② 不久邮传部又因职员冗多③,被御史胡思敬专折奏参:"该部丞参至二三十人之多,其薪金之开支全年在十万左右。如法部各衙门,自堂官以至司员,全部经费尚不过如是。且有以四品京堂之尊,可以由邮传部堂倌径直加札委派,实亦无此体制。并闻各项丞参人等,一至丞参厅气焰十倍,俨若堂官云云。"而参折上后次日,徐世昌赴军机处会商此事,虽极言本部事繁职重,难以裁减人手,依旧为枢臣斥责:"无论如何,亦当遵旨裁减,且更应将一切行政费用详加厘订,竭力撙节,以免再有烦言。"最后他只好"唯唯而退",回部后"连日与各堂商议,拟先裁去丞参行走七人,其余则另立他项名目以为位置,或分布各局所要差,优给薪水,目下尚未议定"④。

---

① 《清朝续文献通考》卷三百七十七,浙江古籍出版社2000年版,第11237页。
② 《申报》,宣统二年七月初三(1910年8月7日),第6页。
③ 是时《申报》从月支薪银的角度,对邮传部冗员的问题做了报道:"邮传部自设立以来,奏调咨调各员日增月盛,几有不能相容之势。而薪水多寡,以堂官之意旨为定。近以每月所出超过额支,原定额支系每月二万五千,现在竟至三万二千,不得已故将不到部人员大为裁汰,不日即当发表。"《申报》,宣统二年七月初八(1910年8月12日),第6页。
④ 《申报》宣统二年七月十二(1908年8月16日)(第4页)对此事的后续报道曰:"兹闻邮传部丞参虽多,然可裁者不过由堂官直接委派各员,如奎珍、良说、云书(皆旗人)、叶恭绰(粤人)、李经迈(安徽人)、袁世传(河南人)、张步青(粤人)、冯元鼎(粤人)、区永秋(粤人)诸人而已。但云书本图书通译局、交通研究所提调;叶恭绰本承政厅厅长;袁世传亦兼粤汉、川汉筹办处;张步青又已出洋。此外如程明超(图书局局长)、袁长坤(铁路局副提调)、许引之(铁路局税务议员)、章梫(交通研究所监督)均不领薪,即使裁撤亦不过裁差,殊难贯达节省经费之旨。其余记名丞参如杨士骢、朱恩绂、阮忠枢、林炳章、王孝□、龙□章、连甲,候补丞参若詹天佑,候补议参若关冕钧、奕眷等,均系奏派,万万不能裁撤,故识者早知胡摺无大效果云。"虽然该折对裁撤邮传部丞参无甚效果,但却对邮传部内部人事的变动产生相当影响,尤其是与其主官变迁有直接的关系。

另外，邮传部编制的经费预算表，在移交度支部时，由于"该表所列仅有常年额定支出二十余万两，此外自堂官以下应支薪金，因无一定之额数，概未列入。度支部议不满意，拟即驳回云"①。可见此时徐世昌在邮传部的主政遇到了不小的挫折，而同时又传闻"近日京中盛传邮传部右侍郎盛宣怀来京后即行上任，粤督袁树勋亦有调动消息，两广总督一席，邮传部徐尚书有简授之希望"②。不到一周，媒体即明言徐世昌在邮传部"极不得意"，虽然是时盛宣怀任邮部右侍郎，但已传闻"匪特盛杏荪先生谋代其位，伊亦亟欲外放。闻其原因有四：（一）度支部稽核部款甚严，部中款项实有难于报销之处；（二）屡被御史指摘，谓其滥用私人；（三）借款势在必成，未成之前，条约既难磋改，既成之后，鄂湘又或有风潮；（四）如一旦晋升大学士开去，底缺反不能为生活。有此四大原因，故外放之心甚炙云"③。最后徐世昌也没有外放，而是于七月十三（8月17日）迁授军机大臣，同日由唐绍仪署任邮传部尚书，实际职权则落入盛宣怀手中，而裁驿事宜亦由其与陆军部商议。

两部主官先后易主，而裁驿一事亦重现生机。盛宣怀任职邮传部后，双方重新就裁驿问题进行交涉。一方愿裁而一方肯接，裁驿之事大体确定待行："邮传部前拟将各省驿站裁撤，改归邮政办理。因与陆军部争执驿站经费，迄未果行。日前荫尚与盛侍郎重议其事，以后各省凡有公牍，除交驿站外，另缮一份交邮局递寄。先行试办，如果无误，将来裁撤驿站，所节经费平匀三成，一成为本省之用，一成归陆军部，一成归邮传部。盛侍郎极力赞成。"④ 而此时舆论对裁驿之态度则更加坚决，就在上述新闻后两天，《盛京时报》发表评论，认为过去几年间频议裁驿，却总是未能施行。而驿站对清末社会而言，"除糜□币外，有何效用？"虽然东三省等地进行邮递方式改革的尝试，将原有之驿站改

---

① 《邮部被参之详情（北京）》，《申报》宣统二年七月初九（1910年8月13日），第4页。
② 《京师近事》，《申报》宣统二年七月初九（1910年8月13日），第6页。
③ 《京师近事》，《申报》宣统二年七月十四（1910年8月18日），第5页。
④ 《中外要闻·驿站裁撤问题》，《盛京时报》宣统二年八月十三（1910年9月16日），第2版。

第四章　裁驿置邮——新政时期的制度转型　　313

为文报局，"于驿站外，另成一有系统之局所。年中所费，又不知几何"。虽然或暂有收益，但却"皆骈□枝指之政策，于实事无益，而耗费则甚钜者也"。当政者忧虑一旦裁撤驿站，"上而总办，下而走卒，无虑十万人"的生计尽受影响，故对裁驿一事久议未决，但这样的想法无异是姑息病驿之人。该评论指出，裁驿固然令十万人失却旧业，但"一转移间，未始不可致之于生利之事业上"，国家既可减轻负担，又可另生创源之道。而新式邮政之制度方法，"较之驿站及文报局等，则固远胜"，一旦裁驿置邮，不仅消除"邮局前途之阻碍"，更可"于国家经济问题不无少补"，因此作者在文末强调，"邮政之发达，虽未必能取决于是，而必以是为起点，则无疑义。是在出以最后之决心，而不参以犹豫可也"①。

裁驿之事，至此基本确为定局，八月廿一（9月24日）的《申报》称："现闻该部（按：陆军部）已行文各部院，凡设文报局及通邮政身份，自九月起试办，果无贻误，再为酌量裁撤。"② 而九月初二（10月4日）邮传部所上《邮传部奏分年筹办邮政缮单呈览折（并单）》，明确指出宣统二年的筹办事宜之一，即"筹备归并驿站办法"③，其筹办计划一直编至宣统八年，但除宣统二年这一安排外，别无驿站事宜，可见是时邮传部官员是希望在本年之内即将此事解决，但除此之外别无安排，亦是大大低估了驿站问题的困难。究其原因，有媒体认为其无论是收回邮政还是裁撤驿站，均非为兴办新政起见，而是另有目的："日前邮传部奏分年筹办邮政及裁改驿站折片已分别奉谕矣。探其原因，该部邮政司岁销甚巨，无事可办，屡招物议。兹复恐资政院提起质问，月前乃检他人条陈，截取裁改驿站及分年筹办事赴政务处会议，遂有此奏，而于接管税务处邮权，归并陆军部驿权，尚未明订办法，能否实行划清权限，容俟续报。"④ 若果真如该报新闻所言，则邮传部对裁驿置邮之

---

① 《论说·论裁驿站事》，《盛京时报》宣统二年八月十五（1910年9月18日），第2版。
② 《京师近事》，《申报》宣统二年八月廿一（1910年9月24日），第5页。
③ 《政治官报》宣统二年九月十五第一千六十七号，第266—267页。
④ 《邮部奏办邮政之原因》，《帝国日报》1910年10月9日，《京版报刊上的北京邮政》，北京燕山出版社1992年版，第7页。

用意则相当敷衍了。因为其时之陆军部，反倒对裁驿一事表现得相当积极："邮部裁撤驿站一事，陆军部荫尚书极表同情，已按照邮部所陈各节，饬交军乘司悉心核拟，如无妨害均即照准。"① 过往交由兵部（陆军部）递送的文件，如吏部发往各省之"有关缺分以及紧要之件"，例由吏部"交陆军部转发驿站，附入马递。其寻常事件，俱由堡递，历经办理在案。惟驿站按站传递，转折既多，延搁在所不免。查现在邮政分局各省遍设，传递较为迅速，且无稽迟失损之弊。臣等公同商酌，拟请嗣后所有臣部发往各直省文件，改交邮政局转递，其边远省分，邮政分局尚未设立之处，仍交陆军部照例办理。如此稍事变通，于公务不无裨益"② 此事于一周后为《盛京时报》所报道，被称为是"裁撤驿站之先声"："吏部李荫池协揆，以本部外发各省公文，向章均移陆军部转交驿站递送。其紧要者亦不过加五百里马上飞递字样，较之近日邮件迟速实有天壤之别。现与邮部会商专章，自十月初一日，凡部中外发公文各件，统交邮局代办，此一裁撤站之先声也。"③ 只是这些多为媒体根据片面消息而臆测所得，事实上虽然两部堂官对裁驿一事多有共识，但操作起来却不能一蹴而就。客观上邮传部并未把邮政收回自办，邮寄路线也比较有限，主观上舆论及陆军部尚书虽然支持裁驿，但也力陈目前暂时不能遽裁驿站的理由，一是军报安全，一是邮递依赖的交通路线尚未建设完备："若遇战时，凡属交通事宜，权尽归军界范围之内，各国办法莫不皆然。况交通之利钝，视乎轮路之通塞以为衡。现在轮路既未全通，邮政尚未完备，即驿站不能遽裁，诚如该部所云，铁路未通地方，邮政未设之先，仍将驿站照常办理。盖以目下情形计之，我国仅有干路数处，如将附近各驿裁改，固可直行无阻，而此外之支驿，尚须度地安设，以便左右旁达。又或上下段铁轨已成，而中段缺如，其间空乏之区，亦须妥筹联络。"陆军部进而抱怨"积此种种情形，殊多窒碍。又复事权分隶，责成不专，实于廷寄重要军报秘密，关系匪浅"。因此

---

① 《京师近事》，《申报》宣统二年九月十三（1910年10月15日），第5页。
② 吏部咨《具奏外发各省文件改由邮递一片》，宣统二年九月二十日（1910年10月22日），《中国近代邮政史料》，全国图书馆文献缩微复制中心2005年版，第159页。
③ 《裁撤驿站之先声》，《盛京时报》宣统二年九月廿七（1910年10月29日），第2版。

他们依旧奏请"所有驿站事宜,仍请暂归臣部管理。一俟筹商妥协,确有完善办法,驿站应裁应并,再行奏明办理,以昭慎重而免纷歧"①。无论媒体挖掘多少内幕消息,在官方的正式文件中,陆军部依然紧抓驿站管理权,而忙于收回邮政自办的邮传部,对此事亦是相当被动,而裁驿一事再次被延搁。虽然报纸对该事的报道仅限于将陆、邮两部的奏折择要刊登,但其标题《陆军部不允裁改驿站》②,已经把失望之情表现得尽露无遗。

反反复复的裁而未裁,成为众政务机构及相关部院为资政院质询的问题之一。是年十二月初七(1911年1月7日)《申报》记载了资政院议员胡柏年等就邮政相关问题质问会议政务处的过程,其中众议员认为,陆军部的理由虽然看似合理,实则有太多与现实不符之处。虽然"驿站亦邮政之一",但目下邮传部与陆军部在驿站的裁改和归并上"手续未清""权限不明",甚至于"各省驿站,已由提法司划归劝业道管理,在外者能归并而在内者不能归并,殊不可解"。议员们质疑陆军部以军报为由,拒绝将驿站事务改归邮传部管理,说法未必太过勉强,亦与目前的政情惯例不符:"如谓廷寄、军报以驿递为重要,则现今廷寄军报何以皆用电达乎?如谓战时交通皆归军界范围,则此不过暂时问题,何以并将平时驿站亦归其范围乎?"如果按此质问推理,则更可见陆军部理由之蹩脚:"如谓驿站关系军事,平时亦应归军界管理,则邮政亦有关系军事者,何以不将税务处之邮政概归军界管理乎?如谓轮路不通之处,驿站不能遽裁,则新疆既无汽船,又无铁路,而邮政通行全省,驿站亦已裁撤,何以行之一年,军民称便乎?"③

归并也好,裁改也罢,这些谏言对邮传部来说并无太大约束作用。是时邮部内三堂官关系微妙,以致该部事务迟滞不前,"闻某御史,近因唐尚书请假、盛侍郎不理部务、沈云沛侍郎赴津久不在京,邮部为交通机关,岂容如此废弛!拟上摺弹劾,日内即行呈递"④。更有消息指

---

① 《政治官报》,宣统二年十月初五第一千八十七号,第98—99页。
② 《陆军部不允裁改驿站》,《申报》宣统二年十月十三(1910年11月14日),第5页。
③ 《资政院对于邮部权限之质问(北京)》,《申报》宣统二年十二月初七(1911年1月7日),第5页。
④ 《申报》,宣统二年十二月初七(1911年1月7日),第6页。

出,"邮传部自简用唐尚书绍仪,佐以沈、盛两侍郎,三公鼎足而立,莫能专主,诸事不免延误。现唐尚书因病开缺,然盛与沈若同在一部亦有不便,政府以盛侍郎于航路二事究多阅历,故升盛为尚书,而调沈至吏部。至吴侍郎视盛宫保为同乡后进,李星使曾在沪宁路局当差,其视盛资格较浅,如此安置较为合宜,故有初六日之谕旨"①。频繁变动的人事安排,背后又是清末各派利益分配的争夺,纷纷扰扰之间,最为关键的新政活动反倒被忽略了。

随着晚清宪政建设的逐渐深入,其对交通事业的要求亦越来越高,无论摄政王载沣是否真心实意推行宪政,至少完善的交通邮传体系对清朝的统治是有利无害的,故其训谕邮部主官,要求切实筹办交通事务,以为宪政而服务:"前日盛尚书、吴侍郎召见,奉监国面谕,谓现在宪政提前赶办,尤以邮路电航交通各要政,为庶政根本之要图,国帑奇绌,自当倚任京外臣工认真筹办,勉为其难,俾得宣统五年将应行筹办四项要政事宜依限办竣,以固国本而利交通。"② 在摄政王的直接过问下,裁驿一事方重现转机。宣统二年十二月二十(1911年1月20日),陆军部上《现管驿站事宜请交邮传部,并在事各员改归录用》一折,以其部"为军政总汇之区,责任繁要,迭经奏请,将隶属他部职掌事宜,随时酌量划分,以符专司陆军行政之□"。而邮传部在奏明分年筹办邮政事宜中,"本年即拟接管,收回臣部前掌驿站,其事本属交通各省文报往还,一俟邮政接交,即无虑事权隔阂,自当查明改隶,俾专事寄而便筹维"。因此陆军部"拟即将所管驿台各站一切事项,并捷报马馆处所,一并移交邮传部接收经理"。时间仅隔三月,陆军部的态度便全然改变,不能不让人慨叹清末政局之变迁,令人颇有"计划赶不上变化"的感觉。

不过,陆军部虽将驿站事务移交邮传部,却以"该部甫经接办,头绪纷繁,似应得熟习此项例案人员,方资接洽"的理由,同时将多名管理邮驿的人员迁往邮传部,包括陆军部原管驿站事务的"郎中崇龄、希文;员外郎耆昌;候补员外郎钟龄;主事金生、永宝;候补主事爱仁承

---

① 《京师近事》,《申报》宣统二年十二月十四(1911年1月14日),第6页。
② 《京师近事》,《申报》宣统二年十二月廿一(1911年1月21日),第5页。

英花沙布、吴昌华、王廷桢；笔贴式希拉布麟山等十三员"，而且"请将该员等各以原官资俸，一并随同全案，改归邮传部供职，与该部司员一律补用"①。不仅在人事操作上暗藏伏笔，还将一个人员经费的包袱同时甩给了邮传部，使其"冗员满部"的情况更为突出。

尽管如此，陆军部与邮传部之间还是达成了"驿站事宜准期七月初一日接收"②的协议。但即便事情大体落实，由于该事前后拖延甚久，反复不定，媒体对邮传部能否改良驿政也是缺乏信心："邮传部已定于七月初一日接收驿站，现时陆军部之捷报处已由邮部遴派部员往充总会办，于本月视事。闻个中人言，驿政自国初定制以来，迄未更变，一旦改良，殊非易易。其中碍难之处尤多，而以裁去各项差事为最。观此则陆军部之延宕不决，盖自有难言之隐也。但经邮部接办，虽较陆军部自改稍便，而亦非旦夕所能实行，不知邮部堂官已筹有善策否？"③

面对外界的质疑与忧虑，盛宣怀在是年闰六月所上的《直省驿站收管情形并经费难裁折》，就目前直省驿站及逐步裁驿置邮的事宜阐述想法。盛宣怀指出，邮传部接管驿站事宜，理当将"向来应支一切经费"亦同时划归，但"近年各省窘于经济，往往各自为政，将原有驿站钱粮，或改作邮寄等费，或随时裁减，提作别用"。直省截留驿费，则邮传部欲渐减邮局、增加邮局而缺少经费，因此"非统一政策，酌剂盈虚，无以筹目前之进行，即无以备将来之挹注"。皇朝驿站额定经费三百余万两，然经屡次裁改，"现计岁收银不足二百万两，开支银共一百七十六万余两"，驿费不足，则须根据各地不同的交通状况，进行调配与整理。盛宣怀建议，在轮航铁路交通完密地区，可以裁汰驿站，"以节用费"。而对于西北等偏僻地区，"轮轨既未通行，邮政亦未普设"，故其"驿台军边各站，仍须按照例章，妥慎经理，以期无误交通，俾驿递邮传，辅车相依，藉可衔结一气"。而该类地区并非常设驿站，"将来航路两项通至何处，即驿站文报裁至何处，而经费视此亦可停至何

---

① 《政治官报》宣统二年十二月二十七日第一千一百六十九号，第11—12页，第417—418页。

② 《京师近事》，《申报》宣统三年六月十七（1911年7月12日），第6页。

③ 《驿政改良之非易》，《申报》宣统三年闰六月十七（1911年8月11日），第6页。另，同日《盛京时报》亦登载此文，足可见众媒体对邮传部改良驿政的信心相当缺乏。

处"。但无论是存是裁,"岁支驿站、文报局一切钱粮经费,统报臣部酌核动支。如有应行改并之处,臣部亦当随时知照各督抚实行裁撤"。总而言之,裁驿置邮亦是邮传部的计划之一,但关键所在,是"直省驿站钱粮各项经费,既不得移作他用,亦不能轻议改章",必须由邮传部与度支部咨商办理,而不能由直省督抚随意处置,忽视邮部职权威信。①

按盛宣怀的看法,是要遏制直省督抚私自裁撤驿站的做法,而将所有裁设权利及驿站经费的运用支配权统统收归邮传部,避免再如江西巡抚冯汝骙绕过邮部、裁驿置邮的行为。闰六月二十九(8月23日)邮传部又上《为定期接收驿站事宜,并拟随时变通办理》折,其中也提到必须与众督抚商议,妥筹邮政事宜:"今臣部已将邮政收归部办,驿站事宜拟即定于七月初一日接归臣部管理,以符统一交通行政之旨。伏维驿站之设,原以军报为重,军塘台站一切差派递送各项,多与军事相关,故向隶兵部、陆军部掌管,今既改归臣部,自当与邮政合筹通计,交通利便之区亟应咨商各督抚,如何改革,如何衔接,即边远荒寡各处,尤宜注重添补邮局,力谋扩充,渐图裁并。惟是甫经接办,头绪纷繁,似非详慎酌核,恐不足以资完善。兹拟自接收后,暂行仍照旧章办理。其有应行改革之处,随时计划最为变通,以收循序渐进、统一事权之效。"②纵观诸折,邮传部之用意不外乎"统一事权"四字,这恰好反证了此时邮传部在邮驿管理上的地位,即事权分散、财权失落,而各省督抚往往根据本地政情的需要,对驿站邮政或裁或设,只需事后奏咨邮传部即可,虽然邮部反复强调其在邮驿问题上的权威,其实效果相当有限。

另一方面,在清末地方官制的设计中,邮政事务划归劝业道管理,但新式邮政的管理权始终在海关的控制之中,而在裁驿问题上,劝业道也无权利干涉,而只能禀告督抚处理:"汴驿自今年以来,腐败情形已达极点,而腐败尤甚者,则以汝南光为最。日前因光山五百里公文越四十三天始为到省,因之胡劝业道盛怒之下,即禀汴抚。刻下宝中丞开已密饬多人往查。据云实在缺额,即拟大为改革,并有即时裁撤之说,未

---

① 盛宣怀:《愚斋存稿》,《近代中国史料丛刊》续编卷二十,第十三辑,台湾文海出版社1974年版,第539页。

② 《政治官报》,宪法令,七月初三日第三号,第141页。

知能实行否？"① 作为主管邮驿的地方官员，在驿传出现腐败情状时既无处罚权利，又不能派员进行调查，而全然依赖督抚的权威进行干预，也可见在邮驿问题上，直省督抚的权力威势到达何种地步。而对于邮传部归并驿站后，各地纷纷出现裁撤驿站的趋势，原管驿部院——陆军部尚书荫昌反而发出了相反的声音，他认为"欲使消息之灵通，谓仍以扩充邮政为入手办法，俟收效后再行商议，万勿先行裁撤驿站，致兴军事有诸多窒碍之处云云"②。回想其宣统二年初上任时，还是裁驿置邮的积极推动者之一，或许是驿站归并邮传部后，直省督抚反而更易在管区内裁撤驿站，以致当初的提倡者颇生悔意？只是事至如今，亦是覆水难收了。

无论邮传部怎般希望将邮驿权利控制于手，急转直下的国内形势，已不容清廷再将时间耗费于争权夺利当中。面对各地相继而生的反满浪潮，邮传部也只能暂时默认各省督抚的权威，责令他们整顿驿站，保证清廷文报畅通："桂林巡抚鉴。洪密。准湖广总督电开，现军务紧急，各处多匪，请饬各省整饬驿站□通文报等因。现当军务吃紧，马递文报最关紧要，亟应由各将军督抚等迅将所属驿站及文报局夫马递时刻预备，责成各管官妥速经理，遇有军报，务须火速飞递，勿稍延缓。邮传部尤印。"③ 只是革命浪潮不可阻挡，人心向背又岂是可轻易扭转。清廷被推翻后，各类旧制多有革新，而驿站"遂成赘疣，故民国元二年间裁撤殆尽。查宣统二年之岁出预算，尚列驿站经费二百四十余万，合洋三百余万元，今则此项支出亦经节减矣"④。喧嚣甚久的裁驿一事，就在政体变更之后，黯然退出了历史舞台。

三 直省裁驿的举动

虽然《江楚会奏三折》没有对裁驿置邮的策略产生太多实质性的

---

① 《河南·各地驿站之腐败》，《申报》宣统三年七月初一（1911年8月24日），第12页。

② 《荫昌保存驿站之措词》，《申报》宣统三年七月初十（1911年9月2日），第4页。

③ 《一收北京邮传部电》，《广西官报》五日报第三十九期，特别事件，第27页，《清末官报汇编》第27册，全国图书馆文献缩微复制中心2006年版，第13551页。

④ 叶恭绰：《遐庵汇稿》中编，《五十年来中国之交通》，《民国丛书》第二编第94册，上海书店1990年版，第274—278页。

影响，但驿站败坏的情况日益严重，各省官员亦在不同程度上对其进行整改，如河南"南阳许州一带州县驿递迟延，月前竟将五百里请兵之急文耽搁数日之久，以至贻误军机。已山东省宪饬将马夫提省严讯，并将该管地方官一并撤任"①。而江苏按察使在接准光绪二十五年七月二十日兵部《遵旨严饬各省各督抚臬司认真整顿，以重邮政》一折后，发现各邮驿州县"玩泄相沿，仍不以驿务为重，以致迟延、遗失诸弊层见迭出，甚至接到限行公文任意压搁，并不将到站时刻于单内随时填注，预存诿卸地步"，正所谓"邮政废弛，至此已极，若不严申禁令，则贻误要公，流弊伊于无底"。因此其札饬各属，"立即遵照迅将该驿站额设马夫等项实力整顿，不准稍有缺额。并严督该驿丁书、棚夫人等，遇有前项限行文件，到驿务须按项递送，并将奉到传牌排单随时添注时刻，俾免上下站互相推诿。一面将妥议如何整顿章程，禀候察核。饬遵仍遵定章，将每月接递本章等项，籍册依限查造，呈司核转。如敢仍前玩忽，有逾例限，定将该驿丁书人等究惩。该县并干参处凛之"②。希望通过以上司的权威，整饬玩忽职守之州县及其驿站，从而肃清邮政，以助朝政之运行。

至光绪二十九年，驿站因私拆公文导致拒绝传递而遭受追查的事例，甚至登载于官报之上。是年五月廿六（1903年6月21日），《北洋官报》载文称："为饬查事。据晋报馆禀称，新疆抚院所需报纸，今年三月二十四日，用本局马封递发行，至灵石被驿书拆开，以致下站不肯接递，仍行退还，恳为查究等语。查有驿处所接递公文，无论是何文件，概不得私行拆视。该县驿书胆敢妄为，抑或另有情弊，合亟札饬。札到该县迅将驿书人等提究，禀复察夺，毋违此札。"③若细究此事则不难发现，报纸本非传统驿递所规定的可递之物，但时值新政时期，各

---

① 《（河南）驿站误公》，《大公报》光绪二十八年五月十六（1902年6月21日），第3版。笔者按：查钱实甫编：《清代职官年表》，是时山东巡抚为袁世凯。

② 《（江苏）整顿驿政》，《大公报》光绪二十八年九月初七（1902年10月8日），第5版。笔者按：原文无臬司姓名，查钱实甫编：《清代职官年表》，疑为是年七月廿五（1902年8月28日）由江苏粮道升迁之敫曾。

③ 《陕西洋务局饬究驿书公文》《北洋官报》第八十四册，第6页，《清末官报汇编》第1册，全国图书馆文献缩微复制中心2006年版，第84页。

省督抚、尤其是边远省份的疆吏若要了解事实政情,则不可不借助驿递体系运送此类文书①,亦可见随时势变迁,驿递内容也出现了新的变化。但驿站胥吏随意私拆驿封,则亦非个别事件,若不经常有私拆行为,又何敢随意打开相关邮包?此事虽经揭发而遭查核,但仍有更多类似的事件在全国驿站出现,革新之道,亦非以往训斥撤员之举可以解决。

驿站旧弊,虽久经整治而难以革除,故借助邮政递送公文之议,再次出现于媒体的报道及官场的传闻当中。光绪二十九年十一月十一(1903年12月29日)《大公报》即报道,"闻各省折差拟自明年一律改归邮政局呈递,以取便利"。只是该条新闻较为简略,既无消息来源,也无前因后果,多少令人有些摸不着头脑。而更多的关于裁驿的呼声,则出现在光绪三十年(1904年)。是年二月下旬的《四川官报》转录《晋报》称:"某大员议目下邮政局既速且妥,莫若将各省塘务一律裁撤,所有公文奏折全归邮局寄递。将来各府县邮政通行,即驿站亦可裁撤。闻政府已拟于明年先着各省督抚停派折差,遇有要件即交邮局寄递,如果妥当,再行议裁塘务。"② 而四月十四(5月28日)的《湖南官报》所载《京省新闻·议裁驿站》,则更可明证在光绪二十九至三十年间,清廷内部的确有呼吁"裁驿置邮"的声音:"去冬政府曾议于今年春为始,凡在邮局之处均将驿站裁撤,以期妥速。……裁撤驿站之经费,即拨归邮政局充作常年不敷开支之用……裁撤驿站之役差人等,即由邮局量为选用,以免失所。并闻该事国能办有成效,即各省塘务亦在裁撤之列。"③ 六月初三(7月15日)的《岭东日报》进一步报道,此

---

① 查民信局与大清邮局的网络,均未见有通及新疆之邮路,故新疆巡抚将报纸附驿递送,应该亦是惯常行为。关于民信局及大清邮局的递运网络,参看徐建国《近代民信局的空间网络分析》,《中国经济史研究》2008年第3期;《大清邮政光绪三十年事务通报总论》,北京市邮政管理局文史中心编《中国邮政事务总论》(上),北京燕山出版社1995年版。查钱实甫编《清代职官年表》,是时新疆巡抚为潘效苏。

② 《四川官报》甲辰二月下旬(光绪三十年,1904年),第四册,新闻,第3页,《清末官报汇编》第48册,全国图书馆文献缩微复制中心2006年版,第23964页。考虑到消息传递的时间限制及官报的转载编辑,新闻中所称"明年",应实指光绪三十年。

③ 《湖南官报》甲辰四月十四,西历五月廿八,第六百六十七号,第56页,《清末官报汇编》第36册,第17742页。

事已与总税务司赫德商议："北京函云，中国政府现已决计实行裁撤各省驿站提塘，以节经费而广邮政。闻已与赫总税务司计议此事，未尚未判决。据闻如将二事裁撤，则每年可得七十余万，以之推行邮政，当可敷用云。"一时之间，关于裁驿置邮的消息纷见于官报及民间媒体。

清末新闻来源纷杂，其中不乏道听途说之词，如上引《岭东日报》之消息，或许来自于光绪三十年正月廿九（1904年3月15日）赫德致外务部第696号申呈，他在其中提及邮政开办经费，"仍少六、七十万两，不得不设法筹备。向闻各省驿站每年有三百万两之专款备支，只缘各省情形未克深悉，是以能否由该款内提拨，不能臆度"。因此赫德主张"每月津海、江汉、江海、闽海、潮海、粤海等六关各拨银一万两，计共六万两，作为协济邮政之费，俟各邮局入可敷出时，再行停拨"①。故《岭东日报》的报道，有可能是听闻赫德缺少六七十万两开办经费，又收有朝廷意愿裁驿的消息，故将二者联想而得上述新闻。其事虽未必尽能落实，但却反映出是时舆论对裁驿置邮的态度与意见。

朝廷态度始终暧昧未明，故在中央层面难以对驿传铺递制度做一彻底改革，但各省整顿驿铺的工作，却仍由主管驿务的按察使，根据本地邮递及政情形势进行必要的修补。光绪三十年九月十五（10月23日）《湖南官报》报道："川臬冯廉访②以川省驿站递□公文，弥论寻常紧要事件，往往迟误，并至遗失，□□追究。因立一以简驭繁之法，分别有驿无驿而总之，以随时申报滚单，按季分别循环薄册，分别稽查记议功过，以挽积习而肃邮政。已拟有办法数条，详奉署宪锡制军□饬各属一律遵照。"九月廿五（11月2日）《湖南官报》又报道："苏省各属投递公文驿站名为铺递，每届秋令由臬司委员分往菹查一次，以杜延搁之弊。兹届已由朱竹石廉访遴委知县程大令前往淮安、徐州两府及海□等

---

① 《中国海关与邮政》，中华书局1983年版，第122页。
② 笔者注：冯廉访即冯煦，按钱实甫编《清代职官年表》，其于光绪二十九年正月廿一（1903年2月18日）由河东道浅任四川按察使。《清史稿》称："冯煦，字梦华，江苏金坛人。光绪十二年一甲三名进士，授编修。叠上疏代奏，请图自强，教大本，行实政，德宗嘉纳。"（《清史稿》卷四百四十九、列传二百三十六，中华书局1976年版，第12541页）

三属稽查，其余各属闻均须委员往查云。"① 江苏按察使朱家宝②"因臬署为通省刑名总汇，公牍烦多"，于是在光绪三十一年八月初六（1905年9月4日）在苏州设立收发处，"派员驻署专司收发文件，以专责成"，其员"每月薪水银三十两"③。而光绪三十二年五月初三（1906年6月24日），朱家宝又建议"驿站先裁铺递"："苏省各州县往来公文均由驿站投递，向有马递铺递之分。兹因铁路工程将竣，广行邮政，当由兵部咨饬裁去，改归邮政投递，节省经费。即经署臬朱廉访，以此项驿站办公人役向无错误，诚恐邮政未必一时尽通，议将铺递一役先行裁去，每年可省银一万余两。所有公务一切，不论驿站内外之路，外概归驿递，俟他日路工皆成，再行酌减。"④ 可见是时直省对驿铺功能的理解与整顿，基本不出传统皇朝政治下的知识范围和补救办法，除了严格登记制度与主管上级多加稽查外，亦无其他新出办法可供采用。

面对直省驿铺积弊与改革呼声，亦有兵部主官向朝廷建议，裁撤驿站改归邮政，以减少经费，提高速度："探闻政府近因长大司马所请，拟自明年起即将各省驿站一律裁撤，所有各省公文折件等事，统归邮政局经理，较之驿递为速，且节省许多经费。此事惟王、鹿二军机不以为然，因事关紧要，恐邮局不善办理，反致贻误。当经通咨各省督抚会同商酌议，据实奏陈，以便定夺施行。"⑤ 此则新闻，同样见载于光绪三十年十一月初九（1904年12月15日）的《湖南官报》⑥，而十一月十四（12月20日）的报道，则明言是兵部尚书长庚主张裁驿："兵部差

---

① 《湖南官报》甲辰九月廿五日，西历十一月二号，第八百八十九号，第39页，《清末官报汇编》第36册，全国图书馆文献缩微复制中心2006年版，总第18063页。
② 按钱实甫编：《清代职官年表》，朱家宝于光绪三十二年正月廿八（1906年2月21日）方由通永道迁江苏按察使，然之前报纸已以"朱廉访"称之，且查之前数年均无朱姓按察使，故"朱廉访"应是朱家宝。
③ 《苏臬设立收发处（苏州）》，《申报》光绪三十一年八月十一（1905年9月9日），第9页。
④ 《驿站先裁铺递（苏州）》，《申报》光绪三十二年五月初三（1906年6月24日），第9页。
⑤ 《饬议裁撤驿站事》，《岭东日报》光绪三十年十一月初一（1904年12月7日）。
⑥ 《湖南官报》甲辰十一月初九日，西历十二月十五号，第八百六十一号，第35页，《清末官报汇编》第36册，第18150页。

官及各省提塘专为走递文报之用，每年耗费甚巨。现在邮政逐渐推广，长尚书拟自明年为始，将此项官缺裁撤，以节靡费。"① 而一周之后，该官报又称"裁汰驿夫之议未定"："政府屡次会议裁撤驿站，归并邮递一节。兹悉日前政府正会同兵部堂官议商之间，闻某尚书之意，裁撤各省驿站后，所有公文折报一切均归邮政递送，深恐泄漏致误军机。且各省驿站相沿二百余年，生齿日繁，一旦裁撤，必至滋生他变。某大老以为然，故至今尚未议妥云。"② 虽然最后一则新闻中所指"某尚书"、"某大老"尚难落实，但职掌重权的军机大臣对裁驿一事持反对意见，则是十分明显。

从中央机构进行改革的尝试遭遇挫折后，直省官员则各自为政，尝试改革辖境内的驿政体系。如直隶总督袁世凯尝试裁撤驿站，"推广邮政线路，以为整顿地方财政之计。先由直隶试办，渐次推行各省"。但朝廷"以依驿站谋生者人数颇众，恐一旦废去致酿扰乱"③ 的理由，否决了袁世凯的建议。而两广总督岑春煊因"粤中官伤（商？）文件具由驿站传递，往往稽延时日，致误事端"，甚至有"督宪岑云帅发行梧局督□丁直牧公文一角，迟延至半月始行递到"之事，故岑春煊"大为震怒，现□决计裁撤驿站，□札饬沈廉访查明本省驿站每年费用若干，嗣后官场公文改用邮政寄递，驿站尽行裁撤，驿费发作邮费，豫算□无盈绌，其未设邮司之处应否酌量变通，开设驿政局，由省另委专员总理，其事□即通盘筹画，体察情形，妥议章程，详候核夺"④。

两名直省大员的尝试虽然尚未得到枢廷认可，但却使敏感的报纸捕捉到了一丝线索，故十二月十五（1906年1月9日）的《大公报》登

---

① 《湖南官报》甲辰十一月十四日，西历十二月二十日，第八百六十六号，第55页，《清末官报汇编》第36册，全国图书馆文献缩微复制中心2006年版，第18160页。

② 《湖南官报》甲辰十一月二十日，西历十二月廿六日，第八百七十二号，第18页，《清末官报汇编》第36册，第18175页。

③ 光绪三十一年二月廿二（1905年3月27日），《湖南官报》乙巳二月廿二，西历三月廿七日，第九百五十三号，第28页，《清末官报汇编》第37册，第18337页。

④ 《申报》光绪三十一年七月十二（1905年8月12日），第4页。此则新闻同样为《济南日报》转载，而《四川官报》又于是年九月十六（10月14日）以"裁驿置邮"为题目刊登。虽然已事隔两月之久，但此消息依然为媒体青睐，可见其必有值得广而告之的价值。（《四川官报》乙巳九月下旬，第廿五册，京外新闻，第4页，《清末官报汇编》第50册，第25060页）

第四章 裁驿置邮——新政时期的制度转型 325

载了一则《拟改邮递紧要公文》，其内容称："近日邮政局传递公文颇属便捷，刻正商议，拟嗣后各省凡有传递公文等件，一律改归邮政局，以期便捷云。"类似的传闻，在之后两月内亦同样见载于《申报》，如光绪三十二年正月廿二（1906年2月15日）的新闻《各部公文拟悉由邮局封寄》："现商部、学部所有公文皆由邮政局挂号寄往各地。兹闻各部皆欲仿此办法，以归简便而省驿费。"以及二月十八（3月12日）的新闻《各署公文议改邮递》："日前内阁吏户工部等各堂官，以近来驿站递信甚为迟缓，不及邮局之妥速，拟以后各署公文一律改为邮递，裁撤提塘，可省糜费。惟须与赫总税司商议妥章，不准各局有迟漏偷拆等弊，俟商定后再行入奏。"此类消息皆言之凿凿，虽并未能在朝廷档案中找到类似的议论，但却反映出时人对驿传与新式邮政在信件传递的速度及花费上的认识，已由早年通过阅读新知著作的感性认知，转化为一种亲身经历后的赞成认同。尤其在《辛丑条约》签订之后，对亡国灭种的忧虑及祛旧革新的呼吁，更使得主张与反对裁驿置邮的形象，在媒体和人们的心中，变成了改革和守旧的形象。

从官方档案及媒体报道来看，对驿递体系加以质疑与整改的地区，主要是直隶、江南、两湖、广东地区，若从疆域分析，则全为沿海地区或沿江口岸，这也与大清邮政开办时期，主要办理邮递事务均在通商口岸有关，故以上地区的官商民众，均对驿递的迟缓腐败及新式邮政的快捷便利深有体会，因此改革的欲望与需求也较内陆、边疆省份更为强烈。另一方面，沿海、沿江地区的督抚，尤其是直隶及东南地区的省宪，在权力控制及资源调配上均较内陆及边疆官员更有优势，因此裁驿置邮之议多出自这些地区，也就不足为奇了。

既然驿递暂不裁撤，邮政又不能有所进展，之前构思裁驿置邮后发生的寄递改变，如今均不能实现了。《申报》《盛京时报》报道了"公文不由邮政局寄递"的新闻，其文曰："邮传部堂宪现以各署公文关系紧要，万一稍有泄漏，殊觉未便。故已会议决定，以后各衙署文件，往来均不得有邮政局寄送。俟邮局收归中国自办时，方准邮寄云。"[①] 六

[①]《申报》光绪三十三年五月十四（1907年6月24日），第3页；《盛京时报》光绪三十三年五月廿三（1907年7月3日），第2版。

月初七（7月16日）《盛京时报》又转载了陆军部五月初七《各省驿站拟请仍由陆军部经理》片，向社会公布陆军部以军报安全而拒绝裁驿的理由。不过正如前文所述，虽然在中央官制层面无法对裁驿进一步推动，但直省督抚却可以在所治辖区内对该体制做一定程度的改革，其中以袁世凯为首的直隶、江南督抚尤为积极。

光绪三十三年四月端方上《裁撤提塘另行设局折》，发现"江南驻京提塘经管文报，凡各部院与江南来往文件皆归接递，例有开支。乃该提塘并不妥为经理，于紧要公文辄敢任意积压。去年臣端方抵任后，如拨补盐厘部文压阁至六十日之久。此外部文到宁迟至四五十日者，更仆难数"。而直隶总督袁世凯在上年裁撤直隶提塘一事，给了端方很好的示范："江南提塘玩误情形，与直隶无异，拟合援案，请将江南提塘即行裁撤，仿照直隶办法，由臣等派员驻京设立江南文报局，此后各部院与臣等衙门来往公文，除向归驿递者仍循旧办理外，其余公文均交文报局接收，随到随送，以期捷速。各衙门如向有规费者，并予革除。如蒙俞允，俟立局后分咨各衙门查照办理。"[①] 此折上后，亦获朝廷"允之"。此举无异对陆军部的职权有所侵犯，故该部在六月十八（7月27日）上《为裁撤江南驻京提塘改设文报局事奏折》，虽承认裁撤江南提塘事实和同意改由文报局管理文报传递，但该文报局所用职员、章程，均须送陆军部备案，而如遇有擦损丢失事故及其他督抚请设文报局，亦须交陆军部咨行改设，以维护其职权与权威[②]，并希望通过这种方式，尽可能缓和各地不可扭转的裁驿呼声。

---

① 《端忠敏公奏稿》，《近代中国史料丛刊》初编第94辑，卷八，台湾文海出版社1966年版，第1028—1030页。

② "臣等查京外各衙门往来寻常文件，向归提塘由铺接递，遇有擦损遗误，例应查取职名，分别议罪。近年来江南等省铺递公文间有遗失，臣部于上年四月间奏请整顿驿站，令各督抚将军切实变通，认真办理，通咨在案。兹据称江南提塘积玩已久，拟即援案裁撤，派员驻京，另设文报局接送公文，洵属慎重公务，认真变通。惟各省向设驻京提塘，系逐日到部承发文件，统归臣部督饬稽察，今该省仿照直隶办法，另行设局，所派各员名应先行咨部，以便稽核。如遇迟延擦损遗失等事，仍由臣部查办。拟请旨饬令该督抚等，即将所派该局各员开列衔名，随时报部立案，并将设局开办章程详细造送臣部备查，以昭详慎，而免纠纷。如蒙俞允，即由臣部咨行改设文报局，各督抚一体遵照办理。"《清末各地开设文报局史料》，《历史档案》1999年第2期，第55页。

清末政治改革，以东三省为试行之区，而光绪三十三年三月初八（1907年4月20日）新设东三省总督一职，由袁世凯心腹徐世昌从民政部尚书迁任，而其上任后即对奉天驿传系统做彻底的改革。是年七月十六（8月24日）徐世昌奏报，其由奉省驿巡道陶大均查明，"奉省原设二十九驿，共计驿丞二十九员、驿丁四千四百名、额马一千一百七十四匹，现存马二百一十六匹、缺额马九百五十八匹，每年应领马乾实银一万五千五百八十两八钱，买补马价实银二千五百三十四两四钱"。由于如今"恭送祭品车辆，已改由承德县雇备，呈进贡品以及各项差使，亦均由火车行走"，驿站应差功能自然消失，而奉省设立文报总局后，"递送往来公文较前迅速倍蓰"，因此"驿站直同虚设，自应全行裁撤，以节经费"。裁撤驿站之后，"所有原支马乾各款""自应截留以为设立文报局之用，仍于用款后报部核销"①。原奉省驿站负责"运送祭品、贡品以及驰驿各差"的驿丁，一旦失去生计如何生存？徐世昌在该折后附片，为"所有裁缺驿丞二十九员、候补驿丞三十四员"谋求新职，避免他们"现膺实缺而遽赋闲居，或需次多年而序补绝望"，因此他"拟请将该员等归部，以驿丞及对品之典史等官诠选。有愿分发各省候补者，并准其呈明办理，以示体恤"②。而四千多名驿丁，由其奏请"一体入学堂肄业"，并"奉旨依议，由督抚宪札饬各司道知照"③。可见徐世昌对奉省驿站裁撤有较为完整的筹画，避免因大量驿员被裁而引发动荡，重蹈明末民变之覆辙。

值得关注的一个现象是，陆军部虽然是名正言顺的管驿部门，但其工作重点却少有整治驿站，不少改革或裁撤驿站的新闻，均是其他部门或直省官员的所作所为。是年二月下旬，《四川官报》即报道了邮传部裁撤驿站的新闻："邮传部近为整顿邮政起见，决计自本年起，将各行省州县所设驿站，无论冲要暨偏僻地方悉数裁撤，一律增设邮局以通文

---

① 《为奉省现既设文报局，所有原设驿站拟请概行裁撤，已节经费》，天津市历史博物馆馆藏《北洋军阀史料·徐世昌卷》（二），天津古籍出版社1996年版，第866—872页。

② 《裁驿丞及候补各员量予出路片》，天津市历史博物馆馆藏《北洋军阀史料·徐世昌卷》（二），第873—874页。

③ 《东三省汇闻·奉天·奏准裁撤驿丁入学》，《盛京时报》光绪三十三年十一月初三（1907年12月7日），第5版。

报。除黔桂两省跬步皆山,暂从缓裁外,闻已咨请各省督抚将各驿站陆续裁撤,并不准各地方官自便私图,托故推诿,限一年办齐。其旧日应领之驿站经费即全行拨归藩库,由藩司按季解部,以备扩充邮政之用。"① 这一新闻的报道似乎有些突兀,在此前后均未有传闻邮传部有插手裁驿之举,故很有可能是报道者将直省督抚裁驿之举,视为邮传部咨令下的行为,从而做出"邮传部裁撤驿站"的判断。

此事虽未必坐实,但却至少反映出两个问题:一是不论邮传部与陆军部之间如何分配职权与利益,时人(包括清末的不少官员)都认为管驿裁驿之事应由邮传部负责;二是直省督抚裁驿之事已是众所周知,相当普遍,随着新政的逐渐深入,此类举动亦必越来越多。如三月十七(4月17日)《申报》报道了彻查上海与苏州府之间的驿站迟误问题②;四月下旬,《四川官报》又披露夔州府拆毁封筒,"驿站折阅公文,积弊已深。现据各属纷纷禀揭,若再不严加整顿,其胆益肆,贻误必多",故严惩相关负责官员③。而东三省总督徐世昌及黑龙江巡抚周树模为在调查该省驿递情况后发现,"查江省由茂兴北至黑龙江城,共设二十站。东至呼兰又设七台。分设笔帖式、领催,委官承办驿务,而于茂兴、墨尔根各设总站,官以领之,由省至呼伦贝尔一路设十七台,向拨甲兵值班,亦设笔帖式领催等缺。计官马共五百三十二匹、牛六百一十三条,每年共发倒毙牛马价暨修理车费并禀给银二万四千两有奇,额丁津贴京钱二万三千六百吊零,站官、笔帖式等廉俸为数寥寥。计自庚子以来,

---

① 录《吉林官报》,《四川官报》戊申二月下旬,第4册,京外新闻,第4页,《清末官报汇编》第53册,全国图书馆文献缩微复制中心2006年版,第26534页。
② 《本埠新闻·澈查驿站迟误要公》:"道季于去年十二月十五日曾奉江督饬查匪党私运军火密电,即札行各府州一体察查。而苏州府何太守以此限排单填明于十二月十五日亥时发递,直至十九日早始到,即札行元和县澈查,一面禀请臬司通饬查究。至上海县马快薛顺等已复禀复令,谓此限排单于去年十二月十七日到嘉定站,复到镇洋站;十八到崑山站,十八亥时到姑苏驿。因城门已闭,不及投呈,次早投送府署等语。现李大令已禀复臬司察核矣。"《申报》光绪三十四年三月十七(1908年4月17日),第19页。
③ "应将该号书何正璧即行斥革,从重监禁两年,再行察释,以示严惩。蔡令前已记大过三次,应移藩司勒令照章缴银,不准抵销。仍责成将驿务随时严查,免滋弊端。设再玩忽,撤参不贷。仰即转饬遵照。"《护督宪批臬司详南充县遵提号书讯拟文》,《四川官报》戊申四月下旬,第十册,公牍,第8页,《清末官报汇编》第53册,第26646页。

各站均遭兵燹，驿政疲弊，文报稽迟，几于莫可究诘"。而由于"交通为行政之机关，驿递迟滞则机关不灵。现当改设行省，一切新政均宜逐渐扩张。若仍任其玩愒因循，贻误事机，所关匪浅"。因此徐世昌与周树模商定，将"呼伦贝尔一路，附近铁路所有公文均由火车递送，原设各台几同枝指，拟与呼兰等台一并裁撤。至不通驿递各属、并茂兴等站，一律改添文报局。一切文牍往来，责成经理，即以所裁各站应支款项留作常年经费。如有不敷，再由正款内另行酌拨。先行派员试办，一俟就绪，再行咨部立案"①。

是年八月，又有官报报道湖南布政使庄赓良在二月十二（3月14日）从湖南按察使任上迁调时，曾"极力整顿驿务，并拟就新章，略谓各驿额设夫马及额支驿费本属巨款，果能核实开支，办公无虞竭蹶。近因各州县以驿站包给管号家丁，包费历任减少，遂沿积习，以为定章。于是包号家丁藉口不敷公用，层层克扣，裁省驿夫，迨至误工，管驿各官反至无从诘责。驿务废弛，实由于此。嗣后应责成各州县改章整顿，不准仍沿积习，多方克扣。如专以省费为得计而误公者，查出从重惩处云"②。而苏州按察使左孝同，"以苏省各属驿站马夫递送公文，往往压前等后，以致紧要公文屡有迟延，积弊甚深。其铺兵递送公文亦复如是，亟宜分派委员前往查察，以资整顿。特札委按经历刘令及司狱官、监印官分往有驿之二十五州县查验驿站事宜，并札委夏令敬业赴江扬通海门各属；赵令先景赴淮徐海三属；王令礼峘赴苏松常镇太五属，分别查察铺递事宜，均令逐一查明，由县出具印结，禀复查核"③。故管驿机关依然因循守旧，而直省官员虽各有改革，但影响区域毕竟有限，对已经厘定官制中的职能分掌亦无太多推进。

宣统元年正月廿四（1909年2月14日），《北洋官报》载湖北按察使杨文鼎整顿邮务的消息，指出其虽仍采用驿站体制，却在新法上多借鉴邮政的章程："湖北臬司杨廉访以各属邮传投递公文，压搁迟延，遇

---

① 《光绪朝朱批奏折》第102辑，中华书局1995年版，第765—766页。
② 《甘肃官报》光绪戊申（三十四年）八月第六期，第四十四册，第18页，《清末官报汇编》第8册，全国图书馆文献缩微复制中心2006年版，第3866页。
③ 《委查整顿苏属驿站铺递（苏州）》，《申报》光绪三十四年九月十七（1908年10月11日），第11页。

有要公，贻误实甚。特拟定整顿办法，嗣后各属邮传上下站递送公文，应照邮政局现办章程，每县刻一圆式图记，注明某驿何日收到、何日转递，挨站依次盖用，不准遗漏。倘有迟误，其在何站延搁，一目瞭然，责有攸归，可杜彼此推诿之弊。并由各州县专派丁书管理此事，每日收发上下站公文，不论件数多寡，必须专差逐一递送一次，断不能再蹈从前积习，压前等后，倘仍视为例行公牍，藐延如故，或竟置之不理。惟有照章记过，每记过一次罚银十两，记大过一次罚银三十两，由司委员驰往坐催勒缴，并提承办丁书来省讯办，绝不宽贷。如记过较多，即行专案，详请撤任，以示儆戒，业已分行饬遵，并详明督院立案矣。"①由此可见，是时直省管驿的官员，已经意识到欲突破驿递积弊的桎梏，则必须借鉴别有成效的新式邮政章程，由专员进行登记管理及时寄发，而且赏罚分明，决不含糊。否则驿站之弊，又怎能以"从严参办、决不宽贷"之类的官腔即可肃清殆尽？

是年二月初一（2月20日）《吉林官报》报道该省官员调查驿站积弊，藉此可折射是时该机制之普遍面相："民政司谢司使以本省驿站积弊颇深，所有办公津贴随缺等地，或由佃户侵欺租息，或任站丁隐匿浮多，甚至站官私自抵押，与民间荒户动起纠葛，涉讼不休。且站丁当差，勤慎得力者固多，而游惰好闲、无所事事者，亦属不少。至站籍之中，其鳏寡孤独、有站地以养赡者，果否足以存给，俱应澈底清查，俾杜讼源而资治理。已拟定清理站丁站地各表式，呈请督抚宪核示奉批，仰即通饬各站按表详细调查，填送该司汇总核议详办云。"② 在驿递体制中，管理人员与州县官制、财政收入关系密切，美国学者曾小萍就曾指出："在帝国的驿传体系中，喂养驿马和看马驿卒的费用各地差异巨大。弥补真实花销和这些支出预算间差价的指责就落在了各地方的官员身上。"③ 而对于州县官员来说，所管辖区内的驿铺相距甚远，只能交

---

① 《通行整顿驿务办法》，《北洋官报》总第一千九百八十册，第11页，《清末官报汇编》第3册，全国图书馆文献缩微复制中心2006年版，第1260页。
② 《吉林官报》宣统元年二月初一日，第二期，政界纪闻，第1页，《清末官报汇编》第38册，第19090页。
③ [美]曾小萍著，董建中译：《州县官的银两——18世纪中国的合理化财政改革》，中国人民大学出版社2005年版，第41页。

由驿铺的具体吏丁进行操作，所以才会出现有员役站官私售公产、频起纠纷的事情。因此也有州县官员结合自身体会，指出"近时驿铺腐败，实有不得已于言者"，因"各处设驿司以速达公务，凡交各件不容稍逾时刻，法本周密。乃近来各驿累有迟延，一经挨查，则彼此推诿，有欲整顿而无从者"。由于驿递本来即是朝政之一部，若因迟延而挨查，则必负上相关的政治责任，因此从州县官的角度来看，则不如"将各属驿站铺司，一律裁拨，各署公文改交邮局递送。各县额编驿站铺司银全提宪库，往来公文由省邮局包定年费若干，由局赴库具领。或留一半存县作为邮费，一半按季解省，除仁钱二县自行付给，其余均由邮局另立一簿，按季结算请领。或于省中设局派员专司其事，挂发交邮递费，由委员按季请领。省外各衙门邮费均归各首县应付，外省递到浙江文件，交首站邮局转递，邮费价目自不能照信件分两计算，而公文缓急、递送迟速，亦当分别应请抚宪与邮局酌订章程，通饬各属遵办，一面并咨部立案"①。按照这样的建议，州县官将会把管理公文传递的职能彻底切割，而以商业交易的方式，由邮局承包公文传递的业务，而这恰恰是陆军部最为反感的事情，故虽然直省官员多有咨请，却始终难以成事。

随着官制改革进程的发展，直省督抚与中央部院之间的意见分歧亦更加明显。传统政制之中，政随人举本为常事，而在清末官制变迁、职权争夺之际，这样的趋势更为明显。在裁驿一事上，虽中央部院迟缓不决，但直省已多有督抚先行改革。除前文提及的袁世凯、徐世昌、端方等人，江西巡抚冯汝骙亦是其中一重要人物。他在光绪"三十四年，移抚江西，整税务，省不急，官称治办。朝议方厉行新政，乃复察民情，量财力，从容施设，士民安之"②。可见其人为政颇见趋新。而在裁驿置邮方面，更见其雷厉风行之作风。

江西地处通衢，为五省驿道交汇之所："一，北渡江达湖北黄梅；一，东南逾杉关达福建光泽；一，东逾怀玉山达浙江常山；一，南逾大庾岭达广东南雄；一，西出插岭达湖南醴陵。"③ 故其交通地位相当重

---

① 《文报请归邮递之开幕（浙江）》，《申报》宣统元年二月十六（1909年3月7日），第10页。
② 《清史稿》卷四百六十九，列传二百五十六，中华书局1976年版，第12789页。
③ 《清史稿》卷六十六，志四十一，中华书局1976年版，第2154页。

要，对驿务之强调亦甚于他省①，故清末唯一正式裁驿之事行于江西，亦有其内因所在。宣统三年三月，江西巡抚冯汝骙上《筹裁驿站、推广邮政折》，指出其早于宣统二年，即电请裁撤驿站，并请"裁驿站银两留为推行邮政之用"，但是时邮传部回以"驿站为交通行政机关，尤以廷寄军报为重，设非妥筹完备，何敢轻议裁撤"。可见以军报为保驿之理由，并非陆军部仅有，故裁驿迟迟未能付诸实施，实在中央部院的互相推搪。

冯汝骙久任直省大员，对驿递管理及其弊病深有体会。他在折中指出，驿站制度设立已久，其变化已与设计原意大有不同："地方冲僻，今昔迥异，或事简而经费反而多，或事繁而经费较少。"而清末经济形势大变，对于具体管驿的州县来说，"近日物用昂贵，银价悬殊，马乾工食等项，按照例价，虽加三倍，尚尤不敷"，所以"州县相率欺隐，视为固然"，而其手段亦各有花样，"查照额设驿马站夫之数，有仅十分之一二者，前后任交代，则递造虚册，折交现银，套搭混淆，莫可究诘"，以致官制改革后制订行政经费预算，"以厩置驿传之要政，几等于虚乌有之空文"。而更有州县之"不肖牧令"，因其"缺分瘠苦"而"以驿费为贴补之资"，本应花费驿费的要差则"仍复派累，贻害小民"，如此一来，不仅为害民间，而驿递文件本应"计程数日者，往往经旬累月，动多淹滞，贻误事机，所关非细"。所以冯汝骙力陈"值此宪政进行之际，自应急筹通变，免致糜款误公"。

为对裁驿置邮有所推进，冯汝骙与"江西邮务长甘博斐迭次晤商办法"，并由其与总税务司商定裁驿置邮的大致原则：一是设邮局以传公文，一是裁驿费而以兴邮政。具体措施是自宣统三年四月初一起，"江西各厅州县一律均设邮政分局，各佐贰杂职、分防地方，择要先设三十余处，随时推广"。而每重六钱七分的公文，收邮费三分。与此同时，裁撤全省驿站，各署局公文邮费"拟先将此次所裁驿站经费银四万二百余两分拨试办，有不敷再以上年所裁三万两酌拨济用。"实则官府公文

---

① 按江西巡抚郝硕于乾隆四十八年十一月初七日奏称："臣查江西一省，南北为京皖两广通衢，东西系浙闽三楚孔道，地方辽阔，公文络绎。除冲途地方紧要事件，差马夫骑马驰递外，其寻常公文，俱发铺司兵传递。"（《宫中档乾隆朝奏折》第58辑，台北"故宫博物院"1982年版，第106页）故目前留下关于江西驿传铺递的规则史料，也相较他处为多。

的传递仍系免费，但原驿站经费则用于建设新式邮政的局所线路，以及原驿递功能中"廷寄军报暨解饷解犯"的专马雇夫等花费。冯汝骙指出，驿费拨为邮费，虽然在江西仍属花销开支，但对于国库"实加增收入"，因为"此后公文一项，每年约百余万两件，可骤增大宗入款"，所不利者，仅是州县官员无法再行侵吞驿费，故其称此策为"有百利而无一弊"：不仅可以善用原有经费，又可开拓新的利源，更能防止官员获取不义之财①。

在具体施行方案上，冯汝骙与税务司商定《赣省裁驿添邮议定暂行试办条款》十五条，其主要解决的是"邮政局与一切公文信件一样转运投递，总期迅速，以昭慎重。并须加一回执，免其收费"的问题。"衙署公文交邮政局在本地投递者，一概免费"，而"别省寄来过路之公文，交于本省邮界某县之首局，仍应收满邮费，同平常衙署公文一样寄递"，另外"藩署兼局所甚多，公文尤繁，似亦宜邮局派人经理收发，照院署办理"。在邮费标准上，"抚部院已与邮务长议定每重二十格伦姆（磅平均六钱七分，库平约五钱三分六厘）收邮费三分，逾重递加，一概作为紧要挂号之件，以昭慎重"，"卷捆之刷印表册等件贴有印信者，照刷印类寄，其挂号费免收"。裁驿置邮之主要目的，就是要保证文报传递的快速与安全，"驿站旧例，凡擦损沉匿，均有专条。现改邮递，如有擦损遗失及稽延情事，确系办公员役保守不力，邮务长即当从重议罚，倘遇有重大情形，亟应详报北京核办"。该试办条款还简略规划了赣省裁驿置邮的计划，"一个月内，开办南昌至抚州、建昌两府夜班"，"除南昌、丰城、樟树、新淦、峡江、吉安、泰和、万安、赣州已开夜班外，南安府赶紧开夜班，其余以次推广夜班"。该条款还强调，"此项章程作为试办，将来邮传部筹定划一章程，江西应亦照部章一律办理"，"此次试办章程，在未奉部定章程之先，如有未尽事宜，由劝业道与邮务长商议增订，禀请抚宪核定饬遵"②。在尊重邮传部权威的同时，其实还是将制订章程和举办的各种权力收归省抚所有，邮传

---

① 《政治官报》，三月二十二日第一千二百四十五号，第5—6页，《清末官报汇编》，全国图书馆文献缩微复制中心2006年版，第78册，第38892页。

② 《中国海关与邮政》，中华书局1983年版，第136页。

部对其举动，亦并无太多实质的阻挠，最后也只能默认了事。

终清一代，江西是唯一一个实现了裁驿置邮的省份，而邮传部对其亦无可管制："赣省裁驿改邮，业经冯抚分别奏咨，复奉邮传部电，以本部正在与税务司筹备接管全国邮政，必须通盘筹画订定划一章程方能通行，该省未便自为风气，致多窒碍，咨明冯抚缓办等因，已纪前报。嗣冯抚以裁驿改邮已与邮务长甘博斐商定，订于四月初一日实行，倘因此缓办，则邮局一切筹备各事损失甚巨，万难中止。但此系试办，不能作为定例，如接奉部定划一章程，即行遵照部章实行办理。咨复去后，昨得覆电，以该省既系试办，故准照行，仍俟部定章程颁发后，即须一律遵守。冯抚译悉后即商邮务长赶紧预备，如期实行，以利交通。"①是时邮传部堂官尚在"为扩充邮政起见，业经通饬各局，凡属京内外各衙门公文由局递送，无论普通邮件必须另行挂号，随到随送，概免邮费，以为慎重公文、裁并驿站地步"②。

不过，既有已成之示范，他省则亦有效仿之举："湖北劝业道高观察现拟将本省军塘驿站裁撤，以后公文改由邮递。日昨将理由禀请督院核示，瑞制军以改驿为邮，系仿照江西省现办奏案办理，并非院覆部定之本意。盖裁驿站以后，公文改归邮递，则费仍应留用。揆诸资政院，原意经费全裁，意在节省出款，宗旨仍不相符。惟是驿站腐败情形已达极点，亟应裁撤，但裁驿以后，舍通用邮局外亦别无他法，此项经费亦不得不留以作抵，自应叙具确当理由，专案据实具奏。至裁驿以前尚有一番布置，不能不先行规画。查鄂省幅员辽阔，无论穷乡僻壤，凡属州县、佐贰、营汛、局卡、驻扎处所，均有公文往来，必待邮线遍及，交通无阻，方可酌定日期，将全省驿站一律裁撤。赣省原奏办法甚属妥善，兹特抄发该道阅看，饬令参酌采择，与邮务长一一商妥，酌拟章程办法，再行详候核夺。"③不过，这些省份的主官并无赣省巡抚之决心，在酌拟之间，辛亥革命的炮火已经将支撑清王朝的朽木轰碎，裁驿置邮之事，亦须待革命平息、新政府成立后方再行议办了。

---

① 《赣省驿改邮之实行（南昌）》，《申报》宣统三年四月初三（1911年5月1日），第11页。
② 《京师近事》，《申报》宣统三年三月廿六（1911年4月24日），第6页。
③ 《鄂省议裁驿站之手续（武昌）》，《申报》宣统三年四月初十（1911年5月8日），第11页。

第三节 在驿递与邮政之间的过渡

清末朝廷为应对"数千年未有之大变局"而产生的各种新事务与新局面,在不触动传统官制的前提下,以设立各种临时局所的方式,处理与传统政务不同、尤其是与洋务相涉的事务。以文报传递为例,清廷传统的文书传递均经驿传铺递、或是专差运递,但自与泰西交通以后,洋务渐兴,而光绪初年因"滇案"而被派出洋的郭嵩焘,因寄递文报之需,而于上海设文报局,以收出使人员书信而转发。这一介乎驿递与新式邮政之间的寄递形式,既带有官方文书传递系统的色彩,又因其收集章程完备与寄递安全快速而为清廷官员所接受。时至清末,在官制改革浪潮下,为外人所主持的新式邮政,始终为部分保守的清廷官员所顾虑及拒用,而在清末驿递腐败不堪大用的情况下,文报局便成为改革者选用的对象,在东三省、新疆等地作为革新文报系统的手段而采用。

对文报局的研究,初始于1921年的《中华民国十年邮政事务总论》的《置邮溯源》篇目,但其中仅有寥寥数语:"清光绪二年,驿站之外复设文报局,专将寄往出使外国钦差文报递至上海。该处为外国轮船路线之一端,并于该处传送进口文报。近年寄往出使各国公署之官书,均须粘贴邮票,而文报局之职务遂见减少。迨至民国元年七月,驿站事务乃由邮局接收。民国三年,黑吉两省文报局亦即停办。"[①] 由于该篇《置邮溯源》是对民国十年前的邮政事务进行总结,尤其是对新式邮政的发展历史着墨甚多,而文报局属于前清新办机构,因此并无更多资料及描述,而对于清末文报局的变化也没有详细说明。谢彬著《中国邮电航空史》时,有专节论述文报局的历史,他指出"文报局亦为官办,用以递送地方政府公文者也"。而对于《中华民国十年邮政事务总论》指文报局起源于寄递出使文报,他认为尚有另一起源:"我国各省文报局,设在轮船通航以后。盖各省官宪,深感驿递文报,费时久而需款巨,乃改设文报局,以文报交轮船投递。其后铁道兴修,并利用火车输

---

① 北京市邮政管理局文史中心编:《中国邮政事务总论》(上),北京燕山出版社1995年版,第658页。

送。泊夫驿政废弛，文报局更普设于各省及各通商口岸，所耗经费，概由地方政府筹措，未从户部支出，此其大较也。"他并将当时的文报局分为"普通文报局"和"特别文报局"两种，但后者之归类颇值商榷①，而后辈学人亦甚少采用此种观点②。由于学界对庚子前的文报局研究较多，故本著不拟另起炉灶，而将重点关注于晚清官制改革中的文报局，并探讨其与驿传制度及新式邮政之间的关系演变。

清末的文报局虽是是时文报传递体系中一较为重要的角色，但以往的研究成果不多，究其原因，乃因其留存资料较少③、分布区域不广所致。就笔者目力所及，目前较为专门论述此问题的论文，仅有张立的《清末文报局之设》④一文，该文简述了文报局的历史，重点叙述了东三省、江南等地设立文报局的事实，并认为"文报局的开设加速了文书的传递，其制对后来大清邮政的设立产生了积极的影响"。不过该文仅就文报局谈文报局，忽视了清末文报局盛行的背景原因，而结论认为文报局对大清邮政产生积极影响，因缺乏实例分析稍显单薄。

虽然文报局初设，乃为出使人员与国内联系之用，但其本身非为正式机构，而在各地设置之后，也逐渐根据本地政务运转情况加以调整，甚至变为管理驿务的官员。光绪十三年六月初二（1887年7月22日）《申报》有载新闻："九江至省会公文，向由驿站传递，每多延搁之虞。光绪十年筹办江海防务，军书旁午巡抚潘大中丞饬九江镇标、南昌协标分派，塘兵沿途守候，凡遇电报及紧要公文，不论昕宵，轮流飞递，三百余里之远，一昼夜即能投到，官场皆称便焉。所有塘兵油烛等费，每

---

① 谢彬：《中国邮电航空史》，《民国丛书》第三编第35册，上海书店，第15—16页。谢彬所分之"特别文报局"，为光绪十五年刘铭传在台湾创办的邮政事业，但由于其既借鉴了新式邮政的传递方法，又在传统驿站的基础上进行改革，而名称称为"文报总局"，故其不适宜以"特殊文报局"归纳，而更应视为一种制度转型中的机构尝试。

② 如王孟潇的《清代末叶之文报局》（"交通部邮政总局邮政博物馆"编：《邮政资料》第二集，1968年3月20日版，第1—2页），及姜治方的《清朝的文报局》（沈阳市邮政局邮政志办公室编：《中国邮电史料》第二辑，1986年版，第22—23页），均将光绪二年为办理出使文书作为设立文报局的原因。

③ 迄今为止较为集中的史料，为丁进军编选的《清末各地开设文报局史料》（《历史档案》1999年第2期）。

④ 张立：《清末文报局之设》，《集邮博览》2003年第7期，第19—20页。

月由善后局发给钱四十千文。目下李显之中丞撙节为心，拟将塘兵裁撤，饬文报局委员王君懋章等妥议规条，仍由驿站传递，并饬新建建昌德安德化等县各驿站认真办理。倘遇三百里四百里加紧公文，毋得迟延违悮云。"由此不难看出，赣省文报局局员主要以处理驿站及其相关的公务为主，与初设时主要的功用有很大差别。而两广总督李瀚章在光绪十八年六月初四（1892年6月27日）上《奏为广东文报局当差各员均已五年期满，遵照部议海军保奖年限，恳恩奖叙》折时亦称："粤省创办文报不过寻常局务差委，与天津文报局办理南北洋要务有间，亦非出使外洋可比。"① 可见时人亦知，除天津、上海两处文报局较多地处理洋务与涉外文书寄递外，别省文报局的定位则相当模糊，其身份介于官方与民间、驿递与新式邮政之间。1897年2月17日粤海关暂行代理税务司密喇（G. F. Müller）致函赫德，报告官员们询问如何将奏折公文发往北京时，密喇表示"如果送给我们，就由我们发寄，但是也可以交文报局发送"。由此可见，文报局本身具备发寄公文的保密性和快速性，但另一方密喇又说"文报局已经登记过了"②。既然文报局需要在邮局挂号登记，则其地位与一般民信局又无不同，且都是新式邮政最终需要取缔合并的对象。因此对于文报局而言，定位模糊、仅为出洋人员而权宜开办的初衷，使其存在与职能都颇受质疑。

庚子之后，百政待兴，而外籍税务司曾建议裁撤各地文报局，统由新式邮政负责："中国在未设邮政以前，所有京都各衙门应寄通商口岸以及出使各国大臣之文函，均系送交文报局转寄，现在既设有邮政，则文报局只系虚耗经费，殊无所用。以上各项文件，莫若迳交邮政局递寄，邮政局定必将系由何衙门寄往何处与何年、月、日并有文函几角几件，交何船何人转递，逐细登簿，以备查考，倘有疏失，立即补发。其所需之费，不过按分量以邮票多寡纳资而已，无须另出房租、工役、纸张等费。"阿理嗣还在此份申呈中明言："凡人欲建房屋，应先购备木

---

① 中国第一历史档案馆编：《光绪朝朱批奏折》（交通运输·驿站台站），中华书局1996年版，第677页。

② 粤海关暂行代理税务司密喇（G. F. Müller）致赫德函，《中国海关与邮政》，中华书局1983年版，第88页。

料，购木料应先有款项，此邮政一举，似系中国亟应建筑之楼阁，自然国家先须筹有的款，俾执事者易于措手。谅邮政开办之前数年，国家似应设法挹注，此挹注之项，譬如日后不但速能归本，即子息亦不难酬报。查每年国家为驿站、文报局两项需费诚属不赀，莫若将此以后无甚大用之举酌量裁撤，将其所需之经费暂时拨给邮政一成，以资办公。若国家此时不以为然，孰知转瞬之间某国修约，不借口挟制代中国办理邮政？势必全行袭取，后患讵堪设想。"①

在外籍税务司看来，新式邮政的服务范围可以涵盖传统驿站、民信局以及为应付洋务而临时设置的文报局，与其虚耗巨帑在这些局所与人员上，还不如尽行裁撤，而将经费转移给新式邮政。但对清廷而言，由外籍税务司控制的邮政是否能够信任尚是疑问，而设置方便又能对驿站有所补充的文报局，对清朝而言尚是不可缺少，尤其是驿站因故而荒废之地区，文报局可以随设随递，相当方便。日俄战争期间，"北洋特派专员设法探访消息。现已在榆关、□州两处添设文报局，以便传递要信。至于日俄军情，更须随时电达枢府"②。而媒体也同样认识到文报局的这项作用，《大公报》即称："近日马军门在关外设立文报局，专传递紧要电信及奏牍，颇称敏捷云。"③ 可见到此时，文报局已经逐渐实现功能的转变，不再仅限于出洋人员的文书传递，而变成驿递之外另一种官方文书的快速运输渠道。

晚清的驿传体系虽然弊病甚多，但基于皇朝政治运转的考虑尚不能即时裁撤，而随着改革呼声渐兴，各地疆吏基于立宪改制的要求，开始就其管区的文报递寄状况，进行体制内允许的改革。而动作较大的地区，以东三省为典范④。由于"东三省拱卫神京，外则俄韩介居，内则

---

① 海关税务司兼邮政总办阿理嗣（J. A. van Aalst）致赫德申呈，光绪二十七年六月初六（1901年7月21日），《中国海关与邮政》，中华书局1983年版，第101、102页。

② 《京省新闻·议设文报局》，光绪三十年三月初七（1904年4月22日），《湖南官报》，第六百三十一号，第27页，《清末官报汇编》第35册，全国图书馆文献缩微复制中心2006年版，第17667页。

③ 《关外设文报局》，《大公报》光绪三十年三月十一（1904年4月26日），第1版。

④ 赵中孚指出，"光绪三十三年以前，东三省是以八旗驻防体制为主的特区，所谓三省，并无确切的行省建置意义"。见其文《清末东三省改制的背景》，《近代史研究所集刊》第五期，第313页。

第四章　裁驿置邮——新政时期的制度转型

蒙藩错处，非机关灵敏无以收效，指臂曩者实行封禁，仅择其扼要处所设站分布"。以奉天府而言，"原设二十九驿，综计驿丞二十九员，驿丁四千四百名，额马一千一百七十四匹，岁领马乾实银一万五千五百八十两零，买补马价实银二千五百三十四两零。日久懈弛，京部来文、各省咨件，辗转压搁，方兹规行新制"①。另外，"日俄战争结束以后，俄国据有北满，日本据有南满，压力特大，旧有体制尤难适应新的形势"②。而是时东三省"一切规模略同草创，或因或革，措置较易成功"③，故有研究者称"东三省是一个不必除旧即可布新的实验地区"④。在这一背景下，东三省、尤以奉省为先，开始对驿传体系进行革新，以为官制改革做准备。

为推动东三省文报局的顺利改革，首要举措是人事调动。光绪三十二年，赵尔巽奏调富有经验的董遇春办理奉天全省的文报事务，董在抵奉后即致函外务部，报告相关事宜："（二月）二十七日，奉赵军帅札开，以奉省文报稽延，委令经理奉天全省文报事务，当即拟呈局章。所有来往公件，拟由奉垣至新民府百二十里设马拨轮流递送，自新民府以西专设夫役，由火车至榆关转交北洋卑局接递。其北京紧要公件，专派差弁径送，约四日准可到京。其自北京递奉公件，亦四日准可到奉。日内正在操持局务，业已具禀，请发关防，以资信守。现在大部行奉公件，请即赏交北京文报分局，是所叩祷。"⑤ 从文报局委员所报告的对象——外务部——来看，其原来主要政务，还是与对外交涉有关，但是时发生的变化，则是奉天首先委任文报局"经理全省文报事务"，直接将原驿递制度的职能剥夺开来。"将军赵尔巽于三十二年创设奉天文报总局，维时奉天新民间铁轨未通，先设省城总局、新民分局，以便汽车往来，与北洋文报各局联为一气。是夏增设外城之兴京、锦州、营口、

---

① 《清朝续文献通考》卷三百七十五，浙江古籍出版社2000年版，第11216—11217页。
② 侯宜杰：《20世纪初中国政治改革风潮——清末立宪运动史》，人民出版社1993年版，第89页。
③ 《光绪朝东华录》，中华书局1958年版，第5687页。
④ 赵中孚：《清末东三省改制的背景》，第321页。
⑤ 《分省补用知府董遇春为委办奉天文报事务兼办北洋文报局请发关防事致外务部函》，《清末各地开设文报局史料》，《历史档案》1999年第2期，第54—55页。

辽阳、昌图、凤凰城等分局六处，秋设辽源分局，以凤凰城分局事□移设安东。冬设开原分局，并于凤凰城设站所一处，用资联络。所有总分局开办经费，及常年额支、活支一切薪工、局用，胥由财政局徵存税捐款内支给。设局后承递文件，成效昭然。"① 奉省由文报局负责文报递寄的效果相当不错，在这种示范作用下，黑龙江也开办了文报局，但其机构并不完善，多由其他机构兼任递职，且部分地区依然使用驿递系统："署将军程德全于三十二年在省城开办文报局，附于交涉局内，遴员专司其事。又添设昂昂溪分局，附入该处木税局办理，均由奉省总局统摄。其余各属，即饬四乡巡警局附递，不另开支。如未设巡警等处，暂按旧章驿递。"② 而吉林改革的步伐相对缓慢，并未对驿递系统做出何种改革。但"吉江两省咨请，饬令该局附办吉江文件。于是易奉天文报局之名为东三省文报总局，其昌图府以北至奉化县属之四平街，百二十里原有火车，业经拆毁，传送为艰。复专设马拨十二名，接通吉江文报"③。该局开办之后，成绩有目共睹，媒体赞称"东三省文报总局自创设后，颇著成效。三省文报为之灵通，是以江抚程雪帅奏奖，该局总办董观察遇春赏加二品衔。奉朱批着照所请"④。

东三省文报总局之所以办有成效，关键是其定位准确、方法妥当和制度严明。在《东三省文报局规则》⑤ 中明确规定："文报为行政之机关，专管接递奏折、公文，概皆紧要者，责任繁重，动关考成。"这就清晰地划定了文报局的职能范围，使其履行单一的文报接递功能，避免

---

① 《东三省政略文报篇》，《清朝续文献通考》卷三百七十五。
② 《东三省政略文报篇》，《清朝续文献通考》卷三百七十五，浙江古籍出版社，第11217页。"查江省由茂兴北至齐齐哈尔城共设二十站，东至呼兰又设七台，分设笔帖式、领催委官。而茂兴、墨尔根两处复驻有总站官。由省至呼伦贝尔一路，设十台向拨甲兵值班，亦置笔帖式、领催等缺，额设官马五百三十二匹，牛六百十三条，每年共发倒毙牛马价暨修理车费并廪给银二万四千两，津贴京钱二万三千六百吊有奇。驿递疲缓，久成积习。"可见东三省裁驿设文报局，最主要的原因还是对驿递腐败和递寄效率低下、与时势格格不入的不满。
③ 《东三省政略文报篇》，《清朝续文献通考》卷三百七十五，第11217页。
④ 《东三省汇闻·奏奖文报局总办》，《盛京时报》光绪三十三年五月十二（1907年6月22日），第2版。
⑤ 以下所引诸条，均出自《东三省文报局规则》，沈阳市邮政局邮政志办公室编《中国邮电史料》1986年版，第二辑，第29—32页。

承担以前驿站接来送往、运递货物的繁重责任，使其更能专一快速地传递各类文书。在文报局收到各处公文公函，"应于初接时，当面查看该文函有无折损、破湿痕迹。原来如有此弊，先以和平询悉来人名姓，再与指视明白。接收转递务由本局粘签注明，加盖戳记，使收到处尽得其详，既免延误，亦杜牵涉。倘系粘验钉封文件，遇有此弊，应一面注明转递，一面知照原发处，以昭慎重"。在把所收的公文公函点清数目后，文报局须"付给来人收条一纸，随由司事登录收文总簿，由某处递某处者，系何月日所发，内几件，有无外随，一一注明簿内备查。并将各该文函应发何处转为递投，置诸该路存文架楣，预备到时汇总包发，逐日一清。紧急文件，随时酌量加紧递送，以免延误"。

无论是将信件交递他路抑或在本城内递寄，文报局都要求员役做好登记手续，方能交员递寄："所递各路公文、信件，先将某处递某处，有无外随物件，原注某月日所发，内系几件，详细登录本局所发该路文函号簿。另缮本局某字第几号数目清单一纸，共包一封，外粘印皮用朱，标明限期递到，发交弁役赍投。"而送递本城各署局所公文、信件，"先登送投文信号簿，某处递某处公文几角、信几件、原发日期、有无外随、文内几件、详细注明，一并发交差役送投。由收到人查对无错，将该处戳记加盖本局簿内为凭"。完成登记手续之后，"每日晚间，将一日所收应递各处文信，分别汇齐，登簿开单，各包一封，于次日寅刻发差递送"。由于交通条件的改善，文报局的信件也可以交铁路递送，但方式稍有不同："其所附近火车分局，不照此例。缘系专差搭车赍递，应以该处火车到站时刻为定，务于先一点钟前将文信送到局中，方得附入包封发递，庶免时近车到，仓卒赶办不及"。如确系紧急寄件，可与文报局通融办理，但"此不过一时权宜之计，亦实为慎重要公起见，惟不可视以为常，平素不肯早送，临时强人所难，两无裨益"。另外，"各分局接到应递某处行政衙门紧要公文，该路如系僻路，先未设有文报站拨，无人接递，应设法专差递投后，报知总局核办"。

文报局主要承担奏折及公文的寄递，"以捷速为宗旨"，而"经理接递督抚所发奏事折夹板，关系最重，务当格外谨慎。附入包封后，外加本局印单，传知沿途承接转递之员司、弁役，敬谨妥速赍递，毋得稍有压碰、擦损、潮湿，致干重究"。由于公文寄递是文报局最重要的工作，故其对文报安全尤为重视，对寄送文报的员役有许多明确的约束，如"每日所发应递各路公文，包封有无外随告示、章程、表图、册书等件，均应当面点交，差役或拨兵赍递，不得稍涉疏忽，致有遗漏。其包封在局未发之先，责归经理之员司，既发之后并途中或有遗失，惟该差兵是问，以专责成，而免推诿"。当公文交寄至局中，"由委员司事经理收发，他人不得干预，随便翻阅"。"公文信件递到时，无人接收，或其人先在此处、现住他处，务须查粘询签注明，再行退回。倘有代收人亦可投交，须于本局送投文信簿内，令其书明何人代收，加盖图章戳记，以备存查。"在发寄信件的途中，差弁、夫役、拨兵人等"不准藉此影射夹带外人私货包裹、信件。如敢故违，一经觉察，确有实据，立即酌予惩罚开革，以儆效尤"。所有弁役拨兵在带寄途中遭遇事故，"准赴该处地方衙门或巡警局，请其保护，不得推诿，贻误要公"。

文报总局对各分局的控制非常严密，要求"各分局应于每月底将该局经理接递文信件数核实，开单具报总局一次。其常时该局所管接递文报之区域内，有无雨水、风雪或他项事故，因之稍有迟延阻滞地方，每十日报告总局一次，以凭查核"。从上述不难看出，东三省文报总局的职责非常明确，对局所员役的要求相当严格，与传统驿站有明显区别，故其亦在《规则》中明言："本局系由督抚奏明派员创办接递文报，业将驿站裁撤。所有从前照例驰驿差使及送贡物，应备差夫车辆，均归地方官供应，于本局无涉"。明确划清与传统驿传体系的区别，在表明自身形象的同时，也告诫使用的官员切勿违规滥用，以致重蹈驿站之覆辙。

东三省官场之人脉，与袁世凯有莫大的渊源①，故袁世凯在直隶推行的改革，往往也成为东三省改革模仿的对象。光绪三十二年七月廿一（1906年9月9日）直隶总督袁世凯上《提塘玩误塘务，据实严参，另筹办法折》，认为直隶提塘积弊已深，拟请裁撤，派员在京设立文报局："塘差投递紧要公文，日久搁压，漫无觉察，亦属咎无可辞，并请旨敕部照例议处。至直隶提塘积弊已深，若再募人接充，难保不复蹈覆辙。

---

① "奉天与北洋关系密切，内政外交无不互相咨议，故文报极繁。"（《奉省开办文报局（北京）》，《申报》光绪三十二年三月初十，1906年4月3日，第9页）

第四章　裁驿置邮——新政时期的制度转型　　343

惩前毖后,宜筹穷变通久之方。臣筹酌再三,拟请将直隶提塘裁撤,由臣派员在京设立文报局。凡各部院咨行直隶及直隶咨达各部院公文,除向归驿递者,应仍照旧办理外,其余公文,均交文报局接收,随到随递,以昭捷达。各衙门如向有规费者,款无所出,应请一体革除。"①是日获朱批允准其请②。次年七月十六(1907年8月24日),新任东三省总督的徐世昌上《奉省现既设文报局,所有原设驿站拟请概行裁撤,已节经费》折,以文报局行之有效,要求彻底裁撤旧有驿站,并对驿站人员给予适当的体恤:"现既设立文报总分局,则递送往来公文较前迅速倍蓰,且近来恭送祭品车辆,已改由承德县雇备,呈进贡品以及各项差使,亦均由火车行走,此项驿站直同虚设,自应全行裁撤,以节经费。

---

① 《中国邮驿史料》,北京航空航天大学出版社1999年版,第254—255页。该事之起因,是提塘之间玩忽职守,随意将职务交托他人兼理,以致文报迟延:"窃臣应造丙午年京察履历,于上年十二月十六日,由四百里发交驻京提塘赴部投递。旋于本年正月十一日接准吏部来电,前项履历迄未接到,究在何处搁压。派员赴京查得直隶提塘恩荣,系完县屯居汉军正黄旗桂斌佐领下武举,因庚子后经费不足,回籍措资,即托广西提塘易炳周代办,每月津贴银十两。一切事宜,仍归恩荣所延之书手徐文明经理。此件公文,系上年十二月二十日接到,即交文报差人吕荫棠投递,吕荫棠因送吏部公文,向归孙七经手,仍交孙七赴部投递。孙七以为封印后吏部不收公文,以致延搁多日。迨经委员往查,孙七知系要件,即于本年正月十八日投递,取有吏部收文回票。虽系孙七延误,究系提塘失察,禀复核办等情。臣查直隶提塘事务,恩荣托由易炳周代办,是否私行顶替,咨查兵部尚未复到。复向省署调到旧卷,查得前护督臣周馥任内,接准兵部光绪二十七年十月初二日来咨,直隶提塘恩荣,因祖坟倾圮,呈准给假两月回籍修墓,直隶塘务饬委关系提塘毛霖熙暂行代办。又臣于三十一年五月十九日接准兵部咨开,前广西提塘毛霖熙曾饬代办直隶提塘事务,今该提塘业经期满,具结交代,所有直隶提塘事务,仍饬委新充广西提塘易炳周代办各等因在案。伏查直隶提塘恩荣,无论措资修墓,自光绪二十七年告假回籍,阅时四载有余,修墓早可竣工,措资亦当就绪,乃不依期销假,又不具禀辞差,虽有代办之提塘,而仍令旧时书手经理其事,其盘踞把持,玩误塘务,实难姑容。应请旨将直隶提塘武举恩荣即行斥革,以儆其余。广西提塘易炳周奉委代办直隶塘务,虽奉饬委,尚非私行顶替,惟责成所在,宜如何勤慎从公。"

② 此风一开,部分直省督抚即步随其趋,同请裁撤提塘,改设文报局。光绪三十三年六月十八陆军部上《为裁撤江南驻京提塘改设文报局事》折称:"江南提塘积玩已久,拟即援案裁撤,派员驻京,另设文报局接送公文,洵属慎重公务,认真变通。惟各省向设驻京提塘,系逐日到部承发文件,统归臣部督饬稽察,今该省仿照直隶办法,另行设局,所派各员名应先行咨部,以便稽核。如遇迟延搽损遗失等事,仍由臣部查办。拟请旨饬令该督抚等,即将所派该局各员开列衔名,随时报部立案,并将设局开办章程详细造送臣部备查,以昭慎重,而免纷议。"(《陆军部为奉旨允准裁撤江南驻京提塘改设立文报局事致军机处知照》,《清末开办文报局史料》,《历史档案》1999年第2期,第55页)

所有原支马乾各款,应请截至光绪三十三年七月底止一律停支。该款向经报部作正开销,自应截留以为设立文报局之用,仍于用款后报部核销。现存马匹饬令变价归公,缺额马匹,委因频年兵燹,草料昂贵,原领例定马乾银两断不敷用,不得不有缺额,且相沿已久,不自今始。现既裁撤驿站,各驿丞均系微末穷员,倍形苦累,责以赔缴,力有未逮。拟请概予免追,以示体恤。其原有驿丁,永免当差。此后凡运送祭品、贡品以及驰驿各差,改归火车行走。或地方官应付,所需车马各价以及廪给,均准核实开报请销,以免赔垫等情,请奏前来等复核无异,相应请旨,饬部查照,立案施行。"① 事实上,在奉天将军赵尔巽任上,裁驿之事已经着手进行,而徐世昌则继续推行此策,并积极为裁撤的驿站员役寻找出路,避免因裁驿而引发社会动荡,进而动摇朝廷统治基础②。

　　清末官制改革之中,兵部职能虽改由陆军部履行,但对于东三省的文报局改革却只能默认现实而无法阻挠。光绪三十三年八月廿一(1907年9月28日)陆军部上《为奉天既已设立文报局原设驿站应行裁撤事》折,照准徐世昌等裁驿设文报局之请,但强调别省不能仿效,以免陆军部管权尽失:"查该省近年以来,屡经兵燹,百物腾贵,例限马干银两,实难足用,况相沿已久,今一旦照例追赔,亦非所以昭公允。臣等再三酌核,该督所称各节委系实在情形,拟请姑准照办。惟查驿马缺额暨各站浮冒钱粮,均关考成,例定綦严,此次照准,系按该省现在情形变通办理,嗣后他省均不得援此为例。"③ 然而东三省自成一体的政治局面,使得该省督抚可以比他处官员享有更多的自主权,一年之后徐世昌又与黑龙江总督周树模联奏,请求裁撤黑龙江地区驿站而改设文报局:"窃谓交通为行政之机关,驿递迟滞则机关不灵。现当改设行省,一切新政均宜逐渐扩张。若仍任其玩愒因循,贻误事机,所关匪浅。自非改弦更张,破除痼习,别无挽救之方,而为经久之策。本应遵照前次奏报,将茂兴至黑龙江城一路改照俄站办理。惟该城与省城商埠均未开

---

① 《北洋军阀史料·徐世昌卷》(二),天津古籍出版社1996年版,第866页。
② 关于徐世昌对驿丞出路的安排,参看裁驿一节。
③ 《陆军部为奉旨允准奉天省裁撤驿站事致会议政务处咨文》,《清末各地开设文报局史料》,《历史档案》1999年第2期,第55—56页。

办，来往商民尚属无多，若照俄站办理，未免徒滋糜费。其呼伦贝尔一路，附近铁路所有公文均由火车递送，原设各台几同枝指，拟与呼兰等台一并裁撤。至不通驿递各属、并茂兴等站，一律改添文报局。一切文牍往来，责成经理，即以所裁各站应支款项留作常年经费。如有不敷，再由正款内另行酌拨。先行派员试办，一俟就绪，再行咨部立案。"①

至宣统元年，吉林亦仿奉江两省，完成裁撤驿站、改设文报局的工作："查吉省驿站向分西北两路，照章奏派监督二员分司其事，均归将军衙门兵司管辖。上年改建行省，添设司道各官，并裁户兵刑工四司，案内业经奏明，将驿站一项归民政司接管。惟两监督尚仍其旧原属暂为之，以期徐待改良。经年以来，臣等叠加考察，窃以吉省设站之初，彼时外属除五城各副都统外，厅县无多，故仅择其扼要所在安站置邮，已敷转递。现地方日辟，情形今昔异宜，所有旧时设站处所未能遍及，传送纡回，深滋不便。虽经随地安置马拨及文报局以资补助，究因性质不同，诸多捍格。况查奉江两省驿站业已先后奏裁，现办文报局成效昭著。吉省地处适中，尤应仿办办理，庶归统一而便联络。兹经臣等一再筹商，势难再缓，因于省城先设文报总局一所，即委试署民政司司使谢汝钦为督办，刊给木质关防，以资信守。其旧有之关防处监督，向系各旗协领兼差，本非实缺，应请先行裁撤。所有全省驿递事宜概归该局管理，何处应设分局、何处应置马拨，均着体察情形，次第筹办。其向有各站现皆暂不更动，一俟某路文报已通，即将某路驿站裁撤，予限半年一律竣事。至于各站笔帖式，即各站丁人等应作如何安置，站地站马之类应行如何清厘，并饬该局调查明确，再由臣等妥核具奏。其应动支经费银两，并请即由驿站额支俸饷项下作正开销。事关兴革要政，所有现时裁改情形，相应先行奏报立案，除分咨度支、陆军、邮传各部查照，并将礼部旧颁乌拉金珠、鄂佛罗等站监督铜质关防两颗截角咨销外，理合附片具陈，伏乞圣鉴训示。谨奏。"② 至此，东三省基本完成裁撤驿

---

① 中国第一历史档案馆编：《光绪朝朱批奏折》（交通运输·驿站台站），中华书局1996年版，第765—766页。

② 东三省总督徐世昌、吉林巡抚陈昭常：《又奏添设文报局裁撤驿站片》，宣统元年二月十八（1909年3月20日），宣统二年二月初一日，《吉林官报》第五期，折奏汇编，第4页，《清末官报汇编》，全国图书馆文献缩微复制中心2006年版，第19147页。

站的工作，文报事宜转交文报局全权负责。

　　裁撤驿站、改设文报局之益处，在于可以对全省驿递状况做一清查，进而把相关的文报情况掌握清楚，更能对比出新旧制度的优劣。以吉林为例，在裁改过程当中，其民政司曾派员分往各站查勘站务，其意义在于"痛除积弊，利便交通起见"，"以期次第设施，认真整顿"。吉省驿站，"西北两路大小站共五十二处，额设站丁一千四百八十名传递公文，驿马一千四百八十匹，拉运差车驿牛一千四百八十头，站地四万四千余垧，积久弊生，几难究诘。其中如站地之辗转、牛马之缺数、站务之亏累、站路之迂折，疏漏尤属彰明较著者也"。而新政推行，地区开发，"新设各府厅州县，地方均应添设文报，藉通消息。自非派员分投前往，澈底查勘明确，无从下手"。因此吉省民政司分四路委员，对驿站情况进行调查①。所调查的事项甚多，详列于下：

　　　　一查各站所有随缺充公津贴滋垦等项，地若干垧，每年收粮租若干石，其中有无私典盗卖、辗转不清各情弊，务须逐一澈查，勘明界址，认真丈量，确实造报。不准稍有袒护隐匿。
　　　　一查各站现存款项若干、粮石若干、其牛马是否堪用。
　　　　一查旧有各站相距里数是否相宜、递送文件有无滞碍，并踏勘新设各府厅州县应添分局分所马拨步拨各文报若干处。
　　　　一查各站向来应付贡差、折差如何办法，如何报销。
　　　　一查各站正丁是否足额，余丁若干名，该正丁余丁向来如何供应站差。
　　　　一查各站向来痼习，有何扰累站丁之处，确实开报，以便实力革除。
　　　　一查何站向来采办何项贡品，如何采办，如何进呈。
　　　　一查驿站在东路，其随缺地在西路者，即由查西路驿站委员代

---

① 其四路分别为："西路自为拉站起至蒙古和罗站止，拟派佐领英辅往查；东路自额赫穆站起至珲春止，拟派佐领景贵往查；北路自蒙古卡伦站起至临江州止，拟派前佐领丰陞额往查；西北路自金珠鄂佛罗站起至新城府止，拟派防御常庆往查。该委员等应需薪水川资各款，即由停发驿牛草豆银两项下动支，汇总册报。"

为查勘，另册造报。余站仿此。

一查何站事繁，何站事简，何站应用马匹若干，何站应用人多，何站应用人少，分晰酌拟，以备采择。

一凡查站委员，务须一站一报，分晰造具各项清册，随文并送。俟查毕每站，各绘站图一分，旋回呈阅。

一各查站委员，拟每月支给薪水银五十两，行日领川资钱十二吊，坐日领川资钱九吊。每委员准带书记生一名，以资书算。该书记生每月准领薪水银十两，每日准领川资钱四吊。每银一两按三吊三百文合钱，均自起程之日开支，旋回之日停支。既领薪水川资，不准向地方丝毫骚扰，即在各该站存住，所需一切伙食等项，务须核实发价，亦不准丝毫拖欠。

一各委员丈量地亩，查账造册，非一书记所能兼顾。若带人多则有用款过繁之虑。准由各该站酌量拨用书记丁役人等以供驱策，该各站不准推诿贻误。惟丈量此站地亩，须酌由别站拨派，拉绳差役，以防勾通朦混。

一各委员行至何界，即准知会该处驻扎捕盗营队及巡警，派兵护送，以资保卫。

一西路自乌拉站起至蒙古和罗站止，事务最为繁杂，准该路委员自带帮查一人，藉资臂助。东路自额赫穆站起至珲春止，山深林密，路径最为险僻，准该路委员自带护勇二名，以期慎重。均酌量发给津贴，理合登明。

该文呈东三省总督及吉林巡抚后，即获宪批："改驿站为文报，自应按站查明向来办法、历年积弊、并站丁牛马、站地多寡、站务繁简，及旧有新设驿路远近便利，澈底清查，方能便通尽利，畅行无阻。所议饬查条款均属切实紧要，仰即札饬各该员遵照办理，薪水川资亦均如议支报。俟一律查竣，悉心核议，详候察夺，清册存查，抄由批发。"[①]

---

① 《民政司呈请派员分往各站查勘站务文并批：为呈明事》，《吉林官报》宣统元年闰二月二十一日，第七期，公牍辑要，第1—2页，《清末官报汇编》第38册，全国图书馆文献缩微复制中心2006年版，第19195—19196页。

可见吉省裁撤驿站、改设文报局，并非单将旧有机构明令裁撤即可，在此过程中必先做好调查工作，方能使裁改有条不紊地进行，尤其在该省"陆续添县治，尤须全省联络一气"①的政区变迁下，更须如此。

　　改革最为重要的是人事安排，故徐世昌等要求吉省民政司"迅将所有各路站官严定考成。倘或浮冒钱粮，废弛公务，宜如何办理，马步各拨、弁兵夫役是何人格。倘将文件折损延匿宜如何惩治，逐（遂）妥拟章程，呈由民政司转请核咨，毋稍率延"②。而同样进行文报局改革的黑龙江省，亦将人事与经费等问题妥善安置，不致使裁撤驿站引发较大的震荡："总办黑龙江全省文报事宜钟晋珊观察，日前已将通省裁撤驿站、添改文报分局、分卡马拨各项规模筹画妥协。共设分局四处，每处设委员一名，月支二十四两；司事两名，月支十二两。津贴火食在外，其余分卡不设委员，仅设司事、书职各一名，所招马拨因公家无款购马，均令自备马匹。每月除薪饷之外，加放马乾四两。整共分局、分卡、马拨七十余处，常年经费四万余金各情形，禀明督抚帅核夺。"不过，江省财政，较其他二省更为短绌，故"闻周少帅以该总办所定规模妥善，经费亦订立甚廉，实在减无可减。惟江省财政奇难，不得不变通办理。拟将旧有之各驿站暂不裁撤，仍行照旧办理。其余之原无驿站之处，亦应分别地方之繁简、公文之多寡，酌量地势情形，何应缓设、何应急设，再为筹妥详报，批饬办理云"③。虽有众条件的约束，但东三省文报局的改革颇得时人称赞，刘锦藻即评曰："不知驿政之改为文报，革其阻滞，至旧设马拨步拨，雨夜弗辍，驿站职务，文报局固优为之。又况驿政之弊，至于此极，因循弗革，一旦边圉有事，亦安能力祛痼习，勉尽职务？"但他亦明言文报局制度有待完备，否则亦未必尽优于驿传："特除旧布新之会，欲其推行尽利，仍当因时制宜，目前成规，

---

①《安设文报之计画》，《吉林官报》宣统元年三月一日，第八期，政界纪闻，第2页，《清末官报汇编》第38册，全国图书馆文献缩微复制中心2006年版，第19225页。
②《督宪准陆军部咨复吉林添设文报局应参酌例典、严定章程，奏明办理，札饬该局遵照文》，《吉林官报》宣统元年四月初一日，第十一期，公牍辑要，第7页，《清末官报汇编》第39册，第19284页。
③《添设文报分局之计画》，宣统元年七月初五（1909年8月20日），《北洋官报》第二千一百六十七册，第10页，《清末官报汇编》第4册，第1923页。

第四章 裁驿置邮——新政时期的制度转型

固未足侈言美备也。"①

文报局制度虽然未必尽善尽美，却在清廷内部引起驿传制度的变化震荡，甚至有边省督抚奏请裁撤驿站，直接交新式邮政递寄政府公函。宣统二年二月初一（1910年3月11日）甘肃新疆巡抚联魁上《开办邮政兼递文报办理情形》折，认为"立国之道，先重交通，因地制宜，务求利便"。但是新疆一地，受地理条件限制甚多："新疆僻处西陲，关山阻隔，商旅远集，音信难达。又驿务疲玩已久，虽迭经整顿，而积压抽折各弊仍所常有。"在举办新政、文报更繁的情况下，联魁以为，应该"酌筹变通，期臻妥速"。因此他建议，"欲求两有裨补，非寓驿递于邮政之中，难期名实相符"。具体的方法是："先从东北两路②办起，于省城设立邮政总局，两路酌设分局，遴派委员、供事分司其事。边地饷绌商艰，筹款为难，拟暂提两路厅县夫马驿费一半，以资开办，仍归臬司管理。凡一切公文报章均由邮递，其商民信件照章收取寄费。此外凡驰驿例差及贡马摺弁、饷车官犯往来，仍由地方官经理，以清界限。"③ 这一方法的最大特点，即借鉴了东三省文报局改革的思路，将公文传递从驿站的传统职责中释放出来，由专门的机构负责文书传递，而驿站则变成接待来往差使的专职部门。这一改革的趋势，符合清末裁驿置邮的趋势，而新疆直接采用邮局的方式寄递公文，则又比东三省的文报局改革更进一步，也为之后国家邮政在新疆的寄递网络，打下了初步的基础④。

---

① 《东三省政略文报篇》，《清朝续文献通考》卷三百七十五，浙江古籍出版社，第11217页。

② "省界东连甘肃，由迪化省城至哈密所属猩猩峡，计程二千一百四十里；北接俄壤，由省至塔城一千六百二十余里；西南绵亘更长。"

③ 《政治官报》宣统二年二月初四第八百五十号，第6—7页，《清末官报汇编》，全国图书馆文献缩微复制中心2006年版，第74册，第37094—37095页。

④ 其余省份虽未尽仿照东三省的改革形式，但基本对驿传制度有着不同程度的修改。如宣统三年二月十九（1911年3月19日）署理两广总督张鸣歧即奏请裁撤广东提塘，而在京师设立文报局接递文书："京省提塘原为接递文报而设，现查粤省至京沿途均经设有邮局，各部院衙门发交部局接递文件，计期旬余即可抵粤，较之提塘驿递文报动须四五十日者，迟速（迥）殊遇。有要公塘递稽延，恐滋贻误。查南北洋提塘，先经前两江总督臣端方、直隶督臣杨士骧奏明裁撤，另设文报局接递公文，颇为得力。现拟援照南北洋成案，将广东驻京驻省提塘两缺一律裁撤，改设驻京文报局一所，凡各部院咨粤文件，及粤省咨达各部院公文，均交该局接收转递，员薪局用，即以递年应支提塘缴（缗）工墨等费，核实开支，似此办理，公款并无出入，而来往文报不致迟误，深为有益。"（《政治官报》宣统三年二月二十二日第一千二百十六号，第13—14页，《清末官报汇编》，全国图书馆文献缩微复制中心2006年版，第77册，第38749页。）

不过，文报局虽行之有效，但毕竟只是直省督抚设置的临时局所，并未被列入国家正式官制体系当中。随着新式邮政的网络在全国各地逐渐扩展开来，文报局也逐渐成为将被取代的机构。宣统三年六月十一（1911年7月6日）《申报》称"文报局总办董柳庄观察遇春日前面禀督宪，谓文报事宜，原应由邮政局办理。奉省邮政林立，凡有文报局之处，莫不有邮政局。若裁撤文报局，将文报事宜归并邮局管理，每年节省经费可得五万余金，当此库款支绌之时，以之办理他项要政，不无小补。当蒙东督首肯，饬其详筹归并办法呈候核夺。并闻东督以该道洞达时局，办事认真，一俟文报局呈准裁撤后，即另予以重任云"①。一月之后《盛京时报》也报道了相关的新闻："文报局总办黄柳庄观察请裁文报局，已志前报。兹悉所留北京、天津各处分局，各局各设司事一人、司书一二人，其奉省总局亦只设专办委员一人，管理各分局事项。至旧有总办暨各处分局委员，则概行裁撤，以节经费云。"② 仅仅是短短两三年的时间，东三省的文报局便逐渐退出历史舞台，但其在制度转型过程中的有效尝试，足以为其在中国近代邮驿史上，写下重重的一笔。

---

① 《紧要新闻·归并文报局》，《申报》宣统三年六月十一（1911年7月6日），第10页。

② 《东三省新闻：奉天——文报局设置司员志闻》，《盛京时报》宣统三年闰六月廿一日（1911年8月15日），第5版。

结　　语

在新式邮政制度及其传递方式未传入中国以前，清代的传信体系分为官民两个相对独立的系统，这样的体制设计不仅基于交通工具及路线的制约，亦是对传统邮驿与朝政运转之间关系认知的重要体现。清初设立的邮驿制度虽为传送朝令文书而起，但其内涵深远，除其本来职能之外，邮事更上升至"为政"层面，朝廷通过对官员训谕乃至惩戒，意图制止日渐严重的滥驿索驿现象，以期达至肃清吏治、巩固根基的目的。耐人寻味的是，越是强调肃清"邮政"之时，其驿弊情况就越发严重，朝廷虽有意革清旧弊，但驿弊、驿害的产生，即由清代官制结构及其衍生的官场"潜规则"所决定，缺乏专业人才进行管理，又需在人情世故的官场中维持左右上下的良好关系，在既有体制下，已无法达至"肃清邮政"的实际效果。

随着外国新式邮政机构在中国口岸城市的建立、清廷游历外洋官绅的耳闻目睹及媒体的极力鼓吹，有关新式邮政的知识渐为清人所认识和熟悉。不过，知识体系的更新并未即时导致制度的相应变化，现实条件的制约，包括朝野官员对驿站利益的维护、对试办邮政之外籍税务司的顾虑以及对既存体制的维护和改革新制的担忧。因此海关试办新式邮政多年，却迟迟未获朝廷准许正式开办。即使在正式开办后，大清邮政仍须面对朝廷官员的质疑以及其他邮递机构（驿传、民信局及客邮）的竞争。尽管依靠海关的势力与财政支持，通过兼并机构、调整邮资等方法取得竞争的优势，但亦因此背负上不小的债务，并给国人留下"邮政为外人之事"的印象，与其原本维护利权、裕国便民的初衷有明显偏离，足证近代制度转型中的艰难与蹒跚。

由于朝野对新式邮政的认识不尽相同，清末新政期间"裁驿置邮"

的争夺持续了很长时间，其中既有旧知对新制的约束，也有各部基于现实利益的考虑。是时陆军部一直以"军报安全"为由，要求保全驿站并继续经营，这种看法，多少还存有旧时"驿传为皇朝血脉"的考虑，担心"官民合一"的新式邮政体系，既无法保证军情文书的快捷与安全保密，也难以履行原邮驿负责的接待官员、押运囚犯等政治功能。此外，朝廷驿费为该部一重要收入来源，裁驿之后站夫员役如何安置，均为裁驿置邮过程中的实际问题①。在驿传本身已不适应清末政情流通的需求，某些省份开始裁撤驿站的情况下，最后接管驿站的邮传部却仍须保全这一旧制，拨出经费使其继续运转。对比北洋政府成立之后即将余留的驿站全行裁撤②，反证是时清代保全驿站的努力，其政治象征意义似大于实际价值。

如何在旧的政体内安置新制度的位置，并在既有人事格局中平衡各自的利益，成为新政官制改革中的现实考量。从《江楚会奏三折》提出的"驿政局"，以及官制讨论时设置"邮电部"的动议，到邮传部的正式成立，机构设置的立意和具体的职能均各有差别。邮传部成立之初，既无权力管辖原有驿站，亦无法控制新式邮政，其收回邮政自办及接管驿站、裁撤驿站事宜，恰恰是在邮传部主官变更之后方着力进行，足见人事与政情在清末新式制度发展过程的影响。而海关虽将原有的邮政管辖权交归邮传部，但在新设立的邮政总局中，重要职位却仍由原海关主管时期的洋员担任。即使清廷在京师设有邮政总局局长、直省设劝

---

① 因明代由驿卒暴动而引致改朝换代，故清代官员对驿站事务更为谨慎，即使驿站效率低下、虚耗公帑，亦不敢轻言裁撤，唯恐重蹈覆辙。其实时过境迁，清末所面对的社会境况大异于明末，始终以此为由，在当时已有议论为所裁驿卒寻找出路，而在今日看来亦未免易发"刻舟求剑"的感慨。但若深入探究，或许并不能用"保守"或"愚昧"来概括此类思想，其另有实际需要的想法，方会使相关的官员一再强调这一缘由。

② 1912年"数行省之驿站，全行撤裁，当将邮务推广若干处，并将原有衔接之处重新改组，以便各省咨文书之通行无阻"（《中华民国元年邮政事务情形总论》，《中国邮政事务总论（上）》，第269页）。至于军队邮报事宜，则于1913年开办军事邮递，"即为散处蒙边之中国军队，获有邮政便利起见，特于乌兰花、归化、公沟大、佘太后、公中、林西、开鲁等地方，分设军事邮递所七处，并于邮政普通路线范围内之隆盛庄、绥远、赤峰、包头镇等处，均各设有军事承接邮局，各该局所均由邮政特拣人员派往办理"（《中华民国二年邮政事务情形总论》，《中国邮政事务总论（上）》，北京燕山出版社1995年版，第289页）。

业道主管邮政事务,仍难实际掌控新式邮政。这种矛盾错综交织、利益纠葛缠绕的局面,竟在清末民初政体变动及其激烈的情况下,使得新式邮政可以保持其独立性而继续为民众提供服务。历史往往便是这样吊诡。

辛亥革命爆发前,大清邮政均已从组织形态与制度建置上完成了转型①,但在功能整合与人事安排上,依旧留有未完事宜②。大清邮政面对的三大邮递组织:驿站、民信局与客邮,在民国代清之后,1912年北洋政府将所余驿站全部裁撤,而1914年3月1日中国加入万国邮政联盟,从法理上取得了裁撤客邮的依据。但民信局与客邮机构最终归于中华邮政统一管理的任务,则要留待20世纪30年代的民国政府去完成了。

重新审视晚清传统邮驿到新式邮政的转型过程,即可发现其在官、民的层面均出现了意义深刻的变化。从职官体制来看,原本在京师部院为军报政情服务、在省府州县归于日常政务的邮递,于中外交涉的现实约束及欧美传入的国家利权观念,乃至新政官制改革的时代背景中,专管邮递事务的机构已独立建置,实现其职能的专业化与管理的规范化。尽管整体官制改革的成效甚微,但新式邮政的推进却颇具成果,通过借鉴中国传统的递信惯例,不仅成功地吸引大量客源转用新式邮政,亦推

---

① 收回邮政自办及裁驿置邮的逐步完成,推动新式邮政制度的职责更趋统一化与专业化,从根本上改变了清代官民传书机构不一、邮递组织纷杂林立的局面。尽管时值清末民初,因战事而导致政权更迭,各地暴乱抢掠情事层出不穷,甚至更有意欲变动邮政组织、操纵邮政职权之事,但"邮局坚守其地,不为少移"而得以保全自立(《中华邮政前清宣统三年事务总论》,北京市邮政管理局文史中心编:《中国邮政事务总论(上)》,北京燕山出版社1995年版,第221页)。时人探求缘由,认为新式邮政"实以统有人员所施之严重纪律,并练成华员任事之心,加以各邮政局暨分局,与夫邮政总局、总办管理严明,故能臻此进境"。故渐趋完善的新式邮政,不仅在动荡之世为民众提供独立安全的递信服务,更进而形成"不独确为本国人民所信仰,且为各国邮政共相尊敬之国政"的良好口碑(《中华邮政前清宣统三年事务总论》,《中国邮政事务总论(上)》,第222—223页、第245页)。在制度及心理上均为国人所认同和接受。

② 在人事上,虽然由留洋归来的邮政员工及本地培养的邮政员役开始承担起中华邮政的主要业务,但在关键的邮政总管等位置上,仍由洋人把持固守,因此在民国时期,华洋邮员的冲突持续,人事斗争不断,而华人邮员成立了员工协会,以保利权而抗洋员,继续为恢复中国人自己的邮政事业而努力。

动了将分立的邮递机构统一管理的进程，在中国近代社会转型之中有着重要的示范意义。

对于民众而言，从思想观念到寄递行为均发生了明显的变化。一是逐渐熟悉和适应了新式邮政制度的收寄方式；二是逐步接受和理解民族国家的"利权"观念，并伴随着近代中国国民意识的觉醒与民族国家的形成，进一步形成对内要求收回邮政自办、对外要求裁撤客邮、加入万国邮政联盟的诉求；三是形成新的社会风气，包括集邮活动的兴起、匿名指控方式的出现，以及革命党人利用邮政网络寄递革命书刊、传播革命观念等。这些转变伴随着新式邮政制度的进一步巩固，深化到每一个普通人的生活之中，并对他们的行为方式和思维方法产生潜移默化的影响。

随着新式邮政逐渐确立主体地位，其在学术研究的叙述中已逐渐成为被追溯的对象。而以新式邮政的职能反溯清代邮驿的作用，极易忽视其在传统制度之中原本的政治意味[①]。有学者指出："今日中国人并非生活在三千年一以贯之的世界之中，而是生活在百年以来的知识与制度体系大变动所形成的观念世界与行为规范的制约之下。"[②] 唯有以这样的认识与自觉去探究史实，方能更为接近历史真实与复杂丰富的面相，而对国情现实与近代制度兴革之曲折艰难，有一份深刻的"理解之同情"。

[①] 制度变化影响着人们行为的改变，而行为的惯常化又左右着人们对"邮政"及其制度的认识。今时今日，人们对寄书递信的"邮政"熟视无睹，但恐怕对影响皇朝政治运转的"邮政"，则颇感陌生，其实已提示需对以往的研究路径加以改善，追根溯源以还原本相，避免"后放电影"，因而由源头入手，审视今昔制度的转型过程及意义作用，方能对过去与现在的异同，有更贴近历史真实的理解。

[②] 桑兵：《晚清民国的知识与制度转型》，《中山大学学报》（社会科学版）2004年第6期，第90页。

参考文献

一 文献典籍

刘熙：《释名》，中华书局2016年版。
李学勤主编：《周礼注释》，北京大学出版社1999年版。
左丘明：《春秋左传校注》，岳麓书社2006年版。
《明史》，中华书局1974年版。
《明文海》，文渊阁四库全书·集部，商务印书馆2005年版。
徐震堮：《世说新语校笺》，中华书局2001年版。
《钦定大清会典》，光绪二十五年重修本。
《清会典事例》，中华书局1991年重印本。
《清实录·世祖实录》，中华书局1985年版。
《清实录·世宗实录》，中华书局1985年版。
《清实录·高宗实录》，中华书局1985年版。
《清实录·仁宗实录》，中华书局1986年版。
《清实录·宣宗实录》，中华书局1986年版。
《清实录·文宗实录》，中华书局1986年版。
《清实录·穆宗实录》，中华书局1987年版。
《清实录·德宗实录》，中华书局1987年版。
《清实录·附宣统政纪》，中华书局1987年版。
《大清光绪新法令》，上海商务印书馆1909年版。
朱寿朋编，张静庐等校点：《光绪朝东华录》，中华书局1958年版。
赵尔巽等撰：《清史稿》，中华书局1976年版。
中国第一历史档案馆编：《康熙起居注》，中华书局1984年版。
张书才主编：《雍正朝汉文朱批奏折汇编》，江苏古籍出版社1989年版。

《宫中档乾隆朝奏折》，台北"故宫博物院"1982年版。

《筹办夷务始末》（同治朝），中华书局2008年版。

中国第一历史档案馆编：《光绪朝朱批奏折》，中华书局1995年版。

中国第一历史档案馆编：《光绪宣统两朝上谕档》，广西师范大学出版社1996年版。

（清）张英、王士禛、王惔等撰：《渊鉴类函》，文渊阁《四库全书》本。

刘锦藻编：《清朝续文献通考》，浙江古籍出版社2000年版。

王钟翰点校：《清史列传》，中华书局2005年版。

全国图书馆文献缩微复制中心：《清末官报汇编》，全国图书馆文献缩微复制中心2006年版。

二 档案

中国第一历史档案馆藏　邮传部档案全宗

中国第一历史档案馆藏　兵部、陆军部档案全宗　有关驿站事宜类

中国第一历史档案馆藏　军机处录副奏折（咸丰朝、同治朝、宣统朝）交通运输类

中国第一历史档案馆藏　理藩院档案全宗　邮政类

中国第一历史档案馆藏　税务处档案全宗　有关邮政类

中国第一历史档案馆藏　会议政务处档案全宗　交通类

中国第一历史档案馆藏　赵尔巽档案全宗　有关驿站事宜函札稿

中国第一历史档案馆藏　顺天府档案全宗　财政金融类、其他类

三 报刊

《申报》

《大公报》

《香港华字日报》

《岭东日报》

《盛京时报》

《时报》

《中外日报》

《台湾日日新报》

《万国公报》，清末民初报刊汇编之四，华文书局股份有限公司 1968 年版。

《政治官报》

《内阁官报》

《交通官报》

《清末官报汇编》

《浙江官报》

《知新报》

《湘报》

《民报》

《强学报》

《时务报》

《中国官音白话报》

《清议报》

《萃报》

《东方杂志》

《正谊杂志》

《学林》

《商业杂志》

《交通杂志》

《康藏前锋》

四 资料汇编

康有为撰：《康南海自编年谱》，《近代中国史料丛刊》初编第 11 辑，台湾文海出版社 1966 年版。

《光绪会典》，《近代中国史料丛刊》初编第 13 辑，台湾文海出版社 1966 年版。

钟广生撰：《湖滨补读庐丛刻》，《近代中国史料丛刊》初编第 26 辑，台湾文海出版社 1966 年版。

陈璧撰：《望嵓堂奏稿》，《近代中国史料丛刊》初编第 93 辑，台湾文海出版社 1966 年版。

端方撰：《端忠敏公奏稿》，《近代中国史料丛刊》初编第 94 辑，台湾文海出版社 1966 年版。

邮传部编：《邮传部奏议类编、续编》，《近代中国史料丛刊》初编第 140 辑，台湾文海出版社 1966 年版。

徐世昌撰：《退耕堂政书》，《近代中国史料丛刊》初编第 225 辑，台湾文海出版社 1966 年版。

黄云鹄：《兵部公牍》，近代中国史料丛刊初编第 580 辑，台湾文海出版社 1966 年版。

贺长龄辑：《皇朝经世文编》，《近代中国史料丛刊》初编第 731 辑，台湾文海出版社 1966 年版。

曾鲲化：《中国铁路史》，《近代中国史料丛刊》初编第 973 辑，台湾文海出版社 1966 年版。

《咸丰条约》，《近代中国史料丛刊》续编第 76 辑，台湾文海出版社 1984 年版。

席裕福、沈师徐辑：《皇朝政典类纂·邮政》，《近代中国史料丛刊》续编第 92 辑，台湾文海出版社 1984 年版。

盛宣怀撰：《愚斋存稿》，《近代中国史料丛刊》续编第 122—125 辑，台湾文海出版社 1984 年版。

张怡祖编：《张季子九录·政闻录》，《近代中国史料丛刊》续编第 961 辑，台湾文海出版社 1984 年版。

《大清律例会通新纂》，《近代中国史料丛刊》三编第 22 辑，台湾文海出版社 1987 年版。

《皇朝掌故汇编》内编，《近代中国史料丛刊》三编第 121—130 辑，台湾文海出版社 1987 年版。

《皇朝经济文新编》（商务、税则、邮政），《近代中国史料丛刊》三编第 284 辑，台湾文海出版社 1987 年版。

《交通官报》，《近代中国史料丛刊》三编第 267 辑，台湾文海出版社 1987 年版。

关赓麟等编：《交通史·邮政编》，上海民智书局印刷所 1930 年版。

楼祖诒：《中国邮驿史料》，人民邮电出版社 1958 年版。

国家档案局明清档案部编：《戊戌变法档案史料》，中华书局 1958 年版。
中国史学会主编：《中国近代史资料丛刊·洋务运动》，上海人民出版社 1959 年版。
"交通部邮政总局"：《中华邮政七十周年纪念·邮政大事记》，1966 年版。
"交通部邮政总局邮政博物馆"：《邮政资料》第 1—7 集，1967—1973 年版。
台湾银行经济研究室编印：《刘铭传抚台前后档案》，《台湾文献丛刊·第二七六种》，1969 年版。
故宫博物院明清档案部编：《清末筹备立宪档案史料》，中华书局 1979 年版。
钱实甫编：《清代职官年表》，中华书局 1980 年版。
谢国桢编：《明代社会经济史料选编》（下），福建人民出版社 1980 年版。
中国第一历史档案馆编：《清代档案史料丛编》第七辑，中华书局 1981 年版。
中国社会科学院近代史研究所近代史资料编辑部编：《近代史资料》总 44 号，中国社会科学出版社 1981 年版。
中国近代经济史资料丛刊编辑委员会主编：《帝国主义与中国海关资料丛编之八·中国海关与邮政》，中华书局 1983 年版。
聂宝璋编：《中国近代航运史资料》第一辑，上海人民出版社 1983 年版。
《历史档案》1984 年第 3 期、1991 年第 2 期、1991 年第 4 期、1998 年第 3 期、1999 年第 2 期。
蔡冠洛编著：《清代七百名人传》，中国书店 1984 年版。
荣孟源、章伯锋主编：《近代稗海》第一册，四川人民出版社 1985 年版；第十一辑，四川人民出版社 1988 年版。
沈阳市邮政局邮政志办公室编：《中国邮电史料》第一、二辑，1985 年版。
徐雪筠等译编：《上海近代社会经济发展概况（1882—1931）——海关十年报告》，上海社会科学院出版社 1985 年版。

《清末天津海关邮政档案选编》，中国集邮出版社1988年版。

仇润喜主编：《天津邮政史料》（1—5辑），北京航空航天大学出版社1988年版。

北京市邮政局史志办公室编：《北京邮政史料》，北京燕山出版社1988年版。

厦门市志编撰委员会：《近代厦门社会经济概况》，鹭江出版社1990年版。

《费拉尔手稿——清代邮政、邮票、明信片备忘录》，人民邮电出版社1991年版。

北京市邮政管理局史志办公室编：《京版报刊上的北京邮政》（解放前部分），北京燕山出版社1992年版。

《中国地方志集成·浙江府县志辑16·民国鄞县通志》，上海书店1993年版。

北京市邮政管理局文史中心编：《全国各级政协文史资料邮电史料》，北京燕山出版社1995年版。

《近代广州口岸经济社会概况》，暨南大学出版社1995年版。

北京市邮政管理局文史中心编：《中国邮政事务总论》（上中下卷），北京燕山出版社1995年版。

刘广生、赵俊起、宋大可编著：《河西驿写真》，北京燕山出版社1996年版。

天津市历史博物馆馆藏：《北洋军阀史料·徐世昌卷》，天津古籍出版社1996年版。

陈霞飞主编：《中国海关密档》（第1—9卷），中华书局1996年版。

《中华文史资料文库·经济工商编》第十三卷，中国文史出版社1996年版。

北京市邮政管理局文史中心编：《中国清代邮政图集》，人民邮电出版社1996年版。

（清）张德彝：《稿本航海述奇汇编》，北京图书馆出版社1997年版。

《李鸿章全集》，时代文艺出版社1998年版。

苑书义、孙华峰、李秉新主编：《张之洞全集》，河北人民出版社1998年版。

仇润喜：《中国邮驿史料》，北京航空航天大学出版社1999年版。

中国第二历史档案馆编：《中国旧海关史料》，京华出版社2001年版。

上海市档案馆编：《工部局董事会会议录》，上海古籍出版社2001年版。

中华人民共和国杭州海关译编：《近代浙江通商口岸经济社会概况——浙海关、瓯海关、杭海关贸易报告集成》，浙江人民出版社2002年版。

汪熙、陈绛编：《轮船招商局——盛宣怀档案资料选辑之八》，上海人民出版社2002年版。

《民国时期集邮期刊汇粹》，全国图书馆文献缩微复制中心2003年版。

《京报》（邸报），全国图书馆文献缩微复制中心，2003年版。

海关总署《旧中国海关总税务司署通令选编》编译委员会编：《旧中国海关总税务司署通令选编》，中国海关出版社2003年版。

孙修福编译：《中国近代海关高级职员年表》，中国海关出版社2004年版。

《清陆军部档案资料汇编》，国家图书馆藏历史档案文献丛刊，全国图书馆文献缩微复制中心2004年版。

国家邮政局邮政文史中心编：《中国早期集邮文献集成》第二卷，北京燕山出版社2004年版。

全国图书馆文献缩微复制中心：《中国近代邮政史料》，全国图书馆文献缩微复制中心2005年版。

张玉生编著：《大清浙江实寄封片考》，浙江大学出版社2005年版。

中国社会科学院近代史研究所近代史资料编辑部编：《近代史资料》总114号，中国社会科学出版社2006年版。

天津市档案馆、天津海关编译：《津海关秘档解译——天津近代历史记录》，中国海关出版社2006年版。

《京话日报》，中国文献珍本丛书，全国图书馆文献缩微复制中心2006年版。

李德龙、俞冰：《历代日记丛钞》，学苑出版社2006年版。

五　文集　年谱　日记　书信集　笔记　回忆录

田文镜：《抚豫宣化录》，雍正五年刻本。

包天笑：《钏影楼回忆录》，香港大华出版社 1971 年版。
郭嵩焘：《郭嵩焘日记》，湖南人民出版社 1982 年版。
薛福成：《庸庵笔记》，江苏人民出版社 1983 年版。
孙宝瑄：《忘山庐日记》，上海古籍出版社 1983 年版。
杨坚点校：《郭嵩焘诗文集》，岳麓书社 1984 年版。
李圭：《环游地球新录》，岳麓书社 1985 年版。
林鍼：《西海纪游草》，岳麓书社 1985 年版。
张德彝：《航海述奇》，岳麓书社 1985 年版。
张德彝：《欧美环游记》，岳麓书社 1985 年版。
刘锡鸿：《英轺私记》，岳麓书社 1986 年版。
张德彝：《随使英俄记》，岳麓书社 1986 年版。
袁英光、童浩整理：《李星沅日记》，中华书局 1987 年版。
袁英光、胡奉祥整理：《王文韶日记》，中华书局 1989 年版。
胡思敬著：《国闻备乘》，《民国史料笔记丛刊》，上海书店出版社 1997 年版。
刘志惠点校辑注、王澧华审阅：《曾纪泽日记》，岳麓书社 1998 年版。
陈寅恪：《寒柳堂集》，《陈寅恪集》，三联书店 2001 年版。
《赫德日记——步入中国清廷仕途》，中国海关出版社 2003 年版。
沃丘仲子：《近现代名人小传》，北京图书馆出版社 2003 年版。
恽毓鼎：《澄斋日记》，浙江古籍出版社 2004 年版。
夏东元编著：《盛宣怀年谱长编》，上海交通大学出版社 2004 年版。
任青、马忠文整理：《张荫桓日记》，世纪出版集团、上海书店出版社 2004 年版。
［美］凯瑟琳·F. 布鲁纳、费正清、理查德·J. 司马富编，傅曾仁、刘壮翀、潘昌运、王联祖译：《赦德日记——步入中国清廷仕途》。
［美］理查德·J. 司马富、约翰·K. 费正清、凯瑟琳·F. 布鲁纳编，陈绛译。
劳祖德整理：《郑孝胥日记》，中华书局 2005 年版。
《赫德日记——赫德与中国早期现代化》，中国海关出版社 2005 年版。
司马朝军、王文晖撰：《黄侃年谱》，湖北人民出版社 2005 年版。
王锡彤著，郑永福、吕美颐点注：《抑斋自述》，河南大学出版社 2006

年版。

齐如山：《北平怀旧》，辽宁教育出版社 2006 年版。

陈义杰整理：《翁同龢日记》，中华书局 2006 年版。

齐如山：《齐如山随笔》，辽宁教育出版社 2007 年版。

姜义华、张荣华编校：《康有为全集》，中国人民大学出版社 2007 年版。

六　论著

谢彬：《中国邮电航空史》，《民国丛书》第三编第 35 册，上海书店 1991 年版。

金家凤：《中国交通之发展及其趋向》，民国丛书第四编第 37 册，上海书店 1992 年版。

张樑任：《中国邮政》，《民国丛书》第二编第 40 册，上海书店 1990 年版。

叶恭绰：《遐庵汇稿》，《民国丛书》第二编第 94 册，上海书店 1990 年版。

楼祖诒：《中国邮驿发达史》，《民国丛书》第三编第 35 册，上海书店 1991 年版。

徐公肃、丘瑾璋：《上海公共租界制度》、夏晋麟编著：《上海租界问题》、阮笃成编著：《租界制度与上海公共租界》，《民国丛书》第四编第 24 册，上海书店 1992 年版。

罗玉东：《中国厘金史》，商务印书馆 1936 年版。

李颂平：《客邮外史》，香港嘉年华铸字印刷公司 1966 年版。

李国祈：《中国早期的铁路经营》，"中央研究院近代史研究所"专刊（三），1976 年 12 月再版。

彭瀛添：《列强侵华邮权史》，华冈出版有限公司 1979 年版。

上海人民出版社编：《上海史资料丛刊·上海公共租界史稿》，上海人民出版社 1980 年版。

张朋园：《中国现代化的区域研究（1860—1916）——湖南省》，"中央研究院近代史研究所"专刊（46），1983 年版。

邮电史编辑室编：《中国近代邮电史》，人民邮电出版社 1984 年版。

李国祁：《中国现代化的区域研究（1860—1916）——闽浙台地区》，

"中央研究院近代史研究所"专刊（44），1985年版。

王树槐：《中国现代化的区域研究（1860—1916）——江苏省》，"中央研究院近代史研究所"专刊（48），1985年版。

刘广生主编：《中国古代邮驿史》，人民邮电出版社1986年版。

马骏昌、周新棠、阎荣贵、宋福祥编著：《北京邮史》，北京出版社1987年版。

苏云峰：《中国现代化的区域研究（1860—1916）——湖北省》，"中央研究院近代史研究所"专刊（41），1987年版。

张玉法：《中国现代化的区域研究（1860—1916）——山东省》，"中央研究院近代史研究所"专刊（43），1987年版。

刘子扬：《清代地方官制考》，紫禁城出版社1988年版。

孔祥吉：《戊戌维新运动新探》，湖南人民出版社1988年版。

《刘承汉先生文著辑存》，交通部邮政总局邮政博物馆编印1990年版。

谢国兴：《中国现代化的区域研究（1860—1916）——安徽省》，"中央研究院近代史研究所"专刊（64），1991年版。

葛剑雄：《中国人口发展史》，福建人民出版社1991年版。

彭瀛添：《民信局：中国的民间通讯事业》，中国文化大学出版社1992年版。

侯宜杰：《20世纪初中国政治改革风潮——清末立宪运动史》，人民出版社1993年版。

韦庆远、高放、刘文源：《清末宪政史》，中国人民大学出版社1993年版。

［英］魏尔特：《赫德与中国海关》，厦门大学出版社1993年版。

晏星：《中华邮政发展史》，台湾商务印书馆1994年版。

杨念群主编：《甲午百年祭：多元视野下的中日战争》，知识出版社1995年版。

刘广京、朱昌凌编：《李鸿章评传》，上海古籍出版社1995年版。

张翊：《中华邮政史》，台湾东大图书公司1996年版。

白钢主编，郭松义、李新达、杨珍著：《中国政治制度通史·第十卷·清代》，人民出版社1996年版。

钱杭、承载：《十七世纪江南社会生活》，浙江人民出版社1996年版。

茅海建：《近代的尺度——两次鸦片战争军事与外交》，上海三联书店1998年版。

[美] 孔飞力：《叫魂：1768年中国妖术大恐慌》，上海三联书店1999年版。

中华人民共和国信息产业部、《中国邮票史》编审委员会编著：《中国邮票史》第一卷（1878—1896），商务印书馆1999年版。

[美] 马士：《中华帝国对外关系史》，上海书店出版社2000年版。

关晓红：《晚清学部研究》，广东教育出版社2000年版。

汪荣祖：《走向世界的挫折：郭嵩焘与道咸同光时代》，岳麓书社2000年版。

何炳棣：《明初以降人口及其相关问题，1368—1953》，葛剑雄译，三联书店2000年版。

李伯重：《江南的早期工业化（1550—1850年）》，社会科学文献出版社2000年版。

张德泽：《清代国家机关考略》，学苑出版社2001年版。

陈诗启：《中国近代海关史》，人民出版社2002年版。

瞿同祖：《清代地方政府》，法律出版社2003年版。

杨启樵：《雍正帝及其密折制度研究》，上海古籍出版社2003年版。

李细珠：《张之洞与清末新政研究》，上海书店出版社2003年版。

王子今：《邮传万里——驿站与邮递》，长春出版社2004年版。

罗荣渠：《现代化新论——世界与中国的现代化进程》（增订版），商务印书馆2004年版。

刘文鹏：《清代驿传及其与疆域形成关系之研究》，中国人民大学出版社2004年版。

郑备军：《中国近代厘金制度研究》，中国财政经济出版社2004年版。

中国海关学会编：《赫德与旧中国海关论文选》，中国海关出版社2004年版。

中华人民共和国信息产业部、《中国邮票史》编审委员会编著：《中国邮票史》第二卷（1896—1911），商务印书馆2004年版。

[美] 曾小萍：《州县官的银两——18世纪中国的合理化财政改革》，董建中译，中国人民大学出版社2005年版。

李乔：《清代官场图记》，中华书局2005年版。

宝音朝克图：《清代北部边疆卡伦研究》，中国人民大学出版社2005年版。
曹家齐：《唐宋时期南方地区交通研究》，华夏文化艺术出版社2005年版。
戚其章：《甲午战争史》，上海人民出版社2005年版。
苏全有：《清末邮传部研究》，中华书局2005年版。
蔡鸿生：《俄罗斯馆纪事》（增订本），中华书局2006年版。
桑兵：《晚清学堂学生与社会变迁》，广西师范大学出版社2007年版。
严耕望：《唐代交通图考》，上海古籍出版社2007年版。
郑挥：《牛角集——郑挥集邮研究论文集》（民信局篇）（未刊稿）

七 论文

徐雪霞：《近代中国的邮政（一八九六——一九二八）》，硕士学位论文，台湾师范大学历史研究所，1985年。
苗健：《新疆邮电事业发展研究》，硕士学位论文，新疆大学，2003年。
田明：《邮政与中国近代社会——以山西为中心，1896—1937》，硕士学位论文，山西大学，2005年。
叶士东：《晚清交通立法研究》，博士学位论文，中国政法大学，2005年。
张苓苓：《清代山东邮驿制度考略》，硕士学位论文，曲阜师范大学，2006年。
于越：《试论晚清的海关邮政》，硕士学位论文，吉林大学，2006年。
顾臻伟：《苏中邮电事业早期现代化进程（19世纪末——1949年）》，硕士学位论文，扬州大学，2007年。
刘静：《清朝续文献通考·邮传考·邮政的整理与研究》，硕士学位论文，江西师范大学，2007年。

杨庆堃：《中国近代空间距离之缩短》，《岭南学报》第十卷，第一期，1949年1月。
唐兰：《王命传考》，《北大国学季刊》第6卷，第4期，1946年。
楼祖诒：《我国收回邮权的经过》，《现代邮政》二卷四期。

赵中孚：《清末东三省改制的背景》，《近代史研究所集刊》第五期，1976年。

肖绍良：《我国邮电沿革之浅见》，《兰州学刊》1982年第4期。

潘君祥：《我国近代最早自主的新式邮政———八八八年台湾邮政改革略述》，《中国社会经济史研究》1983年第1期。

黄成：《清末近代邮政的创办和发展》，《杭州大学学报》1983年9月。

傅贵九：《徐世昌与近代中国邮政》，《学术月刊》1990年第11期。

曹尔琴：《中国古都与邮驿》，《中国历史地理论丛》1994年第2期。

张践：《丁未政潮与预备立宪》，《四川师范大学学报》（社会科学版）1994年第2期。

丁三青：《近代以来日本对我国东北邮政的侵夺》，《历史档案》1995年第3期。

罗志和、袁德：《徐世昌与中国经济近代化》，《河南师范大学学报》（哲学社会科学版）1995年第6期。

顾联瑜：《总结百年邮政史，探索中国邮政发展规律》，《邮政研究》1996年第1期。

潘志平：《清代新疆的交通和邮传》，《中国边疆史地研究》1996年第2期。

黄福才：《试论近代海关邮政与民信局的关系》，《中国社会经济史研究》1996年第3期。

杨新明：《近代中国邮权的丧失与收回》，《求索》1997年第2期。

王宏北、王宏刚：《论满族交通习俗》，《黑龙江民族丛刊》1997年第2期。

丁进军：《晚清中国与万国邮联交往述略》，《历史档案》1998年第3期。

黄顺力：《近代海关与洋务思潮论略》，《学术月刊》1998年第4期。

王欣：《试论山东近代邮政》，《山东师大学报》（社会科学版）1998年第5期。

王灿炽：《北京固节驿考略》，《北京社会科学》1999年第1期。

易伟新：《晚清国家邮政局创办原因初探》，《益阳师专学报》1999年第2期。

唐国文、梁华:《清代大庆地区的驿站》,《大庆高等专科学校学报》1999 年第 19 卷第 1 期。

康之国:《赫德与近代中国邮政》,《河南商业高等专科学校学报》1999 年第 2 期。

丁进军:《中国与万国邮联的早期交往》,《中国档案》1999 年第 7 期。

张林:《略论清代吉林的驿路交通及其对边疆地区开发的贡献》,《东疆学刊》1999 年第 4 期。

金观涛、刘青峰:《近代中国"权利"观念的意义演变——从晚清到〈新青年〉》,《"中央研究院"近代史研究所集刊》第三十二期,1999 年 12 月。

王建华、江宏卫:《略论赫德与晚清中国国家邮政》,《苏州大学学报》(哲学社会科学版) 2000 年第 1 期。

黎霞:《工部书信馆与近代上海邮政》,《档案与史学》2000 年第 1 期。

易伟新:《略论晚清"客邮"》,《益阳师专学报》2000 年第 2 期。

朱英:《浅谈近代中国商人的义利观》,《光明日报》2000 年 11 月 17 日。

吴祖鲲:《论清代吉林的驿路交通》,《长白学刊》2001 年第 1 期。

易伟新:《晚清湖南邮政述论》,《湖南大学学报》(社会科学版) 2001 年第 1 期。

尹斌:《法国与近代中国邮政述论》,《信阳师范学院学报》(哲学社会科学版) 2001 年第 21 卷。

麦国培:《华洋书信馆邮史新探》,《中国邮史》2001 年第 4—6 期。

张燕清:《清代福建邮驿制度考略》,《福建论坛·人文社会科学版》2001 年第 6 期。

王灿炽:《北京密云驿站考》,《北京社会科学》2002 年第 2 期。

樊清:《古邮驿的衰落与近代邮政的兴办》,《河北师范大学学报》(哲学社会科学版) 2002 年第 1 期。

王子今:《中国交通史研究一百年》,《历史研究》2002 年第 2 期。

文松:《近代海关华洋员人数变迁及分布管窥》,《民国档案》2002 年第 2 期。

孙修福、何玲:《外籍税务司制度下的中国海关人事制度的特点与弊端》,《民国档案》2002年第2期。

周泓:《清末新疆通内外交通的反差》,《新疆大学学报》(社会科学版) 2002年第1期。

刘文鹏:《论清代东北驿站功能的发展》,《松辽学刊》(人文社会科学版) 2002年第6期。

李良品、李金荣:《清代三峡地区邮驿的设置、管理与功用》,《宜宾学院学报》2003年第1期。

李良品:《试论清代三峡地区邮驿管理》,《重庆交通学院学报》(社会科学版) 2003年第1期。

张立:《清末文报局之设》,《集邮博览》2003年第7期。

刘文鹏:《清代驿传体系的近代转型》,《清史研究》2003年第4期。

姚琦:《海关与中国近代邮政的创办史》,《上海电力学院学报》2003年第4期。

陈钢:《近代中国邮政述略》,《历史档案》2004年第1期。

易伟新:《略论晚清邮政近代化》,《株洲工学院学报》2004年第1期。

张慧卿:《古代福建水驿初探》,《龙岩师专学报》2004年第2期。

特克寒、张杰:《清代承德通向内蒙古地区的驿路和驿站》,《承德民族职业技术学院学报》2004年第4期。

桑兵:《晚清民国的知识与制度转型》,《中山大学学报》(社会科学版) 2004年第6期。

黄继光:《"裁驿置邮"的转化》,《集邮博览》2004年第7期。

苏全有、李风华:《近十年来我国近代邮政史研究综述》,《重庆邮电学院学报》(社会科学版) 2005年第1期。

蔡焕钦:《民国初年收回邮权的斗争》,《集邮博览》2005年第1期。

苏全有:《邮传部与清末邮政事业的近代化》,《重庆邮电学院学报》(社会科学版) 2005年第4期。

李虎:《中国近代海关的洋员录用制度》,《历史教学》2006年第1期。

易伟新:《晚清的邮权统一政策述论》,《重庆邮电学院学报》(社会科学版) 2006年第1期。

杨军:《外籍税务司制度下晚清海关行政管理体制的确立》,《湘潭师范学院学报》(社会科学版) 2006年第1期。

苏全有:《论邮传部与地方督抚的关系》,《历史档案》2006年第1期。

苏全有:《邮传部研究100年》,《安阳工学院学报》2006年第2期。

胡婷:《民信局的取缔与邮政的近代化》(上、下),《集邮博览》2006年第2、3期。

段晋丽:《赫德与中国近代海关制度的确立》,《太原师范学院学报》(社会科学版)2006年第2期。

李永胜:《清政府收回海关权的最初谋划》,《历史档案》2006年第2期。

丁琼:《乾嘉年间对西洋人往来书信的管理》,《历史档案》2006年第2期。

吴弘明:《从海关档看中国邮政之肇基——以赫德所颁第1—10号邮令为例》,《历史教学》2006年第6期。

苏全有、申彦岭:《近年来袁世凯与清末民初交通发展研究综述》,《周口师范学院学报》2007年第1期。

王斌:《中国近代邮政的创办及国有化之路》,《湘潭师范学院学报》(社会科学版)2007年第2期。

关晓红:《种瓜得豆:清季外官改制的舆论及方案选择》,《近代史研究》2007年第6期。

徐建国:《近代民信局的空间网络分析》,《中国经济史研究》2008年第3期。

肖晓虹:《论民信局衰亡的原因》,《知识经济》2008年第8期。

苏全有:《对邮传部主持之利权回收运动的检讨》,《历史档案》2008年第1期。

苏全有:《陈璧与清末交通利权回收运动》,《天府新论》2008年第2期。

张国红:《清政府与清末收回利权运动》,《理论学刊》2008年第3期。

潘安生:《邮政官局,工部邮局和外国邮局——再谈七十年前上海邮局的掌故》,台湾《今日邮政》杂志第325期1985年1月版。

薛聘文:《赫德鏖战工部信馆记》,台湾《今日邮政》杂志第368期1988年8月版。

八　外文史料与论著

J. K. Fairbank and S. Y. Teng, *On the Transmission of Ch'ing Documents*, *Ch'ing Administration*, Harvard University Press, 1968.

Silas H. L Wu: *Communication and Imperial Control in China: The Evolution of the Palace Memorial System, 1693—1735*, Harvard University Press, 1970.

Chang Ying-wan: *Postal Communication in China and Its Modernization, 1860—1896*, Harvard University Press, 1970.

Wellington K. K Chan: *Merchants, Mandarins and Modern Enterprise in Late Ch'ing China*, Harvard University Press, 1977.

Stephen Economides: *Heinrich von Stephan and the Unification of the German Postal System*, Winton M. Blount Symposium on Postal History, November 4, 2006, Smithsonian National Postal Museum, Washington, D. C.

《支那经济全书》，明治四十年东亚同文会印行。

附表一

乾隆十九至二十年间
各省裁留驿丞、收归州县
管理一览表

时间	省份	裁留、收归情况	出处	备注
乾隆十九年十二月二十日	河南	郭店、保安、亢村、博望、林水、宜沟、明港、硖石八处驿站钱粮及买马办料一切事宜，归州县经理，驿丞照旧存留承应差使，照料喂养	河南巡抚蒋炳奏，《宫中档乾隆朝奏折》第10辑第374页	
乾隆二十年正月十二日	四川	将白沙河巡检移驻离县最近之神宣驿，巡缉地方，兼管驿务，原驿丞一缺应行裁汰	四川总督黄廷桂奏，《宫中档乾隆朝奏折》第10辑第686页	
乾隆二十年正月十五日	广东	南雄府之凌江驿与保昌县同城，肇庆所属之麟山驿与封川县同城，责令各该县自行经理。广州府所属番禺县之五仙驿由河舶所大使兼管驿丞事务，裁汰驿丞	两广总督杨应琚奏，《宫中档乾隆朝奏折》第10辑第728页	

附表一　乾隆十九至二十年间各省裁留驿丞、收归州县管理一览表　　373

续表

时间	省份	裁留、收归情况	出处	备注
乾隆二十年二月初四日	山西	榆次县之鸣谦驿，移设巡检案内，裁汰驿丞；曲沃县之蒙城驿、侯马驿，安邑县之泓芝驿，灵石县之仁义驿，均离县城不远，裁驿丞归各县经管；甘桃、栢井、芹泉、太安各驿离县城太远，又无佐贰可以移驻，各驿驿丞难以裁汰；成晋驿为省北首站，须专员经营，星轺驿为豫省入晋门户，移巡检事务归驿丞兼管；南关、权店、褪亭驿各州县难以兼顾，仍存留驿丞在驿照料	山西巡抚恒文奏，《宫中档乾隆朝奏折》第10辑第645页	买马买料一切驿务事宜，统归各该州县自行管理
乾隆二十年二月二十二日	云南	倘塘、可渡二驿由可渡巡检兼管，买马办料及一切驿务归宣威经理；滇阳驿裁归昆明县，杨林驿裁归嵩明州，板桥驿由昆明县县丞兼管；南宁县白水巡检驻扎白水驿所，寻甸州易古巡检驻扎易隆驿所，霑益炎松巡检驻扎炎方驿所	云南总督硕色奏，《宫中档乾隆朝奏折》第10辑第779页	
乾隆二十年三月十二日	广西	灵川、兴安、全州、临桂等州县俱系州县自行经理，无须佐杂照管	两广总督杨应琚奏，《宫中档乾隆朝奏折》第10辑第889页	
乾隆二十年三月十二日	福建	水口等十四驿，照旧仍令佐杂兼管；大田等十五驿，将驿丞裁汰，归各知县管理	闽浙总督喀尔吉善奏，《宫中档乾隆朝奏折》第10辑第885页	

续表

时间	省份	裁留、收归情况	出处	备注
乾隆二十年四月初四日	直隶	遵化州之石门驿，州同分驻兼管；密云之石匣站，县丞分驻兼管；古北站，巡检兼管；迁安县之滦阳驿，三屯营巡检兼管；迁安县之七家岭驿、抚宁县之榆关驿、直隶易州之上陈驿、武清县之杨村水驿、青县之流河水驿、天津县之杨青水驿，以驿丞兼管巡检；龙门县属之长安驿、赤城县之云州驿、宣化县之鸡鸣驿、怀安县之万全驿、怀来县之榆林驿、土木驿，应同兼管巡检之七家岭等各驿丞共十二员酌留；河西驿归并武清县，泾阳驿归并满城县，鹁鸽驿归并龙门县，裁汰驿丞归知县经管	直隶总督方观承奏，《宫中档乾隆朝奏折》第11辑	请将州同、县丞、巡检、驿丞每岁每员酌给公费银八十两，于州县办公银内拨给
乾隆二十年四月十五日	山东	令兰邑青驼寺巡检，就近督察沂州府兰山县之徐公店驿	山东巡抚郭一裕奏，《宫中档乾隆朝奏折》第11辑第183页	

附表一　乾隆十九至二十年间各省裁留驿丞、收归州县管理一览表　　375

续表

时间	省份	裁留、收归情况	出处	备注
乾隆二十年五月初八日	湖南	新市司巡检移驻湘阴之归义驿；桃林司巡检移驻移驻临湘县之云溪驿；归阳市巡检移驻祁阳县之排山驿；知县兼管沅陵县之辰阳驿；县丞移驻界亭驿；榆树湾县丞移驻芷江县之罗旧驿；长沙县之桥头驿、湘潭县之黄茅驿、湘阴县之大荆驿、巴陵县之青冈驿、澧州之顺林清化二驿、武陵县之大龙驿、桃源县之郑家新店二驿、沅陵县之马底船溪二驿、辰谿县之山塘驿、芷江县之怀化便水二驿，仍酌留驿丞在站办理驿务	湖南巡抚杨锡绂奏，《宫中档乾隆朝奏折》第11辑第333页	驿站钱粮俱归州县自行经理，令州县每年酌分驿丞养廉银六十两
乾隆二十年五月二十四日	甘肃	兰州府属皋兰县之沙井驿、三眼井驿，金县之清水驿，凉州府属平番县之苦水驿、红城驿、岔口驿、武胜驿、镇羌驿、松山驿、平城驿，古浪县黑松驿，武威之大河驿、靖边驿、柔远驿、怀安驿，永昌县之水泉驿，平凉府属泾州之瓦云驿，平凉县之白水驿，华亭县之瓦亭驿，巩昌府属会宁县之青家驿，安定县之西巩驿、秤钩驿，宁夏府属中卫县之渠宁驿、大庐驿、营盘水驿，西宁府属西宁县之平戎驿，碾伯县之老鸦驿、水沟驿，尽裁驿丞，夫马钱粮概归州县地方官经管	协办陕甘总督刘统勋奏，《宫中档乾隆朝奏折》第11辑第485页	

续表

时间	省份	裁留、收归情况	出处	备注
乾隆二十年五月二十九日	湖北	官塘驿务归蒲圻县知县管理；锺祥县之丰乐、郢东二驿归知县管理；荆门之丽阳驿归仙居镇巡检移驻兼管，裁上述四驿驿丞。东湖、山陂、港口、停前、石桥、孱陵、吕堰、建阳等驿，均请仍留驿丞，专理照料	湖广总督开泰奏，《宫中档乾隆朝奏折》第11辑第558页	夫马工料及倒马等银，俱听州县官办理
乾隆二十年六月二十六日	陕西	凤翔府属陇州之长宁驿、宝鸡县之东河驿，裁此二驿驿丞，以该州同、县丞移驻照管；汉中府属凤县之草凉、三岔、松林、武关四驿，褒城之马道、青桥二驿，沔县之黄沙、大安二驿，宁羌州之黄坝驿，留驿丞带巡检衔照料	署理陕西巡抚台柱奏，《宫中档乾隆朝奏折》第11辑第848页	

附录二

清代历朝各地方志中有关驿传表述摘录

出处	作者	表述
（康熙）《沂州志》，《驿递》	邵士重修	"王朝有辎轩之使，外藩有谟猷之告，以及宪台之文檄，税课之饷鞘，舍驿递奚由已。"
（康熙）《永州府志》，《驿传》序	刘道著修，钱邦芑纂	"驿传之设，国家为征发期会，军书宾使，备缓急，均劳逸也。……至铺递所以连邮传，文命以之敷系，綦重矣。"
（康熙）《屯留县志》，《驿传》叙	屠直纂修	"按驿传之设，止以飞报军情，递运正供物料与给边钱粮，非为官员往来行李备也。大臣以礼致仕，抚按钦差行而方准驰驿。"
（康熙）《开原县志》，《驿站》叙	刘起凡修，周志焕纂	"诗咏皇华，原以速邮檄传命令也。"
（康熙）《临湘县志》，《驿递》	杨敬儒修，杨柱朝纂	"今之驿铺，即古候馆遗制，高其闬闳，厚其墙垣，以无忧客，使入其疆，而知其国大治焉！"
（康熙）《阳春县志》，《邮铺》序	康善述纂修	"夫邮铺之设何为也哉，所以画限疆里，转递文移，而创置修葺，则长土者事也。"
（康熙）《新修寿昌县志》，《邮传》序	曾华盖修，张可元纂	"寿昌十里一设，律法昼夜行三百里，然则上之所以令下，下之所以达上，有不速于是哉！"

续表

出处	作者	表述
(康熙)《永康县志》,《驿递》序	沈藻修,朱槿等纂	"驿递所以传命也。大事给驿,小事人递,君子端拱堂署之上,而令行于环海无阻者,职驿递为之也,其所系岂小哉!"
(康熙)《隆昌县志》,《驿传》序	钱振龙纂修	"置邮传命,自古为然。隆昌当蜀省咽喉之地,皇华天使往来其间,朝贡述职,奔趋其道,络绎不绝。幸朝廷轸念,冲疆开辟之初,驿站即定成规,军国命脉特此流通焉。"
(雍正)《畿辅通志》,《驿站志》序	唐执玉、李卫修,陈仪、田易纂	"驿传所以通朝廷之政教者也,言传号涣而万里奔走,驿传之为之也。其事甚重,其费甚烦,而尤烦且重者无若京畿。"
(雍正)《山西通志》,《驿站》序	觉罗石麟修,储大文纂	"递马而传之曰驿,益以牛,益以驴,益以车,运以铺兵,督以邮吏,飞符传命,戒稽缓也。驿站之设,诚为经国要务。"
(雍正)《山东通志》,《驿递志》序	岳浚、法敏修,杜诏、顾瀛纂	"驿递之制,顾不重欤。是以役马有设,饩廪有供,官司有掌,典章具在,可考而书。至于德之流行胜于置邮之速,风驰雷动,更有广运于无方者。"
(雍正)《江西通志》,《驿盐志》序	谢旻等修,陶成、恽鹤生纂	"皇华载道,实赖置邮。江湖之滨,轺轩所由。"
(雍正)《浙江通志》,《驿传志》序	李卫、嵇曾筠等修,沈翼机、傅王露等纂	"浙江旧置三十六驿,设道臣专理,厥后置地裁并,而以盐法道兼领其职,特严骚扰之禁,立法尽善。皇仁所届,远至迩安,德之流行速于置邮而传命,益可见矣。"

续表

出处	作者	表述
（雍正）《河南通志》，《邮传志》序	田文镜等纂修	"帝王统一方夏，临制四海，凡军机之缓急，政令之宣传，官府之奏报，文移、财赋、狱讼之出纳谳报，虑有稽滞而不通，涣散而不属也。爰因地置传，以达道路，通警耗。……庙堂之号令，指顾而行万里；闾阎之情形，晷刻而达九重。规模宏远，法制精详，于天下之中，睹四方之则矣。"
（雍正）《广西通志》，《驿站》	金鉷修，钱元昌、陆纶纂	"《周礼》遗人之掌，历代轺传之制，所以达上下之文，而通往来之介，政之修举于斯重矣！……今四海□宁，昔之边陬深阻，皆康庄矣。然则山驰水航有日，载圣天子之德意而行，而不知者同轨之迹纪极盛焉。若夫体下以情，俯征途而思况瘁，亦犹善御者之弗尽其力，则固有同牧事之所存也。"
（雍正）《四川通志》，《驿传》序	黄廷桂等修，张晋生纂	"驿传之设，所以宣朝命，通职贡，俾节使，政命上下得以速达也。……国家德速置邮，流行无滞，经画之密，纤悉靡遗，故于水陆要区，置立驿站，储偫船马，制纂详焉。凡使星至止，应李邺之占者，咸得以叱御疾驰，利涉无阻，其孰非朝廷之赐，而能无咏皇华怀靡及乎？"
（乾隆）《江南通志》，《邮传》	尹继善、赵国麟修，黄之隽、章士凤纂	"邮传之设，所以通辖轩，达羽檄也，实与军政相表里。江南当直省之冲，舟车之役，应接纷繁，我国家肃清邮政，体卹周详，行者无滥纵之求，主者绝侵渔之弊。"

续表

出处	作者	表述
（乾隆）《湖南通志》，《驿传志》序	陈宏谋修，范咸、欧阳正焕纂	"置邮传命，义贵神速，尚矣。……我朝邮政精详，万里之程，可以不两旬而达。而又圣训煌煌，戒虚冒，禁骚扰，惩滥应，盖整饬与体恤备至，固其马腾而卒健也。兹为详其道里之远近，并马匹之多少，而铺递及至各省途，以次附见，亦可知国家声教之讫，威名之行，其不疾而速有如此者。"
（乾隆）《涿州志》，《驿传》跋	吴凤山纂修	"夫传涣汗达，章奏日驰数百里，驿之所关重矣。下即文移往来亦置邮，而克以时日，勿许后时，而堡铺之设与驿传虽有迟速，要皆几务所系，而不可稍有稽延者。"
（乾隆）《淮安府志》，《驿传》叙	卫哲治等修，叶长扬、顾栋高等纂	"驿递古督邮之政，所以宣通符令，急递疏章，实与兵志相表里。"
（乾隆）《延平府志》，《驿传》序	傅尔泰修，陶元藻纂	"先王设候人之职，以达政教号令与征发传输，此后世之驿由昉也。……至铺舍之设，虽以防守长途，而羽檄之弛，有与声援之应相为表里者。"
（乾隆）《宝鸡县志》，《驿站》序	许起凤修，高登科纂	"冠盖辐辏，驰驱络绎，驿站所有事焉。"
（光绪）《正定县志》，《驿站》序		"古者置邮传命，声教所由达也。正定当西南之冲，星使往来，轺车络绎，兵兴变起，命将出师，供亿浩繁，较他处加倍。"